JOSEF ZAUNER (HRSG.)

Par excellence: Backtraditionen aus Österreich

Backen vom Feinsten

blv

Eva Mayer-Bahl

wurde in Apatin in der Batschka, dem damaligen Königreich der Serben, Kroaten und Slowenen, geboren; sie ist Donauschwäbin. In Budapest besuchte sie eine dreijährige Frauenfachschule, wo sie ihre einschlägigen Kenntnisse erwarb. Zeitlebens hat sie mit Begeisterung und hoher Anerkennung gekocht und gebacken – die Rezepte ihrer Heimat sind ihr vertraut geblieben. Als donauschwäbische Heimatdichterin wurde sie der Südostdeutschen Kulturstiftung bekannt und von dieser dazu angeregt, Rezepte aus dem alten k.u.k. Österreich zu sammeln. Die Zielsetzung war das Bewahren alter Traditionen, und gleichzeitig sollte der Beweis geliefert werden, daß in einem Vielvölkerstaat ein Nachbar Küche und Backstube des anderen Nachbarn würdigt und teilweise sogar übernimmt. Eva Mayer-Bahl ist Autorin des Buches »Nockerl, Knödel, Schmarrn und Strudel« sowie mehrerer Mundart-Gedichtbände. Alle Rezepte dieses Buches unter der Kolumne »Traditionelle Rezepte« sowie der historische Streifzug durch die k.u.k. Donaumonarchie stammen von ihr.

Karl Schuhmacher

ist Konditormeister mit zahlreichen Stationen als Pâtissier und Backstubenleiter: im Hotel »Schwan« in Gmunden, im Hotel »Kreuzstein« am Mondsee, bei »Gerstner« in Wien, im Restaurant »Lugeck« in Wien, im Hotel der Wiener Sängerknaben in Hinterbichl, in der Konditorei »Petermann« in Wien, in der Konditorei »Niemetz« in Linz, in der Konditorei »Sluka« in Wien und in der »Kurcafe-Konditorei Oberlaa«. Er war dreizehn Jahre als Vortragender im Rahmen der Meisterprüfung-Vorbereitungskurse im WIFI-Wien, Graz und Klagenfurt sowie am Gastronomischen Institut in Wien tätig. Als Mitglied österreichischer Küchenbrigaden nahm er weltweit an Österreichveranstaltungen teil und war als Juror zahlreicher Konditor- und Kochkunstausstellungen gefragt. Er ist Mitautor der Bücher »Wiener Süßspeisen« und »Das Große Buch der Schokolade«. Darüber hinaus hat er sich als Fachautor mit Veröffentlichungen im Journal »Gourmet« sowie in der österreichischen Konditoreizeitung einen Namen erworben. Eine umfangreiche Sammlung nationaler und internationaler Auszeichnungen ist der Lohn seines fachlichen Könnens. Alle Rezepte dieses Buches unter der Kolumne »Moderne Rezepte« sowie die Rezepte der »Backpraxis« wurden von ihm in Gemeinschaftsarbeit mit Herrn Josef Zauner erstellt.

Geleitwort

Die österreichische Küche erlangte in der Zeit der österreichisch-ungarischen Monarchie Weltruf. Dieser Ruf ist ganz wesentlich den Mehlspeisen zuzuschreiben, deren Vielfalt durch die Verschmelzung von Geschmacksgewohnheiten der Wiener, ungarischen, böhmischen, französischen, italienischen Küche geprägt wurde. Österreichische Mehlspeisen werden heute weltweit »nachgemacht« und über alles geschätzt. Dies ist den Zuckerbäckern und Hobbyköchen zu verdanken, die die traditionellen Mehlspeisen kreiert, gepflegt und in die ganze Welt hinaus getragen haben. Natürlich unterliegt die österreichische Mehlspeisküche genauso wie die Küche im allgemeinen Wandlungen. Der Trend geht zu lockeren, leichten Mehlspeisen sowie zu neuen Geschmacksrichtungen. Entsprechende Produkte bilden bereits das Hauptangebot in den österreichischen Konditoreien. Somit unterscheiden wir die »traditionellen Mehlspeisen« aus der Zeit der Monarchie und die »modernen Mehlspeisen« von heute.
Ich bin sehr stolz, daß es für die Erstellung dieses Buches gelungen ist, zwei Mitarbeiter zu gewinnen, die einerseits die traditionelle und andererseits die moderne Mehlspeisenkunst repräsentieren. Eva Mayer-Bahls beeindruckende Sammlung traditioneller Rezepte, die die ganze Palette der k.u.k. Mehlspeisküche widerspiegelt, war für mich der Grund, die besten davon in diesem Buch zu veröffentlichen: bekannte Spezialitäten, die weltweit zu den Mehlspeisklassikern zählen, sowie weniger bekannte Schmankerln – kulinarische Geheimtips von besonderer regionaler Bedeutung.
Karl Schuhmacher ist ein überaus geschätzter Zuckerbäcker mit internationaler Prägung, für mich einer der führenden Repräsentanten der Mehlspeiskunst von heute. Durch seine weltweiten Auszeichnungen und Erfahrungen prägte er die neue österreichische Zuckerbäckerei federführend mit. Unser gemeinsames Streben war es, nur qualitativ hochstehende Rezepte zu veröffentlichen, nachvollziehbar für Hobbyköche und zugleich richtungweisend für Fachleute, die der modernen Zuckerbäckerei aufgeschlossen gegenüberstehen.
Meine Zuckerbäckerphilosophie für dieses Buch kann nur lauten:
Ich habe großen Respekt vor der traditionellen Zuckerbäckerkunst, vor traditioneller Handwerkskunst und Rezepturen. Nur die Achtung vor der Tradition, das Fachwissen und qualitativ hochwertige Zutaten schaffen die Voraussetzung, Produkte zu verbessern und den Geschmacksgewohnheiten der heutigen Zeit anzupassen. Der Trend zu lockeren, leichten und zart schmelzenden Spezialitäten ist ungebrochen und somit auch in der neuen österreichischen Mehlspeisküche richtungweisend.
Es wünscht ein gutes Gelingen!

Ihr Josef Zauner

Inhalt

Traditionelle und moderne Rezepte

Zu diesem Buch

Es gibt viele Dinge im Leben, für die es sich zu leben lohnt. Traditionsbewußtsein ist unser bedeutendstes Erbe und die Erinnerung an die Heimat der schönste aller Gärten. Mit diesem Buch wird der kühne Versuch unternommen, kulinarisch vergangene Zeiten der Mehlspeisen-Kunst in die Gegenwart zurückzuholen.

In mühevoller Arbeit durch zwanzig Jahre hindurch hat Eva Mayer-Bahl aus den verschiedensten Teilen der alten k.u.k. Monarchie Rezepte zusammengetragen und ausprobiert, um die Zeit nicht ganz vergessen zu lassen, da Franz Joseph I. noch von Katharina Schratt in Bad Ischl mit einer neuen Creation beglückt wurde...

Mit Unterstützung der eigenen Familie, von Freunden und Bekannten, aber auch über einen regen Schriftwechsel mit dem In- und Ausland gelang es ihr, über 1200 Rezepte aller Kochbuchkategorien zusammenzutragen, und nahezu jede Zuschrift enthielt ein oder mehrere Mehlspeisen-Rezepte. Sie stammen aus dem Burgenland, der Zips, der Batschka, dem Banat, aus Siebenbürgen, Dalmatien, Kroatien, Bosnien, Ungarn und dem alten Wien mit seinen weltberühmten süßen Bäckereien. Die mit den schönsten Erinnerungen und der größten Tradition verbundenen Rezepte wurden für dieses Buch ausgewählt.

Eva Mayer-Bahl absolvierte eine Frauenfachschule in Budapest und erlernte dort die Kunst des Kochens und Backens. Mit diesem durch ihr ganzes Leben praktizierten Wissen war es ihr möglich, die zugesandten Rezepte so abzufassen, daß sie von der heutigen Generation nachvollzogen werden können. Doch hat sie es nicht gewagt, die zahlreich verwendeten Eier und Fette heutigen Ernährungsrichtlinien anzupassen. Das Ergebnis würde sich zwangsläufig ändern, und die Erinnerung an den Geschmack von damals könnte nicht aufkommen. Gebäcke sind in der Regel »Kalorienbomben« und kommen nirgendwo täglich auf den Tisch. Die Tradition eines Original-Backrezepts rechtfertigt durchaus eine Ausnahme. Es gibt nichts Vergleichbares, was diese Rezepte und ihren Charme ersetzen könnte, der scheinbar versunkene Zeiten wieder aufleben läßt. Die Erhaltung eines kulturellen Erbes und der ruhmvollen kulinarischen Vergangenheit Österreich-Ungarns war ihr oberstes Gebot. Der Versuch, das zu wagen und zu probieren, was unsere Vorfahren voller Stolz und mit großer Hingabe in ihren Backstuben zauberten und was gelegentlich noch heute in den berühmten Wiener Caféhäusern zu finden ist, lohnt sich.

Diese Zeiten sind vergangen, aber Österreich ist das Land der Mehlspeisen geblieben – und nicht nur das. Die lange Tradition der mit Recht weltberühmten österreichischen Konditorei hat speziell seit den sechziger Jahren einen starken Aufschwung erlebt. Der zunehmende Wohlstand, vor allem in Europa, Amerika und Japan, sowie die Entwicklung und Nutzung der modernen Reisemöglichkeiten haben dabei kräftig mitgeholfen. Die Informationen über die Küchen und Konditoreien dieser Welt haben bei den Genießern und dem interessierten Fachmann zu einer gewissen Internationalisierung von Gastronomie und Konditorei geführt. Soweit dies unter Berücksichtigung der regionaltypischen Eigenheiten geschehen ist, hat sich daraus eine sehr erfreuliche Entwicklung ergeben.
Zur optisch anspruchsvollsten Reife haben die Pâtissiers aus Frankreich und Belgien gefunden. Die Obers(Sahne)torten haben unsere deutschen Kollegen in großer Vielfalt entwickelt. Was Confiserie anbelangt, sind die Schweizer Zuckerbäcker unerreicht. Und wir Österreicher sind schon lange bekannt für die Gabe, eine schöne Melange aus den besten Zutaten zu produzieren. Liegt doch eines der großen Geheimnisse der österreichischen Zuckerbäckertradition in der eleganten Mischung der Spezialitäten aus den besten Backstuben der österreichisch-ungarischen Monarchie.
Alle profitieren voneinander. Vielfalt und Qualität in den Konditoreien Europas und – man möchte es nicht glauben – Japans haben einen ungeheuren Standard erreicht. Es ist erstaunlich, wie in Ländern, die hinsichtlich »Mehlspeisen« bis vor wenigen Jahrzehnten nicht unbedingt als Schlaraffenland gegolten haben, ein Nachholbedarf bewältigt wurde. Geänderte Ernährungs- und Lebensgewohnheiten haben ebenfalls sehr maßgeblich zu einer Erneuerung beigetragen: leichte Süßspeisen, aber nicht zu süß; Fruchtiges, lockere Oberscremen usw. Schwere Buttercremetorten sind nicht sehr gefragt. Daß und wie man auch diese leichter gestalten kann, wird in diesem Buch gezeigt.
Und schließlich sind da noch die warmen österreichischen Süßspeisen. Sicher gibt es kein anderes Land, das eine ähnliche Vielfalt bieten könnte.
Karl Schuhmacher, der mehrfach ausgezeichnete Wiener Konditormeister, dessen Fachwissen weit über Österreichs Grenzen hinaus geschätzt wird, und Josef Zauner, Konditormeister und fachlicher Leiter der weltbekannten k.u.k Hofzuckerbäckerei Zauner in Bad Ischl, geben in diesem Buch ihre Pâtisserie- und Confiserie-Erfahrungen weiter. Das genaue Befolgen ihrer Rezepte, Arbeitstechniken und die Hinweise versetzen auch die ambitionierte Hausfrau oder den Hausmann in die Lage, in der eigenen Küche geschmacklich und optisch ansprechende Meisterwerke zu zaubern.

Egal, ob Sie, liebe Leserin und lieber Leser, Rezepte aus der k.u.k. oder der heutigen Zeit ausprobieren wollen, wir wünschen Ihnen dabei gutes Gelingen.

Autoren und Verlag

Die k.u.k. Backtradition

Ein Streifzug durch die Geschichte

Doppeladler der Österreichisch-Ungarischen Monarchie (1869–1918), die volkstümlich auch als Donaumonarchie bezeichnet wird. Dieser Doppeladler ist an der Bäckerei Edegger in Graz zu bewundern.

Die k.u.k. Donau-monarchie

Es kommt immer Nostalgie auf, wenn von ihr die Rede ist. Sie war der Ausklang einer unwiederholbaren geschichtlichen Entwicklung, an deren Anfang die hilfsweise Errichtung eines Schutzdammes gegen die Türken stand – einzigartig in der Ausdrucksform, als das Herangewachsene sich zu entfalten begann, jedoch voller Tragik, als jenes Leben, das aus dieser Monarchie erwachsen war, ihr Ende herbeiführte.

Unaufhaltsam hatten die Osmanen die Fahne des Propheten auf die Zinnen byzantinischer Städte, die Minaretts neben die Kuppeln ostchristlicher Basiliken gesetzt. Das glanzvolle mittelalterliche Ungarn harrte wie in Trance dem offenbar Unvermeidlichen entgegen. Unbeirrt setzten die eigensüchtigen magyarischen Magnaten ihr Spiel um die Bewahrung ihrer regionalen Machtsphären fort, nicht bereit, zur Abwehr einer Fremdherrschaft einen Deut ihrer Libertät aufzugeben.

Selbst Karl V., in dessen Reich die Sonne nicht unterging, fehlten die Machtmittel, um seinem jüngeren Bruder Ferdinand, dem er die österreichischen Erblande überließ, wirksame Unterstützung zuzusagen. Ferdinand suchte sich zur Stärkung seiner Position den Einfluß auf das Vorfeld seiner Länder zu sichern. Er schloß mit seinem Schwager, dem polnischen Jagiellonen Wladislaw, König von Ungarn und Böhmen, einen Erbvertrag, der ihm die Erbfolge sicherte, falls dieser ohne Nachkommen versterben würde. Er übernahm auch die Verteidigung der Quarnero-Bucht (Adria) und sorgte dafür, daß die bei ihm bittstelligen Kroaten, die von Ungarn, mit dem sie staatsrechtlich verbunden waren, Unterstützung nicht zu erwarten hatten, von den Ständen seiner Erblande finanzielle und militärische Hilfe bekamen. Längst schon gehörten Plünderungszüge der Osmanen – von ihrer Neueroberung Bosnien aus nach Kroatien, Krain und in die Steiermark – nahezu zum Tagesgeschehen.

1526 setzte der Sultan zum Angriff auf Ungarn an und vernichtete dessen schlecht gerüstetes Heer bei Mohacs. Wladislaw fiel in der Schlacht, ohne einen Erben zu hinterlassen, und Ferdinand machte die vertraglichen Erbansprüche geltend. Der ungarische Reichstag zu Preßburg, der kroatische Sabor, die böhmischen Stände wählten ihn zum König.

Die Mehrheit der magyarischen Magnaten sah aber in Ferdinand eine Gefahr für ihre Freiheit, sie wählten einen Gegenkönig – den mächtigen Fürsten Siebenbürgens, Zapolya, der sich sofort dem Schutze des Sultans unterstellte. Der schien den ungarischen Magnaten die geringere Gefahr für ihre Privilegien als der verteidigungsentschlossene Habsburger, der zugleich römisch-deutscher Kaiser war.

In Ferdinands Herrschaftsbereich verblieb von Ungarn infolgedessen lediglich ein Streifen nordwestlich von Buda, angrenzend an seine Erblande. 1529 und dann nochmals 1532 rückte der Sultan bereits gegen Wien vor, vermochte es aber nicht zu nehmen. Mit dem Frieden von Großwardein (1538) wurde der faktische Zustand bestätigt: Ferdinand behielt den Streifen Ungarns und den Titel des Königs von Ungarn, Zapolya wurde als türkischer Vasall auf Siebenbürgen beschränkt. Mittelungarn kam unter türkische Zentralverwaltung, der türkische Pascha residierte in Pest. Das mittelalterliche Königreich Ungarn war ausgelöscht. Und blieb es für 150 Jahre.

Im südlichen Europa waren damit die Machtaufteilungen für die nächsten Jahrhunderte fixiert. Bewaffnete Überfälle auf Habsburger Gebiet waren durch den geschlossenen Frieden nicht unterbunden. Allein zwischen 1575 und 1582 wurden 188 Überfälle registriert. In den an das Osmanenreich angrenzenden kroatischen und ungarischen Gebieten, aber auch in Krain und der Steiermark, herrschte infolgedessen ein Dauerkriegszustand. Daraus erwuchsen konstante Flüchtlingsströme in die Habsburger Länder. Hier wurden die Flüchtlinge von den adeligen Grundbesitzern oder den Ständen mit der Verpflichtung der Sicherung der Grenze angesiedelt. 1535 schrieb der krainische Schriftsteller Freiherr von Valvasor in seinem Buch »Die Ehre des Herzogtums Krain« von einigen tausend nach Krain geflohenen walachischen (= serbisch-orthodoxen) Flüchtlingen: »Die Leute sind gute Soldaten, aber gleich den barbarischen Völkern rauh und wild. Sie lieben fremdes Eigentum. Ohne Raub und Mord können sie nicht leben. Nur durch eiserne Strenge kann man sie im Zaume halten.«

Nicht nur in Krain und der Steiermark, auch an der kroatischen und slawonischen Grenze gehörten solche Flüchtlingsansiedlungen zur Regel. Das war der Beginn der *Militärgrenze,* die die Donaumonarchie entscheidend prägte.

Nachdem 1683 – Beginn der großen Türkenkriege, die bis 1699 dauerten – der Sultan das letzte Mal vergeblich versucht hatte, Wien zu nehmen, ließ die Stoßkraft der Osmanen nach, und es begann die Gegenoffensive des Habsburgerreiches. Mit den späteren Siegen des Prinzen Eugen von Savoyen (1716–1718) war der Großteil des alten Ungarn – Banat, Kleine Walachei, Nord-Bosnien, Nord-Serbien – wiedergewonnen. Der »Limes« blieb bis ins 19. Jahrhundert auf die Linie Siebenbürgen – Donau – Sawe – Karlstadt – Adria festgelegt.

Im Gebiet der Militärgrenze war der Siedler Bauer und Soldat zugleich. Die Militärverwaltung reglementierte das gesamte Leben. Die Führung war kaiserlichen Offizieren anvertraut, die keineswegs nur Österreicher waren. Die Kommando- und Verwaltungssprache war Deutsch, die Umgangssprache Serbisch, Kroatisch, Ungarisch oder Rumänisch. An dieser Grenze war es gelungen, Völker mit den unterschiedlichsten Eigenschaften zu einer Einheit zu verschmelzen, die sich am Kulturmittelpunkt Wien orientierte. So wie hier an der Grenze war das Heer die Grundlage der österreichischen Monarchie überhaupt. Der Offizier, die Unterchargen waren die Basis des multinationalen Reiches, des Kaisers Rock verpflichtete alle. Dieses Ethos war staatstragend.

Schlesien
TROPPAU
Galizien
LEMBERG
Mähren
Dnjestr
BRÜNN
Zips
KARPATEN
H E C H O S L O W A K E I
CZERNOWITZ
erösterreich
Bukowina
Theiß
WIEN
Donau
BUDAPEST
U N G A R N
KLAUSENBURG
GRAZ
Siebenbürgen
R U M Ä N I E N
Batschka
ZAGREB
Banat
Kroatien – Slawonien
Save
BELGRAD
Bosnien
Serbien
ZARA
SARAJEWO
Dalmatien
Herzegowina
U G O S L A W I E N
Montenegro

Dermaßen abgesichert, begann in den zurückeroberten Gebieten Altungarns eine systematische Wiederbesiedelung. Die ungarische Staatsverwaltung war zwar auf die Wahrung des ungarischen Charakters des Landes bedacht und bevorzugte daher die Ansiedlung magyarischer Bauern und Handwerker, auch das Bürgertum der Städte blieb magyarisch.
Doch bedurfte das entvölkerte Pannonien einer viel größeren Anzahl Menschen. Die kaiserliche Politik verfolgte – den Theorien des Merkantilismus entsprechend und zur Stärkung des eigenen Einflusses – eine Besiedlung mit Nichtungarn und entsandte Werber in alle westeuropäischen Länder. Es kam zur Ansiedlung von Italienern, Spaniern, Franzosen, Slowaken, Tschechen und auch Serben aus dem mittelalterlichen Serbien überall in den versumpften Donaugebieten. Das Gros der Einwanderer waren aber Menschen aus den westdeutschen Gebieten – der Pfalz, dem Elsaß, Franken und auch Schwaben –, die durch Fleiß und Beharrlichkeit aus den Donausumpfgebieten, insbesondere, als die Türkengefahr mehr und mehr nachließ, ein Wohlstandsgebiet machten, das die ganze Monarchie versorgte. Doch erweiterte diese Ansiedlung zugleich die Multinationalität des Habsburger Herrschaftsbereiches, was die Absonderung von den deutschen Landen verstärkte.
Diese Absonderung hatte bereits im 30jährigen Krieg begonnen. Die Habsburger Länder blieben – mit Ausnahme Ungarns – katholisch. Maria Theresia verlor Schlesien an Friedrich II., gewann aber bei der Teilung Polens Galizien, was die Türkei zur Abtrennung der Bukowina veranlaßte. So hatte sich das Habsburgerreich zu einer mitteleuropäischen multinationalen Großmacht entwickelt, deren Mittelpunkt der Kaiser war, das Offizierskorps und die Verwaltungsbeamten ihre Träger. Maria Theresia hatte bereits begonnen, den Staat in eine zentral geleitete Monarchie umzuwandeln. Joseph II. setzte die Reformen fort, traf aber bei den Ungarn auf heftige Gegnerschaft. In den Napoleonischen Kriegen fand diese Tendenz zu einem auf Militär und Verwaltung gestützten, zentral regierten Kaiserstaat ihren Fortgang. Beim Wiener Kongreß entfaltete dieses neugewachsene Staatsgebilde schließlich seine ganze Pracht. Jetzt hatte es auch seine staatsrechtliche Form erhalten: Franz II. hatte, als römisch-deutscher Kaiser von Napoleon aus den deutschen Landen verdrängt, als Franz I. den Titel eines Kaisers von Österreich angenommen.
Österreich erhielt Venetien und die Lombardei; das multinationale Reich war vollkommen. Die Reaktion auf die französische Revolution und der Versuch Metternichs, auf Grund des Legitimitätsprinzips die Herrschaft des »ancien regime« für Ewigkeiten zu zementieren, leitete dann eine Entwicklung ein, die letztlich ein Jahrhundert später den Untergang der Monarchie zur Folge hatte. Nach dem Tode Franz I. forderte das Bürgertum in Wien politische Freiheiten, die Magyaren Unabhängigkeit. Als Wien auf seinem zentralistischen System beharrte, erklärten die Magyaren 1848 unter Lajos Kossuth die Lostrennung von Österreich und verbündeten sich sogar mit den Wiener bürgerlichen Aufständischen.

Es wäre wohl bereits damals um die Donaumonarchie geschehen gewesen, wenn es nicht die Militärgrenze gegeben hätte. Die serbischen Grenzregimenter waren alle kaisertreu; die Kroaten hatten an die Magyaren gleiche Separationsforderungen zu stellen wie diese gegen Wien und blieben ebenfalls kaisertreu. Der kroatische Banus (Statthalter) und Grenzgeneral Jellachich führte kroatische und Grenzertruppen gegen die Wiener Revolteure und die Ungarn; dem Fürsten Schwarzenberg gelang es schließlich, den Wiener Aufstand niederzuschlagen.

In Ungarn lagen die Dinge schlechter. In dieser Situation dankte Kaiser Ferdinand ab. Der 18jährige Franz Joseph bestieg 1848 den Thron. Er sollte ihn 68 Jahre hindurch bis zu seinem Tode 1916 innehaben und wurde damit zur Symbolfigur des Reiches und aller seiner Bevölkerungsschichten. Während seiner Regierungszeit blieb in der Monarchie noch jene Tradition einer multinationalen Gemeinschaft erhalten, die mit der Militärgrenze ihren Anfang genommen hatte und die heute beinahe Idealvorstellung geworden ist.

Zunächst setzte der junge Kaiser freilich die Legitimitätspolitik fort. Er suchte beim russischen Zaren um Hilfe nach, die dieser bereitwilligst gewährte. Die Magyaren wurden niedergeschlagen, Ungarn in ein simples Kronland umgewandelt, der Gesamtstaat zentralistisch regiert (Bachscher Absolutismus). Damit war der von Joseph II. angestrebte Einheitsstaat realisiert.

Der Wiener Hof verkannte jedoch die Zeichen der Zeit. Seit Napoleon hatte sich Europa verändert. »Nation« waren nicht mehr die Reichstage des Adels, sondern der dritte Stand, das Bürgertum. Für dieses Bürgertum war die Volkssprache das Einigende, nicht mehr die Symbolfigur des Kaisers. In den Parlamenten wurde jetzt in der Nationalsprache gesprochen, nicht mehr im Latein der gebildeten oberen Schichten.

Franz-Joseph – Kaiser von Österreich, König von Ungarn.

Nach der Sprache vollzog sich auch die Abgrenzung der Nationen in der Monarchie – mit einer Ausnahme: den Serben der Militärgrenze als zum östlichen Bereich gehörend, bestimmte die Religion ihre nationale Zugehörigkeit. Trotz gleicher Sprache hatten sie keine Gemeinsamkeit mit den Kroaten.

Ernsthafter Widerstand erhob sich in den neuen, mit dem Hause Österreich bislang gar nicht verbundenen italienischen Gebieten. »Italia fara da se« (Italien kann für sich selbst sorgen) lautete der Wahlspruch der Nationalisten. Der italienische Feldzug, den Österreich zur Aufrechterhaltung seiner Herrschaft führte, verlief unglücklich.

Preußen, nach der Vorherrschaft im deutschen Raum strebend, besiegte die Habsburger Truppen bei Königgrätz (1866). Das multinationale Österreich hatte in einem nationalen Deutschland keine Bleibe.

Am Wiener Hof begann man, die Zeichen der Zeit zu beachten. Das führte 1867 zum sogenannten *Ausgleich* mit Ungarn, das noch immer ein starker politischer Faktor war. Der Staat wurde in zwei selbständige Staaten geteilt: Im Kaiserreich Österreich herrschte der Kaiser, in Ungarn ein König. Franz Joseph war beides. Daher k.u.k.: kaiserlich und königlich – die Doppelmonarchie. Es gab gemeinsame Angelegenheiten, daher gemeinsame k.u.k. Ministerien, sowie getrennte kaiserlich-österreichische Ministerien und königlich-ungarische. Durch die Krönung Franz Josephs zum ungarischen König (die die Ungarn bis dahin stets verweigert hatten) war die Versöhnung mit Ungarn vollendet.

Der Ausgleich war ein Erfolg der Magyaren, die ihn initiiert haben, um die von Wien geplante Aufteilung des Staates in fünf Territorien mit slawischen Selbstverwaltungen zu vereiteln, und die sich als geschickte Verhandlungstaktiker auch erhebliche Vorteile zu sichern gewußt hatten. Der Ausgleich wurde von den »slawisch« sprechenden Völkern, deren Forderungen kurzerhand übergangen worden waren, entschieden bekämpft. Doch war der staatsrechtlichen Sonderstellung Kroatiens innerhalb der Länder der St. Stephanskrone Rechnung getragen und ein gesonderter ungarisch-kroatischer Ausgleich bedungen worden; er kam 1868 zustande. Auch die von den Kroaten seit geraumer Zeit geforderte Wiedereingliederung der Militärgrenze mit Kroatien wurde bei der Neuordnung vollzogen – nicht ohne den Widerstand der Grenzer. Böhmen, die polnischen, dalmatinischen und italienischen Gebiete blieben allerdings unter kaiserlich-österreichischer Verwaltung, was letztlich 1918 zur Auflösung der Donaumonarchie führte.

Die Bildung der Österreichisch-Ungarischen Monarchie brachte jedenfalls eine friedliche Zeit mit wirtschaftlichem Aufschwung und ohne gewaltsame innerpolitische Auseinandersetzungen. Die Verwaltung fußte auf rechtsstaatlicher Grundlage, mit verfassungsrechtlichen Garantien für die Rechte des einzelnen. Noch immer war, so wie früher, der Kaiser das Symbol der Einheit, gestützt auf seine Offiziere. Die alten Traditionen erhielten sich. Die Habsburger Monarchie blieb europäische Großmacht. Es gab sogar noch einen Nationalitätenzugang: die bosnischen Moslems. Das macht-

politische Vakuum, das sich mit dem Verfall des früheren Gegners – der Türkei, die zum »kranken Mann am Bosporus« geworden war – ergeben hatte, führte zur Okkupation Bosniens und der Herzegowina (1878) und schließlich zur Annexion dieser Gebiete (1908), was den Gegensatz zu Serbien verschärfte (und seinen Höhepunkt in der Ermordung des Thronfolgers Franz Ferdinand am 28. Juni 1914 in Sarajewo fand und Österreich zur Aufgabe seiner Friedenspolitik zwang). Auch die Moslems dieser Gebiete wurden von der Affinität zur k.u.k. Monarchie erfaßt: Im Ersten Weltkrieg waren sie die treuesten Soldaten des Kaisers. Die Donaumonarchie hat auch hier ihre Mission als westlicher Kultur- und Rechtsstaat erfüllt.
Nach dem Ersten Weltkrieg hob die gewählte konstituierende Nationalversammlung am 3. April 1919 alle Herrscherrechte der Habsburger auf, enteignete sie, und diejenigen von ihnen, die nicht auf ihren Status verzichten mochten, wurden des Landes verwiesen. Im Rahmen der österreichischen Reparationen fielen Galizien an Polen, Böhmen und Mähren an die Tschechoslowakei, Südtirol, das Kanalland und das Küstenland an Italien, die Südsteiermark und Krain an Jugoslawien.
Die Donaumonarchie war ein nicht zu übertreffendes Beispiel für friedliches Zusammenleben vieler Völker. Nicht umsonst hielt ein Historikerwort jener Zeit fest, daß, hätte es sie nicht gegeben, sie geschaffen werden müßte. Heute, wo sie nicht mehr ist, wünscht sich jeder, der von ihr spricht, es gäbe sie noch.

Österreichisches Staatswappen.

Kleine Geschichte des Backens

Die Geschichte des Backens wurde entscheidend von der Erfindung des Backrohrs bestimmt. Erhitzte Steine einer offenen Feuerstelle waren nachweislich der erste »Ofen«, auf dem vor 8000 Jahren grob zerstoßene Getreidekörner, mit Wasser vermischt, zu Teigfladen gebacken wurden. Eine erste Fortentwicklung war das Darüberstülpen topfartiger Gefäße, unter denen die aufsteigende Hitze der Steine eingefangen wurde. Die Ägypter buken bereits in bienenkorbartigen Lehmöfen, den Vorläufern der späteren Ziegelöfen.

Die Ägypter waren es auch, die aus den einfachen Fladenteigen schmackhaftere Gebäcke entwickelten. Sie reicherten die Teige mit Eiern oder Milch und Früchten an und süßten sie mit Honig. Orientalische Gewürze gaben den Bäckereien zusätzlichen Geschmack. Die Griechen füllten die Teige mit Mandeln und Mohn. Die größte Bedeutung in der Backkunst erlangte die Germ, die noch in der Antike für die Teiggärung sorgte.

Die Römer bauten die ersten Mühlen und konnten mit dem gemahlenen und anschließend durch Körbe oder Stoffe gesiebten Mehl immer feinere Backwaren herstellen. Ihre Technik breitete sich über ganz Europa aus, schuf die Berufe des Müllers und Bäckers und blieb bis ins 19. Jahrhundert nahezu unverändert erhalten. Inzwischen wurden die Teige in den Familien selbst zubereitet und die Bleche zu den Bäckern getragen, um Kuchen und Brote in deren Öfen zu backen.

Einer Revolution der Backkunst glich die Entdeckung des Zuckers. Alexander der Große fand auf seinen Feldzügen nach Ostasien im Flußtal des Indus große Zuckerrohrplantagen vor, seine Truppen nahmen Pflanzen mit und bauten sie im Vorderen Orient an. Von dort aus breiteten sich Zuckerrohrkulturen über die nordafrikanischen Küstenländer bis nach Spanien aus. Es dauerte aber noch bis ins 11. Jahrhundert hinein, bis auch im Norden Europas der Zucker – bis dahin wurde nur mit Honig gesüßt – sowie die von den Kreuzfahrern mitgebrach-

ten Nüsse und Gewürze wie Zimt, Nelken, Muskat und Ingwer die Kuchenbäckerei wesentlich veränderten. Mit der Schokolade schließlich, die im 16. Jahrhundert mit den Spaniern aus Mexiko nach Europa kam – eine pastenartige Masse, die zunächst als Getränk angerührt wurde, bald aber von Schokolademachern in Handarbeit, später in Schokoladefabriken zur Konditorware avancierte –, war die Palette der exquisiten Zutaten für Kuchen und Torten komplett.

Die sehr süßen, würzigen orientalischen Backwaren wurden in Italien sehr geschätzt. Die Italiener waren es auch, die für ihre Ausbreitung auf dem Kontinent sorgten. Inzwischen wurden die Teige kunstvoll geformt, und in allen Ländern Europas entstanden Brauchtums- und Kultgebäcke; einige von ihnen verschwanden im Laufe der Zeit völlig, andere überlebten als heute noch beliebte Tagesgebäcke, zum Beispiel die Brezeln, deren Formen kultische Bedeutung zugemessen wurde. Aber erst im 17. Jahrhundert entwickelten die Franzosen die »petits fours« – die ersten kleinen Backrohre, in die nun auch kleinere Gebäckstücke eingeschoben werden konnten. Bis heute hat sich der Name für die kleinen Dessertstücke erhalten.

Die üppige Kultur des 18. Jahrhunderts beflügelte die Phantasie von Köchen und Konditoren. Immer neue Rezepte und der Blätterteig wurden erfunden. Mit immer feinerem Mehl gelangen hellere, lockerere Backwaren. Die Biskuitmasse und schließlich der 1720 in der Schweiz entwickelte Baiser ermöglichten den Konditoren immer aufwendigere, kunstvolle Kreationen. Die Franzosen schufen aus Brandteig wahre Traumgebilde. Zahlreiche Konditorläden entstanden, in denen Kuchen und Torten mit historischen Namen, wie wir sie zum Teil noch heute kennen, feilgeboten wurden. In Europa entbrannte ein wahrer Wettstreit um die Vorrangstellung in diesem süßen Gewerbe. Federführend aber waren und blieben die Konditoreien beziehungsweise die Caféhäuser in Wien, Budapest und Paris.

Historische Aufnahmen in der Wiener Hofkonditorei »Gerstner«.

Linke Seite: *Der Teegebäck- und Petit-four-Posten. In der Mitte zwei Konditoren beim Tablieren von Fondant; auf den Tischen im Bildvordergrund verschiedene Teegebäcksorten; rechter Tisch dahinter – ein Konditor beim Glasieren von Indianern.*

Rechte Seite: *Teilansicht des Backstubenbereichs, in dem Kuchen und Massen zubereitet werden. Rechts vorn sind Baiserhölzer aufgelegt, auf denen die Baisermasse (Windmasse) dressiert und gebacken wird.*

Das Wiener Caféhaus

In der Donaumonarchie – und was von ihr in Erinnerung ist, ist die Regierungszeit Kaiser Franz Josephs – gab es eine Institution, ohne die die altösterreichische Backtradition nicht das wäre, was sie heute noch ist. Als letztes Relikt jener Zeit besteht allüberall, wo einmal k.u.k. Monarchie war – von Prag bis Triest, von Bregenz bis Budapest – das Wiener Caféhaus (wenngleich das erste Wiener Caféhaus bereits im Jahr 1683 öffnete, aber nur Begüterten zugänglich war). Es gibt in Griechenland, der Türkei, in Italien und anderen Ländern Lokale, in denen man Kaffee trinken, auch einen Kuchen verzehren kann. Aber es sind das keine Orte der Gemütlichkeit, des Genießens. In Italien bekommt man einen vorzüglichen Espresso. Aber sein Name sagt schon alles: Er wird express getrunken, man zieht alsbald weiter. Das Wiener Caféhaus dagegen ist ein Ort zum Verweilen.

Es soll auf die Belagerungen Wiens durch die Osmanen zurückgehen. Die Türken tranken damals von morgens bis abends »Kahwe«, der in kleinen Kupferkännchen auf Glut zubereitet wurde, nachdem die selbstgebrannten Bohnen in einem Mörser zerstoßen worden waren. Der Duft des Kaffees, wie die Wiener das Wort verstanden, drang über die Mauern zu den Belagerten. Den begreiflichen Wunsch, von diesem Zaubertrank zu kosten, erfüllte ein gewisser Kolschitzky (dem Namen nach ein echts Weana Kind), ein gerissener Lebensmittel- und Waffenschmuggler. Die Wiener waren hingerissen, verhinderte der Kaffee doch, daß sie bei ihren Wachen einnickten. Als die Türken abzogen, setzte Kolschitzky seinen Kaffee-Ausschank fort. Daß daraus das Caféhaus österreichischer Provenienz entstand, ist Frau Kolschitzky zu verdanken, die eine vorzügliche Mehlspeisköchin war. Sie servierte zum »Türkischen« zuerst ein Kipferl, das zur Erinnerung an die Janitscharen (türkische Fußtruppen) die Form des türkischen Halbmondes erhielt, später dann die »Kaisersemmel«. Und als die Herren Offiziere begannen, zum Kaffee Tarock zu spielen, und nachdem Joseph II. durch die Gewährung der Pressefreiheit das Auflegen von Zeitungen ermöglichte und die Kaufleute begannen, im Caféhaus ihre Geschäftskorrespondenz und die Schriftsteller ihre Romane zu schreiben, erlangten diverse Mehlspeisen einen immer stärkeren Absatz. Schließlich spielten im Caféhaus Musikkapellen auf wie die vom Lanner und vom Strauß. Kurzum, das Caféhaus wurde *der* Zufluchtsort des Österreichers – selbst im kleinsten Nest der Monarchie. Und es erhielt das Gedenken an die k.u.k. Monarchie bis zum heutigen Tag.

Das reiche Angebot an Mehlspeisen geht zurück auf eine kaum zu überbietende Vielfalt alter Backtraditionen aus den unterschiedlichsten Landstrichen. Am altungarischen Hof gab es neben magyarischen Köchinnen, die noch die Backkunst der ungarischen Reiterstämme oder der Kumanen pflegten, Köche, die die bayerische

Gemütliches Ausruhen im Wiener Café Tirolerhof.

Prinzessin Gisela mitbrachte und Jahrhunderte später die bayerische Gemahlin Franz Josephs I., die vielbewunderte Sissi.
Die Habsburger Erblande wiesen von Ober und Unter der Enns über die Steiermark, Krain, Tirol und Vorarlberg bereits eine so variable Konditorkunst auf, daß gar nicht daran gedacht zu werden brauchte, aus dem Habsburger Stammland, der Schweiz, Zuckerbäcker an den Wiener Hof zu holen. Friaul, Triest, alle versuchten, einander zu übertrumpfen. Von Böhmen ganz zu schweigen. In Kroatien gab es altbyzantinische Einflüsse. Und die Türkeninvasion und Besetzung großer Teile Ungarns und Kroatiens, die vor den Türken geflüchteten Serben, die in der pannonischen Ebene angesiedelt wurden, verbreiteten die übersüßen türkischen Spezialitäten.
Als das Wiener Caféhaus entstand, des Österreichers eigentliche Heimstätte, war die Herstellung süßer Variationen ein Wetteifern unter den Cafétiers. Die Musikabende am Wiener Hof und im erzbischöflichen Palais in Salzburg, die Opernabende in Prag, die Soireen im Eszterhazyschen Schloß in Eisenstadt, das alles waren Stätten, wo neben der Musik hohe Backkunst kultiviert wurde.
Manche Spezialitäten erreichten Weltberühmtheit, etwa die Linzertorte, die Sachertorte, die Salzburger Nockerln (die alles andere sind als derbe Nocken). Die Rezepte anderer, wie zum Beispiel die Salzburger Schmankerltorte, wurden als Familiengeheimnis eifersüchtig gehütet. Mehlspeis-Spionage oder gar Prozesse um die Echtheit eines Tortenrezeptes oder die Berechtigung der Namensverwendung waren und sind nichts Seltenes. Der Demel, der Sacher, der Zauner – das waren Namen von Gewicht. Man reiste von weit her, um einmal dort gewesen zu sein.

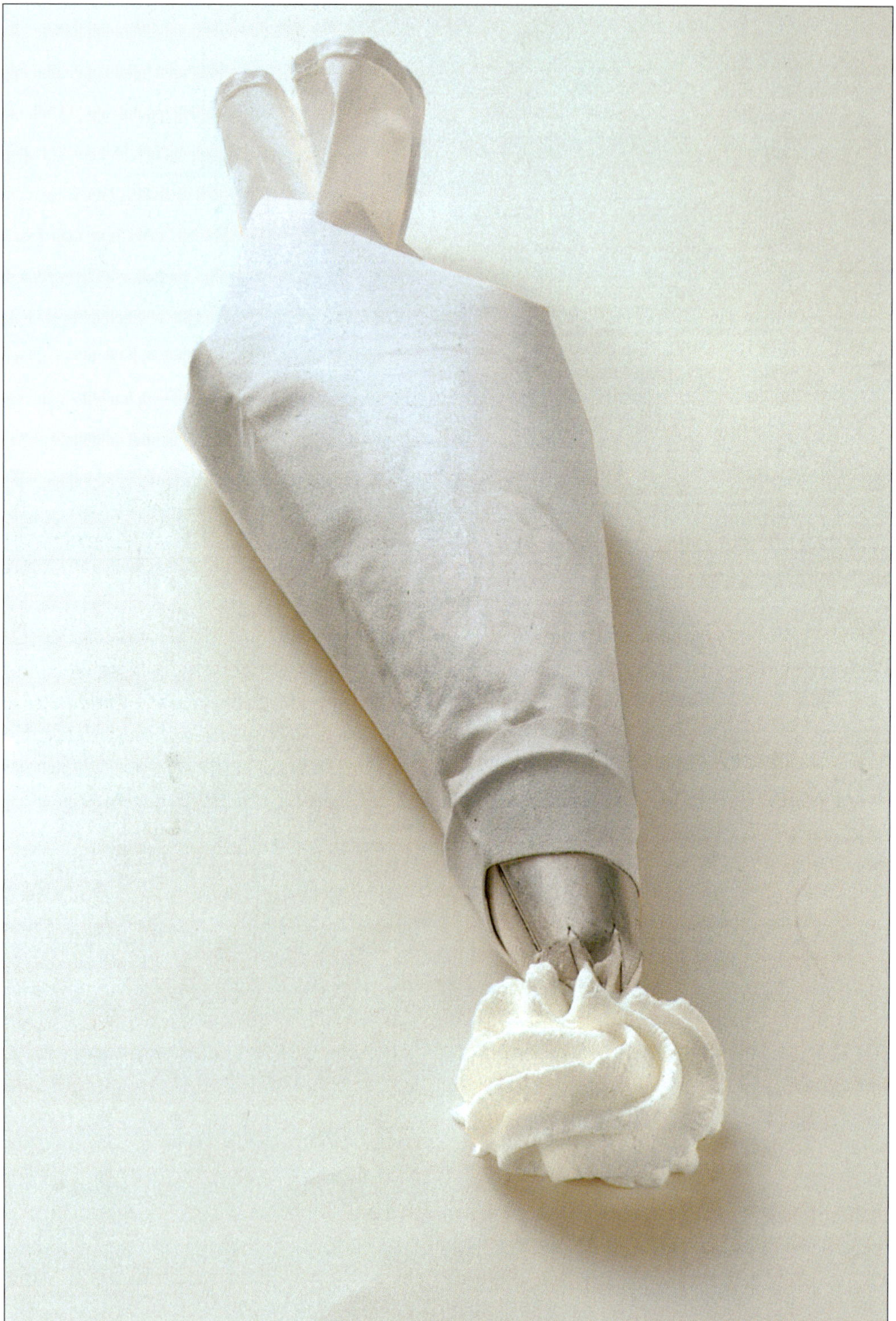

Backpraxis

Genauigkeit und Geduld sind Tugenden, auf die es beim Backen besonders ankommt. Wer improvisieren zu können glaubt, es mit dem Wiegen und Abmessen, mit Zeiten und Temperaturen nicht so genau nimmt und die Anweisungen in den Rezepten nicht exakt befolgt, wird nicht das gewünschte Ergebnis erzielen. Anders als beim Kochen, wo sich manches Mißgeschick oft noch retten läßt, ist beim Backen meist gleich alles verloren.

Neben den Zutaten, die immer frisch und von bester Qualität sein sollten, und einem gut funktionierenden Backrohr sind die Arbeitsgeräte und Formen eine wichtige Voraussetzung für gute Backergebnisse. Es werden in den meisten Rezepten nur solche Geräte eingesetzt, die in einem gewöhnlichen Haushalt sowieso vorhanden sind. Wer sich aber mit gelernten Konditoren messen will, sollte auch über das notwendige Werkzeug verfügen; andernfalls wird es schwer sein, ein optisch vergleichbares, ansprechendes Resultat zu erreichen.

Die Grundzubereitung der Teige und Massen, Cremen, Füllungen und Überzüge sollte eine Muß-Lektüre für alle diejenigen sein, die entweder noch keine ausreichende Erfahrung mitbringen oder ihre bisherigen Kenntnisse verbessern wollen. Mit Hilfe der grundlegenden Arbeitstechniken für die Backstube sollte es schließlich jedem gelingen, einen Kuchen oder gar eine aufwendige Torte, Kleingebäck, Konfekt oder eine der herrlichen warmen Süßspeisen so präsentieren zu können, wie er sich dies beim Lesen des Rezepts erhofft.

Dies gilt gleichermaßen für die traditionellen wie für die modernen Rezepturen dieses Buches. Immer sind die Anforderungen so gehalten, daß sie im häuslichen Bereich nachvollzogen werden können. Die folgenden Basisrezepte vermitteln das Wissen heutiger Zuckerbäckerkunst. Sie sind in einzelnen Arbeitsschritten so beschrieben, daß ein sicheres Gelingen auch dem Nicht-Profi möglich ist. Ein wenig Übung und Erfahrung sollten jedoch hinzukommen, um die Freude am Backen und damit auch die Kreativität zu fördern.

Backzutaten von A–Z

Anis
Dieses auch als süßer Kümmel bezeichnete Doldengewächs ist ein beliebtes Gewürz in der Weihnachtsbäckerei und für Süßspeisen. *Pimpinella anisum,* so der botanische Name von Anis, gedeiht in warmen Klimazonen. Seine graugrün bis bräunlich gefärbten, behaarten Samen bringen ein süßlich-würzendes Aroma mit; Sie werden ganz oder gemahlen verwendet. Die Würzkraft geht rasch verloren, deshalb keinen größeren Vorrat anlegen. →Sternanis

Äpfel
Sie gehören zu den am meisten und vielfältigsten verwendeten Früchten in der Backstube. Das mag daran liegen, daß Äpfel das ganze Jahr über verfügbar sind und sich mit unterschiedlichen Teigarten verarbeiten lassen. Zum Backen sollten reife Früchte ohne Druckstellen verwendet werden, deren feine Säure ein typisches Aroma mitbringt. Beim Schälen und Zerkleinern läuft das Fruchtfleisch bräunlich an. Dies wird verhindert, wenn man das Fruchtfleisch mit Zitronensaft beträufelt oder – bei größeren Mengen – die Fruchtstücke in Zitronenwasser legt und anschließend mit Küchenpapier trockentupft.

Arancini
(auch Aranzini).
Kandierte Orangenschalenstreifen oder -scheiben, geschnitten aus der Schale bitterer oder süßer Orangen, werden abgelaufen oder glasiert angeboten. →Orangeat fällt in Österreich ebenfalls unter den Begriff »Arancini« und kann in den Rezepten genauso verwendet werden.

Arrak
Beliebter Branntwein zum Aromatisieren von Kuchen aus Rührteigen und Glasuren. 38–45 Vol.-%. Er wird aus Reis, Zuckerrohrmelasse oder Toddy, dem zuckerhaltigen Saft der Kokos- oder Dattelpalme, hergestellt. Die hellgelbe bis gelbbraune Spirituose kann wie →Rum verwendet werden.

Backaromen
Diese Aromaessenzen in Öl werden in Minifläschchen in den Geschmacksrichtungen Arrak, Rum, Bittermandel, Zitrone, Orange und Vanille angeboten und aus naturidentischen (synthetischen) oder künstlichen Aromastoffen hergestellt. Sie sind weitestgehend hitzestabil und dürfen wegen des konzentrierten Aromas nur sparsam eingesetzt werden. Besser sind in jedem Fall natürliche Aromen, die aus Pflanzenteilen gewonnen werden.

Backoblaten
Sie dienen als Unterlage von Gebäcken und Konfekt, insbesondere bei der Herstellung von Lebkuchen. Die dünnen Blätter werden aus Auszugs- oder Vollwert-Weizenmehl und/oder Stärkemehl hergestellt, ihre Farbe ist entsprechend weiß oder bräunlich. Sie werden rund und eckig in verschiedenen Größen angeboten. Die tortengroßen Scheiben (als Hälften verpackt) erfüllen als Einlage für saftige Beläge gute Dienste.

Backpulver
Kohlensäurehaltige und -austreibende Substanzen bewirken unter Einfluß von Feuchtigkeit und Hitze die Teiglockerung und das Aufgehen des Teiges. Hauptbestandteil der Mischung ist Natriumhydrogencarbonat. Backpulver wird vor allem bei schweren Teigen eingesetzt, die nicht durch Hefe gelockert werden. Der Handel bietet es in Tütchen an, deren Inhalt für 500 g Mehl ausreicht und die trocken und kühl gelagert werden müssen. Es ist zweckmäßig, das abgewogene Mehl mit dem Backpulver zu mischen, gemeinsam zu sieben und einzumelieren.

Belegfrüchte
→Kandierte Früchte.

Boskoop: *Saftiger, ausreichend süßer Apfel mit frischer Säure und einem kräftigen Aroma. Das gelbe Fruchtfleisch ist anfangs fest und wird später mürbe.*

Golden Delicious: *Bedeutendste europäische Apfelsorte. Nur ausgereifte Früchte sind knackig, saftig und süß – mit feiner Säure und edlem Aroma. Kein typischer Backapfel.*

Jonagold: *Ein saftiger, süßer Apfel mit feiner Säure und ausdauerndem Aroma. Das cremiggelbe, grobe Fruchtfleisch ist anfangs locker und wird später mürbe.*

Cox Orange: *Saftiger, süßer Apfel mit feiner Säure, fruchtigem Geschmack und dem typischen orangenartigen Aroma. Gelbliches, mittelfestes und feines Fruchtfleisch.*

Elstar: *Saftiger, süßlicher Apfel mit feiner Säure und kräftigem Aroma. Das feine, feste Fruchtfleisch ist gelblich bis grünlichgelb und besonders wohlschmeckend.*

Idared: *Saftiger, nicht sehr süßer Apfel mit frischer Säure. Sein weißliches Fruchtfleisch ist fest und mittelfein, der Vitamin-C-Gehalt höher als bei den meisten anderen Sorten.*

Butter

Seit Jahrtausenden wird aus dem abgeschöpften Rahm von Vollmilch die Butter hergestellt. Etwa 25 l Milch werden gebraucht, um 1 kg Butter zu gewinnen. Außer Säuerungskulturen, Carotin und Kochsalz werden der in Molkereien hergestellten Butter keine anderen Substanzen zugeführt. Ihre Konsistenz wird von der Zusammensetzung des Milchfetts entscheidend beeinflußt, Schwankungen werden durch Rahmreifung ausgeglichen. Je nach Rahmreifung werden Sauerrahm-, Süßrahm- und mildgesäuerte Butter unterschieden. Butter besteht aus mindestens 82 % Fett, höchstens 16 % Wasser, bis 0,8 % Eiweiß und 0,7 % Milchzucker. Sie enthält neben essentiellen Fettsäuren und Mineralstoffen (Calcium, Phosphor) die Vitamine A, D und E. Milchfett ist sehr leicht verdaulich, denn sein Schmelzpunkt liegt bei etwa 27 °C. Das macht Butter so bekömmlich. Ihr typischer Eigengeschmack macht die Butter zu einem idealen Backfett. Sie sollte frisch sein, darf also auf keinen Fall »ranzeln«, und wird in der Regel mit Raumtemperatur verarbeitet.

Butterschmalz

Ursprünglich in den Alpenländern entstanden, um auf den Almen hergestellte Butter auch ohne Kühlung haltbar zu machen; Butter wurde durch einfaches Erhitzen und Klären zu Butterschmalz verarbeitet. So geschieht es auch bei der industriellen Gewinnung. Nach dem Erhitzen auf 40–50 °C und dem anschließenden Zentrifugieren der Butter bleibt das flüssige, geklärte, reine Butterfett zurück, dem durch Verdampfen das restliche Wasser fast vollständig entzogen wird. Butterschmalz besteht zu 99,8 % aus reinem Butterfett, 100 g dürfen höchstens 1 g Wasser enthalten. Konservierungsstoffe werden nicht zugesetzt. Für 250 g Butterschmalz müssen 300 g Butter verarbeitet werden.
Zum Backen kann Butterschmalz für alle Teigarten verwendet werden, die mit Fett zubereitet werden.
Aber: Die im Rezept angegebene Fettmenge muß um ein Fünftel reduziert und durch Flüssigkeit ersetzt werden. Für buttergerührte Massen und Sandmassen wird Butterschmalz mit Raumtemperatur verarbeitet. Als Ausbackfett, etwa für Krapfen oder Spritzgebäck, sind 160–170 °C die optimale Temperatur.

Couverture (Tunkmasse)

Couverture ist ein Schokoladeerzeugnis, das zum Tunken (Überziehen) und Glasieren von feinen Backwaren und Konfekt verwendet wird. Dafür ist sie mit ihrem hohen Anteil an Kakaobutter (mindestens 35 %), die ihr die Fließfähigkeit verleiht, in besonderem Maße geeignet. Der Anteil an fettfreier Kakaotrockensubstanz ist für Halbbitter-, Bitter- oder Extrabitter-Couverture vorgegeben, ebenso für die Milchcouverture, die zusätzlich Trockenmilch enthält; der Mindestanteil beträgt 17,5 %, der Rest ist Zucker. Weiße Schokolade hat keinen Kakaobestandteil und dürfte daher gar nicht als Schokolade bezeichnet werden.
→ Glasuren.

Crème double

→ Schlagobers.

Crème fraîche

→ Sauerrahm.

Eier

(Hühnereier).
Eier liefern in konzentrierter Form hochwertige Nährstoffe für die Ernährung des Menschen. Mit einem Ei werden bereits 15 % des Protein-Tagesbedarfs gedeckt. Während der Eidotter hauptsächlich Fett (besonders Lecithin, aber auch Cholesterin), die fettlöslichen Vitamine A, D und E sowie die Mineralstoffe Calcium, Phosphor und Eisen (Spurenelement) enthält, liefert das Eiklar vor allem Wasser, wasserlösliche Vitamine sowie die Mineralstoffe Natrium, Kalium und Chlor.

Gewichts-, Güteklassen
Der Handel bietet frische Eier in 7 Gewichts- und 3 Güteklassen an:

GEWICHTSKLASSE 1:
70 g und mehr
GEWICHTSKLASSE 2:
65 bis unter 70 g
GEWICHTSKLASSE 3:
60 bis unter 65 g
GEWICHTSKLASSE 4:
55 bis unter 60 g
usw. Dieses Zahlensystem wird in Kürze ersetzt durch die Bezeichnungen XL/sehr groß, L/groß, M/mittel und S/klein.

GÜTEKLASSE A
ODER FRISCH:
Frische Eier, bis 14 Tage alt ab Verpackung; saubere, unverletzte Schale; Luftkammer bis 6 mm hoch. Frischeier sind mit dem Mindesthaltbarkeitsdatum gekennzeichnet, anschließend nicht mehr roh verwenden.
GÜTEKLASSE B:
Haltbar gemachte Eier (Kühlung), 2–4 Wochen alt ab Verpackung; Schale kann verunreinigt sein; Luftkammer bis 9 mm hoch.
GÜTEKLASSE EXTRA:
Eier der Klasse A, aber höchstens 7 Tage alt; Luftkammer weniger als 4 mm hoch.

Die Farbe der Eischale hängt allein von der Hühnerrasse ab. Auch die Dotterfarbe sagt nichts über die Qualität aus, da sie über Futterzusätze verändert werden kann.

Die poröse Eischale bringt einige Probleme mit sich. Zum einen können Eier beim Legevorgang oder beim Handling mit Bakterien kontaminiert sein (etwa mit Salmonellen), zum anderen können Gerüche eindringen. Deshalb sollen Eier verpackt, kühl (8–10 °C) und fernab von riechenden Lebensmitteln gelagert werden. *Wichtig:* Nach Ablauf des Mindesthaltbarkeitsdatums sollen Eier mindestens 8 Minuten gekocht oder als/in Speisen über 75 °C erhitzt werden. Statt roh zu verwendender Eier (Weinchaudeau, Cremen) ist pasteurisiertes Vollei, Eiweiß oder Eigelb zu empfehlen, das in 1-Liter-Tetrapackungen (entspricht 20 Eiern) angeboten wird.

Frischeprobe
Ein frisches Ei läßt sich auf folgende Weise erkennen:
SCHÜTTELTEST – beim Schütteln ist absolut nichts zu hören.
AUFSCHLAGTEST – der feste, gewölbte Dotter ist von einem kompakten Eiklarring umgeben.
SCHWIMMPROBE – ein frisches Ei sinkt in einem Glas mit Wasser zu Boden.

Eier sind in der Küchenpraxis vielseitig einsetzbar und unentbehrlich. In der Mehlspeisenküche sind sie Binde- und Lockerungsmittel, insbesondere bei getrennter Verarbeitung von Eidotter und Eiklar. Darüber hinaus bringen Eidotter Farbe und Geschmack mit und wirken als Emulgator.

FONDANTMASSE
Dabei handelt es sich um in Blockform angebotenen Fondant (Fachhandel, Konditoreien), eine schmelzende, milchigweiße Zuckerglasur. Die Masse besteht aus stark eingekochtem Zucker, der zum Verarbeiten geschmolzen werden muß.
→Fondantglasur.

FRITIERFETT (BACKFETT)
Fritieren ist Ausbacken in so viel heißem Fett, daß das Fritiergut, zum Beispiel Krapfen oder Spritzgebäck, darin schwimmen kann. Das Fett muß wasserfrei und ohne Eiweißstoffe sein, damit es die notwendige Temperatur von bis zu 170 °C ohne Spritzen und Verbrennen aushält. Geeignet sind reine Pflanzenfette wie Öl und Palmin sowie →Butterschmalz. Das Fett kann zwei- bis dreimal verwendet werden. Dafür läßt man es abkühlen und gießt es durch einen Papierfilter oder durch ein mit einem Mulltuch ausgelegtes Sieb, um Rückstände der ausgebackenen Gebäckstücke zu entfernen.
Wichtig: Nicht zu viele Gebäckstücke auf einmal in das heiße Fett legen. Die Temperatur sinkt dabei ab, so daß sich die Poren nicht schnell genug schließen und das Gebäck viel Fett aufsaugt.

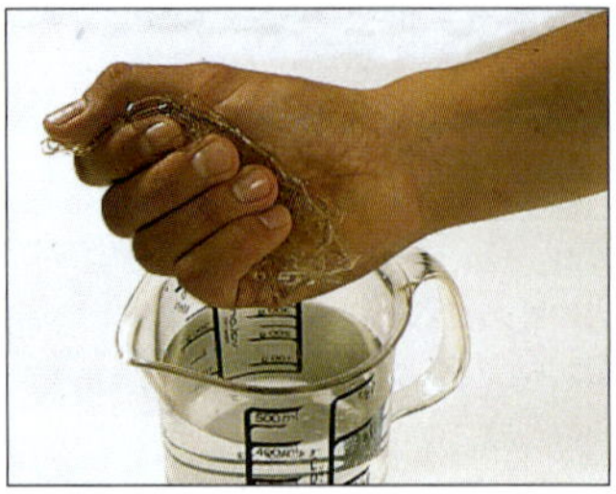

1 ***Blattgelatine auflösen.*** *Einen Becher mit kaltem Wasser füllen. Die Gelatineblätter aufrollen und in das Wasser stellen. Sie müssen vollständig von Wasser bedeckt sein.*

2 *10 Minuten quellen lassen. Herausnehmen und mit den Händen leicht ausdrücken. Dabei prüfen, ob auch die Blattränder gleichmäßig weich geworden sind.*

3 *In einem kleinen Topf bei geringer Hitze (nicht kochen!) oder im Wasserbad auflösen und glattrühren. Oder direkt unter kräftigem Rühren einer heißen Speise zufügen.*

Gelatine

Speisegelatine ist ein geschmacksreines Geliermittel tierischen Ursprungs, das aus kollagenhaltigem Material wie Knochen, Häute, Schwarten u. ä. gewonnen wird. Sie wird in Blattform und gemahlen, farblos und rot angeboten. Gelatine quillt durch Erwärmen auf und hinterläßt beim Abkühlen eine klare Gallerte. Gelatine wird zur Herstellung von Sülzen, Aspik, Gelee- und Cremespeisen eingesetzt. Alternativ kann Agar-Agar (aus Algen gewonnen) verwendet werden.

Germ (Hefe)

Germ zum Backen (Backhefe) ist ein biologisches Triebmittel, das aus lebenden kleinsten Pilzen besteht. Im Zusammenwirken mit Zucker, Mehl, Feuchtigkeit, Wärme und Sauerstoff werden Kohlendioxid und Alkohol freigesetzt (alkoholische Gärung), was die Teiglockerung bewirkt. Der Gärprozeß verleiht dem Germteig seinen typischen Geschmack und Geruch.
Germ wird frisch gepreßt oder trocken vermahlen angeboten. Das Frischedatum beziehungsweise das Verfalldatum auf dem Päckchen sind zu beachten. Frische Germ ist gelblich bis hellgrau, fühlt sich geschmeidig an und läßt sich wie Muschelschalen aufblättern. Zeigt die Germ Risse und dunkle Verfärbungen und ist sie hart geworden, hat sie an Triebkraft bereits stark eingebüßt und sollte nicht mehr verwendet werden. Frische Germ wird am besten in starke Alufolie verpackt und im Kühlschrank (Gemüse- oder Butterfach) aufbewahrt.
→Germteig.

Gewürznelken

Die auch als Nägelchen bezeichneten Gewürznelken (Nelken) sind die noch nicht aufgeblühten, getrockneten, nagelförmigen rötlich- bis schwarzbraunen Knospen des Nelkenbaumes. Das Myrtengewächs *Syzygium aromaticum* gedeiht in tropischen Ländern und in Wassernähe. Gewürznelken geben einen würzigen, aromatischen, brennend feurigen Geschmack ab. Sie werden als ganze Nägelchen oder gemahlen angeboten und sind sparsam zu verwenden, da sich ihr Aroma intensiv mitteilt. Drückt man den Fingernagel in die Knospe, und tritt dabei ätherisches Öl aus, so handelt es sich um eine gute Qualität. Für Lebkuchen und in der Weihnachtsbäckerei, für Kompotte, Kaltschalen und Punsch sind Nelken ein beliebtes Gewürz. Keine großen Vorräte anlegen, Nelken trocknen schnell aus.

Haselnüsse
→Nüsse und Kerne.

Hefe
→Germ.

Hirschhornsalz
Hauptbestandteil dieses Backtriebmittels ist Ammoniumhydrogencarbonat. Als Lockerungszutat wird Hirschhornsalz in Wasser gelöst und dem Teig zugesetzt; es bewirkt durch das in der Backhitze frei werdende Kohlendioxid die Gasbildung. Da gleichzeitig auch Ammoniak freigesetzt wird, verwendet man das Triebmittel ausschließlich zur Lockerung trockener Flachgebäcke, zum Beispiel Lebkuchen, aus denen der eher unerwünschte Geschmack entweichen kann. In Verbindung mit Luft zersetzt sich Hirschhornsalz und muß deshalb in einem luftdicht verschlossenen Behälter aufbewahrt werden.

Honig
Honig, eines der ältesten Nahrungsmittel auf unserer Erde, wird weltweit in allen klimatisch günstigen Regionen gewonnen. Da die Bienen Nektar und Sekrete von blühenden Pflanzen, Bäumen, Hölzern und Blättern sammeln, ist die Vielfalt der Geschmacksrichtungen entsprechend groß. Mit körpereigenen Sekreten angereichert, speichern die Bienen die Ausgangsstoffe in Waben, wo sie heranreifen. Durch Verdeckeln der Waben zeigen sie an, daß die Reife abgeschlossen ist und der Imker den Honig »ernten« kann. Nach den Ausgangsstoffen – Blütennektar und Honigtau von Laub- und Nadelbäumen – wird unterschieden zwischen Blütenhonig (Akazie, Kastanie, Linde, Heide, Raps, Thymian, Orangen usw.) und Honigtau- oder Waldhonig (Tanne, Fichte, Blatthonige). Während Blütenhonig dickflüssig, hell und durchscheinend ist, ist Honigtauhonig dunkler, weniger süß und besitzt ein arteigenes, würziges Aroma. Die Sortenbezeichnung erfolgt schließlich nach dem spezifischen Ausgangsstoff.
Honig besteht zu nahe 80 % aus Zucker (Invertzucker), der Wasseranteil darf nicht größer als 21 % sein. Die Inhaltsstoffe sind für den Menschen unbedeutend.
Bis der Zucker die Küchen der Welt eroberte, war Honig das Süßungsmittel der Pâtissiers. Noch heute ist er in der Weihnachtsbäckerei mit ihren zahlreichen Lebkuchen- beziehungsweise Honigkuchenrezepten nicht wegzudenken, in denen – verständlich – nur reiner Bienenhonig verwendet wird. Übrigens: Kandierter Honig wird durch langsames Erwärmen bei 40 °C im Wasserbad wieder flüssig.

Ingwer
Als Gewürz wird der Wurzelstock einer mehrjährigen Staude *(Zingiber officinale)* verwendet. Die Wurzel wird getrocknet im Stück oder vermahlen, in Sirup eingelegt und kandiert angeboten. Der Geschmack ist brennend scharf, leicht süßlich, mit bitterer Note. Für Backwaren und Süßspeisen ist Ingwer neben vielen anderen Verwendungen, vor allem in der indischen Küche, ein beliebtes Gewürz.

Kaffee
Starker Filterkaffee (Mocca) wird gern zum Aromatisieren von Cremen, Teigen und Massen, Füllungen und Glasuren verwendet. Lösliches Kaffeepulver wird dort eingesetzt, wo eine zusätzliche Flüssigkeitsmenge unerwünscht ist.

Kakao
Kakaopulver entsteht durch Vermahlen des sogenannten Kakaopreßkuchens. Das Ausmaß, in welchem die Kakaobutter herausgepreßt wurde, entscheidet über den Fettgehalt des Pulvers. Gewöhnliches Kakaopulver hat einen Mindestfettgehalt von 20 %, fettarmes Kakaopulver nur 8 %. In den Rezepten wird reines Kakaopulver ohne Zuckerzusatz verwendet.
Es gibt Teigen Farbe und Geschmack und wird zweckmäßigerweise vorher gesiebt, um Klümpchenbildung zu vermeiden.

KANDIERTE FRÜCHTE
Kandieren von Früchten setzt das Dickziehen voraus, eine Methode, bei der das in den Früchten – aber auch in Blüten und Stengeln – enthaltene Zellwasser durch Zuckersirup ersetzt wird. Dafür können die Früchte ganz belassen bleiben oder in Hälften, Viertel oder Scheiben zerteilt werden. In

Sirup eingelegt heißen sie DICKZUCKERFRÜCHTE, abgelaufen/abgetropft BELEGFRÜCHTE, glasiert sind es die GLASIERTEN und kandiert die KANDIERTEN FRÜCHTE.

Die am häufigsten verwendeten Früchte sind Ananas, Feigen, Kirschen, Maroni (»Marrons glacés«), Orangen, Pflaumen, Walnüsse und Zitronen. Kandierte Rosen- oder Veilchenblüten sowie Angelika und Ingwer werden gern als Garnitur verwendet. →Arancini, →Orangeat, Zitronat.

KARDAMOM
(Cardamom).
Als Gewürz werden sowohl die ausgereiften und getrockneten Kapseln als auch die Samen (Cardamomsaat) der Tropenpflanze *Elettaria cardamomum* eingesetzt. Sie werden im ganzen oder gemahlen eingesetzt. Der Geschmack ist leicht süßlich und erinnert an Eukalyptus.

Kardamom wird für Lebkuchen, Printen und Weihnachtsgebäck verwendet und ist auch in der Lebkuchengewürzmischung (Neunerlei) enthalten.

KARLSBADER OBLATEN
Dies sind runde, flache Waffeln mit einer dünnen Mandel-Zucker-Füllung und einem Durchmesser von 10–20 cm. Die typische Prägung zeichnet sie als ursprüngliche Spezialität aus Karlsbad aus. Sie werden in traditionellen k.u.k. Rezepten gern verwendet. – Die Konditorei Zauner in Bad Ischl bietet vergleichbare Oblaten an, nach traditioneller Rezeptur mit einer Mandel-Vanille-Füllung.

KOKOSRASPEL
→Nüsse und Kerne.

Koriander
Die getrockneten kugelförmigen Spaltfrüchte von *Coriandrum sativum* sind von alters her ein beliebtes Gewürz. Der Geschmack ist süßlich-scharf, brennend und erinnert an Orangenschalen. Wird vor allem für Lebkuchen, Spekulatius und Printen verwendet.

Korinthen
→Rosinen, Sultaninen, Korinthen.

Mandeln
Mandeln, die Früchte des Mandelbaumes *(Prunus dulcis)*, zählen zu den begehrten Backzutaten. Zu unterscheiden sind die süßen Mandeln (var. *dulcis*) von den Bittermandeln (var. *amara*) und den Krachmandeln (var. *fragilis*). Die süßen Mandeln werden wie →Nüsse und Kerne angeboten und verwendet, ohne sie gäbe es kein Marzipan. Bittermandeln enthalten die giftige Blausäure und dürfen deshalb nur in geringen Mengen (unter 5%) zusammen mit süßen Mandeln verwendet werden; im Haushalt werden sie überwiegend durch Bittermandelöl ersetzt.

Margarine
Sie bringt ähnliche Backeigenschaften mit wie die →Butter, nicht jedoch deren guten Geschmack, weshalb in den Rezepten dieses Buches auf ihre Verwendung verzichtet wird. Da ihr Schmelzpunkt höher liegt als der von Butter, ist sie vor allem für Knet- und Rührteige alternativ einsetzbar. Für die Herstellung von Plunder- und Blätterteig wird eine Spezialmargarine (Ziehmargarine) hergestellt.

Marzipanrohmasse
Diese vorgefertigte Masse aus Mandeln und Zucker, die auch begrenzte Mengen bittere Mandeln enthalten kann, dient der Weiterverarbeitung zu Modelliermarzipan und als Backzutat. Sie wird in Haushaltsgrößen ab 125g im Handel angeboten. Die Rohmasse wird in Teigen und vor allem in der Makronenmasse verarbeitet. Bei der Konfektherstellung, zum Eindecken von Torten und zum Modellieren ist sie unverzichtbar.

Marzipan anwirken

1 *Zerbröckelte Rohmasse und Staubzucker im Verhältnis 1:1 auf die Arbeitsfläche geben.*

2 *Die Rohmasse zunächst mit den Fingern mit einem Teil des Staubzuckers verbröseln.*

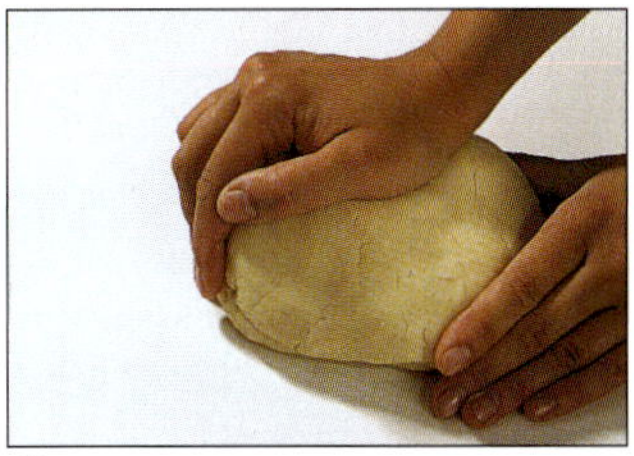

3 *Rasch und nicht zu lange zusammenwirken, das angewirkte Marzipan wird sonst leicht brüchig.*

1 ***Mandeln schälen.*** *Die Mandeln in kochendes Wasser geben, einmal aufsprudeln lassen und abseihen.*

2 *Mit kaltem Wasser abschrecken. Jede Mandel einzeln aus der Haut drücken, auf einem Tuch trocknen lassen.*

Mehl
Für die Zubereitung von Mehlspeisen wird überwiegend Weizenmehl verarbeitet, jedoch in unterschiedlichen Ausmahlungsgraden. Wird das ganze Korn vermahlen, so beträgt der Ausmahlungsgrad 100 % (Vollkornmehl). Je weniger Schalenanteile (Kleie) im Mehl enthalten sind, desto geringer ist der Ausmahlungsgrad, was in der Typenbezeichnung zum Ausdruck kommt. Weizenmehl der Type 480 (niedrigste Mehltype) ist rein weißes, feinstes Mehl mit einem hohen Stärkegehalt (jedoch einem geringeren Eiweiß-, Vitamin- und Mineralstoffgehalt als bei höheren Mehltypen). Als GLATTES WEIZENMEHL eignet es sich besonders gut für Strudelteig, Biskuitmassen, feinporige Rührteige und Nockerln. Als GRIFFIGES MEHL (= fühlbar körnig) wird es vor allem für die Zubereitung von Knödeln gebraucht. Bei der Herstellung von Nudelteigen werden glattes und griffiges Mehl häufig miteinander vermischt. Der im Mehl enthaltene Kleber quillt in Flüssigkeit auf. Er ist für die Gerüstbildung von Teigen verantwortlich. Bei etwa 70 °C gerinnt er und bewirkt in Verbindung mit der im Mehl enthaltenen Stärke die Krumenbildung.

Milch
Für Mehlspeisen wird ausschließlich Kuhmilch verwendet – pasteurisierte Vollmilch mit 3,6 % Fettgehalt. Angebrochene Flaschen oder Tetrapackungen gut verschlossen im Kühlschrank aufbewahren, da Milch sehr leicht Fremdgerüche aufnimmt.

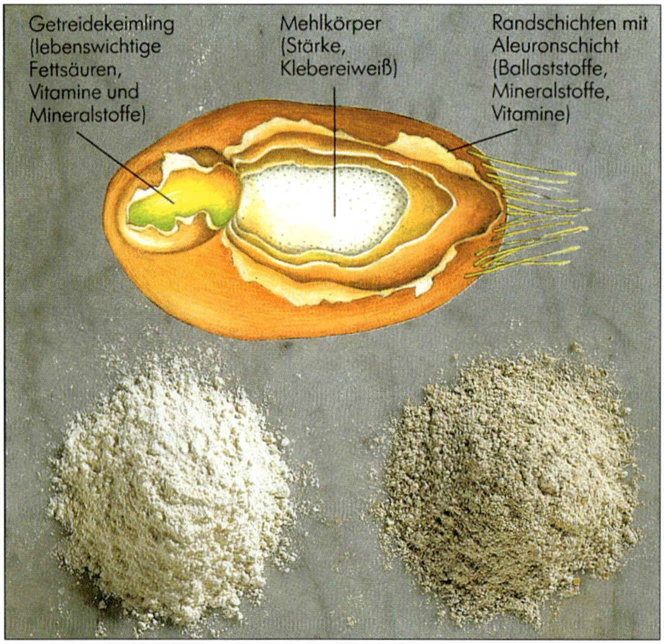

Mohn
Die blauschwarzen Samen der Mohnpflanze *(Papaver somniferum)* sind eine beliebte Backzutat für Teige und Füllungen sowie zum Bestreuen von Gebäcken. In Österreich ist als feiner Mohn der Waldviertler Graumohn bekannt. Vor der Verwendung wird der Mohn gemahlen (Mohnmühle, Mixer), um das Aroma seines feinen Öles freizugeben. *Wichtig:* Gemahlenen Mohn nicht bevorraten, er wird sehr schnell ranzig.

Muskat
Der tropische Muskatnußbaum *(Myristica fragrans)* liefert uns mit seinen Früchten gleich zwei Gewürze: MUSKATBLÜTE und MUSKATNUSS. Die Muskatblüte ist der rote Samenmantel (= Macis), der den Samenkern (die Muskatnuß) umschließt. Er wird entfernt, getrocknet und ganz, gebrochen oder gemahlen als Gewürz angeboten. Auch der Samenkern wird getrocknet und anschließend als ganze Nuß, die frisch gerieben wird, oder gemahlen angeboten. Beide Gewürze werden in der Weihnachtsbäckerei und für spezielle Gewürzkuchen eingesetzt.

Natron

(Natriumhydrogencarbonat). Ist Bestandteil des →Backpulvers und wird als Trieb- und Lockerungsmittel für schwere Teige verwendet.

Nougatmasse

Diese Masse entsteht durch Zerreiben gerösteter und fein geriebener Haselnüsse oder Mandeln mit Zucker und wird anschließend mit →Couverture versetzt. Der Geschmack wird vom Ausmaß des Röstens, die Farbe von der verwendeten Couverture (weiße, Milch- oder Bitter-Couverture) bestimmt. Nougatmasse wird in der Konfektherstellung als Füllung und zum Zusammensetzen von Tee- und Weihnachtsgebäck verwendet. Sie ist in Kleinpackungen erhältlich.

Nüsse und Kerne

Frisch geriebene oder gehackte Nüsse geben ihr typisches Aroma besser ab als abgepackte Handelsware. Sie können in Teigen – anstelle eines Mehlanteils –, Massen und Füllungen verwendet werden. Ganz, halbiert oder blättrig geschnitten, oft auch zusätzlich geröstet, sind sie dekorative Zutat für zahlreiche Gebäcke. Angebrochene Packungen gekaufter Handelsware bald verbrauchen, denn Nüsse verlieren rasch an Aroma und werden aufgrund ihres Ölanteils schnell ranzig. Am meisten verwendet werden:

Haselnüsse rösten und schälen

1 Die Haselnüsse auf einem trockenen Backblech bei 180 °C in das vorgeheizte Backrohr schieben.

2 Die Nüsse rösten, bis die braune Haut aufspringt. Aus dem Ofen nehmen und etwas abkühlen lassen.

3 Die Nüsse portionsweise in ein sauberes Küchentuch geben und die Häute mit dem Tuch kräftig abreiben.

Haselnüsse: Sie werden ungeschält und geschält, gehackt, gehobelt und gerieben (gemahlen) angeboten.
Kokosraspel (Kokosflocken): Mittel bis fein zerkleinertes Fruchtfleisch der frischen Kokosnuß mit einem Feuchtigkeitsgehalt von 3 %. Die Ware wird ungeschwefelt angeboten und ist deshalb nur begrenzt haltbar. Kokosmakronen sind die bekannteste Verwendung für die Kokosraspel.
Macadamianüsse: Nur die Kerne dieser überwiegend in Australien geernteten Nuß werden angeboten. Sie sehen aus wie große, geschälte Haselnußkerne und sind besonders aromatisch. Neben dem zur Zeit so beliebten gesalzenen Knabberprodukt werden auch ungesalzene Kerne angeboten.

Nüsse hacken

Die Nüsse auf einer Arbeitsfläche, am besten auf einem Nudelbrett verteilen. Das Messer an beiden Enden der Klinge fassen und die Nüsse kreuz und quer hacken, bis die gewünschte Zerteilung erreicht ist. Oder die Nüsse in eine Plastiktüte füllen und mit dem Nudelwalker darüberrollen.

Pekannüsse: In ihrer Schale sehen sie wie langgestreckte Haselnüsse, geknackt wie flache Walnüsse aus. Sie schmecken auch ähnlich wie Walnüsse, sind aber noch aromatischer und ölhaltiger als diese und können wie diese verwendet werden. Die Nüsse werden im ganzen und als halbierte Kerne angeboten.

Pinienkerne: Es sind die eßbaren Ölsamen einer Mittelmeer-Pinienart *(Pinus pinea),* weiß, stiftförmig, mit mandelähnlichem, leicht harzigem Geschmack. In der Backstube werden sie in der Regel im ganzen als Garnitur verwendet.

Pistazien: Frucht des Pistazienbaums oder -strauchs *(pistacia vera),* deren helle Samenschale einen hellgrünen, länglichen Samenkern umschließt, der von einer uneinheitlich gefärbten Samenhaut umgeben ist. Pistazien sind teuer. Sie werden in der Schale und als Samenkerne (mit Haut und enthäutet) angeboten und überwiegend für Cremen, Füllungen, Konfekt und als Garnitur verwendet. Pistazien werden außerdem gesalzen angeboten und sind eine beliebte Knabberei zum Wein.

Walnüsse: Als Nuß in der harten Schale gekauft, bewahrt vor allem die Walnuß ihr Aroma am besten. Walnußkerne, die als Hälften oder Bruch angeboten werden, »ranzeln« schnell. Gerieben im Teig, die Hälften als Garnitur von Torten und Gebäck sowie bei der Konfektbereitung, so werden sie am häufigsten eingesetzt.

Orangeat, Zitronat

Diese beiden zählen zu den am meisten verwendeten →kandierten Früchten beim Backen. Beides sind kandierte Fruchtschalen – Orangeat die der Pomeranze, einer Bitterorange, und Zitronat (Sukkade) die der Zedrat- oder Zitronatzitrone, einer besonders dickschaligen Frucht. Beide werden als halbe Schalen, glasiert und nicht glasiert, und als kleine Würfel angeboten; sie sind auch zusammen mit anderen kandierten Früchten in Backmischungen enthalten. Sie werden Teigen zugesetzt und als Garnitur verwendet.

Pottasche

(Kaliumcarbonat). Dieses Triebmittel lockert Lebkuchen- beziehungsweise Honigkuchenteige. Es wird ausschließlich für Flachgebäcke verwendet, aus denen der Laugengeschmack entweichen kann.

Rahm

→Sauerrahm, →Schlagobers.

Rosenwasser

Es ist ein Nebenprodukt bei der Gewinnung von Rosenöl (= ätherisches Öl aus den Blütenblättern verschiedener Rosenarten). Rosenwasser ist eine wichtige Aromazutat bei der Herstellung von selbst zubereitetem Marzipan, wird aber auch für manche Weihnachtsgebäcke und Glasuren verwendet.

Orangeat und Zitronat.

Rosinen, Sultaninen, Korinthen
Bei allen dreien handelt es sich um getrocknete helle oder dunkle Weinbeeren. Rosinen sind dunkel und werden mit und ohne Kern gehandelt. Sulatinen sind heller und immer kernlos. Während Rosinen und Sultaninen von großen Weinbeeren stammen, werden für Korinthen kleine, kernlose blaue Früchte getrocknet, deren Aroma intensiver ist als das von Rosinen. Korinthen werden grundsätzlich ungeschwefelt gehandelt. Rosinen und Sultaninen können geschwefelt sein (muß deklariert werden), auch dürfen sie mit zugelassenen Ölen behandelt werden, um ein Zusammenkleben zu verhindern.
Getrocknete Weinbeeren sollten vor der Verwendung gründlich in warmem Wasser gewaschen und sorgfältig abgetrocknet werden. Um ein Absinken während des Backens, zum Beispiel bei einem Kastenkuchen aus leichtem Rührteig, zu verhindern, werden sie am besten mit dem Mehl vermischt, bis sie gleichmäßig überzogen sind, und dann gemeinsam einmeliert.

Rum
Dieser Zuckerrohrbranntwein verfügt über ein ausgeprägtes Aroma, das sich Gebäcken, Füllungen und Glasuren bestens mitteilt. Der Mindestalkoholgehalt beträgt 38 Vol.-%, handelsüblich sind 40–45 Vol.-%. Im Grog ist er unverzichtbar und wird auch gern in Tee getrunken. Der österreichische Rum – mit dem Zuckerrohrbranntwein nicht verwandt – ist eine spezielle Geschmackskomposition, die zu allem paßt, was Vanille und Walnuß enthält. Und er ist ein beliebter Aromaträger in Süßspeisen, Tee (Jagertee!) und Grog.

Safran
Er ist das teuerste Gewürz der Welt. Safran sind die getrockneten Blütennarben einer Krokusart *(Crocus sativus)* und wird zum Färben (safrangelb) und Aromatisieren eingesetzt. Der Geschmack ist würzig und leicht bitter bis scharf. Safran wird ganz oder gemahlen gehandelt. In der Mehlspeisenküche ist vor allem die Gelbfärbung erwünscht.

Sauerrahm
Er wird aus süßem Rahm hergestellt und unter Einsatz von Milchsäurebakterien gesäuert. Sein Fettgehalt liegt zwischen 15 und 40%. Die in Deutschland angebotene saure Sahne hat dagegen einen Fettgehalt von nur 10%. Crème fraîche ist ein mild gesäuerter Rahm mit einem Fettgehalt von mindestens 30%, sie wird bis zu 40% Fett angeboten. Unter der Bezeichnung Schmand wird ein Sauerrahmprodukt mit einem Fettgehalt zwischen 20 und 30% angeboten.

Schlagobers
(Schlagrahm)
Schlagobers, flüssig verwendet oder aufgeschlagen, ist eine unverzichtbare Zutat bei der Zubereitung von Cremen, Füllungen und Konfektmassen. Sein Fettgehalt liegt zwischen 30 und 36%. Crème double ist mit über 40% ein besonders fetter Rahm.

Schokolade
Wird in den Rezepten nicht ausdrücklich →Couverture (Tunkmasse) verlangt, ist von Tafelware in guter Qualität auszugehen. Die Qualität von Schokolade wird vor allem von der verwendeten Kakaobohne bestimmt (Criollo = Edelkakao, Forastero = Konsumkakao) sowie vom Anteil der Kakaobutter und des Zuckers. Je nach Kakaoanteil sind die Geschmacksrichtungen festgelegt. Zartbitter- beziehungsweise Halbbitter-Schokolade enthält mindestens 50%, Bitterschokolade mindestens 60% Kakaobestandteile, Milchschokolade dagegen nur mindestens 25%, Vollmilch-Schokolade mindestens 30%.
→Schokolade schmelzen.

Stärkemehl
(Speisestärke)
Stärke ist ein Verdickungs- und Bindemittel, das überwiegend aus Weizen, Reis, Mais und Erdäpfeln gewonnen wird. Beim Backen erfüllt sie eine besondere Aufgabe. Während die alleinige Verwendung von Mehl zu einer relativ groben Krumenbildung führt, wird ein Teig oder eine Masse durch Zugabe von Stärkemehl feinporiger (dabei wird meist ein Teil des Mehls durch Stärkemehl ersetzt). Bei gemeinsamer Verwendung werden Mehl und Stärkemehl miteinander gesiebt.

Sternanis
Die ausgereifte, getrocknete sternförmige Frucht eines Sternanisgewächses *(Illicium verum)* kommt im ganzen oder vermahlen in den Handel. Ihr kräftiger Geschmack erinnert an Fenchel und Anis, ist aber bitterer und schärfer. Wer ein weniger ausgeprägtes Aroma vorzieht, entfernt die Samen aus den Sternen und verwendet nur die Samen. Sternanis, der übrigens nicht mit dem →Anis verwandt ist, wird für kräftig gewürztes Weihnachtsgebäck, Lebkuchen, Süßspeisen, Pflaumen- und Birnenkompott sowie verschiedene Konfitüren verwendet.

Sultaninen
→Rosinen, Sultaninen, Korinthen.

Topfen
Topfen ist ein Frischkäse, der in unterschiedlichen Fettgehaltsstufen angeboten wird – vom Topfen mit 10 % Fett in der Trockenmasse bis zum 40 %igem. Magertopfen mit nur 5 % F.i.T. enthält absolut kaum noch Fett. Die Handelsware ist fast ausschließlich passiert. Die Mehlspeisenküche wäre ohne Topfen unvorstellbar: Strudel, Torten, Rouladen, Knödel, Nockerln, Palatschinken stehen stellvertretend für eine Vielzahl von typischen Rezepten.
Topfen sollte möglichst frisch verwendet und kühl und dunkel aufbewahrt werden. Überlagerter Topfen schmeckt bitter und verdirbt jede Zubereitung.

Tunkmasse
→Couverture.

Vanille
Als das edelste Gewürz schlechthin werden die schwarzbraunen, bis zu 25 cm langen, getrockneten Kapselfrüchte (gemeinhin Schoten genannt) einer Orchideenart *(Vanilla planifolia)* bezeichnet. Der Aromastoff, das süßlich schmeckende, milde Vanillin, wird durch Fermentation aufgeschlossen. Die in Glasröhrchen oder Stanniol angebotenen Schoten enthalten das dunkle Mark mit zahlreichen kleinen Samenkörnchen. Von den unterschiedlichen Qualitäten wird bei uns die Bourbon-Vanille am höchsten eingestuft. Verwendet werden die Schoten – im ganzen, aufgeschlitzt oder nur das ausgeschabte Mark – oder das Vanillepulver (vermahlene Vanilleschoten). Vanille würzt Teige, Massen, Cremen sowie Füllungen und gibt der Schokolade ihr feines Aroma.

Vanillezucker
Er wird mit zerkleinerten Vanilleschoten oder Vanilleextrakt zubereitet und kann ganz einfach selbst hergestellt werden. In allen Rezepten dieses Buches wird »echter« Vanillezucker verwendet. Vanillinzucker dagegen wird mit dem synthetischen (naturidentischen) Aromaträger Vanillin hergestellt.

Vanillezucker herstellen

Vanilleschoten quer halbieren, längs aufschlitzen und das Mark herausschaben (anderweitig verwenden). Ein luftdicht verschließbares Glas mit feinstem Kristallzucker füllen und die leeren Schoten hineinstecken. 1 Woche stehen lassen.

WAFFELBLÄTTER
Für gefüllte Waffeln gibt es im Spezialhandel große Waffelblätter (27 × 37 cm) zu kaufen. Sie sind auf einer Seite mit einer Prägung versehen, deren Vertiefungen reichlich Fülle aufnehmen können, die andere Seite ist flach geprägt. Die Waffelblätter werden aus Weizenmehl, Pflanzenfett, Salz und Natriumhydrogencarbonat gebacken.

WALNÜSSE
→Nüsse und Kerne.

ZIMT
Als Gewürz wird die getrocknete Rinde des Zimtbaums verwendet. Grundsätzlich ist zwischen zwei Sorten zu unterscheiden: CEYLON-ZIMT oder KANEEL sind kleine hellbraune Röllchen mit etwa 1 cm Durchmesser, sein Aroma ist süßlich und angenehm würzig. Bei CHINA-ZIMT oder CASSIA, in der Qualität minderer, ist die außen braune und innen dunklere Rinde nur einseitig gekrümmt; je heller seine Farbe, desto besser ist seine Qualität. Er ist im Geschmack kräftiger als Ceylon-Zimt. Zimt wird als Stangenzimt oder gemahlen angeboten. Er wird besonders gern für Lebkuchen und in der Weihnachtsbäckerei sowie für warme Süßspeisen, Cremen, Speiseeis und Konfekt verwendet.

ZITRONAT
→Orangeat, Zitronat.

ZUCKER
Zucker zählt in der Ernährungslehre zur Gruppe der Kohlenhydrate und ist ein reiner Energielieferant, das heißt, er liefert keine Vitamine, Mineralstoffe und Ballaststoffe, sondern ausschließlich »leere« Energie (Kalorien). Er wird aus dem Zuckerrohr und der Zuckerrübe gewonnen, entsprechend werden Rohr- und Rübenzucker unterschieden. Im Verlauf des mehrstufigen Gewinnungsverfahrens fällt zunächst der braune Rohzucker an, aus dem nach dem Reinigen, Klären und dem erneuten Auskristallisieren die schneeweiße Raffinade höchster Qualität entsteht. Diese Raffinade kommt in unterschiedlichen Körnungen in den Handel: in feinster Form als Puderzucker, staubfein vermahlen als Staubzucker, sehr fein ausgesiebt als feinster, weniger fein ausgesiebt als feiner Kristallzucker, grobkörnig als Hagelzucker, angefeuchtet und gepreßt als Würfelzucker und schließlich als Kandis, der aus den reinen Klärlösungen hergestellt wird. Bei der Zubereitung von Teigen wie Germteig unterstützt er die Gärung; durch leichtes Karamelisieren in der Hitze des Backrohrs gibt er den Teigen Bräune. Seine wichtigste Funktion ist jedoch der süße Geschmack.

Das Backrohr

Moderne Backrohre verfügen in der Regel über zwei alternativ zu schaltende Heizsysteme, nämlich Strahlungshitze (Ober- und Unterhitze) und Heißluft. Beide sind mit Temperaturwählern zu schalten und gewährleisten ein gleichmäßiges Backergebnis. Dies ist bei Gasbackrohren nicht generell der Fall.

Mit Strahlungshitze wird auf einer Ebene gebacken. Mit Heißluft, bei der die Wärme über einen Ventilator ständig umgewälzt und gleichmäßig im gesamten Backraum verteilt wird, kann auf zwei Ebenen gebacken werden, das heißt, es können zwei Backbleche gleichzeitig eingeschoben werden, jeweils mit einer Einschubleiste Zwischenraum.

Für das Einschieben verfügt der Backraum in der Regel über vier Einschubleisten. Welche zu wählen ist, hängt von der Höhe des Gebäcks ab und vom Zweck des Backprozesses. Wegen der unterschiedlichen Ausstattung der Backrohre kann als Grundregel nur gelten: Die unteren Einschubleisten werden zum eigentlichen Backen (= Garwerden) von Kuchen und Gebäcken genutzt; im oberen Bereich werden Oberflächen abgeflämmt beziehungsweise gebräunt.

Formkuchen werden immer auf dem Grillrost eingeschoben, damit die Hitze von unten die Form erreichen kann. Dies wäre, würde die Form auf das Backblech gestellt, unmöglich.

Das Backrohr sollte in jedem Fall vorgeheizt werden, das heißt, die im Rezept genannte Temperatur sollte erreicht sein, wenn das Gebäck eingeschoben wird. Bei Strahlungshitze wird eine Temperatur von 200 °C nach etwa 15 minütigem Vorheizen erreicht, bei Heißluft bereits nach 5–10 Minuten.

Wichtig: Verglichen mit Strahlungshitze liegen die Temperaturen bei Heißluft allgemein um 20 °C niedriger. Werden im Rezept 200 °C angegeben – alle Rezepte gehen von Strahlungshitze aus –, dürfen bei Heißluft höchstens 180 °C eingeschaltet werden. Die Backzeit bleibt jedoch immer gleich.

Die angegebene Temperatur bleibt, wenn im Rezept nicht anders vermerkt, unverändert eingeschaltet, bis das fertige Gebäck aus dem Rohr genommen werden kann.

Leider sind Backrohre »Individuen«, kein Rohr backt wie das andere, das heißt, die im Rezept genannte Temperatur wirkt in Verbindung mit der Backzeit nicht in jedem Backrohr auf dieselbe Weise. Jeder muß durch Probieren sein Rohr kennen lernen, muß Temperatur und Zeit kontrollieren und gegebenenfalls regulieren. Beobachten durch das Sichtfenster während des Backvorgangs ist also unerläßlich. Abweichungen sollten beim Rezept vermerkt werden, um beim nächsten Mal problemlos das gewünschte Backergebnis zu erzielen.

Hinweise

- Wird im Rezept gefordert, die Backrohrklappe beziehungsweise -tür einen Spalt offen zu halten, klemmen Sie einen hitzebeständigen Kochlöffel zwischen das Gehäuse und die obere Ecke der Klappe.
- Die ständig »blasende« Heißluft trocknet Gebäcke und Speisen leichter aus als Strahlungshitze.
- Lesen Sie sorgfältig die Herstellerangaben zu Ihrem Backrohr.

Backformen, Geräte und Hilfsmittel

Backformen

Hier werden nur die Formen beschrieben, die als Grundausstattung in jeden Haushalt gehören. Das Backblech bleibt unberücksichtigt, da es zur Ausstattung des Backrohrs gehört.
Das Material der Backformen ist auf das Backrohr abzustimmen und entsprechend den gewünschten Eigenschaften auszuwählen.
Weissblech bringt in Gasbackrohren bessere Ergebnisse als im Elektrobackrohr, wo es eine schlechtere Bräunung erzielt; es ist aufwendig in der Pflege.
Schwarzblech ist für das Elektrorohr besser geeignet als für das Gasbackrohr; es bräunt gleichmäßig und ist unproblematisch in der Pflege.
Antihaftbeschichtete Backformen gibt es mit Teflon- und Silikonbeschichtung. Dem Silikon ist der Vorzug einzuräumen, denn es bringt in allen Backrohren gleichmäßige Ergebnisse und ist einfach in der Pflege.
Keramik (Steingut) ist ebenfalls in allen Backrohren brauchbar, bringt aber den Nachteil von längeren Backzeiten mit sich, weil das Material die Wärme erst einmal aufnehmen muß, ehe es sie auf den Inhalt übertragen kann.

Obstkuchenform

Es gibt sie mit glattem und gewelltem Rand. Die Form hat einen Durchmesser von 24, 26, 28 und 30 cm, der Rand eine Höhe von 3 cm. Besonders praktisch sind Formen, bei denen der Boden als ebene Scheibe herausgehoben werden kann. Damit ist es dann kein Problem, einen gebackenen Tortenboden aus der Form zu lösen und nach dem Auskühlen auf die Tortenplatte zu heben. Obstkuchenformen in Portionsgröße, sogenannte Torteletteförmchen, gibt es mit 8, 10 und 12 cm Durchmesser.

Springform

Sie ist die im Haushalt gebräuchlichste runde Backform und besteht aus einem Bodenblech und einem mit Hilfe eines Klappverschlusses abnehmbaren Formrand. Der Handel bietet Größen bis zu 30 cm Durchmesser an. Viele Hersteller liefern einen auswechselbaren Kranzkucheneinsatz gleich mit.

Kastenform

Ihre Breite ist vorgegeben, ihre Länge variabel bis 30 cm. Wer sich nicht mehrere unterschiedlich lange Kastenformen in den Schrank stellen möchte, kann sich im Fachhandel eine Form mit verstellbarer Länge besorgen; sie ist von 22 cm bis auf 38 cm ausziehbar.

Gugelhupfform

Alle Gugelhupfformen haben in der Mitte einen offenen Kamin, durch den dem Kuchen im Backrohr auch von innen Hitze zugeführt wird. Der Rand erweitert sich nach oben, ist gewellt und meist ein wenig um die Achse gedreht. Nach dem Stürzen trägt der Kuchen das Muster der Form. Wem es gelingt, auf einem Trödler- oder Antiquitätenmarkt alte Gugelhupfformen zu finden, wird darüber staunen, mit wieviel Mühe früher die unterschiedlichsten, dekorativen Muster gestaltet wurden.

Rehrückenform

Eine lange Halbrundform mit gewelltem Rand zu beiden Seiten der geraden Mittellinie – einem gebratenen Rehrücken nachempfunden.

1
4
2
3
13
11
12

1 *Springform mit Kranzkucheneinsatz*

2 *Tortenreifen oder Tortenring*

3 *Springform mit Bodenblech*

4 *Gugelhupfform*

5 *Alufolie*

6 *Pieform oder rundes Backblech – typisch der konische Rand*

7 *Backblech, passend in jedem Rohr vorhanden*

8 *Ringförmchen*

9 *Briocheförmchen*

10 *Papiermanschetten, Pralinenkapseln*

11 *Obstkuchenformen, Torteletteförmchen*

12 *Rehrückenform*

13 *Kastenform*

Ringform

In dieser glatten Form mit Kamin und gerundeten Formwänden werden Savarins und Kranzkuchen gebacken. Sie sind in variablen Größen, auch als Portionsförmchen, erhältlich.

Pieform oder rundes Backblech

Diese Form zeichnet sich durch einen konischen, flachen Rand aus, so daß ein Obstkuchen, ein Pie oder eine Quiche leichter aus der Form gehoben werden können. Auch für eine Tarte Tatin ist diese Form zu empfehlen.

Tortenring, Tortenreifen

Hierbei handelt es sich um einen Edelmetallstreifen von 4, 5 oder 6 cm Höhe und unterschiedlichen Durchmessern; als praktisch für den Hausgebrauch haben sich Durchmesser von 24 und 28 cm herausgestellt. Der Tortenreifen ist für zweierlei von besonderem Vorteil: Erstens können in dem Reifen, der auf ein mit Backpapier ausgelegtes Blech gestellt wird, Kuchenböden gebacken werden (Ersatz für die Springform). Zweitens ermöglicht er durch Umstellen von Torten, die gefüllt werden, ein absolut sauberes Arbeiten.

Geräte und Hilfsmittel

Nudel- oder Backbrett, Marmorplatte

Viele Küchen sind bereits mit Arbeitsplatten ausgestattet, auf denen Teige geknetet und ausgerollt werden können. Auf nicht ganz glatten Kunststoffflächen wird das Festkleben allerdings zum Problem. Ein ausreichend großes Backbrett aus Holz oder eine Marmorplatte ist dann die geeignete Wahl. Das klassische Backbrett ist mit zwei Leisten versehen. Die hintere, nach oben stehende Leiste hält die Zutaten auf dem Brett fest, und die vordere, nach unten gerichtete Leiste verhindert das Rutschen des Brettes auf der Arbeitsfläche. Der kühle Marmor bringt den besonderen Vorzug mit, daß sich Teige beim Bearbeiten nicht so schnell erwärmen. Er ist auch bei der Herstellung von Krokant und für das Tablieren von Couverture (Tunkmasse) die am besten geeignete Arbeitsunterlage.

Rührschüsseln

Mindestens eine große und eine kleinere Rührschüssel sollten zur Küchenausstattung gehören, zweckmäßig sind jedoch noch weitere, vor allem auch ein schmalerer, hoher Rührbecher. Das Material kann Kunststoff und/oder Edelstahl sein, für das Rühren oder Schlagen auf dem Wasserbad ist Kunststoff jedoch ungeeignet. Die Schüsseln sollten einen zu den Wänden hin abgerundeten Boden, eine ausreichend große Griffleiste oder einen Griff haben und auf einem rutschfesten Gummiring sicher stehen.

Elektrisches Handrührgerät

Es ist zu einem selbstverständlichen, kraft- und zeitsparenden Arbeitsgerät geworden. Im Vergleich zum Handrühren besteht durch das schnelle elektrische Laufwerk, wenn auch in Stufen schaltbar, die Gefahr des Überrührens. Die Rührbesen (Schläger) werden für Rührteige, Biskuit- und Meringenmassen, Eischnee, Schlagobers und Cremen eingesetzt. Mit den Knethaken werden Mürbteig, Brandteig und Germteig zubereitet, bei festen Rührteigen erleichtern sie das Untermischen des Mehls. Ein Mehlanteil von bis zu 500 g sollte den Einsatz des elektrischen Handrührgeräts begrenzen. Herstellerangaben beachten!

Küchenmaschine

Sie kann größere Mengen verarbeiten als das elektrische Handrührgerät. Entsprechende Rührschüsseln gehören zur Ausstattung, ebenso diverse Zusatzgeräte, wie zum Beispiel ein Mixbecher, eine Zitruspresse u. a. Herstellerangaben beachten!

Schneebesen
Aus dem Handgelenk werden mit seiner Hilfe Eischnee und Obers aufgeschlagen, Massen und Cremen gerührt. Ein großer und ein kleinerer Schneebesen sollten mindestens vorhanden sein. Festere Massen bearbeitet der mit dickeren Drähten versehene Schlagbesen mühelos. Für schmale, hohe Rührschüsseln ist der schlankere Becherbesen zu empfehlen. Rostfreier Edelstahl ist für jede Art von Schneebesen das beständigste und hygienischste Material.

Koch- oder Rührlöffel
Sie sollten in verschiedenen Größen und Formen vorhanden sein, das Material kann aus Kunststoff oder Holz bestehen. Mit glatten Rührlöffeln, die rund bis spatelförmig sein können, werden dank der großen Oberfläche Teige und Massen gerührt und meliert. Daneben gibt es den Lochlöffel, der sich aber im Hausgebrauch kaum durchgesetzt hat.

Kuchenrolle, Teigroller, Nudelwalker
Die herkömmlichen Rollen bestehen aus Holz oder Kunststoff. Kugellager sorgen für eine leichte Handhabung, wenn der Teig mit sanftem Druck aus- und glattgerollt wird. Etwas kostspielig, aber lohnend ist die Anschaffung einer schweren Edelstahlrolle, an der der Teig kaum noch festklebt und die gekühlt oder auch erwärmt werden kann.

Teigrädchen
Es gibt sie mit glattem und gewelltem Rand. Sie ermöglichen – am besten mit Hilfe eines langen Lineals – das saubere Ausschneiden von ausgerollten Teigen.

Ausstechformen
Runde Ausstecher mit glattem und gewelltem Rand und in verschiedenen Größen sind beim Backen unentbehrlich. Weihnachtsmotive wie Sterne, Herzen, Bäumchen usw., Blätter, Tierformen und Figuren gibt es in den verschiedensten Ausführungen. Eine kleine Grundausstattung sollte vorhanden sein.

Dressiersack (Spritzbeutel) und Tüllen
Sie sind unverzichtbar für das Aufspritzen von Teigen, Cremen, Schlagobers, Spritzgebäck, Meringenmassen und Garnituren. Ein guter Beutel besteht aus einem langlebigen, imprägnierten und leicht zu reinigenden Gewebe (es gibt auch Einwegbeutel). Zu seiner Grundausstattung gehören Loch- und Sterntüllen, die in den gebräuchlichen Größen angeboten werden. In manchen Haushalten wird die Garnierspritze als Ersatz für den Spritzbeutel verwendet; sie ist jedoch nur ungenau sowie weniger flexibel zu handhaben und hat ein geringeres Fassungsvermögen. Ein wenig Übung ist notwendig, dann gelingt das Arbeiten mit dem Spritzbeutel zügig und optisch perfekt.

Messbecher
Er dient zum Abmessen von Flüssigkeiten und einigen festen Zutaten. Meßbecher aus Kunststoff tragen eine aufgeprägte Skala für die entsprechenden Maßangaben und Zutaten, bei Meßbechern aus Metall ist die Skala innen aufgedruckt. Während Flüssigkeiten exakt abgemessen werden können, reicht die Genauigkeit bei festen Zutaten, insbesondere bei kleinen Mengen, nicht aus. Kleinste Flüssigkeitsmengen können auch in einem Schnapsglas mit Eichstrichen für 1 cl und 2 cl abgemessen werden.

Küchenwaage
Zum Backen ist eine Waage mit einer Skala bis mindestens 1 kg sinnvoll, auf der auch kleine Mengen nach Grammeinteilung genau abgewogen werden können. Bei Haushaltswaagen mit einer Skala bis 5 kg ist eine Fein- oder Briefwaage für kleine und kleinste Mengen unentbehrlich. Elektronisch gesteuerte Waagen gelten als besonders genau. Sinnvoll ist es, alle Zutaten vor Beginn des Arbeitsprozesses abgewogen und abgemessen parat stehen zu haben.

1
26
4
3
2
25
23
22
27
24
18
21
17
15
16
19
14
20

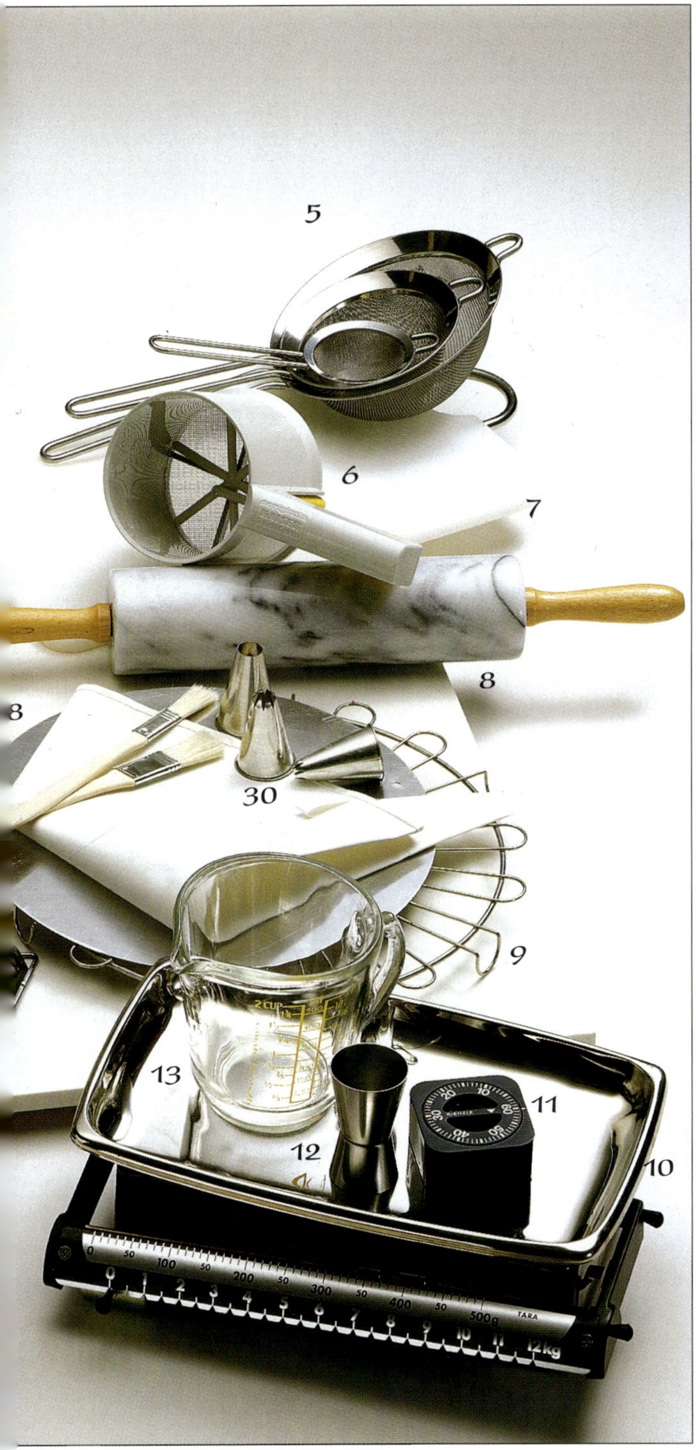

1 *Elektrische Küchenmaschine mit Rührschüssel und Rührbesen*

2 *Elektrisches Handrührgerät mit Schlagbesen*

3 *Rührschüsseln*

4 *Rühr- oder Kochlöffel*

5 *Küchensiebe mit Griff*

6 *Rüttelsieb für Mehl*

7 *Arbeitsbrett*

8 *Teigroller, Nudelwalker*

9 *Kuchengitter*

10 *Küchenwaage*

11 *Kurzzeitwecker*

12 *Stamperl zum Abmessen kleinster Flüssigkeitsmengen*

13 *Meßbecher*

14 *Reibeisen für Zitrusschalen*

15 *Messer*

16 *Apfelausstecher*

17 *Teigrädchen mit gewelltem Rand*

18 *Teigrädchen mit glattem Rand*

19 *Streichmesser, Paletten*

20 *Kuchenmesser*

21 *Gummispatel mit Griff*

22 *Garnierkamm*

23 *Teigkarten*

24 *Schüsselsatz aus Edelstahl*

25 *Schneekessel*

26 *Schneebesen*

27 *Ausstechformen mit glattem und gewelltem Rand*

28 *Tortenunterlage*

29 *Backpinsel*

30 *Dessiersack (Spritzbeutel) mit Loch- und Sterntüllen*

Siebe

Mehl – gegebenenfalls mit Backpulver vermischt – muß gesiebt werden, damit es sich leichter und klümpchenfrei einmelieren läßt. Küchensiebe mit Stiel und Holzrahmensiebe sind dafür geeignet; sie werden in verschiedenen Größen und mit unterschiedlich feiner Bespannung angeboten. Für kleine Mengen ist im Haushalt das Rüttelsieb gebräuchlich. Zum Bestauben mit Kakao und Staubzucker ist ein kleines, feines Sieb erforderlich, oder es wird die dafür geschaffene Streudose verwendet.

Messer

Zum Schneiden, Hacken und Schälen verfügt jeder Haushalt über ein ausreichendes Sortiment geeigneter Messer. Zusätzlich ist zum waagerechten Teilen eines Kuchenbodens ein langes, gerades Kuchenmesser erforderlich. Es ist mit einer dünnen Klinge und scharfer Schneide oder feiner Zahnung versehen und schneidet selbst feinkrumige Massen perfekt.
Um eine fertige Torte mit einem besonders glatten Schnitt in Stücke zu schneiden, ist das Tortenmesser zu empfehlen. Seine spitz zulaufende Klinge ist mit einer feinen Zahnung versehen und hat eine Dreiecksform, so daß auch schmale Tortenstücke sauber abgehoben werden können.

Paletten

(Streichmesser)
Besser als mit dem Messer lassen sich Massen, Füllungen, Cremes und Glasuren mit einer Palette glatt verstreichen, deren lange, dünne Klinge vorn abgerundet ist. Die gerade Streichpalette ist auch beim Transportieren von Torten sowie beim Abheben von Gebäckstücken vom Blech nützlich. Die gekröpfte Streichpalette (Winkelpalette) ist besonders praktisch beim Aufstreichen auf ein Backblech, weil ihr Winkel den Blechrand ausgleicht und so müheloses, exaktes Arbeiten bis in die Ränder hinein ermöglicht.

Pinsel

Zum Einfetten von Blechen und Formen, zum Bestreichen roher Teige mit Wasser, Milch, zerlassener Butter, Eiklar/Eidotter oder Glasur sowie zum Aprikotieren gehören Pinsel mit weichen Borsten und in verschiedenen Breiten in jede Backstube. Auch zum Entfernen von Mehlresten o. ä. werden sie verwendet.

Teigkarte und Teigspatel

Mit der rechteckigen, auf einer Längsseite leicht abgerundeten Kunststoffkarte werden Massen und Cremen aus Schüsseln oder Kesseln entnommen und in Formen oder in den Dressiersack umgefüllt. Ebenfalls werden damit die Zutaten auf der Arbeitsfläche zusammengeschoben und die Flächen gereinigt. Ähnlich ist der flexiblere Gummispatel am Stiel zu verwenden.

Garnierkamm

Er wird zum Garnieren (Verzieren) des Randes und der Oberfläche von Creme- und Oberstorten eingesetzt. Dafür besitzt er auf einer Seite eine grobe, auf der anderen eine feine Zahnung. Das Material ist Kunststoff.

Zestenreisser, Zesteur

Mit Hilfe seiner sehr kleinen Lochungen können feinste Schalenstreifen von Zitrusfrüchten (= Zesten) abgezogen werden.

Reibeisen, Krenreisser

Zum Abreiben von (unbehandelten) Zitronen- und Orangenschalen oder zum Reiben von Schokolade unentbehrlich.

Nussreibe, Nussmühle

Nüsse, Mandeln und Haselnüsse entwickeln, frisch gerieben, ein viel intensiveres Aroma, als es gemahlene Fertigware besitzt. Die Anschaffung einer Nußreibe mit auswechselbaren Reibewalzen lohnt sich in jedem Fall. Vom Zerkleinern im Mixer ist abzuraten, weil die hohe Umdrehungszahl Wärme und schließlich Teile des Nußöls freisetzt; statt eines trockenen Nußmehls entsteht ein ölhaltiger Nußbrei.

Apfelausstecher
Zum gleichmäßigen Aushöhlen, etwa von Äpfeln, ist er unentbehrlich. Wird ein Kuchen beispielsweise mit Apfelscheiben oder -segmenten belegt, ist das Entfernen des Kerngehäuses auf diese Weise zu empfehlen. Nur so entstehen sauber ausgeschnittene Scheiben beziehungsweise gleich geformte Segmente. Die kleinen Zacken des Entkerners lassen sich leicht eindrehen, und die glatte Lauffläche des Zylinders verhindert eine weitergehende Beschädigung der Frucht.

Schaumlöffel, Sieblöffel
Um Fettgebackenes aus dem Fettbad zu heben und über dem Topf abtropfen zu lassen, ist der mit Löchern versehene Schaumlöffel unbedingt erforderlich.

Backpapier
Es ist der saubere und äußerst praktische Ersatz für das Fetten von Formen und Blechen und kann für alle Backwaren eingesetzt werden. Nichts bleibt daran hängen, Form und Blech bleiben sauber. Es wird auf der Rolle geliefert und muß entsprechend zugeschnitten werden. Packungsanweisung beziehungsweise Aufschrift beachten, damit die richtige Papierseite mit dem Teig Kontakt hat. Backpapier hat das Pergamentpapier weitestgehend ersetzt.

Alufolie
Sie wird zum Abdecken während des Backens gebraucht, wenn die Gebäckoberfläche zu schnell bräunt. Ein mehrfach gefalteter Folienstreifen kann als Abtrennung auf dem Backblech eingesetzt werden, zum Beispiel bei verschiedenen Belägen auf derselben Teigplatte oder zur Begrenzung der offenen Blechseite, wenn die Teigfläche kleiner ist als das Blech.

Klarsichtfolie
Zum Abdecken von Schüsseln und zum Einwickeln von Teigen, die im Kühlschrank kalt gestellt werden, ist sie ein unverzichtbares Hilfsmittel.

Kuchengitter
Runde und eckige Gitter werden im Handel angeboten. Auf ihnen kühlen Kuchen und Gebäckstücke fachgerecht aus, da die Backhitze (Dampf) auch nach unten entweichen kann. Dafür sorgen zusätzlich die Füßchen, auf denen das Gitter steht. Gleichzeitig sind die Gitter, auf ein Backblech gestellt, geeignete Unterlagen zum Glasieren von Torten und kleinem Gebäck, weil die Glasur ablaufen kann.

Tortenunterlage
Beim Teilen und Zusammensetzen von Torten sind sie ein hilfreiches Utensil. Die Unterlagen bestehen aus Pappe, besser aber aus stabilem Edelstahl.

Tortenteiler
Sie sind für die exakte Einteilung einer Torte in 12, 16 oder 18 Stücke bestimmt und werden in Kunststoff oder Metall angeboten. Insbesondere zum Garnieren der Tortenoberfläche kann es eine wesentliche Hilfe sein, wenn vorher gleich große Stücke in gleichmäßigen Abständen markiert wurden.

Schaumrollenformen
Rollen aus Blätterteig, gefüllt mit geschlagenem Obers oder einer Creme, sind ein beliebtes Portionsgebäck. Um sie herstellen zu können, sind konische Schaumrollenröhrchen aus Metall ein notwendiges Hilfsmittel. Es gibt sie auch in Tütenform, zum Beispiel für Schillerlocken.

Stanitzelholz
Wer aus gebackener, heißer Hippenmasse Tüten formen möchte, braucht dazu das Stanitzelholz.

Massen und Teige

Wir unterscheiden bei der Herstellung von Gebackenem zwischen Massen und Teigen. Massen bestehen, auf das Gesamtvolumen bezogen, zum Großteil aus Eiern – ausgenommen Spezialmassen, wie zum Beispiel die Makronenmasse. Bei Teigen ist der Gewichtsanteil des Mehls meist dominierend.
Um zum Beispiel eine Torte herzustellen, wird kein Biskuitteig, sondern eine Biskuitmasse gebacken. Und Gugelhupfteig heißt es, wenn es sich um einen Germ(teig)gugelhupf handelt. Die bei uns üblichere Art dafür ist eine gerührte Masse, ein »gerührter Gugelhupf«, bei dem die Butter mit einem Teil des Zuckers und den Eidottern schaumig gerührt wird, die Eiklar, mit dem restlichen Zucker zu Schnee geschlagen, mit der Buttermasse gemischt werden und zum Schluß das Mehl einmeliert wird. Oder auch nur der einfache Biskuitgugelhupf, ohne oder mit mehr oder weniger Beigabe von Butter in flüssiger Form oder Öl. Bei dieser Art der Rezeptzusammenstellung würde man von Biskuit- beziehungsweise mehr oder weniger leichten Sandmassen sprechen. Am Beispiel Gugelhupf sei im wesentlichen der Unterschied zwischen den Massen, auch für andere Verwendungszwecke, erläutert.

- Bei vielen Massen werden Eidotter und Eiklar jeweils mit einem Teil des Zuckers getrennt aufgeschlagen. Die Zuckermenge für das Eiklar sollte mit 20–30 g pro Eiklar berechnet sein, der Rest wird zur Dotter- oder Buttermasse gegeben.
- Eiklar und Zucker sollen in der Regel nie, wie es üblicherweise heißt, steif aufgeschlagen werden. Eine solche Schneemasse verliert beim Zusammenrühren mit der zweiten Masse viel an Volumen, läßt sich unter Umständen auch nicht glatt verrühren und ist nach dem Backen eventuell in der Masse teilweise sichtbar. Der »Schnee« soll vielmehr mit der richtigen Zuckermenge, die am besten gleich zu Beginn des Aufschlagens zugegeben wird, zu einer wohl kompakten, aber noch leicht schmierigen Masse aufgeschlagen und – wichtig! – sofort mit der zweiten Masse (Dotter- oder Buttermasse) und dem Mehl oder Nüssen usw. gemischt werden.
- Werden Dotter und Eiklar, also Vollei, mit dem Zucker aufgeschlagen, so wird meist Anwärmen im Wasserbad empfohlen. Da »Anwärmen« aber nur eine sehr ungefähre Vorstellung zuläßt und ein etwas stärkeres Anwärmen negativ für das Ergebnis ist, sollte ohne Anwärmen aufgeschlagen werden. Der einzige Nachteil ist die geringfügig längere Aufschlagdauer. Auch hier sofort mit dem Mehl und anderen Zutaten mischen, abfüllen oder aufstreichen und in das vorgeheizte Backrohr schieben.
- Um Butter einwandfrei schaumig rühren zu können – zum Beispiel bei buttergerührten Massen oder auch Cremen o. ä. – ist eine bestimmte weiche Konsistenz notwendig, die man durch vorsichtiges Anwärmen unter gleichzeitigem Rühren kontrolliert erreichen kann.
- Tortenreifen nicht fetten, so kann sich die Masse nach dem Ausbacken nicht zusammenziehen und deformieren. Zum Herausnehmen mit einem kleinen Messer vom Tortenreifen lösen.
- Wird eine Springform verwendet, dann nur die Bodenplatte befetten.
- Backen mit oder ohne Dunst (Dampfentwicklung im Rohr)? Um ein zu starkes Aufgehen, verbunden mit anschließendem Zusammenfallen, zu vermeiden, zum Beispiel bei vielen Topfengebäcken und Soufflés, wird in manchen Fällen Backen ohne Dunst empfohlen – den Dunstabzug ziehen oder, wo dieser nicht vor-

handen ist, die Backrohrtür einen kleinen Spalt offen halten. Mit Dunst, also mit geschlossenem Zug beziehungsweise geschlossener Backrohrtür, wird in erster Linie bei Germ- und Blätterteigen oder bei Massen gebacken, wo eine zusätzliche Lockerung angestrebt wird.

● Alle Massen werden nach dem Ausbacken sofort auf mit Kristallzucker bestreutes Papier umgedreht. Das betrifft Formenkuchen ebenso wie Tortenmassen oder auch auf Papier aufgestrichene Massen, wie zum Beispiel verschiedene Rouladenmassen. Formenkuchen lösen sich leichter und Torten- oder Rouladenmassen dunsten nicht aus und bleiben saftiger.

Hinweis

Um unnötiges Blättern zu ersparen, wurden die Rezepturen ganzheitlich gestaltet. Nur für die Massen oder Teige, die sich in den Rezepten des öfteren in gleicher Zusammensetzung wiederholen, wurden die betreffenden Angaben hier zusammengefaßt.

1 *Die Dotter mit Zucker und Gewürz schaumig rühren.*

2 *Die Eiklar mit Zucker zu Schnee schlagen.*

3 *Den Eischnee locker unter den Dotterschaum heben.*

4 *Das Mehl einmelieren.*

Biskuitmasse für Rouladen

Für ein Rouladenblatt von 30 × 40 cm

9 Eidotter
190 g Kristallzucker
5 g Vanillezucker
abgeriebene Schale von
1/4 unbehandelten Zitrone
1 Prise Salz
8 Eiklar
160 g Mehl

1 Die Eidotter mit 30 g Zucker, dem Vanillezucker, der Zitronenschale und dem Salz schaumig rühren.

2 Die Eiklar mit dem restlichen Zucker zu Schnee schlagen.

3 Beide Massen flüchtig miteinander vermischen.

4 Das auf ein Papier gesiebte Mehl einmelieren.

5 Auf ein mit Backpapier ausgelegtes Blech in der Größe 30 × 40 cm aufstreichen und backen.

Backtemperatur: etwa 210 °C
Backzeit: 15–20 Minuten

Nach dem Ausbacken sofort auf ein mit Kristallzucker bestreutes Papier umdrehen und auskühlen lassen.

Biskuitmasse für Torten oder Fruchtschnitten

Für eine Torte von
24 cm Durchmesser
und 5 cm Höhe

- 100 g Mehl
- 50 g Stärkemehl
- 5 Eier
- 150 g Kristallzucker
- 5 g Vanillezucker
- abgeriebene Schale von 1/4 unbehandelten Zitrone
- 1 Prise Salz
- 50 g Öl

1 Das Mehl mit dem Stärkemehl auf einen Bogen Papier sieben.

2 Die Eier mit dem Zucker, Vanillezucker, der Zitronenschale und dem Salz schaumig rühren.

3 Die Mehlmischung einrühren.

4 Das Öl in dünnem Strahl einmelieren.

5 Einen Tortenreifen mit Backpapier einschlagen und die Masse einfüllen.

Backtemperatur:
etwa 180 °C
Backzeit: etwa 35 Minuten

Nach dem Ausbacken sofort auf ein mit Kristallzucker bestreutes Papier oder ein leicht mit Mehl bestaubtes Backblech umdrehen und auskühlen lassen.

1 Die Eier mit Zucker und Gewürz schaumig rühren.

2 Das auf Papier gesiebte Mehl einrühren.

3 Das Öl in dünnem Strahl einmelieren.

4 In den Tortenreifen füllen.

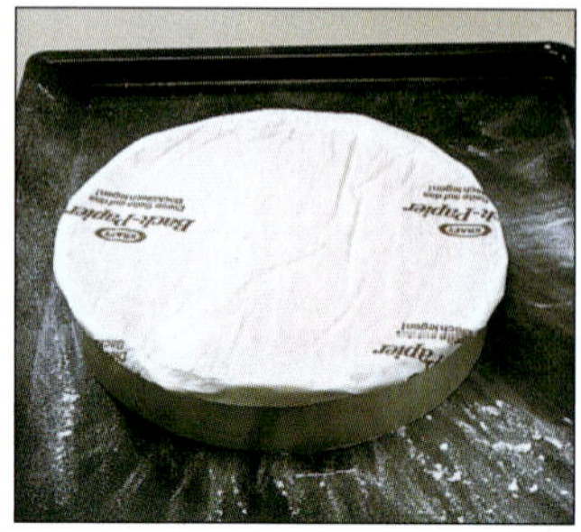

5 Nach dem Ausbacken auf ein Backblech umdrehen.

6 Die Tortenoberfläche ist nun vollkommen eben.

7 Vorsichtig das Backpapier abziehen.

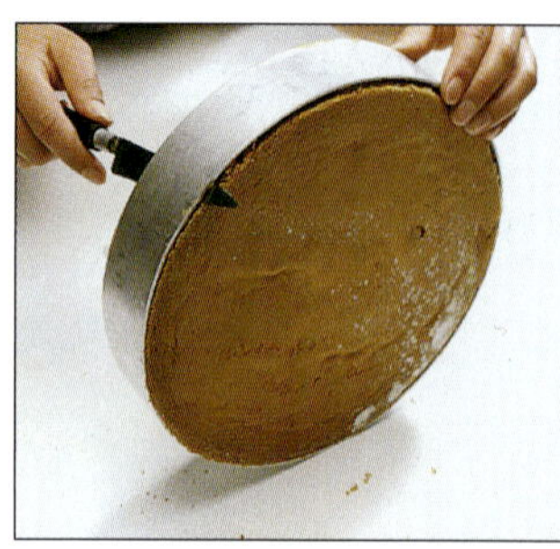

8 Aus dem Reifen schneiden.

Kakaomasse (Kakaobiskuit)

Für eine Torte von
24 cm Durchmesser
und 5 cm Höhe

110 g Mehl
30 g Kakao
55 g Milch
55 g Öl
5 Eier
180 g Kristallzucker
5 g Vanillezucker
1 Prise Salz

1 Das Mehl zusammen mit dem Kakao sieben.

2 Die Milch mit dem Öl auf etwa 50 °C erwärmen.

3 Die Eier mit dem Zucker, Vanillezucker und dem Salz schaumig rühren.

4 Die Mehl-Kakao-Mischung einrühren.

5 Die Milch-Öl-Mischung einmelieren.

Backtemperatur:
etwa 180 °C
Backzeit: etwa 35 Minuten

Nach dem Ausbacken sofort auf ein mit Kristallzucker bestreutes Papier umdrehen und auskühlen lassen.

Sachermasse

Für eine Torte von
24 cm Durchmesser
und 5 cm Höhe

130 g Couverture (Tunkmasse)
130 g Butter
40 g Staubzucker
5 g Vanillezucker
1 Prise Salz
6 Eidotter
6 Eiklar
180 g Kristallzucker
130 g Mehl

1 Die Couverture (Tunkmasse) zerkleinern und im Wasserbad unter Rühren schmelzen. Auf etwa 35 °C abkühlen lassen.

2 Mit der temperierten Butter, dem Staubzucker, Vanillezucker und Salz vermischen. Schaumig rühren und dabei die Dotter nach und nach zugeben.

3 Die Eiklar mit dem Zucker zu Schnee schlagen.

4 Auf die Couverturemischung gleiten lassen, beide Massen flüchtig vermischen.

5 Das gesiebte Mehl einmelieren.

Backtemperatur:
etwa 190 °C
Backzeit: etwa 60 Minuten

Nach dem Ausbacken sofort auf ein mit Kristallzucker bestreutes Papier umdrehen und auskühlen lassen.

1 Geschmolzene Couverture mit Butter, Zucker, Salz mischen.

2 Schaumig rühren, die Eidotter nach und nach zugeben.

3 Die zu Schnee geschlagenen Eiklar flüchtig unterziehen.

4 Das Mehl einmelieren.

Krokantmasse (Grillagemasse)

Für eine Torte von
24 cm Durchmesser
und 5 cm Höhe

Für den Krokant

40 g Mandeln
40 g Kristallzucker

Für die Masse

80 g Mehl
5 Eigelb
50 g feingeriebene Walnüsse
120 g Kristallzucker
2 cl Wasser
5 g Vanillezucker
2 g Zimt
abgeriebene Schale von 1/4 unbehandelten Zitrone
1 Prise Salz
5 Eiklar
20 g zerlassene Butter

1 Geriebenen Krokant zubereiten. Dafür zunächst die Mandeln im Backrohr bei 180 °C gleichmäßig hellbraun rösten und grob hacken.

2 Eine kleine Kasserolle erhitzen und den Zucker darin zu einem hellbraunen Karamel schmelzen. Die Mandeln einrühren und sofort auf ein leicht geöltes Backblech ausleeren. Auskühlen lassen und mit der Nußmühle reiben.

3 Den geriebenen Krokant mit dem gesiebten Mehl mischen.

1 *Die Mandeln in den Karamel rühren, ausleeren, auskühlen.*

2 *Den Krokant reiben, das Mehl sieben, beides vermischen.*

3 *Die Dotter mit den weiteren Zutaten schaumig rühren.*

4 *Eischnee, Mehl einrühren.*

4 Die Eidotter, Walnüsse, 20 g Zucker, das Wasser, den Vanillezucker, Zimt, die Zitronenschale und das Salz vermischen und schaumig rühren.

5 Die Eiklar mit dem restlichen Zucker zu Schnee schlagen.

6 Beide Massen flüchtig vermischen, die Krokant-Mehl-Mischung einrühren und die flüssige Butter einmelieren.

Backtemperatur:
etwa 180 °C
Backzeit: etwa 40 Minuten

Schaummasse

3 Eiklar
150 g Kristallzucker

1 Eiklar und Zucker vermischen und im Wasserbad auf etwa 40 °C erwärmen.

2 Zur Schaummasse aufschlagen.

Buttergerührte Masse für verschiedene Fruchtkuchen

Für ein Randblech von etwa 38 × 25 cm Größe

- 400 g Mehl
- 7 g Backpulver
- 5 Eier
- 230 g Butter
- 280 g Puderzucker (besonders feiner Staubzucker)
- 12 g Vanillezucker
- 1 g Salz
- abgeriebene Schale von 1/2 unbehandelten Zitrone
- 120 ml Milch

1 Das Mehl mit dem Backpulver sieben. Die Eier in eine kleine Schüssel aufschlagen und durchrühren.

2 Die Butter mit dem Puderzucker, Vanillezucker, Salz und der Zitronenschale schaumig rühren. Nach und nach die Eier zugeben.

3 Das Mehl und die Milch wechselweise einmelieren. Die Masse gleichmäßig auf das gefettete und mit Mehl bestaubte Blech streichen.

1 Die Butter mit Zucker und Gewürzen schaumig rühren.

2 Die zuvor verrührten Eier nach und nach zugeben.

3 Das gesiebte Mehl abwechselnd mit der Milch einrühren.

4 Auf das Blech streichen.

Buttergerührte Mohnmasse

Für ein Randblech von etwa 38 × 25 cm Größe

- 180 g gemahlener Mohn
- 160 g geriebene Walnüsse
- 170 g Butter
- 170 g Kristallzucker
- 3 cl Rum
- 10 g Vanillezucker
- abgeriebene Schale von 1/2 unbehandelten Zitrone
- 2 g Salz
- 6 Eidotter
- 6 Eiklar

1 Den Mohn mit den Walnüssen vermischen.

2 Die temperierte Butter mit 50 g Kristallzucker, Rum, Vanillezucker, Zitronenschale und Salz schaumig rühren. Die Dotter nach und nach zugeben.

3 Die Eiklar mit dem restlichen Zucker zu Schnee schlagen.

4 Beide Massen flüchtig vermischen. Die Mohn-Nuß-Mischung einmelieren und die Masse gleichmäßig auf das gefettete und mit Mehl bestaubte Blech streichen.

Backtemperatur:
etwa 170 °C
Backzeit: je nach Belag etwa 60 Minuten

Butterteig (Blätterteig)

Butterteig besteht aus dem sogenannten Vorteig und dem Butterziegel. Das Verhältnis von Mehl für den Vorteig und Butter für den Butterziegel ist in der Regel 1 : 1. Die Butter wird in den Vorteig in mehreren Arbeitsgängen eintouriert. Im fertig tourierten Butterteig befinden sich 144 Lagen feinste Teigschichten übereinander, getrennt durch die Butter. Die hier beschriebene Art nennt sich DEUTSCHER BUTTERTEIG – im Unterschied zum FRANZÖSISCHEN BUTTERTEIG, bei dem der Vorteig in die Butter eintouriert wird, und zum sogenannten BLITZBLÄTTERTEIG, bei dem die feste Butter in großen Stücken mit allen anderen Zutaten nur flüchtig vermischt wird (die Butter bleibt in großen Stücken und führt durch das anschließende Tourieren zu einer »schlampigen« Blätterung). Die populärste und bewährteste Art ist die deutsche Herstellungsart, und deshalb wird in diesem Buch, um Irritationen auszuweichen, nur diese Technik genau erläutert.

Eine unendliche Vielfalt von Kaffeegebäck, Strudeln, Cremeschnitten, Käsegebäck bis zur Verwendung im Küchenbereich bietet diese im Prinzip einfache Kombination von Mehl, Butter, Rum, Salz und Wasser.
Das Geheimnis liegt in der sorgfältigen Zubereitung des Teiges und im gekonnten Backen. Nur damit ist dieses feine Blättern des knusprigen Teiges und der herrliche, stark nach Butter duftende Röstgeschmack zu erreichen.
In der Rezeptur werden weder Zucker noch Vanille oder Zitrone verwendet. Der Vorteig ist ein reiner Wasserteig, fast ohne Eigengeschmack. Ungenügend ausgebackener Butterteig schmeckt daher fade. Hier ist im Gegensatz zu vielen anderen Teigen, wie zum Beispiel Germteig oder Plunderteig, ein möglichst rösches, mit einer durch und durch weitgehend hellbraunen Röstung der Teigschichten verbundenes Ausbacken anzustreben. Natürlich ist dies bei gefülltem Gebäck nur in Grenzen zu erreichen, leichter schon bei ungefülltem Käsegebäck, bei Pastetchen und vor allem bei den Blättern für Cremeschnitten.

Hinweis

Es ist ohne weiteres möglich, Blätterteig, in touriertem Zustand in Folie verpackt, einzufrieren. Zur Weiterverarbeitung wird er am Vortag zum Auftauen in den Kühlschrank gelegt und normal aufgearbeitet. Genauso können Teiglinge (fertige Stückchen, ungebacken), nach dem Frieren in Folie verpackt, im Tiefkühlgerät unbeschadet über längere Zeit aufbewahrt werden. Zum Backen müsen sie auf einem mit Backpapier belegten Backblech auftauen und werden anschließend wie vorgesehen ausgefertigt und gebacken.

Für den Vorteig

1 kg Mehl
80 g Öl
6 cl Rum
15 g Salz
etwa 450 ml Wasser

Für den Butterziegel

1 kg Butter
100 g Mehl

1 Alle Zutaten für den Vorteig, einschließlich Wasser, am besten schon am Vortag in den Kühlschrank legen, um eine niedrige Teigtemperatur zu erreichen und somit die Butter leichter eintourieren zu können.

2 Die Butter für den Butterziegel mit dem Mehl kurz zusammenarbeiten und auf Folie oder Pergamentpapier zu einer Platte von etwa 35 × 20 cm formen. In den Kühlschrank legen und dabei beachten, daß die Butter wohl fest, aber nicht brüchig hart wird, sondern plastisch bleibt.

3 Für den Vorteig auf der Arbeitsplatte oder in der Küchenmaschine die Zutaten zu einem glatten, plastisch festen Teig wirken. Die Wassermenge muß unter Umständen, je nach Mehlqualität, korrigiert werden. Das Teigstück zur Kugel formen, in Folie wickeln und 1/2 Stunde kalt stellen.

4 Den Vorteig in der doppelten Größe des Butterziegels (35 x 40 cm) ausrollen und tourieren, wie in der Bildfolge beschrieben. Je eine einfache und eine doppelte Tour wiederholen, den Teig in Klarsichtfolie einschlagen und über Nacht kalt stellen. Am nächsten Tag je nach Rezept ausarbeiten.

1 *Den Butterziegel auf die Mitte der ausgerollten Teigplatte legen und den Teig von beiden Seiten so darüberschlagen, daß sich die Teigränder ganz wenig überlappen. Die Teigränder oben und an den Seiten leicht zusammendrücken.*

2 *Diesen Block mit gleichmäßigem Druck zunächst von links nach rechts und rechts nach links, dann von unten nach oben und oben nach unten zu einem 10 mm dicken, rechteckigen Teigstück ausrollen.*

3 Einfache Tour: *Die Längsseite des ausgerollten Teigstücks gedanklich dritteln. Zunächst das linke Drittel, dann das rechte Drittel locker und kantengleich über das mittlere Drittel schlagen. 30 Minuten kalt stellen.*

4 Doppelte Tour: *Erneut zu einem 10 mm dicken Rechteck ausrollen. Die Mittellinie der Teigplatte markieren. Beide Seiten bis zu dieser Linie einschlagen, dann übereinanderlegen. 30 Minuten kalt stellen.*

Plunderteig (Germbutterteig)

Plunderteig wird in ähnlicher Art wie der Butterteig hergestellt. Nur ist dafür der Vorteig ein relativ leichter Germteig, der in der hier dargestellten Art auch nicht lange gewirkt, sondern nur kurz gemischt wird, was zu einer mürberen Struktur führt. Der Fettanteil ist in der Regel geringer als bei Butterteig, er wird bei Plunderteig je kg Teig berechnet und schwankt je nach Qualität und Verwendungszweck zwischen 200 g und 600 g Butter.
Im Prinzip sind zur Herstellung des Plunderteiges die gleichen Kriterien wie bei Butterteig zu beachten: alle Zutaten für den Vorteig gut gekühlt mischen – das ist hier besonders wichtig, weil der Plunderteig erst aufgehen soll, wenn er aufgearbeitet ist und zur Gare kommt. Der Butterziegel muß fest, aber plastisch sein und wird in der gleichen Technik wie bei Butterteig eintouriert. Die Anzahl der Touren ist wegen des durchschnittlich kleineren Butteranteils geringer.
Aus Plunderteig werden vornehmlich kleine Stücke zum Kaffee hergestellt, zum Beispiel die ungefüllten Croissants oder verschieden gefülltes Plundergebäck wie Topfenkolatschen, Nuß- oder Mandelkipferl, Polsterzipf

usw. Aber auch für größere Kuchen mit verschiedenen Füllungen ist Plunderteig eine feine Basis.
Plunderteig wird nach dem Aufarbeiten auf mit Backpapier belegte Backbleche gesetzt und muß wie Germteig aufgehen – allerdings nur relativ knapp, um einen schönen Nachtrieb im Backrohr zu erreichen.
Die Temperatur soll dabei 28–30 °C betragen – nicht wesentlich darüber, weil die Butter sonst austreten könnte. Wird der Teig vor dem Backen noch mit Ei bestrichen, ergibt sich eine schönere Optik.
Gebacken wird Plunderteig mit knuspriger Blätterung, aber weicher Krume – also zum Unterschied von Butterteig – nur außen rösch.
Nach dem Backen wird er entweder leicht angezuckert oder aprikotiert (mit heißer Marillenkonfitüre bestrichen) und mit Fondant dünn abgeglänzt. Dies ist eine gute geschmackliche Ergänzung und erfreut auch das Auge.

Für den Vorteig

- 100 g Staubzucker
- 60 g Öl
- 15 g Salz
- 4 Eier
- 90 g Germ (Hefe)
- etwa 400 ml Milch
- 1 kg Mehl

Für den Butterziegel

- 700 g Butter

1 Die Zutaten für den Vorteig am besten schon am Vortag oder zumindest einige Stunden vorher in den Kühlschrank legen, um die notwendige niedrige Teigtemperatur zu erreichen.

2 Die Butter für den Ziegel kurz durchkneten und auf Folie oder Pergamentpapier zu einer Platte von etwa 30 × 17 cm formen. In den Kühlschrank legen und dabei beachten, daß die Butter wohl fest, aber nicht brüchig hart wird, sondern plastisch bleibt.

3 Für den Vorteig den Staubzucker mit dem Öl, Salz und den Eiern verrühren. Die Germ zerbröseln und in der Milch auflösen. Beide Mischungen mit dem Mehl auf der Arbeitsplatte oder in der Küchenmaschine kurz durchmischen, nicht kneten. Der Teig soll eine mittelfeste Konsistenz haben. Ist er zu weich, noch etwas Mehl, im umgekehrten Fall ein wenig Milch nachgeben. Rechteckig formen und sofort zu einer Teigfläche von der doppelten Größe des Butterziegels – also etwa 30 × 34 cm – ausrollen.

4 Den Butterziegel kantengleich auf eine Seite der Teigfläche legen. Auf den 3 kantengleichen Seiten den Teig von unten etwas über die Kanten des Butterziegels ziehen, die zweite Hälfte der Teigfläche über die Butter legen und an den Kanten mit dem hochgezogenen Teig verbinden.

5 Zwei einfache Touren geben, mit Folie abdecken, etwa 1/2 Stunde im Kühlschrank rasten lassen. Anschließend mit der dritten Tour fertig tourieren. Bis zum Aufarbeiten, jedoch mindestens 1 Stunde mit Folie abgedeckt kühl stellen.

Hinweis

Sollte der Teig nach der ersten Tour zum Weiterrollen zu zäh oder die Butter zu weich geworden sein, dann zwischen jeder Tour eine entsprechende Rastpause im Kühlschrank einlegen.

Germteig

Es gibt unzählige Rezepturen, verbunden mit einer unendlichen Vielfalt von Kuchen und Gebäcken im Konditorei-, Bäckerei- und Küchenbereich, welche aus diesem wahrscheinlich wandelbarsten aller Teige hergestellt werden.
Grundsätzlich gibt es zwei Herstellungsarten: Die DIREKTE FÜHRUNG, bei der die Germ in einem Teil der Milch aufgelöst und dann mit allen anderen Zutaten zum Teig verarbeitet wird, findet in erster Linie für leichtere Germteige Verwendung. Der Teig muß vor dem Aufarbeiten länger »ruseln« (= aufgehen) und wird anschließend wieder zusammengestoßen. Dieser Vorgang ist notwendig für die Entwicklung der Hefe und für die Teigstabilität.
Und die INDIREKTE, auch BÖHMISCHE ART genannte Führung, bei der die Germ in einem Teil der angewärmten Milch, eventuell einer kleinen Menge Zucker zum rascheren Reifen und einem Teil des Mehls zu einem weichen Vorteig – genannt »Dampfel« – gemischt wird. Dieses Dampfel muß zum zweieinhalb bis dreifachen Volumen aufgehen, wird dann mit den restlichen Zutaten zu einem Germteig gemischt, dessen Rezeptur in der Regel eine zutatenreichere Zusammensetzung aufweist. Durch das Dampfel sind die Ruselzeiten – je nachdem – kürzer, teilweise auch gar nicht notwendig.

Germteig – direkte Führung

Für Striezel, Buchteln, Streusel-, Butterkuchen usw.

1 kg Mehl
450 ml Milch
120 g Zucker
15 g Vanillezucker
15 g Salz
3 Eidotter
abgeriebene Schale von
1/2 unbehandelten Zitrone
50 g Germ
140 g Butter

1 Das gesiebte Mehl auf die Arbeitsplatte häufen oder in die Küchenmaschine geben.

2 Die gesamte Milch auf etwa 25 °C erwärmen. Die Hälfte davon mit dem Zucker, Vanillezucker, Salz, den Eidottern und der Zitronenschale verrühren. Die Germ zerbröseln und in der zweiten Hälfte der Milch auflösen.

3 Die beiden Flüssigkeiten mit dem Mehl zu einem Teig mischen – wirken, wie es in der Fachsprache heißt.

4 Erst jetzt die plastisch feste Butter einarbeiten und den Teig fertigwirken. Das nachträgliche Zugeben der Butter ermöglicht ein besseres Lösen des Klebers, ergibt ein schöneres Produkt und eine mürbere Kruste. Der Germteig ist dann genügend abgearbeitet – gewirkt, wenn er sich von der Arbeitsplatte oder der Schüsselwand der Küchenmaschine löst und sich glatt und trocken anfühlt.

5 Den Teig in die gewünschte Stückgröße teilen, Kugeln formen, auf eine leicht mit Mehl bestaubte Unterlage setzen, mit einem Tuch oder Klarsichtfolie abdecken und 2 × 30 Minuten ruseln (aufgehen) lassen. Nach dem ersten Ruseln kräftig durchkneten. Anschließend aufarbeiten.

Hinweis

Die Flüssigkeitsbeigabe kann bei keinem Teig genau definiert werden, weil dies immer von der Art und Qualität des verwendeten Mehls abhängt. Sollte der nach Rezeptur hergestellte Teig zu weich sein, etwas Mehl nachgeben. Fühlt er sich zu fest an, mit etwas Milch zur gewünschten Konsistenz bringen.

Germteig – indirekte Führung

Für Faschingskrapfen

- 220 ml Milch
- 80 g Germ
- 1 kg Mehl
- 6 Eidotter
- 3 Eier
- 100 ml Rum
- 100 g Zucker
- 15 g Vanillezucker
- 20 g Salz
- abgeriebene Schale von 1/2 unbehandelten Zitrone
- 220 g Butter

1 Für das Dampfel die Milch in einer entsprechend großen Schüssel auf etwa 25 °C erwärmen. Die zerbröselte Germ zugeben und auflösen. 220 g Mehl mit einem Kochlöffel einrühren und diesen relativ weichen Teig kurz abschlagen. Mit einer Teigkarte den Schüsselrand sauber schaben und die Schüssel mit einem Tuch oder mit Klarsichtfolie abdecken. Dieses Dampfel muß nun reifen und zum Zweieinhalb- bis Dreifachen seines Volumens aufgehen.

2 In dieser Zeit die Dotter und Eier mit dem Rum, Zucker, Vanillezucker, Salz und der Zitronenschale vermischen und im Wasserbad unter Rühren ebenfalls auf etwa 25 °C erwärmen.

3 Das restliche Mehl auf die Arbeitsplatte häufen und in die Mitte eine Vertiefung drücken oder in die Schüssel der Küchenmaschine geben. Das reife Dampfel und die Eimischung beifügen und zu einem relativ weichen Germteig mischen. Einige Minuten gut abarbeiten (wirken).

4 Die plastisch weiche Butter zufügen und fertig kneten, bis sich der Teig glatt und seidig anfühlt.

Hinweis

Um eine mürbere Teigstruktur zu erhalten, sollte der Krapfenteig nach dem Kneten nicht mehr aufgehen, sondern gleich aufgearbeitet werden.

1 Die zerbröselte Germ in der erwärmten Milch auflösen.

2 Mit wenig Mehl abschlagen.

3 Das Dampfel abgedeckt reifen und aufgehen lassen.

4 Dotter, Eier, Rum, Zucker, Salz, Zitronenschale erwärmen.

5 Mehl, Dampfel, Eimischung mischen, die Butter zufügen.

6 Einen glatten Teig kneten.

Mürbteig

Es gibt eine Vielzahl von Mürbteigrezepten und Verwendungszwecken für süßes Gebäck, zum Beispiel Teegebäck, als Unterlage für verschiedene Kuchen sowie für salziges Gebäck wie Käsegebäck oder Quiche – je nachdem, wofür der Teig verwendet werden soll, in unterschiedlichen Zusammensetzungen. Allen gemeinsam ist aber ein hoher Fettanteil und eine wenig gelockerte, aber mürbe Teigstruktur.
Einer der am meisten verwendeten Mürbteige ist der LINZERTEIG, auch 1,2,3-Teig genannt – so bezeichnet nach der anteilmäßigen Gliederung der Hauptzutaten Zucker, Butter und Mehl, nämlich 1 Teil Zucker, 2 Teile Butter und 3 Teile Mehl.

Linzerteig

10 g Vanillezucker
abgeriebene Schale von
1/4 unbehandelten Zitrone
1 Ei
1 Prise Salz
300 g Staubzucker
600 g Butter
900 g Mehl

1 Den Vanillezucker mit der Zitronenschale, dem Ei und Salz mischen.

2 Die restlichen Zutaten auf die Arbeitsplatte häufen oder in die Küchenmaschine füllen – die Butter soll temperiert sein, also plastisch fest, aber nicht hart.

3 Die Eimischung zufügen und alles zusammen kurz durcharbeiten, aber nur so weit, bis alles einwandfrei gemischt und ein glatter Teig entstanden ist.

4 Den Teig zu einer Kugel oder zu einem Rechteck formen – je nach weiterer Verarbeitung –, in Klarsichtfolie einwickeln und mindestens 1/2 Stunde in den Kühlschrank stellen.

Hinweis

Ein längeres Bearbeiten könnte zum Brandigwerden des Teiges führen – dabei tritt das Fett in flüssiger Form aus, und der Teig verliert seine Bindung. Das kann auch passieren, wenn die Butter zu weich war. Pannenhilfe: In diesem Fall kann man etwas Ei oder Eiklar zugeben und die Zutaten wieder binden. Auf jeden Fall ist damit ein Qualitätsverlust verbunden – der Teig wird durch die Beigabe von Flüssigkeit leicht zäh und ist nach dem Ausbacken weniger mürbe.

1 Mehl und Staubzucker auf die Arbeitsplatte häufen, die Butter in Stücken und die Eimischung zufügen.

2 Zunächst die Butter mit den Fingern zerdrücken, dann alles kurz zu einem geschmeidigen Teig zusammenwirken.

3 Den Teig zur Kugel (oder Rechteck) formen, in Klarsichtfolie wickeln und in den Kühlschrank stellen.

Geriebener Teig

Dieser Teig ist ebenfalls ein Mürbteig, der ohne Zucker zu Gesalzenem, zum Beispiel für eine Quiche, und mit Zucker für verschiedene Fruchtkuchen u. ä. gemischt wird. Er wird dort eingesetzt, wo der Boden eine gewisse Stabilität haben muß (daher die Flüssigkeitsbeigabe), trotzdem aber mürbe sein soll.
Ein gleichzeitiges Mischen und stärkeres Wirken – Bearbeiten aller Zutaten – würde nach dem Backen einen relativ harten Teig ergeben. Um dies zu verhindern, das heißt, um zu vermeiden, daß der im Mehl enthaltene Kleber durch die Flüssigkeitsbeigabe zu sehr aufgeschlossen wird, werden zuerst die trockenen Zutaten mit der Butter gründlich und erst anschließend mit den restlichen Zutaten nur kurz gemischt.

Ungezuckerter geriebener Teig

Für eine Quiche von 24 cm Durchmesser

250 g Mehl
110 g Butterschmalz (oder auch Schweineschmalz)
4 g Salz
90 ml Wasser

1 Das Mehl mit dem Butterschmalz gründlich verreiben, es soll eine krümelige Mischung entstehen.

2 Das Salz im Wasser auflösen und kurz einarbeiten. Den Teig in Folie wickeln und 1 Stunde im Kühlschrank rasten lassen.

Gezuckerter geriebener Teig

Für eine Marillen-Rahmtorte von 26 cm Durchmesser

200 g Mehl
40 g Staubzucker
90 g Butterschmalz
20 ml Milch
1 Ei
5 g Vanillezucker
1 Prise Salz

1 Das Mehl und den Staubzucker mit dem Butterschmalz gründlich verreiben.

2 Die Milch mit dem Ei verrühren, den Vanillezucker und das Salz darin auflösen. Mit den verriebenen Zutaten nur kurz mischen, nicht kneten. In Folie wickeln und 1 Stunde kalt stellen.

Butterstreusel

Herrlich als Auflage für die verschiedensten Streusel- und Fruchtstreuselkuchen, Potizen usw.

200 g Mehl
150 g Kristallzucker
150 g Butter
5 g Vanillezucker
1 Prise Salz
1 Prise Zimt

1 Das Mehl auf die Arbeitsplatte sieben, den Zucker darüberstreuen. Die Butter in kleinen Stücken, den Vanillezucker, Salz und Zimt zufügen.

2 Alle Zutaten zwischen den Händen zu krümeliger Beschaffenheit verreiben und 1/2 Stunde in den Kühlschrank stellen.

Strudelteig

Dieser einfache Wasserteig ist, dünn ausgezogen, die Basis für eine wunderbare Fülle der verschiedensten Frucht-, Gemüse- und auch Fleischstrudel. Am populärsten und in der kulinarischen Welt beinahe überall bekannt sind der Wiener Apfelstrudel und der Milchrahmstrudel. Beide sind gute Beispiele für das Improvisationstalent des Österreichers und dafür, wie man etwas, das von außen kommt – regional und eigenen Geschmackserwartungen angepaßt –, herrlich verändern und zu etwas Neuem abwandeln kann.
Wer zum Beispiel in die Türkei reist, in Istanbul noch am geläufigsten, erlebt an jeder zweiten Straßenecke Verkäufer von Strudelblättern, aus denen man dort die verschiedensten Baklava herstellt.

Für einen 10-Portionen-Strudel

200 g Mehl
20 g Öl, 2 g Salz
etwa 120 ml Wasser

1 Entweder auf der Arbeitsplatte oder in der Küchenmaschine alle Zutaten zu einem eher weichen Teig vermischen. Gut abarbeiten, bis sich der Teig von der Arbeitsplatte oder der Schüsselwand löst und sich glatt und seidig anfühlt. Zu einer Kugel formen. Auf einen mit Öl bestrichenen Teller (oder Schüssel) setzen, den Teig ebenfalls mit Öl bestreichen und mindestens 1/2 Stunde rasten lassen.

2 Den Teig auf einem mit Mehl bestaubten Tischtuch rechteckig vorrollen, mit Öl bestreichen und dann über die Handrücken beider Hände durch sanftes Ziehen und Dehnen in Richtung Tuchkante durchscheinend dünn ausziehen. Die Teigfläche ohne die dicken Ränder sollte 70 × 70 cm groß sein.

3 Die jeweilige Füllung auf ein Viertel der Teigfläche verteilen. Die restliche Teigfläche mit flüssiger Butter bestreichen und die dicken Teigränder abschneiden. Mit Hilfe des Tuchs aufrollen, auf ein gefettetes oder mit Backpapier belegtes Backblech setzen, mit flüssiger Butter bestreichen und backen.

1 Eine Schüssel dünn mit Öl ausstreichen, die Teigkugel hineinlegen, ebenfalls mit Öl bestreichen und zugedeckt rasten lassen.

2 Ein großes Leinentuch mit Mehl bestauben, den Teig darauf ausdrücken und dann so groß wie möglich rechteckig ausrollen.

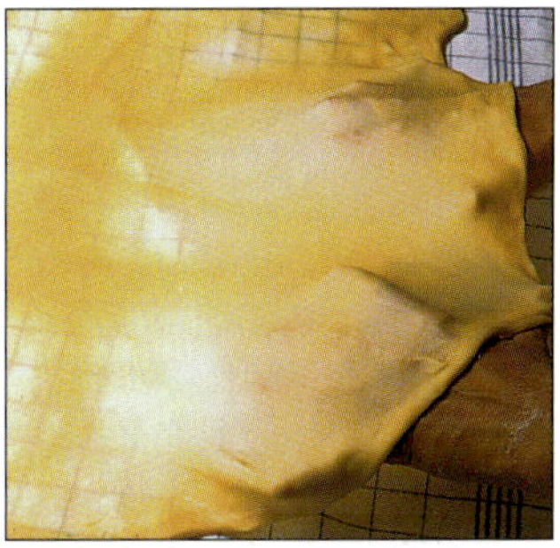

3 Mit beiden Händen bis zur Mitte unter den ausgerollten Teig fahren und diesen über den Handrücken sanft und gleichmäßig ausziehen.

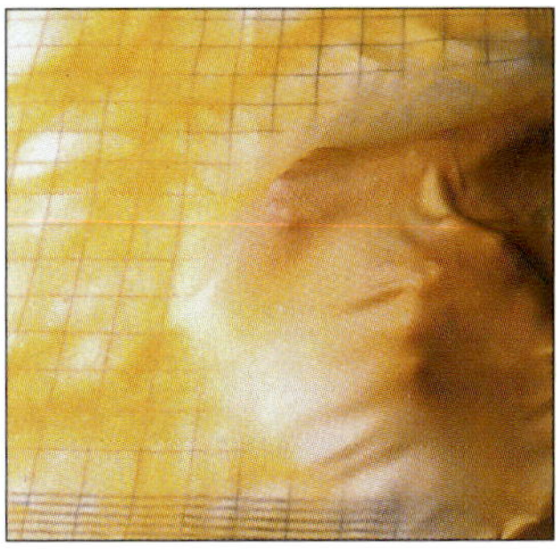

4 So lange dehnen und ziehen, bis schließlich das Muster des Tuchs deutlich durchscheint. Die dicken Ränder abschneiden.

Brandteig

Eigentlich ist Brandteig eine unkorrekte Bezeichnung, weil die Zutaten nicht zusammengewirkt, sondern – bis auf die Eier – abgekocht beziehungsweise geröstet werden. Auch ist der Eianteil, gemessen an den anderen Zutaten, je nach Rezeptur meist der größere. Die richtige, aber fast nicht gebräuchliche Bezeichnung ist Brandmasse.
So oder so, der Brandteig (-masse) ist ebenfalls eine sehr vielseitig verwendbare Basis für die verschiedensten Köstlichkeiten, süß oder gesalzen, im Backstuben- und Küchenbereich: Brandteigringerl, Eclairs, Spritzkrapfen, Käsegebäck, Knödel (für diese gibt es, weil die Masse formbar sein muß, allerdings eine spezielle Rezeptur), um nur einige zu nennen.

Brandteig mit Wasser

100 ml Wasser
100 g Butter
3 g Salz
100 g Mehl
etwa 3 Eier

Brandteig mit Milch

150 ml Milch
100 g Butter
4 g Salz
20 g Zucker
110 g Mehl
ewa 3 Eier

1 Wasser, Butter und Salz in einem Topf miteinander aufkochen.

2 Das Mehl auf einmal dazugeben und bei schwacher Hitze kurz abrösten, bis sich die Masse vom Geschirr löst. Diese Mischung ist nicht glatt und hat keinen besonderen Zusammenhalt. Den Topf vom Herd nehmen.

3 Die Eier aufschlagen und durchrühren. In kleinen Mengen intensiv in die nur wenig überkühlte Masse einrühren. Die Zugabe der Eier bewirkt nach und nach eine Bindung der Masse und ist dann zu beenden, wenn diese beginnt, schmierig zu werden, an der Gefäßwand zu kleben und eine glatte, geschmeidige Konsistenz bekommt.

Hinweis

Eine zu geringe Eizugabe ergibt ein unansehnliches, wenig aufgegangenes Gebäck und eine zu weiche Masse. Zuviel Ei bewirkt ein flaches und breites Gebäck.

1 Milch (oder Wasser) mit der Butter, dem Salz und – bei Brandteig mit Milch – Zucker aufkochen, das auf ein Papier gesiebte Mehl dazugeben.

2 Bei schwacher Hitze kräftig rühren und abrösten, bis sich die Masse vom Geschirr löst. Sofort vom Herd nehmen.

3 In eine Rührschüssel umfüllen und leicht überkühlen lassen. Nacheinander und unter intensivem Rühren die Eier zufügen.

4 So lange rühren, bis die Masse beginnt, schmierig zu werden, und eine geschmeidige Konsistenz bekommt.

Cremen und Füllungen

Buttercreme

Um Buttercreme die Üppigkeit zu nehmen, gibt es verschiedene Beicremen zum Mischen: Schaummasse, aufgeschlagene Eiermasse und vor allem die Vanillecreme (Vanillepudding).
Letzere ist am einfachsten und schnellsten herzustellen, sie hat sich auch geschmacklich als die beliebteste erwiesen.
Die Grundcreme kann sehr variantenreich mit Schokolade, Nougat, Kaffee, verschiedenen Likören und Schnäpsen oder mit Fruchtmark gemischt und vielseitig verwendet werden.

Für die Vanillecreme

1/4 l Milch
100 g Zucker
25 g Vanillepuddingpulver
1 Eidotter

Außerdem

350 g Butter

1 Von der Milch 200 ml abnehmen und mit dem Zucker aufkochen. Die restliche Milch mit dem Vanillepuddingpulver und dem Dotter verrühren, kräftig in die kochende Milch einrühren und kurz durchkochen. Auskühlen lassen und durch ein Sieb streichen.

2 Die Butter durch leichtes Anwärmen erweichen und schaumig rühren. Die Vanillecreme nach und nach untermischen.

Die Vanillecreme löffelweise unter die schaumig gerührte Butter mischen.

Schokoladeoberscreme

1/2 l Schlagobers
120 g Bittercouverture (dunkle Tunkmasse)

1 Das Schlagobers aufkochen.

2 Die Couverture zerkleinern und unter Rühren darin schmelzen. Etwa 1 Minute mixen, im kalten Wasserbad rasch abkühlen und im Kühlschrank 24 Stunden reifen lassen.

3 Wie Schlagobers aufschlagen.

1 Die zerkleinerte Couverture unter Rühren in dem kochenden Obers schmelzen.

2 Etwa 1 Minute mixen, im kalten Wasserbad abkühlen und anschließend kalt stellen.

3 Nach 24 Stunden Reifezeit die Schokoladecreme wie Schlagobers aufschlagen.

Milchschokolade-Oberscreme

1/2 l Schlagobers
150 g Milchcouverture (helle Tunkmasse)

Herstellen wie Schokoladeoberscreme.

Bayerische Creme

Man könnte fast sagen, sie ist die Mutter der feinen Oberscremen. Die Grundcreme aus Milch, Eiern, Zucker und Gelatine kann mit feinen Likören und Schnäpsen, Fruchtmark, Nougat, Kaffee oder Schokolade verschieden variiert werden. Gelockert und abgerundet durch geschlagenes Obers, in manchen Rezepturen auch mit Eischnee gemischt, gibt es unzählige Möglichkeiten für Desserts im Glas, als Sturzcreme und auch als Creme für viele Oberstorten. Es folgt eine Basisrezeptur für eine Bayerische Vanillecreme als Sturzcreme. Hier muß der Gelatineanteil etwas höher sein als zum Beispiel bei der Creme im Glas.

Diese Konsistenz soll eine korrekt hergestellte Bayerische Creme haben. Voraussetzung dafür ist, daß die Creme beim Melieren mit dem kalten Schlagobers die richtige Temperatur hat: Ist sie zu warm, wird das Obers wieder flüssig; ist sie zu kalt, wird sie zu schnell fest.

- 1/2 l Milch
- 120 g Zucker
- 20 g Gelatine (Pulver- oder Blattgelatine
- 10 g Vanillezucker
- 5 Eidotter
- 1 Prise Salz
- 1/2 l Schlagobers

1 Die Milch, den Zucker, das angerührte Gelatinepulver oder die kalt eingeweichte und ausgedrückte Blattgelatine, Vanillezucker, die Eidotter und das Salz vermischen und im Wasserbad abziehen, dabei intensiv mit dem Schneebesen schlagen, bis die Eidotter etwas abbinden und die Masse dickflüssiger wird.

2 Sofort in ein kaltes Wasserbad wechseln und weiterrühren, damit die Masse rasch heruntertemperiert wird und die Dotter nicht ausflocken. Mit dem Mixstab ungefähr 1 Minute mixen – so entsteht eine schönere Creme. Kaltrühren und, wenn die Creme leicht anzuziehen beginnt, in das geschlagene Obers einmelieren.

Hinweis

Obers richtig aufschlagen: Es gilt grundsätzlich für alle Oberscremen, daß das dafür vorgesehene Schlagobers nicht so stark ausgeschlagen wird, wie zum Beispiel, um einen Indianer zu füllen oder eine Torte zu dekorieren. Bei einer bestimmten, noch nicht ganz festen Konsistenz ist während des Schlagens das größte Volumen zu beobachten, und so sollte das Schlagobers mit der Grundcreme meliert werden.

Nußfüllung

150 ml Milch
150 g Zucker
15 g Vanillezucker
2 g Zimt
abgeriebene Schale von
1/4 unbehandelten Zitrone
370 g geriebene Walnüsse
1 Eiklar
2 cl Rum

1 Die Milch mit dem Zucker, Vanillezucker, Zimt und der Zitronenschale aufkochen. Die Nüsse einrühren und die Masse auskühlen lassen.

2 Das rohe Eiklar und den Rum untermischen. Das Eiklar bewirkt eine leichte Bindung.

Mohnfüllung

350 ml Milch
120 g Zucker
10 g Vanillezucker
1 g Zimt
abgeriebene Schale von
1/4 unbehandelten Zitrone
200 g gemahlener Mohn
50 g Grieß
2 cl Rum

1 200 ml Milch mit 100 g Zucker, Vanillezucker, Zimt und mit der Zitronenschale aufkochen. Den Mohn einrühren, einkochen lassen und kurz abrösten.

2 Die restliche Milch mit dem verbliebenen Zucker aufkochen. Den Grieß einstreuen und unter Rühren ausquellen lassen.

3 Den Grießbrei mit der Mohnmasse mischen und nach dem Auskühlen den Rum unterrühren.

Topfenfüllung

300 g Topfen (20 % Fett)
60 g Zucker
30 g flüssige Butter
30 g Rosinen
12 g Mais-Stärkemehl
5 g Vanillezucker
1 g Salz
1 Ei
abgeriebene Schale von
1/4 unbehandelten Zitrone

1 Den Topfen passieren.

2 Zusammen mit allen anderen Zutaten ohne Schaumigrühren kurz vermischen.

Glasuren

Eiweißglasur

Sie wird zum Glasieren von Lebkuchen, Zimtsternen und verschiedenen Teegebäcksorten verwendet. Für Lebkuchen wird oft eine Schaummasse hergestellt und diese mit Zuckersirup (Läuterzucker) zu einer dünnflüssigen Konsistenz verrührt. Die Lebkuchen werden nach dem Backen damit bestrichen oder darin getaucht, und die Glasur muß anschließend im warmen Raum abtrocknen. Diese Glasur ist für die Hausfrau vielleicht zu kompliziert. Anstelle dieser Schaumglasur kann jedoch die nebenstehende Fadenzuckerglasur verwendet werden.
Zum Bestreichen von Teegebäckteigen und Zimtsternmassen *vor* dem Ausstechen und Backen wird Eiklar mit gesiebtem Puderzucker vermischt. Dafür sollte allerdings der besonders feine Puderzucker, der feiner ist als Staubzucker, verwendet werden.

1 Eiklar
etwa 200 g Puderzucker

Das Eiklar mit dem gesiebten Puderzucker mit dem Kochlöffel dickflüssig und nur ganz wenig schaumig rühren.

Fadenzuckerglasur

1 Zucker und Wasser, im Verhältnis 3 : 1 gemischt, werden bis zur Fadenprobe gekocht (siehe unten).

2 Die Zuckerlösung von der Kochstelle nehmen und an der Gefäßwand mit dem Kochlöffel tablieren (verreiben). Die kleinen Mengen der tablierten, etwas milchigen Masse immer wieder in die Zuckerlösung mischen, so lange, bis die gesamte Zuckerlösung ein leicht milchig-trübes Aussehen hat.

3 Mit einem Pinsel die Fadenzuckerglasur auf das dafür vorgesehene Gebäck, in erster Linie Lebkuchen, auftragen.

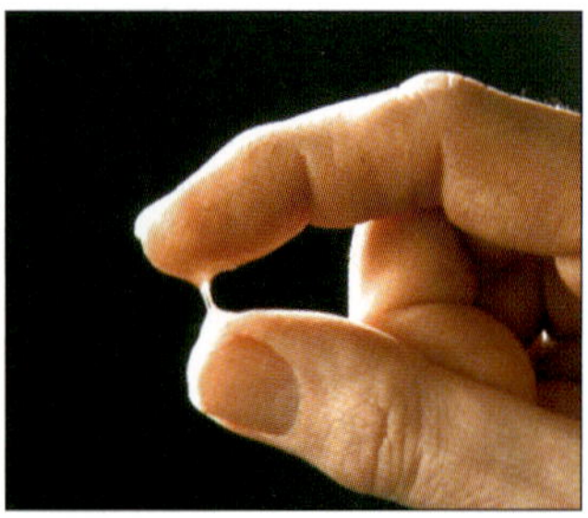

Fadenprobe: *Den Kochlöffel in die kochende Zuckerlösung tauchen, mit dem Zeigefinger etwas davon abnehmen. Wenn sich zwischen Daumen und Zeigefinger ein dünner Faden ziehen läßt, ist die Probe erreicht.*

Fondantglasur

Die einstmals in der Konditorei sehr populäre und vielseitig verwendete Fondantglasur ist als reine Zuckermasse in doch relativ dicker Form als Tortenglasur oder zum Überziehen von Petits fours heute nicht mehr sehr bedeutend. Als dünn aufgebrachter Glanz, zum Beispiel bei Plundergebäck, ist sie jedoch sehr attraktiv. Für Fondant werden Zucker, Glykose und Wasser bis zum starken Flug gekocht und tabliert, bis die klare Zuckerlösung zu einer weißen, festen Masse abstirbt.
Fondant muß aber heute niemand mehr selbst herstellen, denn dieser ist in der Regel im guten Lebensmittelladen erhältlich. Auch der Konditor bezieht seinen diesbezüglichen Bedarf im Fachhandel.
Zum Verarbeiten wird das Fondant unter intensivem Rühren auf etwa 40 °C erwärmt und mit Zuckersirup (Läuterzucker) und eventuell etwas Eiklar (gibt schönen Glanz) zur gewünschten Konsistenz verdünnt. Zur geschmacklichen Aufwertung ist eine kleine Menge Cointreau, Kirschwasser oder Rum zu empfehlen. Zum Einfärben gibt es wasserlösliche Lebensmittelfarben.

Wasserglasur

Der am einfachsten herzustellende Überzug ist sicher die Wasserglasur. Dafür wird gesiebter Staubzucker mit Wasser zu einer mehr oder weniger dickflüssigen Konsistenz angerührt – eventuell noch eine kleine Menge guten Likör oder Rum beigeben und auf 35–40 °C anwärmen.
Die Wasserglasur kann als Fondantersatz gelten, allerdings mit dem kleinen Nachteil, daß die Glasur matt bleibt.

Schokoladekonservglasur (Gekochte Schokoladeglasur)

Diese wird als der einzig korrekte Überzug für die Sachertorte zubereitet. Aber auch ein Indianerkrapfen, damit überzogen, kann eine Spezialität sein.
Zucker und Schokolade zu fast gleichen Teilen werden mit Wasser bis zum starken Faden gekocht. Das entspricht der Fingerprobe, wie bei der Fadenzuckerglasur (Seite 66) beschrieben. Hier ist, um ein schönes Ergebnis zu erreichen, jedoch ein sehr genaues Arbeiten notwendig und ohne Zuckerthermometer der exakte Kochgrad, zumindest für den Amateur, nicht zu ermitteln.

Die fertig gekochte Masse wird nun durch ein Sieb in ein anderes Geschirr umgefüllt, am besten in eine Stielkasserolle, die der Glasurmenge angepaßt und nicht größer als notwendig ist. Dadurch wird ein Antrocknen von Glasur am überstehenden Rand und damit Klumpenbildung vermieden. Ungefähr ein Drittel der Glasur auf die Arbeitsplatte – am besten eignet sich eine Steinplatte – gießen und mit der Palette so lange tablieren (hin und her streichen), bis die Masse etwas anzieht und ein wenig heller wird.
Während des Tablierens ist es notwendig, mit der zweiten Hand und einem Kochlöffel den anderen Teil der Glasur in der Kasserolle langsam zu rühren, um Hautbildung zu vermeiden. Die tablierte Masse wieder dazugeben und durchrühren.
Diesen Vorgang so oft wiederholen, bis die Glasur die richtige Konsistenz erreicht hat, was man am Ablaufen vom Kochlöffel prüfen kann.

Für eine Torte von 24 cm Durchmesser

250 g	Kristallzucker
120 ml	Wasser
300 g	Couverture (Tunkmasse)

Den Zucker mit dem Wasser unter Rühren aufkochen. Die Tunkmasse zerkleinern, unter Rühren darin schmelzen und auf 88 °R oder 110 °C kochen.

1 *Die zerkleinerte Couverture in der kochenden Zucker-Wasser-Lösung schmelzen und auf 110 °C kochen.*

2 *Etwa ein Drittel der durchgesiebten Glasur auf einer Steinplatte tablieren und unter die restliche Glasur rühren.*

3 *Diesen Vorgang so oft wiederholen, bis die Glasur eine dickflüssige, geschmeidige Konsistenz erreicht hat.*

Hinweis

Übrig gebliebene Glasur kann bei der Herstellung frischer Glasur einkalkuliert werden: Zuerst mit Zucker und Wasser aufkochen, bevor die Tunkmasse zugegeben und die Glasur zum starken Faden gekocht wird.

Couverture – Tunkmasse

Diese feine Schokolademasse hat einen geringeren Zucker- und einen höheren Kakaobutteranteil als Kochschokolade. Sie wird vor allem bei der Herstellung von Konfekt, Teegebäck und ähnlichem, aber auch überall dort verwendet, wo bester Schokoladegeschmack bei Gebackenem und Cremen gewünscht ist.
Zur Herstellung von Tunkmasse werden nur Kakaobestandteile und Zucker verwendet. Für Milchtunkmasse wird Trockenmilch zugesetzt, und weiße Tunkmasse besteht nur aus Kakaobutter, Trockenmilch und Zucker. Demgegenüber wird bei GLASURMASSE (Schokoladeglasur) anstelle von Kakaobutter Pflanzenfett verwendet; sie ist geschmacklich der Tunkmasse in keiner Weise gleichzusetzen. Dazu kommt, daß Tunkmasse einen angenehm glasigen Bruch mitbringt, während Glasurmasse immer eine, vor allem am Gaumen spürbare, leicht schmierige Konsistenz besitzt. Allerdings ist die Glasurmasse in der Verarbeitung einfacher. Sie muß nur geschmolzen und auf eine Verarbeitungstemperatur von etwa 35 °C gebracht werden. Tunkmasse aber muß für ihre typische, mattglänzende Oberfläche temperiert werden.

Tunkmasse temperieren

Dafür wird sie zunächst zerkleinert, im Wasserbad unter Umrühren geschmolzen und dabei über die Verarbeitungstemperatur von 32 °C erwärmt. Aufgrund des unterschiedlichen spezifischen Gewichts der Tunkmassebestandteile sondert sich die Kakaobutter teilweise an der Oberfläche ab und bildet nach dem (viel zu lange dauernden) Ausstocken einen grauen, häßlichen Schleier. Um die Kakaobutter wieder mit dem Kakao und dem Zucker zu binden, muß die Tunkmasse einem sogenannten Temperiervorgang unterzogen werden. Die Kakaobutter muß einen Kristallisationsprozeß einleiten, sie muß zu stocken beginnen, und das geschieht bei etwa 26 °C (die Bindung mit den anderen Tunkmassebestandteilen wird wiederhergestellt).
Wird die Tunkmasse anschließend vorsichtig auf etwa 32 °C erwärmt, ist die ideale Verarbeitungstemperatur und Konsistenz erreicht. Sollte beim Anwärmen die vorgegebene Temperatur wesentlich überschritten werden, ist ein einwandfreies Abstocken nicht möglich, und es muß erneut temperiert werden.

1 *Die Tunkmasse in Stücke schneiden und unter Rühren im heißen Wasserbad schmelzen. Auf 32 °C erwärmen. Die Kakaobutter setzt sich ab.*

2 *Die Schüssel in ein kaltes Wasserbad setzen und die Tunkmasse unter Rühren auf 26 °C heruntertemperieren, sie muß zu stocken beginnen.*

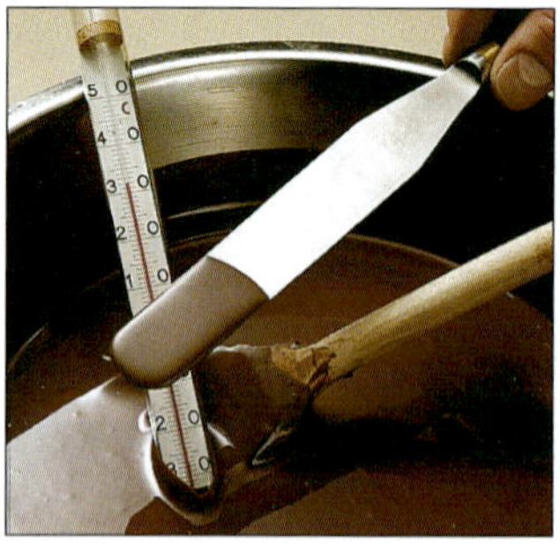

3 *Erneut ins heiße Wasserbad setzen und behutsam auf 32 °C erwärmen. So verarbeitet, bringt sie nach dem Abstocken eine schönen Glanz mit.*

Mit einer Verarbeitungstemperatur von 32 °C läßt sich die temperierte Tunkmasse einwandfrei auf eine Torte auftragen. Die Mühe des Temperierens wird durch eine wunderbar mattglänzende Oberfläche belohnt.

Es gibt mehrere Methoden, die Tunkmasse zu temperieren. Die für die Hausfrau einfachste Art ist, die Tunkmasse nach dem Schmelzen langsam im kalten Wasserbad zu rühren, bis sie zu stocken und dicker zu werden beginnt. Dann wieder in das Warmwasserbad wechseln und die Tunkmasse vorsichtig zur Verarbeitungstemperatur von 32 °C bringen. Vor dem Glasieren oder Überziehen zur Kontrolle eine Probe machen, indem man zum Beispiel eine Messerspitze in die Tunkmasse eintaucht und das richtige Abstocken und den Glanz überprüft.

Hinweise

Soll Tunkmasse verdünnt werden, wird vor dem Temperieren aufgelöste Kakaobutter zugesetzt. Zum Überziehen von Torten oder Schnitten, die nach dem Glasieren geschnitten werden, empfiehlt es sich, sie mit geschmacksneutralem Öl zu verdünnen.

Die zu überziehenden Stücke sollen eine Temperatur von etwa 22 °C (also Raumtemperatur) haben, sie dürfen nicht direkt aus dem Kühlschrank kommen.

Grundlegende Techniken

Backformen und Tortenring vorbereiten
Teigart und Backform entscheiden darüber, wann eine Backform gefettet, zusätzlich ausgestreut oder mit Backpapier ausgelegt wird. Dies ist in jedem Rezept entsprechend vermerkt.
Zum Fetten einen Pinsel verwenden. Die Form mit weicher Butter dünn und gleichmäßig ausstreichen. Das Mehl einstreuen, durch Rütteln gleichmäßig verteilen und überschüssiges Mehl wieder herausklopfen. Statt Mehl werden in manchen Rezepten auch Semmelbrösel verlangt; mit ihnen wird genauso verfahren.

Kastenform mit Backpapier auslegen.
1 Die Form auf das Backpapier legen und von allen Flächen der From die Umrisse aufzeichnen.

2 Entlang den Umrißlinien die vier Ecken ausschneiden. Anschließend die Längsseiten ausschneiden, dabei zu den Ecken hin einen breiten Streifen überstehen lassen.

3 Entlang den Bleistiftlinien nach innen falten, zunächst die kurzen Seiten, dann die langen und deren seitliche Überstände hinter die kurzen Seiten falten. In die Form legen.

Springform mit Backpapier auslegen: *Rund um den Boden einen Kreis auf das Papier zeichnen und etwas größer ausschneiden. Auf den Boden legen, in den Ring einspannen.*

Tortenring einschlagen.
1 Den Ring oder Reifen auf das quadratisch oder rund großzügig zugeschnittene Papier stellen und die Kanten gegen den Ring falzen.

2 Den mit Papier eingeschlagenen Tortenring auf ein mit Backpaier ausgelegtes Backblech stellen. Beim Einfüllen der Massen darf der Ring nicht gefettet werden.

Mürbteigboden mit Rand

In der Obstkuchenform mit Rand wird der flache Mürbteigbogen gebacken. Der gewellte Rand gibt dem Boden eine dekorative Optik. Die Form vorher sorgfältig fetten, dabei den Rand nicht vergessen.

1 Den Teig ausrollen. Mit Hilfe der Form den Kreis markieren und etwas größer ausschneiden. Mit der Kuchenrolle aufnehmen und über der Form wieder abrollen.

2 Den Teig glatt in die Form drücken, die Ränder andrücken und die Wellen des Randes nachformen. Den überstehenden Teig an der Formkante gerade abschneiden.

Blindbacken

Viele Mürbteigböden werden mit Früchten belegt oder mit einer Füllung versehen, die nicht mitgebacken werden. Der Boden muß also ohne Inhalt gebacken werden. Dabei soll er glatt bleiben und die Ränder dürfen nicht nach innen fallen. Nach dem Backen nur kurz stehen lassen, den Boden aus der Form lösen. Ist er bereits zu sehr abgekühlt, bleibt er an der Form hängen und bricht.

1 Den Teigboden mehrmals mit einer Gabel einstechen, mit Back- oder Pergamentpapier auslegen und gleichmäßig mit trockenen Hülsenfrüchten füllen.

2 Den Kuchenboden backen. Die Hülsenfrüchte mitsamt dem Papier wieder herausnehmen (sie können für den nächsten Boden wiederverwendet werden, separat aufbewahren).

Garprobe (Stäbchenprobe)

Um festzustellen, ob ein Formkuchen, Zopf oder Stollen ausreichend durchgebacken ist, wird die Garprobe gemacht. Dazu ist ein langes Holzstäbchen am besten geeignet.

◁ Kurz vor Ablauf der Backzeit das Stäbchen in die Mitte des Kuchens einstechen. Bleibt noch Teig daran hängen, muß der Kuchen weitergebacken werden. Erst wenn das Stäbchen vollkommen trocken herauskommt, ist der Kuchen durchgebacken.

Tortenboden teilen

Beim waagerechten Durchschneiden kommt es darauf an, den Tortenboden in gleichmäßige Scheiben zu teilen. Dies kann mit einem bis zur Mitte eingestochenen und waagerecht geführten Tortenmesser oder mit einem Faden erfolgen.

Mit dem Tortenmesser. *Mit Holzstäbchen die Stärke der Tortenscheibe markieren. Mit dem Tortenmesser unter gleichmäßigem Drehen abschneiden.*

Mit einem Faden. *Einen starken Faden gleichmäßig um den Tortenboden legen und mit beiden Händen nach vorn zusammenziehen.*

Eine Torte füllen und garnieren

Sauberes, exaktes Arbeiten ist Voraussetzung, wenn eine mit Creme oder Obers gefüllte Torte aussehen soll »wie vom Konditor«.
Im modernen Teil des Kapitels »Torten« wird der Umgang mit dem Tortenreifen beschrieben. Mit seiner Hilfe und einer raffinierten zusätzlichen Tiefkühltechnik sind korrekte und vor allem saubere, glatte Oberflächen und Kanten beziehungsweise Ränder möglich. Diese Technik zu erlernen ist eine wesentliche Hilfe und Erleichterung für jeden Hobbykonditor.

1 *Die Creme auf die Tortenscheiben verteilen und mit der Palette verstreichen. Die Scheiben aufeinandersetzen, dabei ist die Tortenunterlage hilfreich.*

2 *Zunächst die Ränder vollständig unter der Creme »verstecken«. Anschließend die Oberfläche vollkommen glatt mit Creme bestreichen.*

3 *Den Rand mit gehobelten, goldgelb gerösteten Mandeln einstreuen und mit Hilfe eines Gummispatels leicht andrücken.*

4 *Mit dem Tortenteiler die Stücke markieren. Restliche Creme in einen Spritzbeutel mit großer Sternhülle füllen und Rosetten aufspritzen.*

Spritztechniken mit Sterntülle und glatter Tülle

Schokolade schmelzen

In vielen Backrezepten für die Haushalts-Backstube wird Tafelschokolade verwendet und Teigen oder Cremen zugefügt. In sehr vielen Fällen muß sie geschmolzen werden.

1 *Die Tafelschokolade in Stücke brechen, in eine Schüssel füllen, ins nicht zu heiße Wasserbad setzen und unter Rühren schmelzen.*

2 *Vollständig glattrühren. Wird sie während des Arbeitens wieder fest, kann sie immer wieder im Wasserbad verflüssigt werden.*

Krokant herstellen

Krokant besteht aus geschmolzenem Zucker und gerösteten, zerkleinerten Nüssen (Haselnüssen oder Walnüssen) oder Mandeln. Im ganzen sehr dünn ausgerollt und ausgeschnitten oder ausgestochen, wird Krokant als Unterlage für verschiedene Gebäcke und Konfekt verwendet, gröber oder fein zerstoßen für Kuchen und zum Bestreuen von mit Creme überzogenen Torten.

1 *Zucker (250 g) schmelzen, die Butter (2 TL) in Stücken zufügen und die gehackten Nüsse (250 g) unterrühren. Sofort ausleeren.*

2 *Dafür eine Marmorplatte oder Backpapier mit Öl bestreichen, die Masse darauf ausleeren und mit dem Nudelholz zügig glattrollen.*

3 *Erkalten lassen. Mit einem Plattiereisen (oder Fleischklopfer) vorsichtig klopfen, bis der Krokant die gewünschte Körnung erreicht hat.*

4 *Oder den Krokant in einen Tortenring füllen und mit einem Gewicht zerstoßen. Vorteil: Der Ring hält die wegspritzenden Teilchen fest.*

Eischnee richtig aufschlagen

In der Regel wird in den heutigen Rezepten ein steif aufgeschlagener Schnee empfohlen. Ein solcher Schnee verliert jedoch schnell an Volumen. Zudem ist das glatte Unterheben schwierig, mitunter bleiben Schneereste in der Masse sichtbar. Es kommt also darauf an, die Eiklar richtig aufzuschlagen, um den Schnee korrekt weiterverarbeiten zu können.

Eiklar und Zucker zu einer kompakten, aber noch leicht schmierigen Masse aufschlagen. Sofort unter die zweite Masse heben, keinesfalls stehen lassen.

Spritztüte drehen

Mit einer selbst gedrehten Papiertüte lassen sich feine Garnituren aus Spritzglasur oder Schokolade sauber aufdressieren. Dafür ein 20 × 20 cm großes Quadrat aus Pergamentpapier ausschneiden und in der Diagonale durchschneiden. Für eine Tüte wird eines der beiden Papierdreiecke gebraucht. Die Größe der Öffnung an der Spitze der Tüte bestimmt die Stärke des Spritzfadens.

1 *Das Dreieck in der Hälfte der langen Seite mit der linken Hand fassen und die obere Spitze mit der anderen Hand nach vorn einrollen.*

2 *Straff rollen und weiter aufrollen, dabei mit dem linken Daumen die Spitze fixieren, die keinesfalls eine Öffnung behalten darf.*

3 *An der Nahtseite das oben überstehende Papierende nach innen falten, so daß sich die Tüte nicht mehr aufrollen kann und fest zusammenhält.*

4 *Die Glasur einfüllen, dabei die Naht mit dem Daumen fixieren. Die Tüte oben zusammenfalten, unten eine kleine Spitze gerade abschneiden.*

Kuchen

Die Kuchen sind neben dem Plätzchenbacken die Domäne der häuslichen Bäckerei. Sie kommen in der Regel fertig aus dem Ofen und werden nur noch mit Staubzucker besiebt oder glasiert. Das Paradestück ist ohne Zweifel der Gugelhupf, der klassisch aus einem Germteig gebacken wird, für den es aber auch zahlreiche andere Teigvarianten beziehungsweise gerührte Massen gibt. Ein selbstgebackener Kuchen auf dem sonntäglichen Familientisch war unumstößliche Tradition. Selbst der Kranken oder Rekonvaleszenten wurde gedacht, was sich noch heute in sogenannten Gesundheitskuchen widerspiegelt.
In den über Jahrzehnte weitergereichten Familienrezepten steckt heute so viel Erfahrung, daß ihr Gelingen schon fast garantiert werden kann, beste Zutaten und genaues Arbeiten vorausgesetzt. Daran hat die Erfindung des Backpulvers, das eine problemlose Teiglockerung ermöglicht, natürlich einen wesentlichen Anteil. Vor dieser Erfindung waren die Eier überwiegendes Lockerungs- und Triebmittel, weshalb gerade in den sehr alten Rezepturen so viele Eier enthalten sind. Ihr dominante Bedeutung kommt auch in den sogenannten Eischwerteigen oder -massen zum Ausdruck, bei denen das Eigewicht als Basis für die Butter-, Zucker- und Mehlmenge dient.
Auch die süßen Brote sind Kuchen. Wahrscheindlich haben sie ihre Namen dadurch erlangt, daß die Zutaten wie bei einem Brotteig zusammengewirkt werden und das in der Kastenform gebackene Brot später nur in Scheiben geschnitten wird. Die Potizen hießen ursprünglich Butitzen und haben folgende Zubereitung: Einen Germstrudelteig mit Nuß- oder Mohnfüllung belegen, von zwei Seiten her einrollen und in einer länglichen Form backen. Das zweiseitige Aufrollen wird heute allerdings häufig vernachlässigt.
Insbesondere in größeren Familien oder zur Bearbeitung größerer Früchtemengen aus dem eigenen Garten wurden Kuchen auf dem Blech gebacken. Noch bis zum Zweiten Weltkrieg wurden die Bleche zum Bäcker getragen, weil der eigene Küchenherd zum Backen dafür nicht geeignet war. Heute gehören neben dem Butter- und Streuselkuchen der Zwetschken-, Marillen- und Kirschenstreuselkuchen zu den begehrtesten Blechkuchen. Möglichst frisch und mit geschlagenem Obers serviert, sind die Obstkuchen vom Blech ein »Schlager« geblieben.
Die Schnitten in diesem Kapitel unterscheiden sich von denen auf Seite 218 ff. dadurch, daß die Füllung mitgebacken wird.

Traditionelle Rezepte

Königskuchen
KROATIEN

120 g Butter
150 g Zucker
5 Eier, getrennt
180 g Mehl
150 g kleingeschnittene gemischte Trockenfrüchte, zum Beispiel Datteln, Feigen, Rosinen oder Zitronat, ebenso kandierte Kirschen

Außerdem
Butter und Mehl für die Form

1 Die Butter mit 50 g Zucker schaumig rühren. Nacheinander die Dotter zufügen und rühren, bis eine dickcremige Masse entstanden ist.

2 Die Eiklar mit dem restlichen Zucker zu Schnee schlagen. Das gesiebte Mehl mit den Früchten zugeben und zusammen locker unterheben.

3 Eine Bischofsbrotform ausbuttern und mit Mehl bestauben. Den Teig einfüllen und bei 175 °C im vorgeheizten Backrohr etwa 45 Minuten backen.

4 Den Kuchen auf ein Gitter stürzen und erst nach 2 Tagen anschneiden.

Gesundheitskuchen
BÖHMEN

200 g Butter
200 g Zucker
8 Eier, getrennt
1 Päckchen Backpulver
500 g feines Mehl
etwa 1/8 l Milch

Außerdem
Butter und Mehl für die Form
Staubzucker zum Besieben

1 Die Butter mit 2/3 des Zuckers schaumig rühren. Nach und nach die Dotter zufügen und weiterrühren, bis eine dickcremige Masse entstanden ist.

2 Das mit dem Backpulver gesiebte Mehl abwechselnd mit der Milch einarbeiten.

3 Die Eiklar mit dem restlichen Zucker zu Schnee schlagen und unterheben.

4 Eine Kastenform ausbuttern und mit Mehl bestauben. Den Teig einfüllen und bei 180 °C im vorgeheizten Backrohr etwa 45 Minuten backen. Nach dem Abkühlen mit Staubzucker besieben.

Ulmer Kuchen

120 Jahre altes Einwandererrezept

7 Eier, 140 g Zucker
1 Päckchen Vanillezucker
abgeriebene Schale von
1/2 unbehandelten Zitrone
170 g Mehl
70 g zerlassene Butter
50 g Rosinen

Für die Glasur

2 Eiklar, 250 g Staubzucker
1/2 TL Zitronensaft

Außerdem

geschälte, gehackte Mandeln
zum Bestreuen

1 Die Eier mit dem Zucker, Vanillezucker und der Zitronenschale auf dem Wasserbad lauwarm aufschlagen. Vom Wasserbad nehmen und kalt schlagen, bis eine cremige, deutlich vergrößerte Masse entstanden ist.

2 Das gesiebte Mehl und die Rosinen mit einem Rührlöffel unterziehen. Die lauwarme Butter in dünnem Strahl einlaufen lassen und untermischen.

3 Den Boden einer Springform mit Backpapier auslegen. Die Masse einfüllen und glattstreichen. Bei 180 °C im vorgeheizten Backrohr etwa 1 Stunde backen.

4 Den Kuchen auf ein Gitter stürzen, etwas abkühlen lassen, das Papier abziehen.

5 Für die Glasur die Eiklar mit dem Staubzucker und dem Zitronensaft gründlich glattrühren. Den Kuchen damit überziehen und mit den Mandeln bestreuen.

Belvedere-Gugelhupf

Wien, Böhmen, Mähren

100 g Butter, 150 g Zucker
5 Eier, getrennt
1/2 Päckchen Backpulver
250 g Mehl
etwa 1/8 l Milch

Außerdem

Butter und Mehl für die Form
Staubzucker zum Besieben

1 Die Butter mit 50 g Zucker schaumig rühren. Nacheinander die Dotter unterrühren und abwechselnd miteinander das mit dem Backpulver gesiebte Mehl und so viel Milch einarbeiten, daß der Teig schwerreißend vom Löffel fällt. Die Eiklar mit dem restlichen Zucker zu Schnee schlagen und unterheben.

2 Eine Gugelhupfform ausbuttern und mit Mehl bestauben. Den Teig einfüllen. Bei 180 °C im vorgeheizten Backrohr etwa 45 Minuten backen. Den Kuchen im abgeschalteten Rohr bei offener Tür 10 Minuten abkühlen lassen. Anschließend auf ein Gitter stürzen und auskühlen lassen. Reichlich mit Staubzucker besieben.

Germgugelhupf

Wien

Der Gugelhupf, auch Kugelhupf oder Gugelkopf genannt, hat seinen Namen von der typischen Form, in der er gebacken wird. In Vorarlberg nennt man ihn auch Ofenkatze, weil seine Form an eine auf dem Ofen zusammengerollte Katze erinnert. Original wird er – wie in diesem Rezept – aus einem Germteig zubereitet, doch gibt es auch zahlreiche Varianten mit dem schnelleren Rührteig.

400 g Mehl
1/8 l lauwarme Milch
30 g Germ (Hefe)
80 g Zucker
150 g Butter
4 Eidotter
1 Messerspitze Salz
3 Eiklar
50 g Rosinen

Außerdem

Butter und Semmelbrösel
für die Form
Staubzucker zum Besieben

1 Das Mehl in eine Schüssel sieben und in die Mitte eine Vertiefung drücken. In der Milch die zerbröckelte Germ und 2 TL Zucker auflösen, in die Mehlmulde gießen und mit 1/4 des Mehls vermischen. Die Schüssel mit einem Tuch abdecken und das Dampfel an einem warmen, zugfreien Ort 15 Minuten aufgehen lassen.

2 Inzwischen die Butter mit dem elektrischen Handrührgerät schaumig rühren. Nacheinander die Dotter untermischen, 20 g Zucker und das Salz. Die Eiklar mit dem restlichen Zucker zu Schnee schlagen und unterziehen.

3 Die Buttermischung zum Dampfel in die Schüssel geben und mit einem Rührlöffel kräftig abschlagen. Es soll ein weicher Germteig entstehen. So lange schlagen, bis sich der Teig vom Schüsselrand löst. Den Teig erneut zugedeckt etwa 20 Minuten gehen lassen, bis er das Doppelte seines Volumens erreicht hat.

4 Eine Gugelhupfform dick ausbuttern, auch den Zapfen in der Mitte gut fetten, und mit Semmelbröseln ausstreuen. Die Rosinen unter den Teig mischen und den Teig in die Form füllen, die Oberfläche glattstreichen. Noch einmal zugedeckt gehen lasen.

5 Den Gugelhupf bei 200 °C im vorgeheizten Backrohr in etwa 45 Minuten goldgelb backen. Um den Garzustand zu prüfen, die Stäbchenprobe machen. Auf ein Kuchengitter stürzen, auskühlen lassen und anschließend mit Staubzucker besieben.

Variation

GEBURTSTAGSGUGELHUPF: Statt der Rosinen die abgeriebene Schale von einer halben unbehandelten Zitrone und 2 cl Rum in den Germteig einarbeiten. Den auf das Kuchengitter gestürzten gebackenen Gugelhupf sofort mit 100 g erhitzter, passierter Marillenkonfitüre bestreichen und den Kuchen vollständig auskühlen lassen. Anschließend mit Schokoladeglasur überziehen. – In die Mitte des Kuchens wird die Lebenskerze gestellt.

Blitzkuchen

BÖHMEN

- 250 g Butter
- 250 g Zucker
- 6 Eier, getrennt
- abgeriebene Schale von ½ unbehandelten Zitrone
- 250 g Mehl

Außerdem

- Butter für die Form
- 1 Ei zum Bestreichen
- 1 Handvoll gestiftelte Mandeln zum Bestreuen

1 Die Butter mit 175 g Zucker schaumig rühren. Nacheinander die Dotter und die Zitronenschale dazurühren. Die Eiklar mit dem restlichen Zucker zu Schnee schlagen und auf die Schaummasse gleiten lassen. Das Mehl darübersieben und zusammen und mit einem Rührlöffel unterheben.

2 Eine Springform ausbuttern. Den Teig einfüllen, glattstreichen, mit verquirltem Ei bestreichen und mit den Mandeln bestreuen.

3 Bei 180 °C im vorgeheizten Backrohr in etwa 45 Minuten Stunde hellgelb backen. Auf einem Kuchengitter auskühlen lassen.

Kaiserkuchen

BÖHMEN

- 6 Eier, getrennt
- 3 eischwer Butter
- 6 eischwer Zucker
- 4 eischwer Mehl
- 1 Päckchen Backpulver
- etwas Arrak oder Rum

Außerdem

- Butter für die Form

1 Gleich schwere Eier verwenden. Ein Ei auswiegen als Maßeinheit für diesen Eischwerteig.

2 Die Butter mit ⅔ des Zuckers schaumig rühren. Die Dotter einzeln nacheinander dazurühren und so lange weiterrühren, bis die Masse schön locker und flockig ist. Den Arrak oder Rum einrühren. Die Eiklar mit dem restlichen Zucker zu Schnee schlagen und auf die Schaummasse gleiten lassen. Das Mehl mit dem Backpulver darübersieben und zusammen mit einem Rührlöffel unterheben.

3 Eine Kastenform ausbuttern. Den Teig einfüllen und glattstreichen. Bei 180 °C im vorgeheizten Backrohr etwa 1 Stunde backen. Auf ein Kuchengitter stürzen.

Polentakuchen

BOSNIEN, DALMATIEN

- 3 Eier, getrennt
- 160 g Zucker
- 1 Päckchen Vanillezucker
- Saft von ½ Zitrone
- 2 EL Rum
- 120 g Polentamehl
- ½ TL Backpulver

Außerdem

- Butter für die Form
- Konfitüre zum Bestreichen oder Kompott zum Servieren

1 Die Dotter mit 100 g Zucker, Vanillezucker, dem Zitronensaft und Rum schaumig rühren. Das Polentamehl mit dem Backpulver vermischen und unterrühren. Die Eiklar mit dem restlichen Zucker zu Schnee schlagen und unterheben.

2 Eine Springform gut ausfetten. Den Teig einfüllen und glattstreichen. Bei 180 °C im vorgeheizten Backrohr in etwa 45 Minuten schön goldgelb backen.

3 Den Kuchen aus der Form nehmen und sofort mit der erhitzten und passierten Konfitüre bestreichen. Statt dessen kann man ihn auch mit Kompott servieren.

Früchtebrot auf Oblaten

UNGARN

Der Duft des Orients und alles, was er an Früchten bietet, sind in diesem herrlich schmeckenden Früchtebrot enthalten. Besonders häufig wird es zu Weihnachten gebacken.

3 Eier
250 g Zucker
75 g geriebene Mandeln
20 feingehackte Walnüsse
75 g feingehacktes Zitronat
10 feingehackte Feigen
10 entsteinte, feingehackte Datteln
75 g Sultaninen
3 Messerspitzen Zimt
2 Messerspitzen Nelkenpulver
2 Messerspitzen Backpulver
250 g Mehl

Außerdem

rechteckige oder runde Oblaten
halbierte geschälte Mandeln zum Verzieren

1 Die Eier mit dem Zucker schaumig rühren. Die Mandeln, Nüsse und die Trockenfrüchte sowie die Gewürze dazurühren. Zuletzt das mit dem Backpulver gesiebte Mehl untermischen. Den Teig 1–2 Stunden ruhen lassen.

2 Ein Backblech mit Oblaten belegen und den Teig fingerdick, nicht ganz bis zu den Rändern, aufstreichen. Ein Messer in kaltes Wasser tauchen und den Teig schön gleichmäßig nachformen, jeweils in der Mitte etwas höher. Jedes kleine Brot mit einer halben Mandel verzieren und nochmals 1 Stunde ruhen lassen.

3 Bei 200 °C im vorgeheizten Backrohr in 25 Minuten nicht zu dunkel backen.

Früchtebrot Omama

AUS APATIN, BATSCHKA

4 Eier, getrennt
140 g Zucker
1 gestrichener TL Zimt
2 leicht gehäufte EL Mehl
1 Messerspitze Nelkenpulver
140 g kandierte Kirschen oder Rosinen
140 g grobgeschnittene Walnüsse

Außerdem

Butter und Mehl für die Form
Fondant- oder Wasserglasur (Seite 66, 67), nach Belieben

1 Die Dotter mit 100 g Zucker und dem Zimt schaumig rühren. Das Mehl, das Nelkenpulver, die kandierten Kirschen oder Rosinen sowie die Walnüsse dazurühren. Die Eiklar mit dem restlichen Zucker zu Schnee schlagen und mit einem Rührlöffel locker unterheben.

2 Eine kleinere Kastenform gut ausbuttern und bemehlen. Die Masse einfüllen und glattstreichen. Bei 180 °C im vorgeheizten Backrohr etwa 40 Minuten backen. Auf einem Kuchengitter auskühlen lassen und nach Belieben glasieren.

Jourbrot

UNGARN

Dieses Rezept diente der Eiklarverwertung. Es wurde immer dann gebacken, wenn die Creme-Pitta (Cremeschnitten) vorgesehen war, bei deren Cremefüllung ausschließlich Eidotter gebraucht werden.

- 6–8 Eiklar (je nach Größe)
- 240 g Zucker
- ausgeschabtes Mark von 1 Vanilleschote
- 1 Handvoll gehackte Walnüsse
- 1 Handvoll in 1 EL Rum eingeweichte Rosinen
- 1/2 Handvoll kleingeschnittene, getrocknete Marillen
- 1/2 Handvoll kleingeschnittenes Orangeat
- 120 g Mehl
- 120 g zerlassene Butter

Außerdem

- Butter und Mehl für die Form

1 Die Eiklar zu Schnee schlagen, dabei nach und nach den Zucker einrieseln lassen. Das Vanillemark zufügen und weiterschlagen, bis ein nicht zu fester Schnee entstanden ist.

2 Die Nüsse und Trockenfrüchte mit dem Mehl vermischen und unter den Eischnee ziehen. Zuletzt die Butter – sie darf nicht mehr heiß sein – vorsichtig einrühren.

3 Ein schmales, längliches Blech oder eine Kastenform gut buttern und mit Mehl bestauben. Den Teig daraufstreichen und bei 180 °C im vorgeheizten Backrohr 45 Minuten backen.

Fürstenbrot

BANAT

- 4 Eier
- 3 eischwer Zucker
- 50 g geschälte, geriebene Mandeln
- abgeriebene Schale von 1/2 unbehandelten Zitrone
- 50 g Rosinen
- 3 eischwer Mehl

Außerdem

- Butter für die Form
- Zuckerglasur nach Belieben

1 Gleich schwere Eier verwenden. Ein Ei auswiegen als Maßeinheit für die Masse. Die Eier mit dem Zucker schaumig rühren. Mandeln, Zitronenschale, Rosinen und das Mehl miteinander vermischen und unter den Eierschaum heben.

2 Eine flache Kastenform ausbuttern. Den Teig einfüllen und glattstreichen und bei 175 °C im vorgeheizten Backrohr etwa 45 Minuten backen.

3 Nach Belieben mit Zuckerglasur überziehen. Das Fürstenbrot erst nach dem völligen Erkalten anschneiden.

Schokoladebrot

BANAT

- 4 Eier, 140 g Zucker
- 150 g geriebene Schokolade
- 40 g geriebene Haselnüsse
- 70 g gesiebtes Mehl

Außerdem

- Butter und Mehl für die Form
- Couverture (Tunkmasse) zum Überziehen oder Staubzucker zum Besieben

1 Die Eier mit dem Zucker gut schaumig rühren. Die Schokolade, dann Haselnüsse und Mehl einrühren.

2 Eine Kastenform fetten und bemehlen. Den Teig einfüllen, glattstreichen und bei 180 °C im vorgeheizten Rohr 45 Minuten backen. Auf ein Kuchengitter stürzen und mit der geschmolzenen Couverture überziehen oder nach dem Auskühlen mit Staubzucker besieben.

Cholera-Brot

BÖHMEN UM 1836

- 6 große Eier, 550 g Zucker
- 200 g feingeschnittenes Zitronat und Orangeat
- 1 Messerspitze Zimt
- 1 Prise Nelkenpulver
- 1 Prise Kardamom
- abgeriebene Zitronenschale
- 1 Messerspitze Natron
- 870 g Mehl

Außerdem

- Butter für das Blech
- Eidotter zum Bestreichen

1 Die Eier mit dem Zucker sehr schaumig rühren. Nach und nach die übrigen Zutaten einarbeiten, zuletzt das mit dem Natron gesiebte Mehl. Den Teig zu einem Brotlaib formen.

2 Ein Backblech ausbuttern. Das Brot daraufsetzen und mit verquirltem Dotter bestreichen.

3 Bei 175 °C im vorgeheizten Backrohr etwa 1 Stunde backen. Noch heiß in Scheiben schneiden.

Bischofsbrot

BANAT

4 Eier, getrennt
140 g Zucker
50 g mit der Schale geröstete, blättrig geschnittene Mandeln
50 g Rosinen
50 g Sultaninen
50 g kleingewürfelte Schokolade
140 g Mehl

Außerdem

Butter und Mehl für die Form

1 Die Dotter mit 60 g Zucker schaumig rühren. Die Mandeln, Rosinen, Sultaninen und die Schokolade mit dem gesiebten Mehl vermischen.

2 Die Eiklar mit dem restlichen Zucker zu Schnee schlagen und mit einem Rührlöffel unter den Dotterschaum heben. Zuletzt die Mehlmischung vorsichtig unterziehen.

3 Eine Bischofsbrot- oder Kastenform gut ausbuttern und mit Mehl bestauben. Die Masse einfüllen und glattstreichen. Bei 175 °C im vorgeheizten Backrohr 50–60 Minuten backen. Das Bischofsbrot erst nach dem Auskühlen anschneiden.

Hinweise

- Statt der Mandeln und Schokolade kann feingeschnittenes Zitronat oder Orangeat verwendet werden.
- Die Schokolade bröckelt beim Schneiden nicht, wenn man sie bei 30 °C temperiert, stehen läßt, bis sie schnittfähig ist, und dann schneidet.

Nußpotize

BANAT

700 g Mehl
etwa 1/4 l lauwarme Milch
30 g Germ (Hefe), 2 EL Zucker
1 Prise Salz, 2 Eidotter
100 g Butter oder
70 g Schmalz,
lauwarm zerlassen

Für die Füllung

100 g Zucker, 3 EL Wasser
400 g Honig
500 g geriebene Walnüsse
oder Haselnüsse
1 Prise Piment
1 Prise Nelkenpulver
3 EL Rum
2 EL Semmelbrösel

Außerdem

Butter für das Blech
Ei zum Bestreichen
Staubzucker zum Besieben

1 Das Mehl in eine Schüssel sieben und in die Mitte eine Vertiefung drücken. Von der Milch 3–4 EL abnehmen und darin in einer Tasse die Germ mit 2 TL Zucker auflösen. Anschließend in die Mehlmulde gießen, mit einem Teil des Mehls vermischen, die Schüssel mit einem Tuch abdecken und das Dampfel an einem warmen Ort 15 Minuten aufgehen lassen.

2 Die restlichen Zutaten zugeben und gut abschlagen, bis sich der Teig vom Schüsselrand löst. Erneut abdecken und aufgehen lassen, bis der Teig etwa das Doppelte seines Volumens erreicht hat.

3 Inzwischen für die Füllung den Zucker mit dem Wasser aufkochen. Den Honig, die Nüsse, Piment und Nelkenpulver einrühren und nochmals aufkochen. Vom Herd nehmen, den Rum einrühren, mit den Semmelbröseln binden.

4 Den Teig gut durchkneten und dünn ausrollen. Die ausgekühlte Füllung darauf verstreichen, fest zusammenrollen und auf das gefettete Blech legen. Die Rolle mit verquirltem Ei bestreichen und nochmals 30 Minuten aufgehen lassen.

5 Bei 190 °C im vorgeheizten Backrohr in 45–50 Minuten goldbraun backen. Auskühlen lassen. Mit Staubzucker besieben.

Auf dem Blech gebacken

Omnibuskuchen

Böhmen

- 200 g Butter
- 250 g Zucker
- 9 Eier, getrennt
- 1 Päckchen Backpulver
- 500 g feines Mehl

Außerdem

- Butter für das Blech

1 Die Butter mit 70 g Zucker schaumig rühren. Nacheinander die Dotter dazurühren und das mit dem Backpulver gesiebte Mehl einrühren. Die Eiklar mit dem restlichen Zucker zu Schnee schlagen und mit einem Rührlöffel unterheben.

2 Ein tiefes Backblech buttern, den Teig einfüllen und glattstreichen. Bei 180 °C im vorgeheizten Backrohr etwa 1 Stunde backen.

Feiner Kuchen zum Kaffee

Wien

- 500 g Mehl
- knapp 1/2 l lauwarme Milch
- 20 g Germ (Hefe)
- 2 EL Zucker
- 2 EL lauwarm zerlassene Butter
- 2 Eier
- 1 Prise Salz
- 1/2 TL abgeriebene unbehandelte Zitronenschale

Für den Belag

- 3 EL Butter
- 4 Eidotter
- 2 Eiklar
- 1 EL Zucker
- 1/4 TL abgeriebene unbehandelte Zitronenschale
- 50 g Sultaninen
- 50 g Korinthen
- 50 g Mandelstifte
- etwa 100 g Staubzucker, mit Zimt vermischt, zum Besieben

Außerdem

- Butter für das Blech

1 Das Mehl in eine Schüssel sieben und in die Mitte eine Vertiefung drücken. Von der Milch 3–4 EL abnehmen und darin in einer Tasse die Germ mit 2 TL Zucker auflösen. In die Mehlmulde gießen und mit 1/4 des Mehls vermischen. Die Schüssel mit einem Tuch abdecken und das Dampfel an einem warmen Ort 15 Minuten aufgehen lassen.

2 Die restlichen Zutaten zugeben und den Teig gut abschlagen, bis er sich vom Schüsselrand löst. Erneut abdecken und aufgehen lassen, bis er etwa das Doppelte seines Volumens erreicht hat.

3 Noch einmal durchkneten. Ein Backblech gut ausfetten. Den Teig auf der bemehlten Arbeitsfläche ausrollen und auf das Blech legen.

4 Für den Belag die Butter mit den Dottern schaumig rühren. Die Zitronenschale und die Eiklar mit dem Zucker zu Schnee schlagen, unterheben. Die Masse gleichmäßig auf den Teig streichen, aber nicht über den Teigrand hinaus.

5 Die Sultaninen, Korinthen und Mandeln vermischen und gleichmäßig auf der Eimasse verteilen. Den mit dem Zimt vermischten Staubzucker darübersieben.

6 Bei 180 °C im vorgeheizten Backrohr etwa 45 Minuten backen.

Marienbader Kaffeekuchen

ÖSTERREICH-UNGARN

- 240 g Butter, 200 g Zucker
- 7 Eier, getrennt
- 1 Päckchen Backpulver
- 500 g Mehl
- 150–180 ml Milch
- abgeriebene Schale von 1/2 unbehandelten Zitrone
- 100 g Korinthen
- 100 g Rosinen oder Sultaninen
- 50 g feingehacktes Orangeat

Außerdem

- Butter und Semmelbrösel für das Blech

1 Die Butter mit 50 g Zucker schaumig rühren. Nach und nach die Dotter zufügen, weiterrühren, bis eine dickcremige Masse entstanden ist.

2 Das mit dem Backpulver gesiebte Mehl abwechselnd mit der Milch einarbeiten, es soll ein nicht zu fester Teig entstehen. Zwischendurch die Zitronenschale zufügen.

3 Die Eiklar mit dem restlichen Zucker zu Schnee schlagen und unterheben. Zuletzt die Früchte dazugeben.

4 Ein tiefes Backblech buttern und mit Semmelbröseln ausstreuen. Den Teig einfüllen, gleichmäßig verstreichen und bei 180 °C im vorgeheizten Backrohr etwa 45 Minuten backen.

Nußkuchen

BANAT

- 8 Eier, getrennt
- 240 g Zucker
- 1 Päckchen Vanillezucker
- 250 g geriebene Haselnüsse
- 2 gehäufte EL Mehl
- 1 TL Backpulver
- 150 g Rosinen

1 Die Dotter mit 80 g Zucker und Vanillezucker dickschaumig rühren. Die Eiklar mit dem restlichen Zucker zu Schnee schlagen und auf die Dottermasse gleiten lassen. Darauf die Nüsse und das mit dem Backpulver gesiebte Mehl geben. Alles vorsichtig mit einem Rührlöffel vermengen. Zuletzt die Rosinen unterheben.

2 Ein tiefes Blech mit Backpapier auslegen. Den Teig einfüllen und gleichmäßig verstreichen. Bei 180 °C im vorgeheizten Backrohr etwa 1 Stunde backen.

3 Den Kuchen auf ein Gitter stürzen und sofort das Papier abziehen. Es läßt sich besser lösen, wenn man kurz ein feuchtes Tuch auflegt. Den Kuchen auskühlen lassen und in rechteckige Stücke schneiden.

Rotweinkuchen

BATSCHKA

- 250 g Butter
- 250 g Zucker
- 1 Päckchen Vanillezucker
- 4 Eier, getrennt
- 1 TL Kakaopulver
- 1/8 l guter Rotwein
- 250 g Mehl
- 1 Päckchen Backpulver
- 100 g Schokoladeplättchen oder geraspelte Blockschokolade

1 Die Butter mit 200 g Zucker und dem Vanillezucker schaumig rühren. Nacheinander die Dotter, den Kakao und den Rotwein dazurühren. Die Eiklar mit dem restlichen Zucker zu Schnee schlagen und auf den Dotterschaum gleiten lassen. Das Mehl mit dem Backpulver darübersieben und zusammen mit einem Rührlöffel unterheben. Zuletzt Schokolade unterziehen.

2 Ein Backblech mit Backpapier auslegen. Den Teig gleichmäßig darauf verstreichen. Bei 190 °C im vorgeheizten Backrohr etwa 45 Minuten backen.

3 Den Kuchen 5 Minuten im ausgeschalteten Rohr bei offener Tür stehen lassen, dann auf ein Gitter stürzen. Das Backpapier abziehen und den Kuchen auskühlen lassen. Anschließend in Quadrate schneiden.

BALATON
TROCKEN
Rotwein aus Un

Belgerschnitten

BATSCHKA

- 150 g Butter
- 250 g Zucker
- 2 Eier, getrennt
- 250 g Mehl
- 1 EL Kakaopulver
- 1 Messerspitze Natron
- 1/4 l Milch

Außerdem

- Butter für das Blech
- 300 g Weichselkonfitüre zum Bestreichen
- 400 g Couverture (Tunkmasse) zum Überziehen

1 Die Butter mit 200 g Zucker schaumig rühren und die Dotter untermischen.

2 Das Mehl mit dem Kakao und dem Natron mischen, sieben und abwechselnd mit der Milch unter die Schaummasse rühren. Die Eiklar und den restlichen Zucker zu Schnee schlagen und unterheben.

3 Ein Blech mit hohem Rand mit Butter einfetten. Den Teig einfüllen, glattstreichen und bei 190 °C im vorgeheizten Backrohr 25 Minuten backen. Auskühlen lassen.

4 Die Konfitüre kurz erwärmen, passieren und den Kuchen damit bestreichen. Die Couverture schmelzen und den Kuchen damit überziehen. In schmale, längliche Schnitten schneiden.

Sevdidschan

BOSNIEN

Sevdidschan, türkisch »sevdidzan«, bedeutet Liebeskuchen und ist eine Erinnerung an die Türkenherrschaft in Bosnien. Sevdah heißt Liebe. Alle Balkanvölker haben sich sehr schnell an die süßen türkischen Bäckereien gewöhnt.

- 4 Eier, getrennt
- 150 g Staubzucker
- 100 g zerlassene Butter
- Saft von 1 Zitrone
- abgeriebene Schale von 1/2 unbehandelten Zitrone
- 100 g Grieß
- 75 g Mehl

Für den Guß

- 200 g Zucker
- 50 g Honig
- 70 ml Wasser
- Saft von 1 Zitrone
- 1 Päckchen Vanillezucker oder ausgeschabtes Mark von 1 Vanilleschote

1 Die Dotter mit 70 g Staubzucker schaumig rühren. Die zerlassene, doch nicht mehr heiße Butter, Zitronensaft und -schale untermischen.

2 Die Eiklar mit dem restlichen Staubzucker zu Schnee schlagen und auf den Dotterschaum gleiten lassen. Das mit dem Grieß vermischte, gesiebte Mehl daraufgeben und alles vorsichtig mit einem Rührlöffel vermengen.

3 Ein kleineres Blech mit Backpapier auslegen und den Teig 1,5 cm dick daraufstreichen. Bei 180 °C im vorgeheizten Backrohr in etwa 25 Minuten hellgelb backen.

4 Für den Guß alle Zutaten in einem Topf vermischen und bei mittlerer Temperatur unter ständigem Rühren zu einem hellbraunen Sirup kochen.

5 Die noch warme Teigplatte in 3 × 3 cm große Quadrate schneiden und sofort mit dem Guß überziehen. Auskühlen und trocknen lassen.

Pelivan-Schnitten

BOSNIEN

- 3 Eier
- 200 g Zucker
- 200 g Mehl
- 200 g gehackte Haselnüsse

Außerdem

- Butter für das Blech

1 Die Eier mit dem Zucker schaumig rühren. Das gesiebte Mehl und die Nüsse unterrühren.

2 Ein tiefes Blech sehr gut fetten. Den Teig gleichmäßig hineinstreichen und bei 180 °C im vorgeheizten Backrohr 30 Minuten backen. Ausgekühlt in Streifen schneiden.

Nußschnitten

KROATIEN

Dieses feine Gebäck hält sich lange frisch.

- 250 g Zucker, 250 g Mehl
- 250 g geriebene Nüsse oder Mandeln, 1/2 TL Zimt
- 1 Messerspitze Nelkenpulver
- abgeriebene Schale von 1/2 unbehandelten Zitrone
- 250 g Butter, 1 Ei

Außerdem

- 300 g feine Marillenkonfitüre zum Bestreichen
- Vanillezucker zum Bestreuen

1 Den Zucker, das gesiebte Mehl und die Nüsse oder Mandeln mit dem Zimt, Nelkenpulver und der Zitronenschale vermischen und auf ein Brett häufen. Die Butter in Würfel schneiden und auf der Mehlmischung verteilen. Das Ei in die Mitte aufschlagen und zunächst mit einer Gabel in die Mehlmischung einrühren. Dann alles rasch zu einem glatten Teig zusammenkneten. Eine Kugel formen, in Folie wickeln und 1/2 Stunde kalt stellen.

2 Ein Blech mit Backpapier auslegen. Den Teig halbieren. Eine Teighälfte ausrollen und das Blech damit belegen. Mit Konfitüre bestreichen. Mit der zweiten ausgerollten Teighälfte abdecken und schön glatt andrücken. Mit Wasser bestreichen und mit Vanillezucker bestreuen.

3 Bei 180 °C im vorgeheizten Backrohr 40 Minuten backen. Noch warm in kleine Vierecke schneiden, wieder in das ausgeschaltete Rohr schieben und dort ganz auskühlen lassen.

Napoleonschnitten

WIEN

- 4 Eier, 2 Eidotter
- 150 g Zucker
- 100 g Mehl
- 150 geröstete, feingeriebene Mandeln

Außerdem

- Butter und Mehl für das Blech
- 200 g säuerliche Konfitüre zum Bestreichen

1 Die Eier und Dotter mit dem Zucker schaumig rühren. Das Mehl mit den Mandeln vermischen und unter den Eischaum heben.

2 Ein Backblech mit Butter fetten und mit Mehl bestauben. Den Teig gleichmäßig daraufstreichen und bei 180 °C im vorgeheizten Backrohr etwa 30 Minuten backen. Auskühlen lassen.

3 Den Kuchen längs halbieren. Eine Hälfte mit erwärmter, passierter Konfitüre bestreichen, die andere Hälfte darüberlegen. Erst am nächsten Tag mit einem scharfen Messer in gleichmäßige Schnitten schneiden.

Weichselkuchen

ALTES PFÄLZER REZEPT

- 170 g Butter
- 170 g Zucker
- 4 Eier, getrennt
- abgeriebene Schale von 1/2 unbehandelten Zitrone
- 1 TL Zitronensaft
- 200 g Mehl

Außerdem

- Butter und Mehl für die Form
- 1 kg Weichseln zum Belegen
- etwas Mehl zum Bestauben

1 Die Butter mit 100 g Zucker sehr schaumig rühren. Nach und nach die Dotter, Zitronenschale und -saft zufügen und die Masse dickschaumig aufschlagen.

2 Die Eiklar mit dem restlichen Zucker zu Schnee schlagen und auf die Schaummasse gleiten lassen. Das Mehl darübersieben und beides mit einem Rührlöffel unterheben.

3 Eine mittelgroße Springform ausfetten, bemehlen und den Teig einfüllen.

4 Die Weichseln entsteinen und leicht mit Mehl bestauben, damit sie nicht zu sehr einsinken. Im Abstand von je 1 cm in Kreisen auf den Teig legen.

5 Den Kuchen bei 180 °C im vorgeheizten Backrohr 45 Minuten backen.

Apfelkuchen mit Gitter

ALT-WIEN

- 200 g Butter
- 2 TL Zucker
- 2 Eidotter
- 1 Prise Salz
- 240 g Mehl

Für den Belag

- 1 kg Äpfel (keine Sommeräpfel)
- 2 EL Zitronensaft
- 200 g Zucker
- 100 g gehackte Nüsse oder Mandeln
- 50 g Rosinen
- etwas Wasser

Außerdem

- Butter für das Blech
- Eiklar zum Bestreichen

1 Die Butter mit dem Zucker schaumig rühren. Nacheinander die Dotter zufügen und dickcremig aufschlagen. Salz und das gesiebte Mehl einarbeiten, zuletzt kneten. Den Teig zu einer Kugel formen, in Folie wickeln und 1 Stunde kalt stellen.

2 Für den Belag die Äpfel schälen und grob raspeln. Mit dem Zitronensaft, Zucker, den Nüssen oder Mandeln und den Rosinen in ganz wenig Wasser weich dünsten. Auskühlen lassen und zu einer groben Masse verrühren.

3 Ein Backblech fetten. Den Teig in 2/3 zu 1/3 teilen und die größere Menge ausrollen. Auf das Blech legen und gleichmäßig mit dem Belag bestreichen. Den restlichen Teig ausrollen, Streifen ausradeln und als Gitter auflegen.

4 Das Eiklar leicht anschlagen und das Teiggitter damit bestreichen. Bei 190 °C im vorgeheizten Backrohr etwa 45 Minuten backen.

Apfelpoganze
BANAT

280 g Mehl
1 EL Zucker
1 Prise Salz
100 g Butter
2 Eidotter, 2 Eier
1 EL Weißwein
1 EL dicker Sauerrahm

Für den Belag
8 Äpfel (Boskoop oder Jonathan)
2 EL Marillenkonfitüre
1 EL Zitronensaft
40 g geschälte, feingehackte Mandeln
3 EL Zucker

Außerdem
Butter für das Blech
Eiklar zum Bestreichen
Staubzucker zum Besieben

1 Das Mehl mit dem Zucker und Salz auf die Arbeitsfläche häufen. Die Butter in kleine Würfel schneiden, auf dem Mehl verteilen und mit dem Messer zusammenhacken.

2 Mit den Dottern und Eiern, Weißwein und Sauerrahm rasch zu einem glatten Teig verkneten. Eine Kugel formen, in Folie wickeln und 1/2 Stunde kalt stellen.

3 Den Teig messerrückendick ausrollen. Einige 1 cm breite Streifen ausradeln und beiseite legen. Den übrigen Teig auf das mit Butter gefettete Backblech legen.

4 Für den Belag die Äpfel schälen, entkernen und in kleine Würfel schneiden. Mit der erwärmten Konfitüre und dem Zitronensaft vermischen und auf dem Teig verstreichen. Die Mandeln und den Zucker darüberstreuen und mit den Teigstreifen gitterartig belegen. Die Teigstreifen mit verquirltem Eiklar bestreichen und die Teigränder noch etwas in die Höhe ziehen.

5 Bei 190 °C im vorgeheizten Backrohr etwa 45 Minuten backen und auskühlen lassen. Mit Staubzucker besieben und in schöne Vierecke schneiden.

Apfel-Pitta
ÖSTERREICH-UNGARN

Man hat alle Kuchen, Schnitten und Stückdesserts, die mit einer Teigplatte abgedeckt wurden, als »Pitta« bezeichnet.

430 g Mehl
250 g Butter
2 EL Zucker
1 Prise Salz
4 Eidotter
Saft von 1 Zitrone
abgeriebene Schale von 1/2 unbehandelten Zitrone

Für die Füllung
etwa 2 kg Sommeräpfel, am besten Klaräpfel
150 g Zucker
1 TL Zimt

Außerdem
Butter für das Blech
Eiklar zum Bestreichen

1 Das Mehl, die Butter in Stücken, Zucker, Salz, Dotter, Zitronensaft und -schale rasch zusammenkneten und dabei die Hände öfter in kaltem Wasser kühlen. Der Teig soll glatt und geschmeidig sein. Zu zwei gleich großen Kugeln formen, in Folie wickeln und 1/2 Stunde kalt stellen.

2 Ein Backblech fetten. Eine Teighälfte ausrollen und auf das Blech legen.

3 Für die Füllung die Äpfel vom Kernhaus befreien, samt den Schalen reiben und mit dem Zucker und dem Zimt vermengen. Auf der Teigplatte verteilen.

4 Die zweite Teighälfte ausrollen und vorsichtig über die Äpfel legen. Am besten rollt man sie auf Pergamentpapier aus und läßt sie vom Papier auf das Blech gleiten. Mit verquirltem Eiklar bestreichen.

5 Bei 190 °C im vorgeheizten Rohr etwa 50 Minuten backen. Abkühlen lassen und in gleichmäßige Quadrate schneiden.

Topfen-Pitta

Batschka

- 500 g Mehl
- etwa 1/4 l lauwarme Milch
- 20 g Germ (Hefe)
- 200 g Zucker
- 300 g Butter
- 3 Eidotter
- 1 Prise Salz

Für die Füllung

- 4 Eier, getrennt
- 250 g Zucker
- 1 Päckchen Vanillezucker
- 1 kg trockener, passierter Topfen
- 40–50 g Grieß
- 40–50 g Rosinen
- abgeriebene Schale von 1/2 unbehandelten Zitrone

Außerdem

- Butter für das Blech
- Ei zum Bestreichen
- Staubzucker zum Besieben

1 Das Mehl in eine Schüssel sieben und in die Mitte eine Vertiefung drücken. Von der Milch 3–4 EL abnehmen und darin in einer Tasse die Germ mit 2 TL Zucker auflösen. In die Mehlmulde gießen und mit 1/4 des Mehls vermischen. Die Schüssel mit einem Tuch abdecken und das Dampfel an einem warmen Ort 15 Minuten aufgehen lassen.

2 Die Butter mit den Dottern und dem restlichen Zucker schaumig rühren. Zusammen mit dem Salz zum Mehl in die Schüssel geben und abschlagen, bis sich der Teig vom Schüsselrand löst. Erneut abdecken und an einem warmen Ort aufgehen lassen, bis der Teig etwa das Doppelte seines Volumens erreicht hat.

3 Noch einmal durchkneten. Ein Backblech gut ausfetten. Den Teig halbieren und beide Teile separat auf einer bemehlten Arbeitsfläche ausrollen. Eine Teigplatte auf das Backblech legen.

4 Für die Füllung die Dotter mit dem Zucker und Vanillezucker schaumig rühren. Den Topfen, Grieß und die Rosinen untermischen. Die Eiklar zu Schnee schlagen und mit der Zitronenschale unterheben. Die Füllung gleichmäßig auf der Teigplatte verteilen.

5 Mit der zweiten Teigplatte abdecken und diese mit verquirltem Ei bestreichen. Bei 180 °C im vorgeheizten Backrohr etwa 60 Minuten backen. Abkühlen lassen. Mit Staubzucker besieben und in gleichmäßige Vierecke schneiden.

Topfenkuchen

Baden

- 150 g Mehl
- 2 TL Backpulver
- 65 g Butter
- 60 g Zucker
- 1 Ei

Für den Belag

- 100 g Butter oder Butterschmalz
- 100 g Zucker
- 2 Eier, getrennt
- 2 EL Mehl
- 500 g trockener, passierter Topfen
- 50 g Korinthen
- abgeriebene Schale von 1/2 unbehandelten Zitrone

Außerdem

- Butter für das Blech

1 Das Mehl mit dem Backpulver vermischen. Zusammen mit der Butter, dem Zucker und dem Ei zu einem glatten Teig verkneten. Eine Kugel formen, in Folie wickeln und 1/2 Stunde kalt stellen.

2 Ein tiefes Backblech fetten. Den Teig ausrollen und auf das Blech legen.

3 Für den Belag die Butter oder das Butterschmalz mit dem Zucker schaumig rühren. Die Dotter nacheinander zufügen und rühren, bis eine dickcremige Masse entstanden ist. Das Mehl, dann den Topfen, die Korinthen und die Zitronenschale untermischen. Zuletzt die zu Schnee geschlagenen Eiklar unterheben.

4 Die Topfenmischung gleichmäßig auf den Teig streichen. Bei 180 °C im vorgeheizten Backrohr 35 Minuten backen.

Nuß-Pitta

Aus Prigrevica St. Ivan, Batschka

300 g Mehl
200 g Butterwürfel
100 g Zucker
2 Eidotter

Für die Füllung

7 Eier, getrennt
250 g Zucker
120 g geriebene Haselnüsse oder Mandeln
100 g geriebene Zartbitter-Schokolade

Außerdem

Butter für das Blech
Eiklar zum Bestreichen
Staubzucker zum Besieben

1 Mehl, Butterwürfel, Zucker und Dotter rasch zusammenkneten und dabei die Hände öfter in kaltem Wasser kühlen. Der Teig soll glatt und geschmeidig sein. Zu einer Kugel formen, in Folie wickeln und 1/2 Stunde kalt stellen.

2 Für die Füllung die Eidotter mit 200 g Zucker schaumig rühren. Die Nüsse oder Mandeln und die Schokolade untermischen. Zuletzt die mit dem restlichen Zucker zu Schnee geschlagenen Eiklar unterheben.

3 Ein Backblech fetten. Den Teig zu zwei backblechgroßen Platten ausrollen. Eine Teigplatte auf das Blech legen und die Füllung gleichmäßig darauf verstreichen. Die zweite Teigplatte darüberlegen, mit verquirltem Eiklar bestreichen und mit der Gabel mehrmals einstechen.

4 Bei 190 °C im vorgeheizten Backrohr etwa 1 Stunde backen. Abkühlen lassen. Mit Staubzucker besieben und in gleichmäßige große Quadrate schneiden.

Rácz-Pitta

Bosnien

Die Ungarn nannten die Serben »Rácz«. Das Wort stammt von den »Raitzen«, wie die im 7. Jahrhundert aus Byzanz eingewanderten Serben ursprünglich einmal hießen. Das mittelalterliche Königreich der Serben hieß »Rascia«.

400 g Mehl
300 ml lauwarme Milch
20 g Germ (Hefe)
2 EL Zucker
70 g Butter
3 Eidotter
1 Prise Salz

Für den Belag

350 g feine Konfitüre nach Wahl
150 g geriebene Haselnüsse
8 Eiklar
300 g Staubzucker

Außerdem

Butter für das Blech

1 Das Mehl in eine Schüssel sieben und in die Mitte eine Vertiefung drücken. Von der Milch 3–4 EL abnehmen und die Germ mit 2 TL Zucker darin auflösen. In die Mehlmulde gießen und mit einem Teil des Mehls vermischen. Die Schüssel mit einem Tuch abdecken und das Dampfel an einem warmen Ort etwa 15 Minuten aufgehen lassen.

2 Die restlichen Zutaten zugeben und alles zusammen gut abschlagen, bis sich der Teig vom Schüsselrand löst. Es soll ein nicht zu fester Germteig entstehen. Erneut abdecken und aufgehen lassen, bis der Teig etwa das Doppelte seines Volumens erreicht hat.

3 Noch einmal durchkneten. Ein Backblech gut ausfetten. Den Teig auf der bemehlten Arbeitsfläche ausrollen und das Blech damit auslegen. Mit Konfitüre bestreichen und die Haselnüsse gleichmäßig daraufstreuen.

4 Die Eiklar zu Schnee schlagen, dabei den Staubzucker nach und nach einrieseln lassen. Mit einer Palette locker über die Konfitüre streichen.

5 Bei 180 °C im vorgeheizten Backrohr etwa 45 Minuten backen. Erkalten lassen. In gleichmäßige Quadrate schneiden.

Dreiblattschnitten

SUDETENGAU

- 450 g Mehl
- 3/8 l lauwarme Milch
- 20 g Germ (Hefe)
- 60 g Zucker
- 150 g lauwarm zerlassene Butter
- 3 Eidotter
- 1 Prise Salz
- 1 Prise abgeriebene unbehandelte Zitronenschale

Für die Füllung

- 500 g Konfitüre nach Wahl zum Bestreichen
- 250 g geriebene Haselnüsse
- 300 g Zucker

Für die Schokoladeglasur

- 80 g Bittercouverture (dunkle Tunkmasse)
- 4 EL Wasser
- 80 g Staubzucker
- 1 EL Butter

Außerdem

- Butter für das Blech

1 Das Mehl in eine Schüssel sieben und in die Mitte eine Vertiefung drücken. Von der Milch 3–4 EL abnehmen, in eine Tasse füllen und die Germ mit 2 TL Zucker darin auflösen. In die Mehlmulde gießen und mit einem Teil des Mehls vermischen. Die Schüssel mit einem Tuch abdecken und das Dampfel an einem warmen Ort etwa 15 Minuten aufgehen lassen.

2 Die restlichen Zutaten zugeben und alles zusammen gut abschlagen, bis sich der Teig vom Schüsselrand löst. Erneut abdecken und aufgehen lassen, bis der Teig etwa das Doppelte seines Volumens erreicht hat.

3 Noch einmal durchkneten, den Teig dritteln und jedes Teigstück auf der bemehlten Arbeitsfläche ausrollen. Ein Teigblatt auf das gefettete Blech legen, mit der Hälfte der Konfitüre bestreichen und mit je der Hälfte der Haselnüsse und des Zuckers bestreuen. Das zweite Teigblatt darüberlegen, wieder bestreichen und bestreuen und mit dem letzten Teigblatt abdecken. Nochmals aufgehen lassen.

4 Bei 180 °C im vorgeheizten Rohr etwa 45 Minuten backen. Auskühlen lassen.

5 Für die Glasur die Couverture mit 2 EL Wasser auf dem Herd unter Rühren schmelzen. Weitere 2 EL Wasser, den Staubzucker und die Butter dazugeben und unter ständigem Rühren bis zur Fadenprobe (Seite 66) kochen. Vom Herd nehmen und unter Rühren etwas abkühlen lassen. Die obere Teigplatte damit überziehen.

6 Sobald die Glasur getrocknet ist, den Kuchen in gleichmäßige Quadrate schneiden und servieren.

Székely-Schnitten

TEMESVÁR

- 400 g Mehl, 250 g Butter
- 100 g Zucker
- 1 Ei, 1 Eidotter
- 300 g Marillenkonfitüre zum Bestreichen

Für den Nußbelag

- 5 Eier, 250 g Zucker
- 250 g geriebene Haselnüsse
- 1 EL Kakaopulver
- abgeriebene Schale von 1/2 unbehandelten Zitrone

1 Das Mehl auf ein Brett sieben. Die Butter in kleinen Würfeln auf dem Mehl verteilen und beides mit dem Messer zusammenhacken. Den Zucker, das Ei und den Dotter dazugeben und rasch zu einem glatten Teig verkneten. Eine Kugel formen, in Folie wickeln und 1/2 Stunde kalt stellen.

2 Ein Blech mit Backpapier auslegen. Den Teig ausrollen, auf das Blech legen und mit Konfitüre bestreichen.

3 Für den Belag die Eier mit dem Zucker aufschlagen. Die Haselnüsse mit dem Kakao und der Zitronenschale unterrühren. Die Masse auf die Konfitüre streichen.

4 Bei 180 °C im vorgeheizten Backrohr knapp 1 Stunde backen. Auskühlen lassen und in gleichmäßige, längliche Stücke schneiden.

Damenkaprizen

Ahnenrezept, um 1800

250 g Mehl
125 g weiche Butter
6 EL lauwarme Milch
30 g Germ (Hefe)
2 EL Zucker
4 Eidotter
1 Prise Salz

Für die Nußbaisermasse

5 Eiklar
250 g Zucker
250 g geriebene Haselnüsse oder Mandeln
etwas Vanillezucker

Außerdem

Butter für das Blech
300 g Marillenkonfitüre zum Bestreichen

1 Das Mehl auf ein Brett sieben. Die Butter in kleinen Würfeln auf dem Mehl verteilen und beides mit dem Messer zusammenhacken. In eine Schüssel füllen.

2 Von der Milch 3 EL abnehmen und darin in einer großen Tasse die Germ mit 2 TL Zucker auflösen. Abdecken und an einem warmen Ort aufgehen lassen. Das dauert etwa 15 Minuten.

3 Die aufgegangene Germ zusammen mit der restlichen Milch, dem restlichen Zucker, den Dottern und dem Salz zur Mehl-Butter-Mischung in die Schüssel geben und alles zu einem sehr weichen Teig abschlagen, bis sich dieser vom Schüsselrand löst. Die Schüssel abdecken und den Teig an einem warmen Ort aufgehen lassen, bis er etwa das Doppelte seines Volumens erreicht hat.

4 Noch einmal durchkneten. Auf dem gebutterten Backblech ausrollen und mit Marillenkonfitüre bestreichen.

5 Für die Baisermasse die Eiklar zu Schnee schlagen, dabei nach und nach den Zucker einrieseln lassen. Die Haselnüsse oder Mandeln und den Vanillezucker untermischen. Gleichmäßig auf die Konfitüre streichen.

6 Bei 180 °C im vorgeheizten Backrohr etwa 35 Minuten backen. In Streifen oder Vierecke schneiden und warm servieren.

Tel Kadayif

Bosnien

Dieses Gebäck ist typisch türkisch und von schwerer Süße.

500 g grobe Haferflocken
1/4 TL Salz
1 l kochendes Wasser

Für die Füllung

200 g gehackte Pistazien
200 g gehackte Walnußkerne
100 g gehackte Pinienkerne

Für den Guß

1/8 l Milch, 250 g Zucker
1 Messerspitze Safran
1 TL Rosenwasser

Außerdem

Butter für das Blech
75 g weiche Butter zum Bestreichen

1 Haferflocken und Salz in einer Schüssel mit dem kochendheißen Wasser übergießen. Quellen lassen, bis die Flüssigkeit aufgesogen ist.

2 Ein Backblech zur Hälfte gut buttern und die halbe Menge der ausgekühlten Haferflockenmasse daraufstreichen, etwa 1 cm dick.

3 Für die Füllung die Kerne mischen und auf die Haferflockenmasse streuen.

4 Die restliche Haferflockenmasse zwischen zwei Lagen Pergamentpapier auf die Kuchengröße ausrollen, auf die Nußmischung legen und gleichmäßig andrücken. Mit der weichen Butter bestreichen und im vorgeheizten Backrohr bei 180 °C etwa 30 Minuten backen.

5 Für den Guß die Milch, Zucker und Safran aufkochen und rühren, bis die Masse leicht karamelisiert. Das Rosenwasser dazugeben. Den Kuchen noch warm in Stücke schneiden und mit dem parfümierten Rosenguß überziehen.

Moderne Rezepte

Grundsätzliches zu den Kuchen

Kuchen im ganzen – in der Form gebacken zum Aufschneiden für die gemütliche Jause oder festlich verpackt zum Mitnehmen als Gastgeschenk. Das bringt immer ein wenig Stimmung, und es freut die Anerkennung, mit Selbstgebackenem bewirtet oder beschenkt zu werden.

Kuchen einfrieren

Durch die fast in jedem Haushalt vorhandenen modernen Tiefkühlmöglichkeiten ist man in der Vorbereitung zeitlich sehr unabhängig. Obwohl es hinsichtlich Tiefkühlung noch sehr viele Vorurteile gibt, steht fest, daß ein richtig angewendetes Verfahren viele Vorteile bringt und im Süßspeisenbereich sehr oft sogar Qualitätsverbesserung bedeutet.
Beispiel Kuchen: Solange dieser zum Auskühlen bei Raumtemperatur stehen bleibt, verdunstet in starkem Maße Feuchtigkeit. Der Kuchen wird dadurch relativ trockener als jener, der nach dem Ausbacken und Stürzen sofort im Tiefkühlfach deponiert wird. Je nach Leistung des Tiefkühlers ist in mehr oder weniger kurzer Zeit die Kruste geschlossen, und die Feuchtigkeit bleibt dem Kuchen weitaus besser erhalten, als wenn er in der üblichen Art auskühlt. Der Temperaturschock hat übrigens keinen Einfluß auf die Qualität oder Optik. Der Kuchen muß noch nicht durchgefroren sein, um ihn in Tiefkühlbeuteln, eventuell mit Hilfe eines Vakuumschließgeräts, zu verpacken und zur späteren Verwendung im Tiefkühlfach zu lagern. So kann fast jeder Kuchen unbeschadet über Wochen, sogar Monate aufgehoben werden. Wesentlich ist die gleichbleibende Lagertemperatur von etwa –20 °C. Jedoch ist eine allzu lange Lagerung – schon aus Platzgründen – sicher nicht das Ziel.
Auch das Auftauen ist kein Problem: einfach in der Tiefkühlverpackung bei Raumtemperatur auftauen lassen.

Kuchen kurzfristig aufbewahren

Zur kurzfristigen Verwendung – wenn der Kuchen zum Beispiel am Vortag gebacken wurde – wird er in Folie verpackt oder in einen verschließbaren runden oder eckigen Kuchenbehälter gelegt und im Kühlschrank aufbewahrt.

Die richtige Serviertemperatur

Fast jeder Kuchen schmeckt leicht warm am besten. Das gilt nicht unbedingt für den frisch gebackenen. Aber ein, wie beschrieben, vorbereiteter Kuchen, der kurz vor dem Servieren einige Minuten im nur warmen Backrohr bei 60–70 °C angenehm temperiert und lauwarm serviert wird – die Butter, Vanille und alle mitgebackenen Düfte werden wieder aktiv –, das ist der doppelte Genuß! Und: Kruste und Krume verbindet durch das Tiefkühlen eine schönere Harmonie zueinander.

Gerührter Gugelhupf

Für 1 Form von
20 cm Durchmesser

Mit der buttergerührten Masse können sowohl der Rosinengugelhupf als auch der Marmorgugelhupf und der Kaisergugelhupf hergestellt werden.

Für den Rosinengugelhupf

- 190 g Mehl
- 40 g Mais-Stärkemehl
- 30 g Rosinen
- 250 g Butter
- 20 g Staubzucker
- 10 g Vanillezucker
- abgeriebene Schale von ¼ unbehandelten Zitrone
- 1 Prise Salz
- 5 Eidotter, 5 Eiklar
- 170 g Kristallzucker

Außerdem

- Butter und Mehl für die Form
- Staubzucker zum Besieben

1 Die Gugelhupfform mit der halbflüssigen Butter ausstreichen und mit Mehl ausstreuen.

2 Das Mehl mit dem Stärkemehl sieben und mit den Rosinen mischen.

3 Die Butter mit dem Staubzucker, Vanillezucker, der Zitronenschale und dem Salz schaumig rühren. Nach und nach die Eidotter unterrühren.

4 Die Eiklar mit dem Kristallzucker zu Schnee schlagen und mit der Buttermasse locker mischen. Mehl und Rosinen einmelieren.

5 Die Masse in die Form füllen und bei 180 °C im vorgeheizten Rohr etwa 1 Stunde backen. Auskühlen lassen. Vor dem Portionieren mit Staubzucker besieben.

Variationen

MARMORGUGELHUPF: Für diesen Gugelhupf wird die gleiche Masse zubereitet wie für den Rosinengugelhupf, jedoch ohne Rosinen. 250 g der Masse werden mit einer Mischung aus je 10 g Kakao, Wasser und Öl eingefärbt und wechselweise in die Gugelhupfform gefüllt. Backen wie Rosinengugelhupf. Den ausgekühlten Gugelhupf mit Staubzucker besieben oder mit Schokoladeglasur überziehen.

KAISERGUGELHUPF: Auch hierfür wird die Rezeptur der Rosinengugelhupfmasse eingesetzt, ebenfalls ohne Rosinen. Einlage: 100 g dunkle Couverture bei 28–30 °C weich werden lassen, in 1 cm große Würfel schneiden und wieder fest werden lassen. 100 g Walnußkerne zerkleinern. Nüsse und Schokolade, mit dem Mehl gemischt, in die Gugelhupfmasse einmelieren, in die vorbereitete Form füllen und backen wie Rosinengugelhupf. Ausgekühlt mit Staubzucker besieben.

Biskuitgugelhupf

Für 1 Form von
20 cm Durchmesser

- 80 g Mehl
- 80 g Mais-Stärkemehl
- 30 g Rosinen, 60 g Butter
- 6 Eidotter
- 160 g Kristallzucker
- 10 g Vanillezucker
- abgeriebene Schale von ¼ unbehandelten Zitrone
- 1 Prise Salz, 6 Eiklar

Außerdem

- Butter und Mehl für die Form
- Staubzucker zum Besieben

1 Die Gugelhupfform mit halbflüssiger Butter ausstreichen, mit Mehl ausstreuen.

2 Das Mehl mit dem Stärkemehl sieben und mit den Rosinen mischen. Die Butter zerlassen.

3 Die Eidotter mit 40 g Zucker, Vanillezucker, Zitronenschale und Salz schaumig rühren. Die Eiklar mit dem restlichen Zucker zu Schnee schlagen und beide Massen mischen. Das Mehl mit den Rosinen und zuletzt die heiße Butter einmelieren.

4 Die Masse in die Form füllen und den Gugelhupf bei 180 °C im vorgeheizten Backrohr etwa 40 Minuten backen. Auskühlen lassen, mit Staubzucker besieben.

Königskuchen

Für 1 Pieform von
26 cm Durchmesser

400 g Butter(Blätter)teig (Seite 54) oder Tiefkühl-Blätterteig

Für die Königskuchenmasse

- 40 g kandierte Ananas
- 40 g Trockenmarillen
- 40 g Rosinen, 4 cl Weinbrand
- 70 g Mais-Stärkemehl
- 80 g Mehl, 80 g Butter
- 60 g Marzipanrohmasse
- 7 Eidotter
- 10 g Vanillezucker
- abgeriebene Schale von 1/4 unbehandelten Zitrone
- 1 Prise Salz, 7 Eiklar
- 140 g Kristallzucker

Außerdem

- Backpapier und Hülsenfrüchte zum Blindbacken
- Ei zum Bestreichen

1 Den Blätterteig 2 mm dick ausrollen und in 1 cm breite Streifen schneiden, um den Kuchen später mit einem Gitter abdecken zu können. Die Streifen im Kühlschrank deponieren. Mit dem restlichen Teig die Pieform auslegen und stupfen – mit einer Gabel in Abständen einstechen, um Blasenbildung beim Backen zu vermeiden.

2 Backpapier im Durchmesser von 35 cm zuschneiden. Von den Kanten aus in Abständen von 2–3 cm in Richtung Mitte 5 cm tief einschneiden und das Papier auf den Teig in der Form legen. Der eingeschnittene Rand faltet sich nun problemlos nach oben. Die Hülsenfrüchte einfüllen und den Boden im vorgeheizten Backrohr bei 200 °C etwa 40 Minuten blindbacken. Die Hülsenfrüchte mit dem Papier herausnehmen.

3 Für die Masse Ananas und Marillen in kleine Würfel schneiden und mit den Rosinen in dem Weinbrand (am besten schon am Vortag) marinieren. Stärkemehl und Mehl mitsammen versieben. Die Früchte – wenn notwendig, kurz abtropfen lassen – unter das Mehl mischen. Die Butter zerlassen.

4 Den Marzipan mit einem Teil der Dotter auf dem Tisch glattarbeiten. Anschließend mit den restlichen Dottern, Vanillezucker, Zitronenschale und Salz schaumig rühren.

5 Die Eiklar mit dem Zucker zu Schnee schlagen und beide Massen locker mischen. Die Mehl-Früchte-Mischung und zum Schluß die heiße Butter einmelieren.

6 Die Masse in die Pieform auf den vorgebackenen Blätterteig streichen. Das Teiggitter auflegen und dieses mit Ei bestreichen. Den Kuchen bei 180 °C in etwa 1 Stunde fertigbacken.

Zitronensandkuchen

Für 2 Kastenformen von
18 cm Länge

Der Sandkuchen, in der Struktur kurz und mürbe, ist ein elegantes Backwerk zum Kaffee oder Tee. Er bleibt aufgrund des hohen Butteranteils lange frisch. Hier eine Variante mit der Betonung auf Zitronengeschmack.

- 110 g Mehl, 4 g Backpulver
- 100 g Mais-Stärkemehl
- 200 g Butter
- 4 Eier, 1 Eidotter
- 200 g Zucker
- 10 g Vanillezucker
- 3 cl Zitronensaft
- abgeriebene Schale von 1 unbehandelten Zitrone
- 1 Prise Salz

Außerdem

- Butter und feingesiebte Semmelbrösel für die Formen
- 50 g Marillenkonfitüre zum Aprikotieren
- 50 g Fondant zum Glasieren
- Cointreau zum Aromatisieren des Fondant

1 Die Formen mit der weichen Butter ausstreichen und mit den Semmelbröseln ausstreuen.

2 Das Mehl, das Backpulver und das Stärkemehl mitsammen versieben. Die Butter zerlassen. Die Eier und den Dotter mit dem Zucker, Vanillezucker, Zitronensaft und

-schale und dem Salz schaumig rühren. Zuerst die Mehlmischung, dann die heiße Butter einmelieren und dabei die Masse gut zusammenrühren, sie soll eine leicht fließende Konsistenz haben.

3 Die Masse zu gleichen Teilen in die vorbereiteten Formen füllen, dabei beachten, daß der nach oben freibleibende Rand sauber bleibt und die Butter-Brösel-Schicht nicht verwischt wird. Die Formen bei 250 °C in das vorgeheizte Backrohr stellen und sofort auf 200 °C herunterschalten. 5–10 Minuten anbacken, bis sich eine leicht gebräunte Kruste zeigt, dabei soll die Masse noch nicht zu stark aufgegangen sein. Ein kleines Messer in Öl oder flüssige Butter tauchen und damit die Kruste über 2/3 der Länge einschneiden. 10 Minuten auf Temperatur bleiben und schließlich bei 150 °C fertigbacken. Die eingeschnittene Kruste soll im Backverlauf aufbrechen, die weiche Masse nach oben treiben und rund und krustig die für den Sandkuchen klassische Form bilden. Die Gesamtbackzeit beträgt 55–60 Minuten.

4 Nach dem Ausbacken aus der Form stürzen und mit der Krustenseite nach oben kurz überkühlen lassen.

5 Die Marillenkonfitüre aufkochen, passieren und die Kuchenoberseite mittels Pinsel damit dünn bestreichen. Das Fondant auf etwa 40 °C erwärmen, mit etwas Cointreau aromatisieren und mit Wasser zu einer dünnflüssigen Konsistenz verdünnen. Ebenfalls mittels Pinsel durchscheinend dünn auf die Konfitüre auftragen. Durch die Wärme des Kuchens trocknet das Fondant während des Auskühlens.

Variation

MARMORSANDKUCHEN: Die schokoladige Variante des Zitronensandkuchens, jedoch ohne Zitronensaft und -schale. 280 g der Masse mit einer Mischung aus 8 g Kakaopulver, 20 g Wasser und 12 g Öl einfärben. Von der hellen Masse die Hälfte in die beiden Formen verteilen. Darüber die Kakaomasse einfüllen und diese mit der restlichen hellen Masse abdecken. Am besten geht dies mit zwei Dressiersäcken und großen, glatten Tüllen. Backen wie Zitronensandkuchen. Nach dem Auskühlen dünn mit Couverture überziehen oder nur leicht mit Staubzucker besieben.

Kokoskuchen

Für 2 Kastenformen von 18 cm Länge

Er fällt ein wenig aus der Reihe der üblichen Kuchen, ist aber eine sehr interessante Variation. Es wird eine buttergerührte Masse mit wenig Mehl zubereitet, die Bindung erfolgt hauptsächlich durch die Kokosraspeln. Feingehackte Arancini in Verbindung mit dem Geschmack der Kokosnuß ergeben ein feines Aroma.

- 80 g Mehl
- 70 g Arancini
- 220 g Kokosraspel
- 180 g Butter
- 160 g Staubzucker
- 10 g Vanillezucker
- 1 g Salz
- abgeriebene Schale von 1/4 unbehandelten Zitrone
- 5 Eier

Außerdem

- Butter und gehobelte Mandeln für die Formen
- gehobelte Mandeln zum Bestreuen
- Vanillestaubzucker zum Besieben

1 Die Formen mit weicher Butter ausstreichen und mit den gehobelten Mandeln ausstreuen.

2 Das Mehl sieben. Die Arancini fein hacken und mit den Kokosraspeln mischen. Die Butter, wenn notwendig, vorsichtig zu einer weichen Konsistenz anwärmen.

3 Staubzucker, Vanillezucker, Salz und Zitronenschale mit der Butter schaumig rühren. Die Eier nach und nach einrühren. Die Butter kann die relativ große Eimenge nicht zur Gänze binden, daher mit dem letzten Ei immer ein wenig Kokos-Arancini-Mischung zugeben, um ein Gerinnen der Masse möglichst zu vermeiden. Die restliche Kokos-Arancini-Mischung und das Mehl einmelieren.

4 Die Masse in die Formen füllen und zum Rand hin hochstreichen. Einige gehobelte Mandeln aufstreuen. Bei 160 °C im vorgeheizten Backrohr etwa 1 Stunde backen.

5 Nach dem Backen stürzen und auskühlen lassen. Mit Vanillestaubzucker leicht besieben.

Variation

Geschmacklich besser und auch attraktiver ist es, den Kuchen nach kurzem Überkühlen, aber noch warm zu glasieren. Dafür die Kuchen wieder zurückdrehen. Zuerst mit einem Pinsel mit kochendheißer, passierter Marillenkonfitüre und dann mit Fondantglasur wie beim Zitronensandkuchen (siehe Seite 100) die Oberfläche der Kuchen bestreichen. Das Fondant kann anstelle von Cointreau auch mit Jamaikarum aromatisiert werden.

Mandelkuchen mit Arancini

Für 2 Rehrückenformen von 28 cm oder 2 Kastenformen von 18 cm Länge; oder für größenmäßig angepaßte andere Formen

Eine buttergerührte Mandelmasse ist die Basis, die mit verschiedenen Einlagen gebacken werden kann. Hier sind es kandierte Orangenschalen (Arancini), in den folgenden Variationen sind es kleine Marzipanwürfel oder Schokoladestückchen und geröstete Mandeln, für ein Bischofsbrot Dickzuckerfrüchte, Rosinen, Nüsse und Schokolade.

- 160 g Arancini oder Orangeat
- 3 cl Orangenlikör, zum Beispiel Grand Marnier oder Cointreau
- 160 g Mehl
- 140 g Marzipanrohmasse
- 140 g Butter
- 10 g Vanillezucker
- abgeriebene Schale von 1/4 unbehandelten Zitrone
- 1 Prise Salz
- 4 Eidotter
- 4 Eiklar
- 110 g Zucker

Außerdem

- Butter, gehobelte Mandeln/Haselnüsse oder Mehl für die Formen
- Staubzucker zum Besieben oder 600 g Couverture (Tunkmasse) zum Überziehen

1 Die Arancini (kandierte Orangenschalen) oder das Orangeat in kleine Würfel schneiden, mit dem Orangenlikör marinieren und zugedeckt einige Stunden durchziehen lassen.

2 Die Formen mit weicher Butter ausstreichen und mit gehobelten Mandeln oder Haselnüssen oder auch nur mit Mehl ausstreuen.

3 Das Mehl sieben. Die Arancini auf einem Sieb kurz ablaufen lassen und locker mit dem Mehl vermischen.

4 Die Marzipanrohmasse mit etwas Butter auf der Arbeitsfläche glattarbeiten. Anschließend mit der restlichen Butter, dem Vanillezucker, der Zitronenschale und dem Salz schaumig rühren. Dabei die richtige Konsistenz der Masse beachten und eventuell etwas anwärmen. Nach und nach die Dotter zugeben.

5 Die Eiklar mit dem Zucker zu Schnee schlagen. Beide Massen locker vermischen und die Mehl-Arancini-Mischung einmelieren.

6 Die Masse in die Formen verteilen und zum Formrand hin hochstreichen. Bei 160 °C im vorgeheizten Backrohr 55–60 Minuten backen.

7 Den Kuchen nach dem Backen mit Staubzucker besieben oder ausgekühlt mit der Couverture überziehen. Dafür die Couverture schmelzen und temperieren, wie auf Seite 68 beschrieben.

Variationen

MANDELKUCHEN MIT MARZIPANWÜRFELN: Anstelle der Aranciniwürfel werden Marzipanwürfel als Einlage mit dem Mehl gemischt und in die Masse einmeliert. Dafür 160 g Marzipanrohmasse rechteckig und etwa 1 cm dick ausrollen, dabei mit wenig Mehl stauben. Anfrieren, in Würfel schneiden und, damit diese nicht wieder zusammenkleben, mit etwas Mehl bestauben und mischen. Sie dürfen nicht in gefrorenem Zustand in die Masse eingerührt werden. Die Butter würde dabei zu rasch anziehen, die Masse zu fest werden und zuviel Volumen verlieren. Daher die Marzipanwürfel einige Zeit vorher im Kühlschrank deponieren, so daß sie wohl noch sehr kalt, aber nicht mehr gefroren sind.

MANDELKUCHEN MIT SCHOKOLADESTÜCKCHEN UND GERÖSTETEN MANDELN: Anstelle der Aranciniwürfel werden kleine Schokoladestückchen und geschälte, geröstete, grobgehackte Mandeln mit dem Mehl gemischt und in die Masse einmeliert. Dafür 100 g dunkle Couverture bei 27–30 °C so weich werden lassen, daß sie sich leicht in 1 cm große Würfel schneiden läßt. Wieder fest werden lassen.
100 g geschälte, geröstete Mandeln hacken oder – noch leichter – einfach mit dem Rollholz unter leichtem Druck darüberrollen (dafür die Mandeln am besten zwischen zwei Lagen Klarsichtfolie legen).

MANDELKUCHEN MIT FRÜCHTEN, NÜSSEN UND SCHOKOLADE – BISCHOFSBROT: Anstelle der Aranciniwürfel werden Dickzuckerfrüchte und Rosinen sowie Walnüsse und Schokoladestückchen mit dem Mehl gemischt und in die Masse einmeliert. Dafür je 30 g Aprikosen, Ananas, Birnen, Kirschen und Arancini in kleine Würfel schneiden.
30 g Rosinen und 5 cl Rum zugeben und zugedeckt über Nacht durchziehen lassen. Ab und zu durchmischen. Bevor die Früchte mit dem Mehl gemischt werden, auf einem Sieb eventuell verbliebenen Saft ablaufen lassen.
Je 40 g gehackte Walnüsse und Schokoladewürfel (siehe vorhergehende Variante) untermischen.

Aniskuchen

Für 2 Rehrückenformen von 28 cm Länge

- 280 g Mehl, 20 g Anis
- 250 g Butter
- 250 g Staubzucker
- 10 g Vanillezucker, 1 g Salz
- abgeriebene Schale von 1/4 unbehandelten Zitrone
- 4 Eier, 1 Eidotter

Außerdem

- Butter und Mehl für die Formen
- Vanillestaubzucker zum Besieben

1 Die Rehrückenformen mit flüssiger Butter ausstreichen und mit Mehl ausstreuen.

2 Das Mehl auf ein Stück Papier sieben. Den Anis in das Sieb geben und die mit den Samen verbundenen Härchen wegsieben. Den Anis mit dem Mehl mischen.

3 Die Butter durch vorsichtiges Anwärmen erweichen und mit dem Staubzucker, Vanillezucker, Salz und der Zitronenschale schaumig rühren. Die Eier und den Eidotter nach und nach zugeben. Bei optimalem Volumen das Mehl und den Anis einmelieren.

4 Die Masse in die Formen füllen und zum Rand hin hochstreichen. Bei 160 °C im vorgeheizten Backrohr etwa 50 Minuten backen. Nach dem Auskühlen mit Vanillestaubzucker besieben.

Gewürzkuchen

Für 2 Rehrückenformen von 28 cm Länge

Dieser Kuchen bietet die interessante Variation einer buttergerührten Walnuß-Schokolade-Masse durch Beigabe einer Lebkuchengewürzmischung und kandierten Ingwers. In Verbindung mit dem Überzug aus Tunkmasse ist dies ein Kuchen, der vor allem in die kühlere Jahreszeit gut paßt und zu dem gern Punsch getrunken wird.

- 70 g dunkle Couverture (Tunkmasse)
- 80 g Mehl
- 40 g Mais-Stärkemehl
- 100 g geriebene Walnüsse
- 40 g kleinwürfelig geschnittener kandierter Ingwer
- 140 g Butter, 50 g Staubzucker
- 2 cl Kirschwasser oder Slibowitz
- 10 g Lebkuchengewürzmischung
- 10 g Vanillezucker
- abgeriebene Schale von 1/2 unbehandelten Orange
- 1 Prise Salz
- 6 Eidotter, 6 Eiklar
- 120 g Kristallzucker

Außerdem

- Butter und Mehl für die Formen
- etwa 600 g dunkle Couverture (Tunkmasse) zum Überziehen

1 Die Formen mit flüssiger Butter ausstreichen und mit Mehl ausstreuen.

2 Die Couverture klein schneiden, im Wasserbad schmelzen und auf 35 °C temperieren. Das Mehl und das Stärkemehl mitsammen versieben, die geriebenen Walnüsse und den Ingwer untermischen.

3 Die geschnittene Butter mit der geschmolzenen Couverture, dem Staubzucker, Alkohol, Lebkuchengewürzmischung, Vanillezucker, Orangenschale und Salz mischen und schaumig rühren. Die Dotter nach und nach zugeben.

4 Die Eiklar mit dem Zucker zu Schnee schlagen. Beide Massen locker vermischen und die Mehl-Nuß-Mischung einmelieren.

5 Die Masse in die Formen füllen und zum Rand hochstreichen. Bei 180 °C im vorgeheizten Backrohr etwa 45 Minuten backen.

6 Den Kuchen einige Minuten in der Form fest werden lassen. Ein Stück Backpapier locker mit Kristallzucker bestreuen, den Kuchen darauf stürzen, auskühlen lassen.

7 Die Couverture schmelzen und temperieren, wie auf Seite 68 beschrieben, und den Kuchen damit überziehen. Um den Kuchen leichter schneiden zu können, empfiehlt es sich, die Couverture mit etwa 10 Prozent Öl zu verdünnen.

Mohn- und Nußplunderzöpfe

Für 4 Zöpfe

Grundsätzliches über die Herstellung von Plunderteig wurde auf Seite 55 beschrieben. Die Rezeptur besteht hier aus einer für größere Plundergebäcke vorteilhafteren Zusammensetzung. Man wird aus dieser Teigmenge zwei Sorten herstellen, kann damit eine kleine Auswahl bieten und den nicht benötigten Teil einfrieren.

250 g Butter für den Ziegel
70 g Staubzucker
12 g Salz
3 Eier, 1 Eidotter
30 g Germ (Hefe)
160 ml Milch
180 g temperierte Butter
720 g Mehl

Für 2 Mohnzöpfe

Mohnfüllung (Seite 65)
60 g Rosinen
40 g Mandelsplitter

Für 2 Nußzöpfe

Nußfüllung (Seite 65)
100 g grobe Walnußstücke (5–6 mm)

Außerdem

250 g erhitzte, passierte Marillenkonfitüre
200 g Fondant
Rum zum Aromatisieren
ungeriebener Mohn und einige geröstete, gehobelte Mandeln zum Bestreuen

1 Für den Plunderteig die Butter zu einem Ziegel von 25 × 15 cm formen und im Kühlschrank zu einer festen, aber noch plastischen Konsistenz abstocken lassen.

2 Den Staubzucker und das Salz mit den Eiern und dem Eidotter verrühren. Die Germ in der Milch auflösen. Beide Mischungen mit der weichen Butter und dem Mehl kurz zusammenwirken und sofort zu einer Größe von 25 × 28 cm ausrollen.

3 Den Butterziegel in den Teig einschlagen und mit einer einfachen und nach einer halbstündigen Rastpause mit einer doppelten Tour (siehe Seite 55) fertigstellen. Mit Klarsichtfolie abdecken, 1 Stunde kühl rasten lassen.

4 MOHNPLUNDERZÖPFE: Den Plunderteig halbieren und eine Hälfte in der Größe 25 × 70 cm ausrollen. Die Mohnfüllung aufstreichen (sollte diese zu fest sein, mit etwas Milch oder Schlagobers weicher machen). An der oberen Teiglängsseite etwa 2 cm Rand frei halten und diesen Streifen mit Wasser befeuchten. Die Rosinen und Mandelsplitter gleichmäßig auf der Füllung verteilen. Von der unteren Seite aus den Teig aufrollen und die Rolle auf die mit Wasser bestrichene Seite legen.

5 Die Rollen in zwei Hälften teilen und jede Hälfte der Länge nach halbieren. Mit den Schnittflächen nach oben je zwei der halben Teigstränge miteinander verdrehen und die Enden fest zusammendrücken. Auf ein mit Backpapier belegtes Blech setzen, mit Klarsichtfolie abdecken und zum annähernd eineinhalbfachen Volumen aufgehen lassen.

6 NUSSPLUNDERZÖPFE: Sie werden aufgearbeitet wie die Mohnplunderzöpfe. Als Einlage die groben Walnußstücke auf die Nußfüllung streuen. Auch hier gilt: Sollte die Füllung etwas zu fest sein, mit Milch oder Schlagobers korrigieren.

7 Bei 180 °C im vorgeheizten Backrohr etwa 35 Minuten backen. Ungefähr 5 Minuten überkühlen lassen.

8 Mit einem Pinsel mit der kochendheißen Konfitüre bestreichen. Das Fondant auf etwa 35 °C erwärmen, mit etwas Rum aromatisieren und mit Wasser zu einer dünnflüssigen Konsistenz verrühren. Durchscheinend dünn über die Konfitüre streichen. In die Mitte der Mohnplunderzöpfe einige Mohnsamen streuen. Die Nußplunderzöpfe mit den gehobelten, gerösteten Mandeln bestreuen.

Variation

MANDELPLUNDERZÖPFE: Die Vorbereitung des Plunderteigs und das Aufarbeiten zur Zopfform, das Backen und Glasieren sind identisch. Die Füllung jedoch wird aus Marzipan und Butter hergestellt und gibt somit dem Kuchen einen feinen Mandelgeschmack.

- 720 g Marzipanrohmasse
- 280 g Butter, 60 g Mehl
- 10 g Vanillezucker, 1 g Salz
- abgeriebene Schale von 1/4 unbehandelten Zitrone
- 1 Ei
- 280 g Arancini, in kleine Würfel geschnitten

Die Marzipanrohmasse mit der Butter auf der Arbeitsfläche glattarbeiten und in einer Schüssel mit den anderen Zutaten – ohne Arancini – nur verrühren. Nicht schaumig rühren! Auf den ausgerollten Plunderteig streichen und mit 200 g Aranciniwürfeln gleichmäßig bestreuen. Die restlichen Aranciniwürfel locker über die glasierten Zöpfe streuen.

Glasierter Nußstrudel

Ein Germteig-Nußstrudel, mit Kakaoglasur überzogen.

- 250 g Mehl
- 120 ml Milch (25 °C)
- 35 g Zucker
- 5 g Vanillezucker
- 4 g Salz, 1 Eigelb
- abgeriebene Schale von 1/8 unbehandelten Zitrone
- 15 g Germ (Hefe)
- 60 g Butter

Für die Nußfüllung

- 120 ml Milch
- 60 g Kristallzucker
- 150 g geriebene Haselnüsse
- 50 g Kuchenbrösel
- abgeriebene Schale von 1/8 unbehandelten Zitrone
- 1 Prise Zimt
- 50 g Roninen
- 50 g feingehacktes Zitronat
- 2 cl Rum

Für die Glasur

- 60 g Staubzucker
- 20 g Kakaopulver, 2 Eiklar

Außerdem

- 100 g Marillenkonfitüre zum Aprikotieren
- 40 g gehacktes Zitronat und 40 g grobgehackte Walnüsse zum Bestreuen

1 Für den Germteig das gesiebte Mehl auf den Küchentisch häufen oder in die Küchenmaschine geben. Die Hälfte der Milch mit dem Zucker, Vanillezucker, Salz, Eigelb und Zitronenschale verrühren. Die Germ zerbröseln und in der restlichen Milch auflösen. Die beiden Flüssigkeiten mit dem Mehl zusammenwirken. Erst jetzt die plastisch feste Butter einarbeiten und den Teig fertigwirken. Das nachträgliche Zugeben der Butter ermöglicht ein besseres Lösen des Klebers, ergibt ein schöneres Produkt und eine mürbere Kruste. Der Germteig ist dann genügend abgearbeitet – gewirkt, wenn er sich vom Tisch oder der Schüssel löst und sich glatt und trocken anfühlt. Zu einer Kugel schleifen und, mit einem Tuch oder Klarsichtfolie abgedeckt, 30 Minuten ruseln (aufgehen) lassen, wieder durchwirken und nochmal 30 Minuten ruseln lassen.

2 Inzwischen für die Nußfüllung die Milch mit dem Zucker aufkochen und vom Herd nehmen. Die Nüsse, Kuchenbrösel, Zitronenschale und Zimt einrühren. Rosinen, Zitronat und Rum zugeben.

3 Den Germteig 1 cm dick und 20 cm breit ausrollen. Die Nußfüllung aufstreichen und dabei am oberen Rand etwa 2 cm frei lassen, diesen Streifen mit Wasser befeuchten. Aufrollen, auf ein mit Backpapier belegtes Backblech legen, mit Klarsichtfolie abdecken und bei etwa 32 °C aufgehen lassen.

4 Mit einem scharfen Messer der Länge nach bis zur halben Höhe einschneiden. Bei 170 °C im vorgeheizten Backrohr etwa 50 Minuten backen.

5 Für die Glasur den Staubzucker mit dem Kakaopulver versieben, das Eiklar unterrühren. Den warmen Strudel mit der kochendheißen, passierten Marillenkonfitüre und nach kurzem Abtrocknen mit der Kakaoglasur bestreichen. Locker das Zitronat und die Nüsse aufstreuen.

Erdäpfelbrot

Ein feiner Frühstückskuchen – ein wenig Butter und Marmelade oder Honig darauf ... hm!
Es ist ein Germteig mit einem guten Teil gekochter, passierter Erdäpfel, der dem Kuchen eine mürbe, saftige Struktur verleiht. Einige Rosinen und die feingehackten Arancini bringen noch ein feines Aroma mit.

80 g Rosinen
2 cl Rum
250 g mehligkochende Erdäpfel (Kartoffeln)
80 g Arancini
25 g Germ (Hefe)
100 ml Milch
550 g Mehl
90 g Staubzucker
10 g Vanillezucker
1 Ei, 1 Eidotter
abgeriebene Schale von 1/4 unbehandelten Zitrone
100 g Butter, 10 g Salz

Außerdem

Ei zum Bestreichen

1 Die gewaschenen Rosinen schon am Vortag in dem Rum marinieren und vor der Kuchenbereitung auf einem Sieb abtropfen lassen. Die Erdäpfel kochen, passieren und auskühlen lassen. Die Arancini sehr fein hacken.

2 Die Germ in 80 ml auf etwa 25 °C temperierter Milch auflösen. Mit 100 g Mehl zu einem Dampfel verarbeiten und dieses, mit einem Tuch abgedeckt, zum ungefähr dreifachen Volumen aufgehen lassen.

3 Staubzucker, die restliche Milch, Vanillezucker, Ei, Dotter und Zitronenschale verrühren. Das reife Dampfel mit dem verbliebenen Mehl und den passierten Erdäpfeln zufügen und entweder in der Küchenmaschine oder auf der Arbeitsfläche gut durchwirken. Die plastisch feste Butter und das Salz zugeben und fertigwirken, bis sich der Teig glatt und trocken anfühlt.

4 Die Früchte kurz einarbeiten und den Teig, mit einem Tuch oder Klarsichtfolie abgedeckt, 10 Minuten ruseln (aufgehen) lassen. In zwei gleiche Teile teilen, zu Kugeln schleifen und nochmals 15 Minuten zugedeckt ruseln lassen.

5 Durchwirken, erneut zu Kugeln schleifen und auf ein mit Backpapier belegtes Backblech setzen. Mit einem Tuch bedecken und zum etwa doppelten Volumen aufgehen lassen.

6 Mit Ei bestreichen und bei 170 °C im vorgeheizten Backrohr etwa 40 Minuten backen.

Auf dem Blech gebacken

Patzlkuchen

Für 1 Randblech von 40 × 32 cm Größe

Patzlkuchen ist ein Blechkuchen aus Germteig, mit lauter Patzeln verschiedener Füllungen und Powidl belegt, und darauf werden noch Butterstreusel gestreut.

- Germteig (Rezept Seite 57, 1/3 der angegebenen Menge)
- Mohnfüllung und Nußfüllung (Rezepte Seite 65, jeweils 1/2 der angegebenen Menge)
- Topfenfüllung (Rezept Seite 65, 3/4 der angegebenen Menge)
- 200 g Powidl
- Butterstreusel (Rezept Seite 60, 1/2 der angegebenen Menge)

Außerdem

- Butter und Mehl für das Blech
- Vanillestaubzucker zum Besieben

1 Das Backblech mit flüssiger Butter bestreichen und mit Mehl bestreuen.

2 Den Germteig in Blechgröße ausrollen, auf das Backblech legen und beachten, daß der Teig bis zum Rand und in die Ecken reicht. Mit Klarsichtfolie abdecken und bei etwa 32 °C zur doppelten Höhe aufgehen lassen.

3 Die verschiedenen Füllungen und den Powidl in teelöffelgroßen Patzeln auf dem Germteig verteilen, jeweils mit etwas Abstand zueinander. Die Streusel locker darüberstreuen.

4 Bei 180 °C im vorgeheizten Backrohr etwa 20 Minuten backen. Überkühlen lassen, portionieren und leicht mit Vanillestaubzucker besieben.

Marillenkuchen

Buttergerührte Masse für verschiedene Fruchtkuchen (Rezept Seite 53)
800 g entsteinte Marillen oder Kompottmarillen
2 Päckchen Tortenguß
20 g geschälte Pistazien

1 Frische Marillen einmal durchschneiden und entsteinen (netto 800 g), Kompottmarillen abtropfen lassen. Die Früchte mit der Schnittfläche nach unten dicht aneinander auf die vorbereitete Kuchenmasse legen. Bei 170 °C im vorgeheizten Backrohr etwa 50 Minuten backen. Auskühlen lassen.

2 Den Tortenguß nach Packungsanweisung zubereiten und die Marillen damit dünn bestreichen.

3 Die Pistazien grob hacken und locker darüberstreuen. Den Kuchen portionieren.

Bananenkuchen

Buttergerührte Masse für verschiedene Fruchtkuchen (Rezept Seite 53)
etwa 2 kg geschälte, reife Bananen
2 Päckchen Tortenguß

1 Die Bananen der Länge nach in etwa 1/2 cm dicke Scheiben schneiden. Die vorbereitete Masse dicht damit belegen. Bei 170 °C im vorgeheizten Backrohr etwa 1 Stunde backen. Auskühlen lassen.

2 Den Tortenguß nach Packungsanweisung zubereiten und die Bananen damit dünn bestreichen. Den Kuchen portionieren.

Stachelbeerkuchen mit Streuseln

Buttergerührte Masse für verschiedene Fruchtkuchen (Rezept Seite 53)
etwa 1,2 kg Stachelbeeren
300 g Butterstreusel (Rezept Seite 60)
Staubzucker zum Besieben

1 Die Stachelbeeren waschen, trockentupfen und auf der vorbereiteten Masse verteilen. Die Butterstreusel locker darüberstreuen. Bei 170 °C im vorgeheizten Backrohr etwa 1 Stunde backen. Auskühlen lassen.

2 Den Kuchen portionieren und leicht mit Staubzucker besieben.

Apfelkuchen

Buttergerührte Masse für verschiedene Fruchtkuchen (Rezept Seite 53)
etwa 2 kg Äpfel, zum Beispiel Boskoop, Saft von 1 Zitrone
50 g gehobelte Mandeln
30 g Staubzucker

1 Die Äpfel schälen, vom Kernhaus befreien und je nach Größe in 10–12 Spalten schneiden.

2 Etwa 1 1/2 l Wasser mit dem Zitronensaft aufkochen, die Apfelspalten zufügen und kernig weich blanchieren. Sie müssen fest genug bleiben, weil sie mit dem Kuchen noch gebacken werden. Auf einem nicht oxidierenden Gitter oder Sieb abtropfen und auskühlen lassen.

3 Die Finger beider Hände befeuchten – nicht triefend naß – und diese Feuchtigkeit durch lockeres Zwischen-den-Händen-Bewegen auf die Mandeln übertragen. Den Staubzucker zugeben und mit den Mandeln mischen. Die Mandelblättchen sollen so wenig feucht geworden sein, daß der Zucker zwar daran haftet, aber nicht naß wird.

4 Die Apfelspalten auf die vorbereitete Masse legen, und zwar wohl dicht, aber doch so, daß zwischen den Apfelstücken die Masse beim Backen noch ein wenig hochsteigen kann. Die bezuckerten Mandeln locker darüberstreuen. Bei 170 °C im vorgeheizten Backrohr etwa 1 Stunde backen. Auskühlen lassen. Portionieren.

Weintraubenkuchen

Für diesen Kuchen eignen sich blaue wie grüne Weintrauben einer dünnschaligen, kernarmen Art besonders gut. Sie können für ein interessanteres Aussehen auch gemischt werden.

Buttergerührte Masse für verschiedene Fruchtkuchen (Rezept Seite 53)
etwa 1,2 kg Weintrauben
1 Päckchen Tortenguß

1 Die Weintrauben heiß waschen, abzupfen, gründlich trockentupfen und locker auf der vorbereiteten Masse verteilen. Bei 170 °C im vorgeheizten Backrohr etwa 1 Stunde backen. Auskühlen lassen.

2 Den Tortenguß nach Packungsanweisung zubereiten und den Kuchen damit dünn bestreichen. Den Kuchen portionieren.

Topfenschnitten

Für 1 Randblech von 40 × 32 cm Größe

Topfen ist die Basis für viele Mehlspeisen wie Knödel, Strudel, Aufläufe, Palatschinken und manches mehr bei den warmen Süßspeisen, ebenso für Oberscremen oder Topfenoberstorten sowie die verschiedenen Topfenkuchen bei den kalten Süßspeisen.
Dieser Topfenkuchen schmeckt frisch gebacken am besten. Man kann ihn vor dem Servieren eventuell noch einmal im Backrohr oder Mikrowellengerät leicht (lauwarm) temperieren.

Mürbteig (Rezept Seite 59, 1/3 der angegebenen Menge)

Für die Topfenmasse

- 120 g Butter
- 500 g Topfen (20 % Fett)
- 10 g Vanillezucker
- 2 g Salz
- abgeriebene Schale von 1/2 unbehandelten Zitrone
- 2 Eier
- 1 Eidotter
- 8 Eiklar
- 160 g Zucker
- 40 g Mais-Stärkemehl

Außerdem

Vanillestaubzucker zum Besieben

1 Den Mürbteig 3 mm dick ausrollen, auf das Rollholz aufrollen und auf dem Backblech wieder abrollen, die Ränder abgleichen. Bei 160 °C im vorgeheizten Backrohr etwa 15 Minuten licht vorbacken.

2 Die temperierte Butter mit dem Topfen, Vanillezucker, Salz und Zitronenschale schaumig rühren. Dazu, wenn notwendig, noch ein wenig anwärmen. Eine weiche Konsistenz ist bei allen Fettmassen Voraussetzung für die erwünschte Volumenbildung beim Schaumigrühren. Die Eier und den Dotter nach und nach zugeben.

3 Die Eiklar mit dem Zucker und dem Stärkemehl mischen und zu einem kompakten, aber geschmeidigen Schnee schlagen. Die Topfenmasse in den Schnee einmelieren und die Masse gleichmäßig auf dem Mürbteigboden verstreichen.

4 Bei 170–180 °C etwa 1 Stunde backen. Portionieren und mit Vanillestaubzucker leicht anzuckern (oder auch mit Tortenguß dünn abglänzen).

Variation

TOPFEN-HEIDELBEER-STREUSEL-SCHNITTEN: 600 g Heidelbeeren gleichmäßig auf die Topfenmasse streuen und darüber locker 300 g Butterstreusel (Rezept Seite 60, halbe Menge) verteilen. Die Backzeit um etwa 5 Minuten verlängern.

Mohnschnitten

Für 1 Randblech von 40 × 32 cm Größe

Mohn und geriebene Nüsse bilden das Gerüst in diesem mürben Kuchen ohne Mehlbindung. Im Kühlschrank, in Folie verpackt, bleibt er einige Tage frisch und eignet sich natürlich auch ausgezeichnet zum Einfrieren. In dieser Rezeptur wird er als Blechkuchen vorgeschlagen, er kann aber genausogut in einer Rehrückenform gebacken werden und ist dann von der kompakten Form her noch besser zur Tiefkühlbevorratung geeignet.

- 300 g Mohn, am besten Waldviertler Graumohn
- 280 g geriebene Walnüsse
- 280 g Butter
- 80 g Staubzucker, 4 cl Rum
- 10 g Vanillezucker, 1 g Salz
- abgeriebene Schale von 1/2 unbehandelten Zitrone
- 10 Eidotter, 10 Eiklar
- 200 g Kristallzucker

Außerdem

zerlassene Butter und Mehl für das Blech
Vanillestaubzucker zum Besieben

1 Das Backblech mit flüssiger Butter bestreichen und mit Mehl ausstreuen.

2 Den Mohn in der Mohnmühle fein reiben und mit den geriebenen Walnüssen mischen.

3 Die temperierte Butter mit dem Staubzucker, Rum, Vanillezucker, Salz und Zitronenschale schaumig rühren. Die dafür notwendige weiche Konsistenz der Masse beachten, eventuell etwas anwärmen. Nach und nach die Eidotter zufügen.

4 Die Eiklar mit dem Zucker mischen und zu einem kompakten, aber noch geschmeidigen Schnee schlagen. Die Buttermasse locker untermischenn, die Mohnmischung einmelieren.

5 Auf dem Backblech verteilen und glatt verstreichen. Bei 160 °C im vorgeheizten Backrohr etwa 50 Minuten backen. Ausgekühlt portionieren und leicht mit Vanillestaubzucker besieben.

Variation

MOHNSCHNITTEN MIT BIRNEN ODER MARILLEN: Die Mohnmasse mit 800 g in Spalten geschnittenen Kompottbirnen oder mit 800 g Kompottmarillenhälften (Schnittseite nach unten) belegen. Die Backzeit muß in beiden Fällen um etwa 10 Minuten verlängert werden. Man könnte die Mohnmasse auch je zur Hälfte mit der jeweils halben Menge Früchte belegen und hätte von einem Backblech zwei verschiedene Kuchen anzubieten. Nach dem Überkühlen mit nach Packungsanweisung hergestelltem Tortenguß abglänzen.

Apfelstreuselkuchen

Für 1 Randblech von 40 × 32 cm Größe

Rohe Apfelspalten, gemischt mit einem Wasserpudding, der auch Zucker und Zimt enthält – diese Kombination ergibt eine geschmeidige Füllung und wird, unter Butterstreuseln gebacken, zu einem kleinen Geschmackserlebnis. Frisch zubereitet sein sollte der Kuchen, aber man kann ihn schon am Vortag vorbereiten: Den vorgebackenen Mürbteigboden, mit dem Biskuit zusammengesetzt und mit der Apfelfüllung darauf, mit Folie abdecken. Die Streusel in einen zugedeckten Behälter füllen. Beides im Kühlschrank aufbewahren. Am nächsten Tag die Streusel aufstreuen und backen.

- Mürbteig (Rezept Seite 59, 1/3 der angegebenen Menge)
- Biskuitmasse für Rouladen (Rezept Seite 49, 1/2 der angegebenen Menge)
- 100 g Marillenkonfitüre

Für die Apfelfüllung

- 2 kg geschälte, vom Kerngehäuse befreite Äpfel
- 800 ml Wasser
- 250–300 g Zucker
- 4 g Zimt
- 5 cl Zitronensaft
- abgeriebene Schale von 1 unbehandelten Zitrone
- 120 g Mais-Stärkemehl
- 200 g Rosinen

Außerdem

- Butterstreusel (Rezept Seite 60)
- Vanillestaubzucker zum Besieben

1 Den Mürbteig 3 mm dick ausrollen, auf das Rollholz aufrollen und auf dem Backblech wieder abrollen. Die Ränder abgleichen. Bei 160 °C im vorgeheizten Backrohr etwa 15 Minuten licht vorbacken.

2 Den Biskuit in Blechgröße backen. Auskühlen lassen.

3 Den Mürbteigboden mit der erhitzten, passierten Marillenkonfitüre bestreichen und das Biskuitbaltt auflegen.

4 Die Äpfel in 10–12 Spalten teilen, je nach Größe. 700 ml Wasser mit dem Zucker, Zimt, Zitronensaft und -schale aufkochen. Das Stärkemehl, mit dem restlichen Wasser gemischt, einrühren und gut durchkochen. Vorsicht! Die Masse wird ziemlich fest und brennt daher leicht an. Mit einem Kochlöffel die Apfelspalten und Rosinen fest einrühren. Die ganze Masse auf dem Mürbteig mit der Palette glattstreichen.

5 Die Butterstreusel darüber verteilen. Bei 170 °C etwa 1 Stunde backen. Nach dem Auskühlen mit Vanillestaubzucker besieben.

Nußschnitten

Für 1 Randblech von
40 × 32 cm Größe

200 g weiche Butter
250 g Staubzucker
10 g Vanillezucker
abgeriebene Schale von
1/4 unbehandelten Zitrone
1 g Salz, 3 Eier
2 Eidotter, 220 g Mehl

Für die Nußschaummasse

9 Eiklar, 380 g Zucker
260 g geriebene Walnüsse

Außerdem

zerlassene Butter und
Semmelbrösel für das Blech

1 Das Backblech mit Butter bestreichen und mit Semmelbröseln ausstreuen.

2 Die Butter mit dem Zucker, Vanillezucker, Zitronenschale und Salz schaumig rühren. Die Eier und Eidotter nach und nach einrühren. Das Mehl einmelieren und die Masse gleichmäßig auf das Blech streichen. In den Tiefkühler stellen, damit die Nußschaummasse leichter aufgestrichen werden kann.

3 Für die Nußschaummasse die Eiklar mit dem Zucker aufschlagen. Die Nüsse einmelieren und exakt auf der buttergerührten Masse verstreichen. Bei 160 °C im vorgeheizten Backrohr etwa 40 Minuten backen.

Streuselkuchen mit Marillen, Zwetschken oder Kirschen

Germteig wie Butterkuchen (rechts)
Topfenfüllung (Rezept Seite 65)
1,5 kg Marillenhälften, Zwetschkenhälften oder entsteinte Kirschen
Butterstreusel (Rezept Seite 60)

Für die Mandelfüllung

300 g Marzipanrohmasse
120 g Butter
1 Ei, 50 g Mehl
5 g Vanillezucker
3 g Salz
abgeriebene Schale von
1/4 unbehandelten Zitrone

Außerdem

zerlassene Butter und
Mehl für das Blech
Vanillestaubzucker zum Besieben

1 Den Germteig mit der Topfen- oder Mandelfüllung (dafür die Marzipanrohmasse mit der Butter glattarbeiten und mit den restlichen Zutaten schaumig rühren) bestreichen. Die Marillen oder Zwetschken schindelartig beziehungsweise die Kirschen nebeneinander in Reihen auflegen und die Butterstreusel locker darüber verteilen. Bei etwa 32 °C zu annähernd doppeltem Teigvolumen aufgehen lassen.

2 Bei 180 °C im vorgeheizten Backrohr 55–60 Minuten backen. Überkühlen lassen, portionieren und mit Vanillestaubzucker leicht besieben.

Butterkuchen

Für 1 Randblech von
40 × 32 cm Größe

Er sollte so frisch wie möglich zubereitet und gegessen werden, wenn man ihn in seiner ganzen Herrlichkeit genießen möchte. Dank moderner Tiefkühlmöglichkeiten kann auch hier gut vorbereitet werden. Die dafür notwendige Teigplatte kann ohne weiteres, schon auf dem Backblech und mit Folie abgedeckt, im Tiefkühler für einige Tage aufbewahrt werden. Am Vorabend des Tages, an dem der Kuchen gebraucht wird, in den Kühlschrank stellen und dann, noch immer mit der Folie abgedeckt, bei etwa 32 °C aufgehen lassen.

Für den Germteig

400 g Mehl
190 ml Milch
50 g Zucker
6 g Vanillezucker
6 g Salz, 1 Eidotter
abgeriebene Schale von
1/4 unbehandelten Zitrone
20 g Germ (Hefe)
60 g Butter

Für den Belag

150 g Butter
50 g gehobelte Mandeln
80 g Zimtzucker

Außerdem

zerlassene Butter und Mehl für das Blech

1 Das Backblech mit flüssiger Butter bestreichen und mit Mehl ausstreuen.

2 Den Germteig zubereiten, wie auf Seite 57 beschrieben. In Blechgröße ausrollen, auf das Backblech legen und beachten, daß der Teig bis zum Rand und in die Ecken reicht, damit beim Backen die Butter dort nicht ablaufen kann. Mit Klarsichtfolie bedecken – damit der Teig nicht abtrocknet – und bei etwa 32 °C zum annähernd doppelten Volumen aufgehen lassen.

3 Die Butter für den Belag ein wenig schaumig rühren und in einen Dressiersack mit einer kleinen, glatten Tülle füllen.

4 In den Germteig mit dem Zeigefinger in gleichmäßigen Abständen und versetzt Vertiefungen fast bis zum Boden eindrücken. Die Butter in diese Vertiefungen dressieren. Zuerst die Mandeln und dann den Zimtzucker locker aufstreuen.

5 Bei 220 °C im vorgeheizten Backrohr 12–14 Minuten backen. Der Kuchen muß sehr heiß gebacken werden, damit der Zucker an der Oberfläche karamelisieren kann. Die Backzeit ist knapp zu halten, damit der Kuchen nicht zu stark ausgebacken und damit trocken wird. Überkühlen lassen und portionieren.

Stückgebäck

Traditionelle Rezepte Seite 119
Moderne Rezepte Seite 126

Kipferln – ein Portionsgebäck, das gerade in Wien auf eine uralte Tradition und damit entsprechend viele Varianten zurückblicken kann. Sie gehören wohl zu den Germbutterteig-Gebäcken, die sich über Österreichs Grenzen hinaus am nachhaltigsten durchgesetzt haben. Die vielen Hörnchen und auch die französischen Croissants leiten sich alle von den Wiener Kipferln ab. Plunderteig ist Germbutterteig und wird außerhalb der deutschsprachigen Länder »Danish pastry« genannt. Die vielfältigsten Plundergebäcke kommen aus Dänemark. Vielleicht aus Höflichkeit und Anerkennung ihres Ursprungs heißen sie in Kopenhagen jedoch Wiener Brød.

Dieser Teig bringt die besondere Formbarkeit des Germteigs mit und blättert durch das mehrmalige Zusammenlegen und Ausrollen beim Backen auf wie ein Butter- beziehungsweise Blätterteig. Aber auch der klassische Blätterteig, selbst zubereitet oder – wenn es einmal schnell gehen muß – das in der Qualität und Portionierung gute Tiefkühlprodukt, wird gern verwendet. Besonders einfach werden daraus die Schweinsohren hergestellt. Dafür die von beiden Seiten auf Zucker ausgerollte Teigplatte von den Schmalseiten aus zweimal zur Mitte hin einschlagen und beide Seiten aufeinanderfalten. Davon 1,5 cm breite Stücke abschneiden, auf das Backblech legen und noch 15 Minuten ruhen lassen. Bei starker Hitze (220 °C) etwa 10 Minuten backen. Die Schweinsohren wenden und auch von der Unterseite den Zucker goldbraun karamelisieren lassen.

Ob gefüllt oder ungefüllt, diese rundum knusprig gebackenen Portionsstücke schmecken einfach köstlich und sind ein beliebtes Gebäck für zwischendurch oder für die Jause. Dafür lohnt sich der Arbeitsaufwand, der mit der Teigzubereitung, dem Füllen und Formen verbunden ist.

Traditionelle Rezepte

Butterkipferln
Batschka

1 kg Mehl
30 g Germ (Hefe)
1/4 l lauwarmes Schlagobers
9 Eidotter
2 EL Zucker
1 Prise Salz
250 g Butter

Außerdem

2 Eiklar zum Bestreichen
etwa 150 g grobgehackte
Mandeln zum Bestreuen

1 750 g Mehl in eine Schüssel sieben und in die Mitte eine Vertiefung drücken. Die Germ in dem Obers auflösen und zusammen mit den Dottern, Zucker und Salz in die Mehlmulde geben, mit dem Mehl vermischen und zu einem glatten Teig kneten. 1 Stunde zugedeckt kühl gehen lassen, bis der Teig das Doppelte seines Volumens erreicht hat.

2 Das restliche Mehl mit der Butter verkneten und zu einem 20 × 20 cm großen Block formen.

3 Den Teig nochmals kurz durchkneten und zu einem Quadrat ausrollen. Den Butterblock in die Mitte legen und die Teigecken so darüberschlagen, daß sie in der Mitte zusammentreffen. Zu einem großen Rechteck ausrollen. Von beiden schmalen Seiten aus jeweils ein Drittel der Teigplatte über das mittlere Drittel schlagen und 10 Minuten kalt stellen.

1 *Mit dem Lineal und einem scharfen Messer die Teigbahnen in Dreiecke schneiden.*

2 *Die Dreiecke zur Spitze hin gleichmäßig aufrollen und die Enden nach unten biegen.*

4 Erneut ausrollen, wie oben zusammenlegen und kalt stellen. Diesen Vorgang noch zweimal wiederholen.

5 Den Teig wiederum dünn ausrollen. Mit dem Lineal in Bahnen von 15 cm Breite und jede Bahn in Dreiecke schneiden. Dafür an einer Seite der Bahn jeweils 12 cm abmessen. Auf der gegenüberliegenden Seite mit 6 cm beginnen und dann ebenfalls jeweils 12 cm abmessen. Die abgemessenen Punkte mit einem Lineal verbinden und die Dreiecke ausschneiden.

6 Die Dreiecke zur Spitze hin aufrollen und Kipferln formen. Mit etwas Abstand auf ein kalt abgespültes Backblech legen und zugedeckt nochmals 15 Minuten gehen lassen.

7 Mit verquirltem Eiklar bestreichen und mit den gehackten Mandeln bestreuen. Bei 220 °C im vorgeheizten Backrohr in etwa 15 Minuten goldgelb backen.

Schmerkipferln

Batschka

Diese Kipferln wurden in der Batschka nach dem Schweineschlachten gebacken und heiß serviert.

- 250 g Schmer (rohes Schweinebauchfett)
- 300 g Mehl, 1/2 TL Salz
- 30 g Germ (Hefe), 2 TL Zucker
- etwa 1/8 l lauwarme Milch
- 1 Eidotter

Außerdem

- Konfitüre nach Wahl zum Füllen
- Fett für das Blech
- Staubzucker zum Besieben

1 Das gereinigte, gewässerte Schmer häuten und mit dem Messer fein schaben. Mit der Hälfte des Mehls und dem Salz verarbeiten und zu einem Block formen.

2 In einer Schüssel die Germ und den Zucker in 4 EL Milch auflösen und mit etwas Mehl vermischen. Die Schüssel mit einem Tuch abdecken und das Dampfel an einem warmen Ort 15 Minuten aufgehen lassen.

3 Zusammen mit dem restlichen Mehl und dem Dotter abschlagen, dabei so viel Milch zufügen, daß ein fester Germteig entsteht, der sich gut ausrollen läßt. Abdecken und aufgehen lassen, bis der Teig das Doppelte seines Volumens erreicht hat.

4 Den Teig noch einmal durchkneten und zu einem Quadrat ausrollen. Den Schmerblock in die Mitte legen und weiterarbeiten, wie bei den Butterkipferln auf Seite 119 in Schritt 3 und 4 beschrieben.

5 Den Teig 1/2 cm dick ausrollen und in 6–7 cm große Quadrate schneiden. In die Mitte ein Häufchen Konfitüre setzen, diagonal zusammenschlagen, zur Spitze hin aufrollen und Kipferln formen. Auf ein gefettetes Blech legen und noch einmal abgedeckt aufgehen lassen.

6 Bei 200 °C im vorgeheizten Backrohr 20–30 Minuten backen. Noch heiß mit Staubzucker besieben.

Jausenkipferln

Wien

- 400 g Mehl
- 20 g Germ (Hefe)
- 100 ml lauwarme Milch
- 100 g Zucker
- 250 g lauwarm zerlassene Butter
- 2 Eidotter, 1 Prise Salz

Für die Füllung

- 100 g Zucker, 1 Prise Zimt
- 100 g geriebene Mandeln
- 100 g Rosinen
- 100 g Korinthen

Außerdem

- Butter für das Blech
- Eiklar zum Bestreichen

1 Das Mehl in eine Schüssel sieben und in die Mitte eine Vertiefung drücken. In einer Tasse die Germ in der Milch mit 2 TL Zucker auflösen und anschließend in die Mehlmulde gießen. Mit 1/4 des Mehls vermischen, die Schüssel mit einem Tuch abdecken und das Dampfel an einem warmen Ort 15 Minuten aufgehen lassen.

2 Die restlichen Zutaten zugeben und den Teig gut abschlagen, bis er sich vom Schüsselrand löst. Erneut abdecken und aufgehen lassen, bis der Teig etwa das Doppelte seines Volumens erreicht hat.

3 Inzwischen für die Füllung alle Zutaten gut miteinander vermischen.

4 Den Teig noch einmal durchkneten. Auf der bemehlten Arbeitsfläche ausrollen und in 15 × 15 cm große Quadrate schneiden.

5 Die Füllung als längliche Häufchen auf die Diagonale der Teigquadrate verteilen. Diese zu Dreiecken zusammenschlagen, zur Spitze hin aufrollen und Kipferln formen. Auf ein gebuttertes Blech legen, abdecken, 10 Minuten entspannen lassen.

6 Die Kipferln mit dem verquirlten Eiklar bestreichen und bei 200 °C im vorgeheizten Backrohr etwa 20 Minuten backen.

Ferdinandkrapfen

BATSCHKA

250 g Mehl
etwa 1/8 l lauwarme Milch
20 g Germ (Hefe)
2 TL Zucker
2 Eidotter
1 Prise Salz

Zum Bestreichen

80 g sehr weiche Butter
80 g Zucker
1/2 Päckchen Vanillezucker

Außerdem

Butter für die Form
1/4 l Milch zum Begießen, mit
5 EL Zucker und
1/2 TL Vanillezucker
verrührt

1 Das Mehl in eine Schüssel sieben und in die Mitte eine Vertiefung drücken. Von der Milch 3–4 EL abnehmen und darin in einer Tasse die Germ mit dem Zucker auflösen. Anschließend in die Mehlmulde gießen und mit etwas Mehl vermischen. Die Schüssel mit einem Tuch abdecken und das Dampfel an einem warmen Ort 15 Minuten aufgehen lassen.

2 Die restlichen Zutaten zugeben und alles zusammen gut abschlagen, bis sich der Teig vom Schüsselrand löst. Erneut abdecken und an einem warmen Ort aufgehen lassen, bis der Teig etwa das Doppelte seines Volumens erreicht hat.

3 Noch einmal gut durchkneten und auf einer bemehlten Arbeitsfläche dünn ausrollen.

4 Die Butter mit dem Zucker und dem Vanillezucker gut verrühren und gleichmäßig aufstreichen. Den Teig zusammenrollen und dreifingerbreite Stücke abschneiden.

5 Eine Bratreine oder Auflaufform gut ausbuttern und die Krapfen mit der Schnittfläche nach unten nicht zu eng nebeneinander hineinsetzen. Bei 30 °C im Rohr aufgehen lassen, dann bei 180 °C in 40–45 Minuten hellgelb backen.

6 Die Milch mit dem Zucker und Vanillezucker verrühren und kurz vor Ende der Backzeit über die Krapfen gießen.

Prügelkrapfen

BATSCHKA

280 g Mehl
100 ml lauwarme Milch
30 g Germ (Hefe), 2 TL Zucker
70 g lauwarm zerlassene Butter
2 Eier, 1 Prise Salz

Außerdem

zerlassene Butter, Schmalz und Honig zum Bestreichen

1 Das Mehl in eine Schüssel sieben und in die Mitte eine Vertiefung drücken. Von der Milch 3–4 EL abnehmen und darin die Germ mit dem Zucker auflösen. In die Mehlmulde gießen und mit etwas Mehl vermischen. Die Schüssel mit einem Tuch abdecken und das Dampfel an einem warmen Ort 15 Minuten aufgehen lassen.

2 Die restlichen Zutaten zugeben und gut abschlagen, bis sich der Teig vom Schüsselrand löst. Abdecken und aufgehen lassen, bis der Teig etwa das Doppelte seines Volumens erreicht hat.

3 Noch einmal durchkneten. Kleinfingerdick ausrollen und mit einem Teigrädchen zweifingerbreite Streifen ausradeln.

4 Den angewärmten Prügel mit Butter bestreichen. Die Teigstreifen darüberwickeln und fest andrücken. Über der Kohlenglut grillen, dabei öfter mit Schmalz bestreichen und drehen. Sobald sie eine goldgelbe Farbe angenommen haben, mit Honig einpinseln und vom Prügel abstreifen. Noch warm in Stücke brechen.

Prügel heißen die glatt polierten Holzrollen, auf denen über Holzkohlenglut und unter gemächlichem Drehen die Krapfen gebacken wurden. In Tirol wurde so aus einem mehrfach aufgestrichenen dünnen Teig der Prügelkuchen hergestellt, eine rustikale Variante des Baumkuchens.

Brachitum

BREZEL IN DER URFORM

»Brachium« heißt lateinisch Arm. In den mittelalterlichen Klöstern wandelten die Mönche, um ihre Devotheit zum Ausdruck zu bringen, häufig vorgebeugt und mit vor der Brust gekreuzten Armen, die Hände in Richtung Schultern ausgerichtet. Sie verneigten sich so voreinander oder vor dem Altar, um ihre Unterwürfigkeit auszudrücken. Die gekreuzten Arme haben die Form einer Brezel. Um Gottergebenheit zu bekunden, pflegte man auch Brezeln in dieser Form mit überkreuzten »Händen« zu backen. Angesichts der Ähnlichkeit mit den überkreuzten Armen nannte man dieses Gebäck Brachium, in der Umgangssprache wurde daraus »Brachitum«.

500 g Mehl
40 g Germ (Hefe)
100 g Zucker
1/8 l lauwarme Milch
100 g lauwarm zerlassene Butter
1 Päckchen Vanillezucker
1 Prise Salz

Außerdem

Butter für das Blech
1 Ei zum Bestreichen
50 g geschälte, gehackte Mandeln
Staubzucker zum Besieben

1 Das Mehl in eine Schüssel sieben und in die Mitte eine Vertiefung drücken. Die Germ hineinbröseln, 2 TL Zucker darüberstreuen, mit der Milch übergießen und die Germ in der Mehlmulde auflösen. Mit etwas Mehl bestreuen, die Schüssel zudecken und das Dampfel an einem warmen Ort 15 Minuten gehen lassen.

2 Die restlichen Zutaten dazugeben und abschlagen, bis sich der Teig vom Schüsselrand löst. Erneut zudecken und gehen lassen, bis der Teig das Doppelte seines Volumens erreicht hat.

3 Den Teig gründlich durchkneten, halbieren, 2 Rollen von je 70 cm Länge formen und die Enden jeweils viermal 10 cm tief einschneiden, so daß die fünf Finger einer Hand entstehen. Jede Rolle zu einer Brezel formen, dabei die »Hände« so legen, daß sie seitlich über den Brezelbogen hinausragen. Vor dem Spiegel ist die Form leicht nachvollziehbar: die Arme über der Brust kreuzen, die Hände zeigen zu den Schultern.

4 Ein Backblech buttern. Die Brezeln darauflegen, mit verquirltem Ei bestreichen und mit den Mandeln bestreuen. Bei 200 °C im vorgeheizten Backrohr etwa 25 Minuten backen. Ausgekühlt mit Staubzucker besieben.

Germtaschen

WIEN

- 260 g Mehl
- 160 g Butter
- 6 EL lauwarme Milch
- 20 g Germ (Hefe)
- 1 EL Zucker
- 1 Prise Salz
- 1 Ei

Außerdem

- feste Marillen-, Ananas- oder Sauerkirschkonfitüre
- Butter für das Blech
- 1 Ei zum Bestreichen
- Staubzucker zum Besieben

1 Von dem Mehl 60 g abnehmen und mit der Butter verkneten. Zu einem quadratischen Block formen und kalt stellen.

2 Das restliche Mehl in eine Schüssel sieben und in die Mitte eine Vertiefung drücken. Von der Milch 3 EL abnehmen und in einer Tasse die Germ mit dem Zucker darin auflösen. Anschließend in die Mehlmulde gießen und mit etwas Mehl vermischen. Die Schüssel mit einem Tuch abdecken und das Dampfel an einem warmen Ort 15 Minuten aufgehen lassen.

3 Die restlichen Zutaten zugeben und zu einem glatten, festen Teig abschlagen, bis sich dieser vom Schüsselrand löst. Abgedeckt etwa 2 Stunden in den Kühlschrank stellen.

4 Den Teig und den Butterblock Raumtemperatur annehmen lassen. Den Teig nochmals durchkneten, auf einer bemehlten Arbeitsfläche zu einem großen Quadrat ausrollen und den Butterblock in die Mitte legen. Die Teigecken so darüberschlagen, daß sie in der Mitte zusammentreffen. Zu einem Rechteck ausrollen. Von beiden schmalen Seiten aus jeweils ein Drittel der Teigplatte über das mittlere Drittel schlagen und 10 Minuten entspannen lassen.

5 Erneut ausrollen, wie oben zusammenlegen und entspannen lassen. Diesen Vorgang noch zweimal wiederholen.

6 Den Teig 1/2 cm dick ausrollen und in Quadrate schneiden. In die Mitte jedes Quadrats 1 TL Konfitüre setzen, diagonal zusammenschlagen und auf das gefettete Backblech legen. Abgedeckt 1 Stunde ruhen lassen.

7 Die Taschen mit verquirltem Ei bestreichen. Bei 200 °C im vorgeheizten Backrohr in gut 20 Minuten goldgelb backen. Abkühlen lassen, mit Staubzucker besieben.

Brioche-Zöpfe

Einwandererrezept aus Elsass-Lothringen

300 g Mehl
6 EL lauwarme Milch
20 g Germ (Hefe)
50 g Zucker
150 g lauwarm zerlassene Butter
3 Eier
1 Prise Salz

Außerdem

Butter für das Blech
Ei zum Bestreichen
Zucker zum Bestreuen

1 Das Mehl in eine Schüssel sieben und in die Mitte eine Vertiefung drücken. Von der Milch 3 EL abnehmen und darin in einer Tasse die Germ mit 2 TL Zucker auflösen. Anschließend in die Mehlmulde gießen und mit $^1/_4$ des Mehls vermischen. Die Schüssel mit einem Tuch abdecken und das Dampfel an einem warmen Ort 15 Minuten aufgehen lassen.

2 Die restlichen Zutaten zugeben und gut abschlagen, bis sich der Teig vom Schüsselrand löst. Erneut abdecken und aufgehen lassen, bis der Teig etwa das Doppelte seines Volumens erreicht hat.

3 Noch einmal durchkneten. Dünne Rollen formen und daraus kleine Zöpfe flechten. Auf das gebutterte Blech legen und noch einmal $^1/_2$ Stunde aufgehen lassen.

4 Mit Ei bestreichen. Bei 220 °C im vorgeheizten Backrohr etwa 12 Minuten goldgelb backen und mit Zucker bestreuen. Ohne Zucker sind sie auch als Frühstücksbrot gut geeignet.

Preßburger Rollen

Budapest

500 g Mehl
6 EL lauwarme Milch
30 g Germ (Hefe), 2 EL Zucker
200 g lauwarm zerlassene Butter
4 Eidotter, 1 Prise Salz
4–5 EL dicker Sauerrahm

Für die Mohnfüllung

500 g feingemahlener Mohn
etwa 200 g Zucker
$^1/_4$ l Milch
1 EL Honig

Für die Nußfüllung

300 g Zucker
$^1/_4$ l Wasser
400 g geriebene Haselnüsse
1 Prise Zimt
abgeriebene Schale von $^1/_2$ unbehandelten Zitrone
oder 1 TL ganz fein gehacktes Orangeat

Außerdem

Butter für das Blech
Ei zum Bestreichen

1 Das Mehl in eine Schüssel sieben und in die Mitte eine Vertiefung drücken. Von der Milch 3–4 EL abnehmen und in einer Tasse die Germ mit 2 TL Zucker darin auflösen. Anschließend in die Mehlmulde gießen, mit $^1/_4$ des Mehls vermischen, die Schüssel mit einem Tuch abdecken und das Dampfel an einem warmen Ort 15 Minuten aufgehen lassen.

2 Die restlichen Zutaten zugeben und gut abschlagen, bis sich der Teig vom Schüsselrand löst. Erneut aufgehen lassen, bis der Teig etwa das Doppelte seines Volumens erreicht hat.

3 Noch einmal durchkneten. Ausrollen, den Teig dreifach übereinanderschlagen und 25 Minuten kühl entspannen lassen. So viermal verfahren.

4 Für die Mohnfüllung den Mohn, Zucker und Milch gut durchkochen. Den Honig einrühren. Abkühlen lassen.

5 Für die Nußfüllung den Zucker mit dem Wasser aufkochen. Die Haselnüsse einrühren, einige Male aufwallen lassen. Zimt und Zitronenschale oder Orangeat dazugeben. Abkühlen lassen.

6 Den Teig halbieren und jede Hälfte dünn ausrollen. Die eine mit der Mohn-, die andere mit der Nußfüllung bestreichen. Die Teigplatten fest zusammenrollen, ein Durchmesser von 6 cm sollte nicht überschritten werden. Auf ein gebuttertes Backblech legen und insgesamt dreimal mit verquirltem Ei bestreichen. Zwischendurch immer wieder trocknen lassen, da die Rollen nur so die berühmte Marmorierung aufweisen. Bei 190 °C im vorgeheizten Backrohr in etwa 30 Minuten goldbraun backen.

Kolatschen

SCHWÄBISCHE TÜRKEI

20 g Germ (Hefe)
100 g Zucker
1/4 l lauwarme Milch
140 g Butter
5 Eidotter, 1 Ei
abgeriebene Schale von 1/2 unbehandelten Zitrone
1 EL Rum
500 g Mehl

Außerdem

Powidl zum Bestreichen
Butter für das Blech
Zucker zum Bestreuen

1 Die Germ mit dem Zucker in der Milch auflösen. Die Butter schaumig rühren. Die Dotter, das Ei, Zitronenschale und Rum einrühren. Das Mehl zusammen mit der aufgelösten Germ dazugeben und gut abschlagen. Die Schüssel mit einem Tuch abdecken und den Teig an einem warmen Ort aufgehen lassen, bis er etwa das Doppelte seines Volumens erreicht hat.

2 Noch einmal gut durchkneten. Kleine, gleichmäßige Stücke abschneiden. Die Hände einfetten und die Teigstücke zu runden Fladen von 8–10 cm Durchmesser formen. Mit Powidl bestreichen, zusammenklappen, die Ränder mit den Zinken einer Gabel flach drücken und auf das gebutterte Blech legen. Nochmals 1/2 Stunde aufgehen lassen.

3 Bei 190 °C im vorgeheizten Backrohr etwa 30 Minuten backen. Mit Zucker bestreuen.

Variationen für die Füllung

Statt Powidl eine Füllung nach Wahl zubereiten. Als Häufchen auf die Teigfladen setzen und wie oben backen.

- NUSS- ODER MOHNFÜLLUNG: Siehe Preßburger Rollen, halbe Menge.
- TOPFENFÜLLUNG: 2 Eier mit 100 g Zucker dickschaumig rühren. 250 g gut abgetropften Topfen, 100 g Rosinen und die abgeriebene Schale einer halben unbehandelten Zitrone untermischen.

1 Die Fladen mit dem Daumen so ausformen, daß ein wulstiger Rand entsteht.

2 Mit einer Füllung nach Wahl Häufchen aufsetzen und einen zweiten Fladen auflegen.

Moderne Rezepte

Topfeneckerl, Nußeckerl, Maroniekerl

Drei Sorten kleiner, interessanter Gebäcke, die es aufgrund der geringen Stückgröße erlauben, eine Auswahl als Portion genießen zu können. Drei verschiedene Teige mit jeweils anderen Füllungen, doch immer gleich in der Form. Alle drei Sorten können in einfachster Weise tiefgekühlt vorbereitet werden. Da sich die Backzeit auf nur wenige Minuten beschränkt, kann einen damit ein überraschender Besuch kaum in Verlegenheit bringen. Die einzelnen Sorten (nicht mit Ei bestrichen) werden auf entsprechender Unterlage, die mit Klarsichtfolie bedeckt ist, tiefgekühlt und anschließend in Tiefkühlbeuteln verpackt. Bei Bedarf auf einem mit Backpapier belegten Backblech auftauen lassen, mit Ei bestreichen und backen.

Topfeneckerl

Topfenteig ist sehr universell zu verwenden, zum Beispiel für Schinkenkipferl, Gemüse- oder Fleischstrudel, aber auch für süßes Gebäck. Wichtig ist das Tourieren, das wie beim Blätterteig erfolgt. Obwohl hier keine Butter hineingerollt, sondern der bloße Teig ausgerollt und mit einer doppelten und einer einfachen Tour fertiggestellt wird, blättert und geht Topfenteig auf wie Blätterteig.

Für den Topfenteig

- 250 g Topfen (10 % Fett)
- 250 g Butter
- 250 g Mehl
- 2 g Salz

Außerdem

- 150 g Himbeerkonfitüre mit Kernchen und nicht zu weich
- 1 Ei zum Bestreichen
- Vanillestaubzucker zum Besieben

1 Den Topfen, die temperierte Butter, Mehl und Salz kurz zusammenwirken. Zu einem flachen Block formen, in Folie wickeln und im Kühlschrank 2 Stunden rasten lassen.

2 Etwa 8 mm dick rechteckig ausrollen. Eine einfache und eine doppelte Tour geben, wie bei Blätterteig auf Seite 55 beschrieben. Mit Klarsichtfolie abdecken und im Kühlschrank bis zum nächsten Tag rasten lassen.

3 Den Topfenteig 2,5 mm dick ausrollen und in Quadrate von 8 × 8 cm schneiden. Die Ränder mit Wasser bestreichen und mit einem Teelöffel oder mit dem Dressiersack und kleiner, glatter Tülle jeweils 5 g Himbeerkonfitüre in die Mitte dressieren. Über die Diagonale zu Dreiecken zusammenlegen und die Ränder fest verbinden. Mit Ei bestreichen.

4 Bei 220 °C im vorgeheizten Backrohr 10–12 Minuten backen. Noch heiß und nach dem Auskühlen nochmals mit Vanillestaubzucker besieben.

Nußeckerl

Ein sehr mürber ungezuckerter Teig mit einer Nußfüllung. Die Nußeckerl können problemlos einige Tage aufbewahrt werden.

Für den Mürbteig

- 370 g Mehl
- 300 g Butter
- 80 g Sauerrahm
- 2 g Salz

Für die Nußfüllung

- 120 g Schlagobers
- 60 g Zucker
- 180 g geriebene Walnüsse
- 2 cl Rum

Außerdem

- Ei zum Bestreichen
- Vanillestaubzucker zum Besieben

1 Das Mehl mit der temperierten Butter, Sauerrahm und Salz kurz zusammenwirken. Zu einem flachen Block formen, in Klarsichtfolie wickeln und im Kühlschrank bis zum nächsten Tag rasten lassen.

2 Für die Nußfüllung das Schlagobers mit dem Zucker aufkochen, die Nüsse einrühren, auskühlen lassen und den Rum zugeben.

3 Den Mürbteig 2 mm dick ausrollen und in Quadrate von 8 × 8 cm schneiden. Die Ränder mit Wasser bestreichen und mit einem Teelöffel oder mit dem Dressiersack und kleiner, glatter Tülle jeweils 10 g Nußfüllung in die Mitte dressieren. Über die Diagonale zu Dreiecken zusammenlegen und die Ränder zusammendrücken. Mit einer Gabel im Bereich der Nußfüllung zeichnen und dort auch mit verrührtem Ei bestreichen.

4 Bei 190 °C im vorgeheizten Backrohr etwa 15 Minuten backen. Noch heiß und nach dem Auskühlen nochmals mit Vanillestaubzucker besieben.

Maroniecker l

Maroni- oder Kastanienmasse, in Mürbteig gebacken. Die Maroni- oder Kastanienmasse selbst zu machen, ist sehr aufwendig. Es gibt sehr gute Industrieprodukte als Konserve oder Tiefkühlware. Tiefgekühlte Maronimasse kann man nach dem Auftauen mit etwas Vanillezucker und einem Spritzer Rum noch ein wenig verfeinern. Die Maroniecker l sind einige Tage haltbar, sie sollen aber im Kühlschrank aufbewahrt werden.

Für den Mürbteig

400 g Mehl
4 g Backpulver
1 Ei
8 g Vanillezucker
1 g Salz
120 g Staubzucker
250 g Butter

Außerdem

450 g Maronimasse
Vanillestaubzucker zum Besieben

1 Das Mehl mit dem Backpulver auf die Arbeitsplatte sieben. Das Ei mit dem Vanillezucker und dem Salz verrühren. Die Mehl- und die Eimischung zusammen mit dem Staubzucker und der temperierten Butter kurz zusammenwirken. Zu einem flachen Block formen, in Klarsichtfolie wickeln und 2 Stunden im Kühlschrank rasten lassen.

2 Den Teig rechteckig und 2 mm dick ausrollen. In Quadrate von 8 × 8 cm schneiden, die Ränder mit Wasser bestreichen und jeweils 12 g Maronimasse in die Mitte dressieren. Über die Diagonale zu Dreiecken zusammenlegen und die mit Wasser bestrichenen Ränder zusammendrücken.

3 Bei 160 °C im vorgeheizten Backrohr etwa 10 Minuten backen. Die Maroniecker l sollen eher hell bleiben und nur wenig Backfarbe nehmen. Noch heiß und nach dem Auskühlen nochmals mit Vanillestaubzucker besieben.

Die gefüllten und über die Diagonale zu Dreiecken zusammengelegten Eckerl sehen hübsch aus, wenn die offenen Ränder mit einer Gabel aufeinandergedrückt werden. Damit wird gleichzeitig gesichert, daß die Füllung während des Backens nicht herausläuft.

Plundergebäck

- Die Plunderteigrezeptur ist in einer sinnvoll machbaren Menge angegeben und ergibt etwa 50 Gebäckstücke mit je 50 g Teiggewicht. Bei einer kleineren Rezeptmenge ist es schwierig, ein erfreuliches Ergebnis zu erreichen. In der Regel wird man davon auch mehrere Sorten Plundergebäck herstellen.
- Die Füllungen sind in kleineren Einheiten angegeben. Es muß daher die Teigmenge für die einzelnen Sorten entsprechend der vorbereiteten Menge an Füllung vom Plunderteig abgenommen werden.
- Von Vorteil ist es, die aufgearbeiteten Stücke während des Aufgehenlassens mit Klarsichtfolie locker abzudecken, um ein Abtrocknen des Teiges, das sich negativ auf das Backergebnis auswirken würde, zu verhindern.
- Jene Sorten, die nach dem Backen nicht glasiert, sondern nur leicht mit Vanillestaubzucker besiebt werden, sollte man für eine schönere Backfarbe mit verquirltem Ei bestreichen.
- Die zu glasierenden Sorten werden nach 2–3-minütigem Überkühlen noch heiß zuerst aprikotiert – mit kochendheißer, passierter Marillenkonfitüre bestrichen – und dann mit Fondant glasiert. Dazu wird dieser auf etwa 35 °C erwärmt und mit Wasser verdünnt, bis er fast durchscheinend aussieht. Damit die Stücke bestreichen, es soll nur ein Hauch von Glasur zu sehen sein und keine weiße Schicht. Durch die Wärme des Gebäcks trocknet die Glasur in kurzer Zeit.

Zaunerkipferln

Eine klassische Spezialität aus dem Caféhaus Zauner und ein fester Begriff für alle Plundergebäckliebhaber.

Plunderteig (Rezept Seite 55/56, 1/2 der angegebenen Menge)
250 g geriebene Mandeln
100 g Kuchenbrösel
180 g Staubzucker
ausgeschabtes Mark von 1 Vanilleschote

Außerdem

250 g Butter zum Bestreichen des ausgerollten Teiges und zum Bestreichen nach dem Backen
Vanillestaubzucker zum Besieben

1 Die Mandeln, Brösel, Staubzucker und das Vanillemark trocken mischen. Den Plunderteig 2 mm dick und 46 cm breit ausrollen. Mit zerlassener Butter bestreichen, mit der Mandelmischung bestreuen und mit dem Rollholz glattwalzen.

2 Die Teigfläche in der Mitte teilen – in zwei 23 cm breite Streifen. Aus diesen spitze Dreiecke (11 cm Breite an der Schmalseite) schneiden und zu Kipferln formen. Auf ein mit Backpapier belegtes Backblech setzen, mit Klarsichtfolie abdecken und bei 32 °C aufgehen lassen.

3 Bei 180 °C im vorgeheizten Rohr etwa 20 Minuten backen. Noch heiß mit zerlassener Butter bestreichen, auskühlen lassen und mit Vanillestaubzucker besieben.

Nußkipferln formen

1 Mit Lineal und glattem Teigrädchen spitze Dreiecke aus den Teigbahnen schneiden.

2 Ein Häufchen oder Stückchen Füllung (der Nußfüllung) auf die Schmalseiten setzen.

3 Die Füllung straff in den Teig einrollen, anschließend zu Kipferln formen.

Nußkipferln

Eines der traditionsreichen Wiener Plundergebäcke.

Plunderteig (Rezept
Seite 55/56)
Nußfüllung (Rezept
Seite 65), reicht für
23 Gebäckstücke
150 g passierte Marillen-
konfitüre zum Aprikotieren
100 g Fondant zum
Glasieren

1 Zunächst die Nußfüllung in 300-g-Teilen zu Rollen formen und diese in je 10 5 cm lange Teile schneiden.

2 Den Plunderteig 2,5 mm dick ausrollen und in Dreiecke von 23 cm Höhe, 11 cm an der Schmalseite, schneiden. Jeweils auf die Schmalseiten der Dreiecke ein Stück Nußfüllung legen und diese in den Plunderteig straff einrollen.

3 Aus den Rollen Kipferln formen, die Enden sollen spitz auslaufen. Auf ein mit Backpapier belegtes Blech setzen und mit Klarsichtfolie abdecken. Bei 30 °C aufgehen lassen.

4 Bei 200 °C im vorgeheizten Backrohr etwa 20 Minuten backen. Noch heiß aprikotieren und mit Fondant glasieren (siehe Plundergebäck, linke Seite).

Topfenkolatschen

Plunderteig (Rezept Seite 55/56)
Topfenfüllung (Rezept Seite 65), reicht für etwa 12 Gebäckstücke
Ei zum Bestreichen
Vanillestaubzucker zum Besieben

1 Den Plunderteig 2,5 mm dick ausrollen und in Quadrate von 11 × 11 cm schneiden. Die Ränder mit Wasser bestreichen und in die Mitte der einzelnen Teigstücke mit dem Dressiersack und glatter, großer Lochtülle 40 g Topfenfüllung dressieren. Die vier Ecken gegengleich über der Füllung ungefähr 2 cm übereinanderlegen und fest niederdrücken, damit sie beim Backen nicht aufreißen.

2 Auf ein mit Backpapier belegtes Blech setzen, mit Klarsichtfolie locker abdecken und bei etwa 30 °C aufgehen lassen.

3 Die Folie abnehmen, die Topfenkolatschen mit Ei bestreichen und bei 200 °C im vorgeheizten Backrohr etwa 20 Minuten backen. Nach kurzem Überkühlen leicht mit Vanillestaubzucker besieben.

Mohnschnecken

Plunderteig (Rezept Seite 55/56)
Mohnfüllung (Rezept Seite 65), reicht für 23 Gebäckstücke
150 g passierte Marillenkonfitüre zum Aprikotieren
100 g Fondant zum Glasieren

1 Den Plunderteig 25 cm breit und 2,5 mm dick ausrollen und die Mohnfüllung aufstreichen. Sollte sie etwas zu fest sein, mit ein wenig Milch verdünnen.

2 Von beiden Längsseiten zur Mitte hin straff aufrollen. In 23 etwa 5 cm breite Stücke teilen. Jedes Stück zu 2/3 in der Mitte einschneiden, auseinanderklappen und mit dem zusammenhängenden Teil nach oben auf ein mit Backpapier belegtes Blech setzen. Die beiden wegstehenden Hälften noch ein wenig mit der Hand flachdrücken. Mit Klarsichtfolie abdecken und bei 30 °C aufgehen lassen.

3 Bei 200 °C im vorgeheizten Backrohr etwa 18 Minuten backen. Noch heiß aprikotieren und mit Fondant glasieren (siehe Plundergebäck, Seite 128).

Schokoladerollen

Plunderteig (Rezept Seite 55/56)

Für die Füllung

(reicht für ungefähr 23 Gebäckstücke)

300 g Bittercouverture (dunkle Tunkmasse)
etwa 150 ml Schlagobers

Außerdem

Ei zum Bestreichen
Vanillestaubzucker zum Besieben

1 Für die Füllung die Couverture zerkleinern und im heißen Wasserbad schmelzen. Das Schlagobers aufkochen und nach und nach mit einem Kochlöffel in die Schokolade einrühren. Diese wird zuerst immer dicker und gerinnt schließlich. Es ist wichtig, zwischen den einzelnen Flüssigkeitszugaben intensiv zu rühren. So viel Schlagobers einrühren, bis die Schokolade gebunden ist und eine schmierig glänzende Konsistenz bekommen hat. Ohne weiteres Rühren die Schokolade auskühlen, aber nicht stocken lassen, weil sie sonst zur Weiterverarbeitung zu fest wäre.

2 Den Plunderteig 2,5 mm dick ausrollen, in Rechtecke von 11 × 13 cm schneiden und die Ränder mit Wasser bestreichen.

3 Mit einem Dressiersack und glatter Tülle die Schokolade jeweils auf eine Schmalseite und nicht ganz bis zu den Rändern dressieren, aufrollen und die Enden mit leichtem Druck schließen. Auf ein mit Backpapier belegtes Backblech setzen, mit Klarsichtfolie abdecken, bei 30 °C aufgehen lassen und anschließend mit Ei bestreichen.

4 Bei 200 °C im vorgeheizten Backrohr etwa 20 Minuten backen. Eventuell nach kurzem Überkühlen leicht mit Vanillestaubzucker besieben.

Ananasplunder

Plunderteig (Rezept Seite 55/56)

Für die Vanillecreme

(reicht für ungefähr 25 Gebäckstücke)

1/2 l Milch
100 g Kristallzucker
50 g Vanillepuddingpulver
2 Eidotter

Außerdem

25 halbe Ananasscheiben
150 g passierte Marillenkonfitüre zum Aprikotieren
etwa 100 g Fondant zum Glasieren

1 400 ml Milch mit dem Zucker aufkochen. Die restliche Milch mit dem Puddingpulver und den Dottern vermischen, in die kochende Milch einrühren und gut durchkochen. Zum rascheren Auskühlen in ein flaches Geschirr leeren und mit Klarsichtfolie abdecken, um Hautbildung zu vermeiden.

2 Den Plunderteig 2,5 mm dick ausrollen, in Quadrate von 11 × 11 cm schneiden.

3 Mit dem Dressiersack und glatter Tülle einen kurzen Streifen Vanillecreme (etwa 25 g) diagonal aufdressieren. Die halbrunden Ananasscheiben darauflegen und diagonal – quer dazu – die beiden vorher mit Wasser bestrichenen Teigecken darüberlegen, sie sollen sich 2 cm überlappen. Mit einem Fingerdruck fixieren. Auf ein mit Backpapier belelegtes Backblech setzen, mit Klarsichtfolie abdecken und bei 30 °C aufgehen lassen.

4 Bei 200 °C im vorgeheizten Backrohr etwa 18 Minuten backen. Noch heiß aprikotieren und mit Fondant glasieren (siehe Plundergebäck, Seite 128).

Powidlplunder

Plunderteig (Rezept Seite 55/56)
Powidl (Pflaumenmus), je Stück 25 g

Außerdem

Ei zum Bestreichen
ungeschälte, grobehackte Mandeln
Vanillestaubzucker zum Besieben

1 Den Plunderteig 2,5 mm dick ausrollen und in Quadrate von 11 × 11 cm schneiden, die Ränder mit Wasser befeuchten.

2 Den Powidl, den man noch mit ein wenig Rum verfeinern kann, mit dem Dressiersack und glatter Tülle in die Mitte der einzelnen Teigstücke dressieren.

3 Diagonal zusammenklappen und die Ränder leicht zusammendrücken. Mit Ei bestreichen, mit der bestrichenen Seite auf die gehackten Mandeln legen und leicht andrücken, so daß reichlich Mandeln darauf haften bleiben. Auf ein mit Backpapier belegtes Backblech legen. Mit Klarsichtfolie abdecken und bei 30 °C aufgehen lassen.

4 Bei 200 °C im vorgeheizten Backrohr etwa 20 Minuten backen. Nach dem Überkühlen leicht mit Vanillestaubzucker besieben.

Blätterteiggebäck

Selbst gemachter Blätterteig kann über lange Zeit unbeschadet im Tiefkühler aufbewahrt werden. In entsprechenden Einheiten gut verpackt, verliert er nicht an Qualität. Auf diese Art kann man eine vernünftige Menge vorbereiten und nach und nach aufarbeiten. Einen Tag vor der Verwendung wird er zum Auftauen in den Kühlschrank gelegt und normal ausgearbeitet. Natürlich kann auch gekaufter Blätterteig verwendet werden, doch sollte man darauf achten, daß er mit Butter hergestellt wurde.

Apfeltascherl

Apfelmus
Blätterteig (Rezept Seite 54 oder Tiefkühlware)
Ei zum Bestreichen
passierte Marillenkonfitüre zum Aprikotieren
Fondant zum Glasieren

1 Für das Apfelmus eine aromatische, leicht säuerliche Apfelsorte wählen. Die Äpfel waschen, halbieren, entkernen und in Spalten schneiden. Mit ganz wenig Wasser, damit das Mus nicht zu weich wird – je kg etwa 1/8 l – weich dünsten. Pürieren und nur wenig Zucker beigeben, so daß ein angenehm säuerlicher Charakter erhalten bleibt. Damit der feine Apfelgeschmack unbeeinflußt bleibt, weder Zitrone noch Zimt zufügen. Auskühlen lassen.

2 Eine ovale Schablone (13 × 20 cm) aus Karton vorbereiten.

3 Den Blätterteig 1,5 mm dick ausrollen. Mit Hilfe der Schablone und eines kleinen, spitzen Messers Ovale ausschneiden. Die Ränder 3 cm breit mit Wasser bestreichen. Mit einem Eßlöffel je 50 g Apfelmus in die Mitte der Ovale setzen. Über die Breite zu halbrunder Form zusammenlegen und den mit Wasser bestrichenen Rand gut festdrücken, ohne die Schnittkanten zu deformieren.

4 Auf ein mit Backpapier belegtes Backblech setzen und mit Ei bestreichen. Mit einem scharfen kleinen Messer im rechten Winkel zur geraden Kante im Bereich oberhalb der Füllung in Abständen von 1/2 cm siebenmal einschneiden, aber nicht ganz durchschneiden. Auf diese Weise ergibt sich eine krustigere Oberfläche, und die Feuchtigkeit der Fruchtfüllung kann besser ausdampfen.

5 Bei 200 °C im vorgeheizten Backrohr etwa 25 Minuten backen. Aprikotieren und mit Fondant glasieren (siehe Plundergebäck, Seite 128).

Äpfel im Schlafrock

gleich große Äpfel nach Bedarf
Blätterteig (Rezept Seite 54 oder Tiefkühlware)

Zum Füllen

Nußfüllung (Rezept Seite 65) oder: Vanillecreme, Himbeerkonfitüre und grobgehackte Walnüsse

Außerdem

Ei zum Bestreichen
passierte Marillenkonfitüre zum Aprikotieren
Fondant zum Glasieren
einige gehobelte, geröstete Mandeln zum Bestreuen

1 Die Äpfel auf die ausgeschnittenen Teigquadrate setzen und füllen.

2 Die Teigränder mit Wasser oder Eigelb bestreichen und über die Äpfel legen.

1 Die Äpfel schälen und mit einem Apfelausstecher das Kerngehäuse ausstechen.

2 Den Blätterteig 2 mm dick ausrollen und in – je nach Apfelgröße – Quadrate von etwa 12 × 12 cm schneiden. Die Ränder mit Wasser bestreichen. Die Äpfel in die Mitte setzen und die Höhlung mit Nußfüllung oder zu je einem Drittel mit Vanillecreme (siehe Ananasplunder, Seite 131), Himbeerkonfitüre und grobgehackten Walnüssen füllen. Die vier Teigecken gegengleich über den Äpfeln zusammenlegen und leicht andrücken.

3 Nach Belieben aus den Teigresten Quadrate von 3 × 3 cm schneiden, mit Wasser befeuchten und obenauf durch leichtes Andrücken fixieren. Mit Ei bestreichen.

4 Bei 180 °C im vorgeheizten Backrohr etwa 30 Minuten backen. Auf ein Kuchengitter setzen.

5 Das noch heiße Gebäck mit der kochendheißen Marillenkonfitüre dünn bestreichen und mit dem auf 35 °C erwärmten, fast durchscheinend mit Wasser verdünnten Fondant glasieren. Sofort einige Mandeln locker darüberstreuen.

Blätterteig-Apfelstrudel

Für 1 Strudel, 40 cm lang, ergibt 6 Portionen

Blätterteigstrudel können mit verschiedenen Füllungen hergestellt werden. Einige Beispiele sind hier gezeigt. Am besten schmecken sie, genau wie die gezogenen Strudel, noch warm serviert.

400 g Blätterteig (Rezept Seite 54 oder Tiefkühlware)

Für die Apfelfüllung

500 g geschälte, blättrig geschnittene Äpfel, 2 g Zimt
50 g Zucker, 50 g Rosinen
abgeriebene Schale von 1/4 unbehandelten Zitrone
eventuell etwas Zitronensaft

Außerdem

Ei zum Bestreichen
Vanillestaubzucker zum Besieben

1 Die Äpfel mit den anderen Zutaten für die Füllung mischen.

2 Den Blätterteig 2,5 mm dick ausrollen. Eine Teigplatte von 40 × 30 cm Größe und zwei Streifen von 15 mm Breite und 40 cm Länge schneiden.

3 Die Ränder der Teigplatte mit Wasser bestreichen. Die Äpfel der Länge nach ungefähr 10 cm breit in der Mitte verteilen und die freibleibenden Längsseiten mindestens 3 cm überlappend über die Füllung legen und gut zudrücken. Die Schmalseiten ebenfalls schließen.

4 Den Strudel auf ein mit Backpapier belegtes Backblech legen. Mit Ei bestreichen. Die zwei Blätterteigstreifen in gegengleichen Wellen auflegen. Mit Ei bestreichen.

5 Bei 180 °C im vorgeheizten Backrohr etwa 1 Stunde backen. Nach kurzem Überkühlen portionieren und leicht mit Vanillestaubzucker besieben.

Variationen

Sie werden zubereitet und gebacken wie der Apfelstrudel, nur die Füllung wird ausgetauscht.
TOPFENSTRUDEL: Den Strudel mit der Topfenfüllung von Seite 65 zubereiten.
MARILLEN-TOPFENSTRUDEL: 2/3 der Topfenfüllung von Seite 65 der Länge nach in der Mitte aufstreichen und darauf – mit der runden Seite nach oben – 300 g Marillenhälften von vollreifen frischen oder Kompottmarillen guter Qualität legen.
RHABARBERSTRUDEL: Für die Füllung 80 g altbackenes Weißbrot entrinden, klein würfeln und 2 Stunden übertrocknen lassen. Mit 400 g geschälten Rhababerstückchen, je 80 g Zucker und Rosinen sowie 30 g ungeschälten, geriebenen Mandeln vermischen.

Blätterteiggâteau mit Marillen oder Äpfeln

»Gâteau« ist die französische Bezeichnung für Kuchen.

Blätterteig (Rezept Seite 54 oder Tiefkühlware)
Vanillecreme (siehe Ananasplunder, Seite 131), reicht für etwa 25 Stück
Marillenhälften, am besten Kompottmarillen, oder geschälte, vom Kerngehäuse befreite Apfelhälften

Außerdem

passierte Marillenkonfitüre zum Aprikotieren
einige geröstete, grobgehackte Kürbiskerne
einige geröstete, grobgehackte Sonnenblumenkerne

1 Den Blätterteig 2,5 mm dick ausrollen, in Rechtecke von 14 × 8 cm schneiden.

2 MIT MARILLEN: Mit dem Dressiersack und mittlerer, glatter Tülle die Vanillecreme in der Mitte der Länge nach etwa 7 cm lang aufdressieren. Je 2 Marillenhälften in die Mitte legen.

3 MIT ÄPFELN: Die Vanillecreme etwas dünner und ungefähr 9 cm lang aufdressieren. Die Apfelhälften in 4–5 mm dicke Scheiben schneiden und schindelartig in Abständen von 1 cm auflegen.

4 Bei 180 °C im vorgeheizten Backrohr etwa 25 Minuten backen. Nach dem Ausbacken sofort mit der kochendheißen Marillenkonfitüre dünn bestreichen und gehackte Kürbiskerne (Marillengâteau) oder Sonnenblumenkerne (Apfelgâteau) locker aufstreuen.

Polsterzipf

Blätterteig (Rezept Seite 54 oder Tiefkühlware)
unpassierte Ribiselkonfitüre, möglichst eine etwas festere Qualität
Ei zum Bestreichen
Vanillestaubzucker zum Besieben

1 Den Blätterteig 2,5 mm dick ausrollen und in Quadrate von 12 × 12 cm schneiden. Die Ränder mit Wasser bestreichen.

2 In die Mitte der Quadrate mit einem Dressiersack und mittlerer glatter Tülle je 20 g Ribiselkonfitüre dressieren. Diagonal zusammenlegen und die Ränder gut schließen. Mit Ei bestreichen.

3 Bei 200 °C im vorgeheizten Backrohr etwa 20 Minuten backen. Kurz überkühlen lassen und mit Vanillestaubzucker leicht besieben.

Schaumrollen

Die Schaumrolle hat immer ein wenig den Geruch des Billigen – Jahrmarkt, Kirtag usw. Aber frisch und mit Butter knusprig gebacken, gefüllt mit Schaummasse oder auch mit frisch geschlagenem, leicht gesüßtem Obers – fein! Zu ihrer Herstellung sind Schaumrollenformen notwendig.

Blätterteig (Rezept Seite 54 oder Tiefkühlware)
Ei zum Bestreichen
Schaummasse (Rezept Seite 52)
Vanillestaubzucker zum Besieben

1 Den Blätterteig 2,5 mm dick und ungefähr 40 cm breit ausrollen. Die Teigfläche mit verschlagenem Ei bestreichen und mit dem Teigrädchen in 2,5 cm breite Streifen schneiden. 6–7 mm überlappend auf die Schaumrollenformen wie eine Spirale aufrollen.

2 Mit dem Ende nach unten auf ein mit Backpapier belegtes Backblech legen und leicht an das Blech andrücken, so daß die Rollen fest liegen bleiben. Bei 200 °C im vorgeheizten Backrohr etwa 20 Minuten backen. Der Blätterteig soll rösch und durch und durch hellbraun gebacken sein, sonst ist es nur das halbe Eßvergnügen.

3 Mit der Schaummasse möglichst frisch füllen und nur wegen der schönen Optik ganz leicht mit Vanillestaubzucker besieben.

Schaumrollenformen sind leicht konisch. Werden die Teigstreifen auf spitz zulaufende Formen gerollt, entstehen die Schillerlocken.

Fettgebackenes

Gebäcke aus dem Fettbad schmecken nicht nur zu Silvester und im Fasching, ihrer einstigen zeitlichen Bestimmung, sondern zu jeder Jahres- und Festzeit. Sie haben sich behauptet und sind aus dem Back-Repertoire nicht mehr wegzudenken.

Sie sind auch nicht die großen »Dickmacher«, wie vielfach befürchtet wird. Voraussetzung ist allerdings, daß das Fettbad die richtige Temperatur hat – nicht über 180° C und niemals unter 150° C. Bei einer zu hohen Temperatur würde das Gebäck außen zu schnell braun, ohne innen durchzubacken; ist die Temperatur zu niedrig, würde das Gebäck das Fett aufsaugen und bräuchte entsprechend lange zum Durchbacken. Um die Ausgangstemperatur halten zu können, ist es von entscheidender Wichtigkeit, nicht zu viele Gebäckstücke gleichzeitig in das Fettbad einzulegen, da sie die Temperatur zunächst deutlich absenken.

Als Fett besonders geeignet ist ein geschmacksneutrales, hitzebeständiges Öl oder – noch besser – Butterschmalz, das dem Gebäck zusätzlich sein feines Aroma mitgibt. Keinesfalls darf reine Butter verwendet werden; sie bräunt (verbrennt) zu schnell und spritzt wegen des enthaltenen Wassers. Auch reines Schweineschmalz ist geeignet. Es wurde früher erstrangig zum Ausbacken verwendet – daher der ebenfalls gebräuchliche Name »Schmalzgebackenes«.

Nach dem Ausbacken sollten die Gebäckstücke auf saugfähiges Kückenpapier gelegt werden, auf dem überschüssiges Fett abtropfen kann. Anschließend werden sie je nach Rezept mit Staubzucker besiebt, in Zimtzucker gewälzt oder mit einer Glasur überzogen. Fettgebackenes sollte so frisch wie möglich verzehrt werden.

Spritzkrapfen glasieren: Eine Fondantglasur zubereiten, wie auf Seite 66 beschrieben, und mit Rum oder Arrak aromatisieren. Die Krapfen eintauchen, ablaufen und auf einem Kuchengitter abtropfen und trocknen lassen.

Traditionelle Rezepte

Kremzli oder Chàrimsl

Jüdisches Rezept aus Budapest

Maze ist ein ungesäuertes Brot. Man kann es in Reformhäusern und in den Lebensmittelabteilungen großer Supermärkte kaufen.

- 1/2 l lauwarmes Wasser
- 2 altbackene Semmeln
- 4 Mazes oder
- 80 g weißes Knäckebrot
- 3 EL Gänseschmalz
- abgeriebene Schale von
- 1/2 unbehandelten Zitrone
- 60 g Zucker, 1/2 TL Zimt
- 3 kleine Eier, 1 Prise Salz
- 50 g Semmelbrösel
- 50 g geschälte, geriebene Mandeln

Für die Füllung

- 2 EL Rosinen, 5 EL Apfelmus
- 2 EL Zucker
- abgeriebene Schale von
- 1/2 unbehandelten Zitrone
- 3 EL geschälte, gehackte Mandeln

Außerdem

- mindestens 500 g Gänseschmalz zum Ausbacken
- Staubzucker und Zimt zum Besieben

1 In dem Wasser 1 Semmel und 2 Mazes oder 40 g Knäckebrot einweichen und mit einer Gabel gut zerdrücken. Die restliche Semmel und die übrigen 2 Mazes oder Knäckebrot fein reiben.

2 In einer Pfanne 2 EL Gänseschmalz erhitzen. Die eingeweichten Semmeln gut ausdrücken und unter Rühren in dem Schmalz anschwitzen. In eine Schüssel füllen und auskühlen lassen. Mit dem restlichen Schmalz, der Zitronenschale, dem Zucker, Zimt, den Eiern und Salz gut verkneten. Die geriebenen Semmeln und Mazes oder Knäckebrot zusammen mit den Semmelbröseln und den Mandeln einarbeiten.

3 Den Teig auf einem gut bemehlten Brett fingerdick ausrollen und runde Scheiben von 7 cm Durchmesser ausstechen.

4 Für die Füllung die Rosinen waschen, trockentupfen und mit den anderen Zutaten vermischen. Je 1 TL auf die Hälfte der Scheiben setzen. Die restlichen Scheiben darüberlegen, die Ränder fest zusammendrücken.

5 Das Gänseschmalz in einer tiefen Pfanne erhitzen. Je 2 Kremzli in das heiße Fett gleiten lassen und auf jeder Seite in etwa 1/2 Minute goldbraun ausbacken. Auf Küchenpapier abtropfen lassen. Den Staubzucker mit dem Zimt vermischen und die noch warmen Kremzli damit besieben.

Spritzkrapfen

Ungarn

- 1/4 l Wasser
- 1 gehäufter EL Butter
- 20 g Zucker
- 1 Prise Salz
- 280 g Mehl
- 6 Eier, getrennt

Außerdem

- feines Pflanzenfett zum Ausbacken
- Staubzucker und Zimt zum Besieben

1 Das Wasser mit der Butter, dem Zucker und Salz aufkochen. Das Mehl auf einmal hineinschütten und rühren, bis sich der Teig als Kloß vom Boden löst und auf dem Topfboden eine weiße Schicht hinterläßt. Vom Herd nehmen, abkühlen lassen und die Dotter einzeln nacheinander einrühren. Die Eiklar zu Schnee schlagen und unterheben.

2 Das Fett in einem weiten Topf auf 180 °C erhitzen. Mit einem Spritzbeutel und großer Sterntülle fingerlange Krapfen in das heiße Fett drücken und goldbraun ausbacken. Zwischendurch einmal wenden.

3 Auf Küchenpapier abtropfen lassen. Mit Staubzucker, gemischt mit Zimt, besieben und noch warm servieren. Die Krapfen schmecken auch kalt sehr gut, besonders wenn sie mit Fondant glasiert werden.

Schnelle Spritzkrapfen

BURGENLAND

3 Eier, getrennt
1 EL Zucker
90 g Mehl, 1 Prise Salz
20 ml trockener Weißwein

Für den Weinchaudeau

6 Eidotter
125 g Staubzucker
1/2 l nicht zu herber Weißwein

Außerdem

Schmalz zum Ausbacken
Zucker zum Bestreuen

1 Die Eidotter mit dem Zucker schaumig rühren. Mit dem Mehl, Salz und Weißwein glattrühren. Zuletzt die zu Schnee geschlagenen Eiklar unterheben.

2 Das Schmalz in einem weiten Topf erhitzen. Den Teig durch einen Trichter direkt in das heiße Fett laufen lassen, dabei immer hin und her fahren. So entstehen Kringel und allerlei Phantasiegebilde. Die Krapfen goldgelb ausbacken.

3 Zum Abtropfen auf Küchenpapier legen. Abkühlen lassen und lauwarm mit Zucker bestreuen.

4 Für den Weinchaudeau die Dotter mit dem Staubzucker schaumig rühren. Den Wein auf dem Wasserbad erhitzen. Den Dotterschaum hinzurühren und mit dem Schneebesen so lange schlagen, bis eine schaumige Sauce entstanden ist. Noch heiß zu den Strauben servieren.

Zerrissene Hosen

BATSCHKA

150 g Mehl, mit
1/4 TL Backpulver gesiebt
70 g Butter
1 Ei, 1 Eidotter
1 Prise Salz, 1 EL Zucker
1 EL dicker Sauerrahm

Außerdem

Butterschmalz zum Ausbacken
Staubzucker zum Besieben

1 Das Mehl auf eine Arbeitsfläche sieben und in die Mitte eine Mulde drücken. Die Butter in Stücken und alle anderen Zutaten in die Mulde geben und schnell zu einem glatten Teig zusammenkneten. Zur Kugel formen, in Folie wickeln und 1 Stunde kalt stellen.

2 Den Teig auf der bemehlten Arbeitsfläche messerrückendick ausrollen und Rechtecke von 8 × 10 cm ausradeln. Jedes Rechteck drei- bis viermal einschneiden und die Streifen ineinander verschlingen.

3 In einem Topf reichlich Butterschmalz erhitzen, die Gebilde goldgelb ausbacken. Mit dem Schaumlöffel herausnehmen und auf Küchenpapier abtropfen lassen. Die Zerrissenen Hosen sollen unordentlich aussehen. Mit Staubzucker besieben und servieren.

Rumkringel

120 Jahre altes Rezept aus Böhmen

500 g Mehl
1/4 l lauwarme Milch
30 g Germ (Hefe)
100 g Zucker
1 Prise Salz
2 Eier
80 g lauwarm zerlassene Butter
abgeriebene Schale von 1/2 unbehandelten Zitrone

Für die Rumglasur

2 Eiklar
250 g Staubzucker
2 EL Rum

Außerdem

reines Pflanzenfett zum Ausbacken

1 Das Mehl in eine Schüssel sieben und in die Mitte eine Vertiefung drücken. Von der Milch 3–4 EL abnehmen und darin in einer Tasse die Germ mit 3 TL Zucker auflösen. Anschließend in die Mehlmulde gießen und mit 1/4 des Mehls vermischen. Die Schüssel mit einem Tuch abdecken und das Dampfel an einem warmen Ort 15 Minuten aufgehen lassen.

2 Die restlichen Zutaten dazugeben und zusammen abschlagen, bis sich der Teig vom Schüsselrand löst. Abdecken und aufgehen lassen, bis der Teig mindestens das Doppelte seines Volumens erreicht hat.

3 Erneut durchkneten. Auf einer bemehlten Arbeitsfläche fingerdick ausrollen und mit Ausstechern von jeweils 8 cm und 3 cm Durchmesser Ringe ausstechen. Sie sollten etwa so groß wie Krapfen sein, haben aber in der Mitte ein Loch. Die Kringel auf eine mit Mehl bestaubte Unterlage legen, mit einem sauberen Tuch abdecken und erneut 1/2 Stunde aufgehen lassen.

4 In einem weiten Topf ausreichend Fett auf 180 °C erhitzen. Die Kringel mit der Oberseite nach unten in das heiße Fett legen und schwimmend von beiden Seiten goldgelb ausbacken.

5 Mit einem Schaumlöffel herausnehmen, auf Küchenpapier abtropfen lassen.

6 Für die Glasur die Eiklar mit dem Staubzucker dickschaumig rühren und den Rum dazumengen. Die noch warmen Kringel damit überziehen.

Variation

Statt sie mit Glasur zu überziehen, die Kringel in Zimt und Zucker wenden.

Gebackene Mäuse

ÖSTERREICH-UNGARN

Kuchen in Tierform wurden immer schon gebacken. Auch in der Literatur, zum Beispiel in der Geschichte Till Eulenspiegels, der für die Kinder Meerkatzen statt Lebkuchen buk und dafür »gefeuert« wurde, sind sie enthalten. Diese Tiergebilde in Kuchenform gehen auf Opfergaben in heidnischer Zeit zurück.

200 g Mehl
1/8 l lauwarme Milch
10 g Germ (Hefe)
40 g Zucker
1 Prise Salz, 2 Eidotter
40 g lauwarm zerlassene Butter
20 g Rosinen

Außerdem

reines Pflanzenfett zum Ausbacken
Staubzucker zum Besieben oder Zimtzucker
Himbeersaft zum Servieren

1 Das Mehl in eine Schüssel sieben und in die Mitte eine Vertiefung drücken. Von der Milch 2 EL abnehmen und darin in einer Tasse die Germ mit 1 TL Zucker auflösen. Anschließend in die Mehlmulde gießen und mit etwas Mehl vermischen. Die Schüssel mit einem Tuch abdecken und das Dampfel an einem warmen Ort 15 Minuten aufgehen lassen.

2 Die restlichen Zutaten zugeben und alles zusammen gut abschlagen, bis sich der Teig vom Schüsselrand löst. Erneut abdecken und aufgehen lassen, bis der Teig das Doppelte seines Volumens erreicht hat.

3 Inzwischen reichlich Fett in einer großen Pfanne auf 180 °C erhitzen.

4 Den Teig noch einmal durchkneten. Mit Hilfe von 2 Löffeln Nocken abstechen, in das heiße Fett gleiten lassen und goldgelb ausbacken. Die Pfanne dabei immer wieder rütteln.

5 Die gebackenen Mäuse mit einen Schaumlöffel auf Küchenpapier heben und abtropfen lassen. Noch warm mit Staubzucker besieben oder in Zimtzucker wälzen und mit einem Kännchen Himbeersaft servieren.

Liwanzen

BÖHMEN

500 g Mehl
1/2 l lauwarme Milch
30 g Germ (Hefe)
2 EL Zucker
1 Prise Salz
2 Eier
1 EL lauwarm zerlassene Butter
abgeriebene Schale von 1/2 unbehandelten Zitrone

Außerdem

reines Pflanzenfett oder Butterschmalz zum Ausbacken
Zucker und Zimt zum Bestreuen
Powidl, Kompott oder Konfitüre (nach Belieben)

1 Das Mehl in eine Schüssel sieben und in die Mitte eine Vertiefung drücken. Von der Milch 2–3 EL abnehmen und darin in einer Tasse die Germ mit 2 TL Zucker auflösen. Anschließend in die Mehlmulde gießen und mit etwas Mehl vermischen. Die Schüssel mit einem Tuch abdecken und das Dampfel an einem warmen Ort 15 Minuten aufgehen lassen.

2 Die restlichen Zutaten zugeben und alles zusammen gut abschlagen, bis sich der Teig vom Schüsselrand löst. Erneut zudecken und aufgehen lassen, bis der Teig etwa das Doppelte seines Volumens erreicht hat.

3 Das Fett in einer Liwanzenpfanne erhitzen.

4 Den Teig noch einmal durchkneten. Pro Vertiefung 2 EL Teig einfüllen und die Liwanzen auf beiden Seiten hellgelb backen. Noch warm mit Zucker und Zimt bestreuen. Nach Belieben können auch je 2 Liwanzen mit Powidl, einem Beerenkompott oder Konfitüre zusammengesetzt werden.

Besondere Faschingskrapfen

BANAT

- 6 Eidotter
- 100 g zerlassene Butter
- 35 g Germ (Hefe)
- 50 g Zucker
- 1/2 l lauwarme Milch
- 500 g erwärmtes Mehl
- 1 Prise Salz

Außerdem

- Marillenkonfitüre
- zerlassenes Fett zum Bestreichen
- reines Pflanzenfett zum Ausbacken

1 Die Dotter schaumig rühren. Nach und nach die zerlassene, aber nicht heiße Butter unterrühren. Die Germ mit 2 TL Zucker in 3 EL lauwarmer Milch auflösen, einen Teil des Mehls untermischen und dazugeben. Nochmals gut durchrühren. Die Schüssel mit einem Tuch abdecken und das Dampfel an einem warmen Ort 1/2 Stunde aufgehen lassen.

2 Die restlichen Zutaten hinzufügen und zusammen kräftig abschlagen, bis sich der Teig vom Schüsselrand löst. Sollte er zu weich sein, noch etwas Mehl (umgekehrt Milch) dazugeben. Erneut abdecken und aufgehen lassen, bis der Teig etwa das Doppelte seines Volumens erreicht hat.

3 Noch einmal durchkneten. Auf einer bemehlten Arbeitsfläche 1/2 cm dick ausrollen und in Streifen von 5–6 cm Breite schneiden. Jeweils einen Streifen mit Konfitüre bestreichen, mit einem anderen abdecken, die Ränder mit dem Finger leicht andrücken. Mit einem bemehlten Ring Krapfen ausstechen, umdrehen, auf ein bemehltes Brett legen. Mit lauwarmem Fett bestreichen, da sie nur so später den weißen Kranz bekommen. Mit einem sauberen Tuch abdecken und 30 Minuten gehen lassen.

4 Das Fett auf 180 °C erhitzen. Die Krapfen portionsweise in das heiße Fett gleiten lassen und schwimmend ausbacken. Zwischendurch einmal wenden. Mit einem Schaumlöffel herausheben und auf Küchenpapier abtropfen lassen.

Fabian- und Sebastiankrapfen

BATSCHKA

Nach alter Sitte wurden für die beiden Heiligen Fabian und Sebastian zwei Krapfen über das Hausdach geworfen, um damit ihren Schutz zu erflehen.

- 40 g Germ (Hefe)
- 140 g Zucker
- 1/2 l lauwarme Milch
- 140 g Butter
- 6 Eidotter
- 1 EL Rum
- 2 TL Vanillezucker
- 1 kg Mehl

Außerdem

- reines Pflanzenfett zum Ausbacken
- Staubzucker zum Besieben

1 Die Germ mit 2 TL Zucker in 1/8 l Milch auflösen.

2 Die Butter schaumig rühren. Den restlichen Zucker, die restliche Milch, die Dotter und die aufgelöste Germ einmengen. Rum, Vanillezucker und das Mehl dazugeben und abschlagen, bis sich der Teig vom Schüsselrand löst und Blasen wirft. Mit einem Tuch abdecken und an einem warmen Ort aufgehen lassen, bis der Teig das Doppelte seines Volumens erreicht hat.

3 Noch einmal durchkneten und auf einer bemehlten Arbeitsfläche gut fingerdick ausrollen. Krapfen ausstechen, mit einem Tuch abdecken und nochmals 30 Minuten gehen lassen.

4 Das Fett auf 180 °C erhitzen. Die Krapfen portionsweise in das heiße Fett gleiten lassen und schwimmend ausbacken. Zwischendurch einmal wenden. Mit einem Schaumlöffel herausheben und auf Küchenpapier abtropfen und etwas abkühlen lassen. Mit Staubzucker besieben.

Böhmische Dalkerl 1

- 500 g Mehl
- 1/2 l lauwarme Milch
- 20 g Germ (Hefe), 50 g Zucker
- 50 g lauwarm zerlassene Butter, 2 Eier, getrennt, 1 Eidotter, 1/2 TL Salz

Außerdem

- reines Pflanzenfett zum Ausbacken
- Powidl (Pflaumenmus) zum Füllen
- Staubzucker zum Besieben

1 Das Mehl in eine Schüssel sieben und in die Mitte eine Vertiefung drücken. Von der Milch 3–4 EL abnehmen und in einer Tasse die Germ mit 2 TL Zucker darin auflösen. In die Mehlmulde gießen. Mit den restlichen Zutaten (ohne Eiklar) zu einem ziemlich dünnen Teig abschlagen. Die Eiklar zu Schnee schlagen und unterziehen. Die Schüssel mit einem Tuch abdecken und den Teig an einem warmen Ort aufgehen lassen.

2 In der Dalkerlpfanne je 1 TL flüssiges Fett erhitzen. Den Teig einfüllen und auf beiden Seiten goldgelb ausbacken. Auf Küchenpapier abtropfen lassen.

3 Je zwei Dalkerl etwas aushöhlen und mit Powidl zusammensetzen. Noch warm mit Staubzucker besieben und sogleich servieren.

Böhmische Dalkerl 2

Von Betty Scala, Artholz in Böhmen

- 375 ml Schlagobers
- 150 g Mehl
- 70 g Zucker
- 6 Eier, getrennt
- 1 Prise Salz

Außerdem

- Fett zum Ausbacken
- 200 g Konfitüre
- 40 g Staubzucker zum Besieben

1 Das Obers mit dem Mehl gut verquirlen. Den Zucker, die Dotter und das Salz gut unterrühren, zuletzt die zu Schnee geschlagenen Eiklar unterheben.

2 In der Dalkenpfanne 1 TL Fett erhitzen. 1 EL Teig einfüllen und beidseitig goldgelb backen. Auf Küchenpapier abtropfen lassen. So fortfahren, bis der Teig verbraucht ist.

3 Die Dalkerl mit Konfitüre füllen und mit Staubzucker besieben. Noch warm servieren.

Brandteig-Apfelkücherl

Prag

- 8 große Kochäpfel
- 2 EL Zucker
- 2 EL Arrak oder Rum

Für den Brandteig

- 1/8 l guter Weißwein
- 1 EL Zucker
- 1 Prise Salz
- 1 EL Butter
- 120 g Mehl
- 3 Eidotter

Außerdem

- Butterschmalz zum Ausbacken
- Staubzucker oder Zimtzucker zum Besieben

1 Die Äpfel schälen und die Kerngehäuse vorsichtig ausstechen. Die Äpfel in nicht zu dünne Scheiben schneiden, mit dem Zucker bestreuen und mit Arrak oder Rum befeuchten. Aufeinanderlegen.

2 Für den Brandteig den Wein mit dem Zucker, Salz und Butter aufkochen. Das Mehl auf einmal hineinschütten und rühren, bis sich der Teig als Kloß vom Boden löst und auf dem Topfboden eine weiße Schicht hinterläßt. Trotzdem muß er eher dickreißend vom Löffel fallen. Vom Herd nehmen, abkühlen lassen und die Dotter einzeln nacheinander einrühren.

3 Die Apfelringe, die zwischendurch immer wieder umgedreht wurden, in den Teig einhüllen.

4 Reichlich Butterschmalz in einer tiefen Pfanne erhitzen und die Apfelringe darin nicht zu schnell auf beiden Seiten ausbacken. Auf Küchenpapier kurz abtropfen lassen. Noch heiß mit Staub- oder Zimtzucker besieben und sogleich servieren.

Dotterkrapfen

BANAT

- 450 g Mehl (evtl. mehr)
- 150 ml lauwarme Milch
- 20 g Germ (Hefe)
- 1 gehäufter EL Zucker
- 1 Prise Salz
- 4 Eidotter
- 40 g lauwarm zerlassene Butter

Außerdem

- reines Pflanzenfett zum Ausbacken
- Staubzucker zum Besieben

1 Das Mehl in eine Schüssel sieben und in die Mitte eine Vertiefung drücken. Von der Milch 3 EL abnehmen und darin in einer Tasse die Germ mit dem Zucker auflösen. Anschließend in die Mehlmulde gießen und mit einem Teil des Mehls vermischen. Die Schüssel mit einem Tuch abdecken und das Dampfel an einem warmen Ort 15 Minuten aufgehen lassen.

2 Mit den übrigen Zutaten gut abschlagen, bis sich der Teig vom Schüsselrand löst. Sofort auf ein angewärmtes, gut bemehltes Brett legen, 2 cm dick ausrollen und Krapfen ausstechen. Das Model dabei immer wieder in Mehl drücken. Mit einem sauberen Tuch abdecken und etwa 30 Minuten aufgehen lassen.

3 Das Fett auf 180 °C erhitzen. Die Krapfen portionsweise in das heiße Fett gleiten lassen und schwimmend ausbacken. Zwischendurch einmal wenden. Mit dem Schaumlöffel herausheben und auf Küchenpapier abtropfen und etwas abkühlen lassen. Mit Staubzucker besieben.

Früchtekrapfen

SUDETENGAU

- 150 g Mehl
- 30 g Butter
- 2 Eidotter
- 3 EL Sauerrahm
- 3 EL Weißwein
- 1 EL Zucker
- 1 Prise Salz

Außerdem

- Ei zum Bestreichen
- gezuckertes Obst, vorzugsweise Erdbeeren oder Himbeeren
- reines Pflanzenfett zum Ausbacken
- Staubzucker, mit Vanillezucker vermischt, zum Besieben

1 Alle Zutaten zu einem glatten Mürbteig verkneten. Zu einer Kugel formen, in Folie wickeln und 30 Minuten kalt stellen.

2 Den Teig 1 cm dick ausrollen und mit verquirltem Ei bestreichen. Auf die Hälfte der Teigplatte reihenweise mit ausreichendem Abstand kleine Häufchen Obst verteilen. Die andere Teighälfte darüberschlagen und Krapfen ausstechen. Dabei darauf achten, daß das Obst ganz vom Teig umschlossen ist. Die Ränder etwas andrücken.

3 Das Fett auf 180 °C erhitzen. Die Krapfen portionsweise in das heiße Fett gleiten lassen und schwimmend goldgelb ausbacken. Zwischendurch einmal wenden. Mit einem Schaumlöffel herausheben und auf Küchenpapier abtropfen lassen. Noch heiß mit reichlich vanilliertem Staubzucker besieben und warm servieren.

Moderne Rezepte

Faschingskrapfen

Dies sind die klassischen Krapfen, sie sind mit Marillenkonfitüre gefüllt. Das Rezept ergibt etwa 40 Krapfen mit einem Teiggewicht von 50 g.
Das ist für den durchschnittlichen Haushalt relativ viel. Natürlich kann die Rezeptur auch in kleinerer Menge verwendet werden. Aber man kann den relativ großen Aufwand des Krapfenbackens besser nutzen, indem man einen Teil der frisch gebackenen Krapfen einfriert. Nach dem Durchfrieren werden sie sofort einzeln oder auch zu mehreren Stücken in Folie verschweißt, um so bei anderer Gelegenheit ohne großen Aufwand gut gerüstet zu sein.
Zum Auftauen bleiben die gefrorenen Krapfen einige Stunden vor dem Servieren in der Folie bei Raumtemperatur liegen. Anschließend aus der Folie nehmen und im Backrohr bei 100 °C nur kurz anwärmen – nicht heiß werden lassen, nur temperieren, so daß die Butter wieder weich, die Aromen frei werden und die Krapfen wie frisch gebacken duften. Dieses Auffrischen ist auch beim gekauften, in der Regel nicht tiefgekühlten Krapfen von Vorteil. Natürlich ist das Ergebnis beim frisch gebacken eingefrorenen und kurzfristig aufgetauten Produkt das bessere.
Der Krapfenteig kann in zwei unterschiedlichen Arbeitstechniken, nämlich für ausgestochene und für geschliffene Krapfen, aufgearbeitet werden.

Germteig – indirekte Führung
(Rezept Seite 57/58)
500 g Marillenkonfitüre
zum Füllen
2 kg Pflanzenfett zum
Ausbacken
Staubzucker zum Besieben

Ausgestochene Krapfen

1 Den Teig ungefähr 1 cm dick ausrollen und mit einem Ausstecher von 6 cm Durchmesser auf nur einer Hälfte der Teigfläche Kreise vorzeichnen.

2 Die passierte Marillenkonfitüre mit einem Dressiersack und mittelgroßer Lochtülle in die Mitte der Kreise spritzen.

3 Die zweite Hälfte der ausgerollten Teigfläche locker darüberlegen. Mit den Fingerspitzen die Teigränder rund um die Konfitürehäufchen leicht zusammendrücken und mit einem kleineren Ausstecher von 5 cm Durchmesser Krapfen ausstechen.

1 Die passierte Marillenkonfitüre in die Mitte der vorgezeichneten Teigkreise dressieren.

2 Mit der zweiten ausgerollten Teighälfte bedecken, leicht andrücken und die Krapfen ausstechen.

3 Schwimmend im heißen Fett nacheinander ausbacken und mit Hilfe eines Kochlöffels einmal wenden.

4 Die Krapfen mit ausreichendem Abstand auf ein gut mit Mehl bestaubtes Tuch legen, mit einem zweiten Tuch abdecken und bei etwa 30 °C im Backrohr zum ungefähr doppelten Volumen aufgehen lassen.

5 Das Fett in einer Kasserolle auf 170 °C erhitzen, die Krapfen nacheinander mit der Oberseite nach unten locker in das heiße Fett legen und die Kasserolle zudecken. Wenn die Krapfen an der Unterseite genug Farbe genommen haben, mit Hilfe eines Kochlöffelstiels umdrehen und bei offener Kasserolle fertigbacken.

6 Mit einem Schaumlöffel aus dem Fettbad nehmen und auf einem Kuchengitter abtropfen lassen. Nach kurzem Überkühlen leicht mit Staubzucker besieben.

Geschliffene Krapfen

1 Den Teig zu 500-g-Stücken auswiegen und rund schleifen, das heißt, mit beiden Händen Kugeln formen.

2 Nach kurzer Rastzeit zu Stangen rollen, in je 10 Teile schneiden und aus jedem Teigteilchen mit den Händen zu Kugeln rollen.

3 Auf ein mit Mehl bestaubtes Tuch legen und mit einem zweiten Tuch abdecken. Aufgehen lassen und ausbacken wie ausgestochene Krapfen.

4 Die Konfitüre wird mit einem Dressiersack und einer sogenannten Krapfentülle (im Handel erhältlich) in die noch heißen Krapfen gefüllt. Anschließend werden sie mit Staubzucker besiebt.

1 Aus den geschnittenen Teigstücken mit der Hand gleichmäßige Kugeln rollen (= schleifen).

2 Die ausgebackenen, noch heißen Krapfen mit Hilfe einer Krapfentülle von der Seite aus füllen.

Himbeer- oder Powidlkrapfen

Germteig – indirekte Führung (Rezept Seite 57/58)
500 g Himbeerkonfitüre oder Powidl (Pflaumenmus) zum Füllen

Für die Mohn-Zucker-Mischung

150 g gemahlener Mohn
100 g Staubzucker
25 g Vanillezucker

Außerdem

Butter zum Tauchen
Vanillestaubzucker zum Besieben

1 Die Krapfen formen und backen, wie bei Faschingskrapfen (Seite 148) beschrieben. Anstelle der Marillen- die Himbeerkonfitüre oder Powidl zum Füllen verwenden.

2 Den Mohn mit dem Staubzucker und Vanillezucker vermischen.

3 So viel Butter in einer kleinen Kasserolle zerlassen, daß man die Krapfen hineintauchen kann. Die Oberseite der heißen Krapfen zuerst in die Butter tauchen und anschließend locker in die Mohn-Zucker-Mischung drücken. So alle Krapfen fertigstellen. Zum Schluß nur ganz leicht mit Vanillestaubzucker besieben, das verleiht ihnen ein besonders duftiges Aussehen.

Apfelkrapfen

Germteig – indirekte Führung (Seite 57/58)
2,5 kg Äpfel (Boskoop oder Golden Delicious)

Außerdem

200 g Kristallzucker, mit
1 TL Zimt gemischt
Staubzucker zum Besieben

1 Die Äpfel schälen, vom Kernhaus befreien und in 10–12 Spalten schneiden.

2 Den Teig etwa 25 cm breit und 6 mm dick ausrollen und mit Wasser befeuchten.

3 Die Apfelspalten in Längsrichtung auflegen, straff aufrollen und in 60–70 g schwere Teile schneiden. Die Teigenden der einzelnen Stücke nach unten legen, sonst könnte es sein, daß diese beim Backen aufspringen.

4 Mit ausreichendem Abstand auf ein mit Mehl bestaubtes Tuch setzen und mit einem zweiten Tuch abdecken. Aufgehen lassen und ausbacken wie Faschingskrapfen (Seite 148); hier liegen die Krapfen mit den Schnittflächen im Fett und haben nach dem Ausbacken Ähnlichkeit mit Plunderschnecken.

5 Noch heiß mit Zimtzucker bestreuen. Mit Staubzucker ganz leicht besieben.

Spritzkrapfen

Spritzkrapfen oder Spritzstrauben werden aus leicht gezuckertem Milchbrandteig zubereitet. Als warmes Dessert werden sie nur mit Vanillestaubzucker besiebt und mit einer Fruchtsauce wie Erdbeer-, Himbeer-, Ribisel- oder Heidelbeersauce serviert. Vorzüglich paßt auch ein Weinchaudeau dazu.

Für den Brandteig

230 ml Milch
170 g Butter
10 g Kristallzucker
1 g Salz
180 g Mehl
5 Eier

Außerdem

1 kg Pflanzenfett zum Ausbacken
Zimtzucker zum Wälzen
Vanillestaubzucker zum Besieben

1 Die Milch mit der Butter, Zucker und Salz aufkochen. Das Mehl auf einmal zugeben und auf kleiner Flamme kurz abrösten, bis sich die Masse vom Geschirr löst. Diese Mischung ist nicht glatt und hat keinen besonderen Zusammenhalt. Vom Herd nehmen.

2 Die Eier miteinander verrühren und in kleinen Mengen in die nur wenig überkühlte Masse intensiv einrühren. Die Eizugabe

1 Gleich große Ringe auf gefettetes Backpapier spritzen.

2 Mit Hilfe des Papiers in das heiße Fettbad legen.

3 Während des Ausbackens einmal umdrehen.

4 Abtropfen lassen.

bewirkt nach und nach eine Bindung und ist dann zu beenden, wenn die Masse beginnt, schmierig zu werden, an der Gefäßwand zu kleben und eine glatte, geschmeidige Konsistenz bekommt. Eine zu geringe Eizugabe ergibt ein unansehnliches, wenig aufgegangenes Gebäck, eine zu weiche Masse ein Gebäck mit breiter, flacher Form.

3 Aus Backpapier der Form und dem Durchmesser des Fettbadgeschirrs entsprechende Blätter ausschneiden und mit etwas flüssigem Backfett bestreichen. Wenn dieses abgestockt ist, aus dem Brandteig mit Dressiersack und großer Sterntülle Ringe mit 5 cm Durchmesser auf das Backpapier dressieren.

4 Das Backfett auf etwa 170 °C erhitzen. Das Backpapier mit den Brandteigringen nach unten in das heiße Fett legen und das Papier – das Fett wird sofort weich – abziehen. Die Ringe Farbe nehmen lassen, mit einem Kochlöffelstiel umdrehen und fertigbacken.

5 Mit einem Gitterlöffel aus dem Fettbad heben und auf einem Gitter oder einem Backblech, mit 3 Lagen Küchenpapier belegt, abtropfen lassen. Noch heiß in Zimtzucker wälzen, auskühlen lassen und mit Vanillestaubzucker besieben.

Gebackene Apfelringe

In gleicher Art wie die Apfelringe können verschiedene Früchte – Ananas, Bananen, Birnen, Marillen, grüne Feigen usw. – ausgebacken werden. Als gemischtes Angebot sind sie etwas Originelles. Man kann noch ein wenig Honig vom Löffel darüber ablaufen lassen und einige frisch geröstete, grobgehackte Mandeln aufstreuen – fast ein wenig orientalisch, aber sehr gut!

1 kg Äpfel wie Boskoop, Elstar, Jonagold
80 g Zimtzucker
50 ml Zitronensaft

Für den Ausbackteig

200 ml Milch
200 ml Schlagobers
8 g Vanillezucker
1 g Salz
3 Eidotter
300 g Mehl
3 Eiklar
50 g Kristallzucker

Außerdem

750 g Pflanzenfett zum Ausbacken
Vanillestaubzucker zum Besieben

1 Die Äpfel schälen und mit einem Apfelausstecher das Kerngehäuse auslösen. In etwa 1 cm dicke Ringe schneiden, flach auslegen und mit dem Zimtzucker bestreuen. Den Zitronensaft darüberträufeln.

2 Die Milch, das Obers, Vanillezucker, Salz und die Dotter mit dem Schneebesen verrühren. Das Mehl zugeben und nur kurz, damit der Teig nicht zäh wird, glattrühren. Die Eiklar mit dem Zucker zu Schnee schlagen und den Teig in den Schnee einmelieren.

3 Die Apfelringe mit einer Gabel durch den Backteig ziehen. In das auf 170 °C erhitzte Fett einlegen, Farbe nehmen lassen, mit einem Kochlöffelstiel umdrehen und fertigbacken. Auf einem Gitter oder einem Backblech, mit einigen Lagen Küchenpapier belegt, abtropfen lassen. Mit Vanillestaubzucker besieben und servieren.

Torten

Traditionelle Rezepte Seite 155
Moderne Rezepte Seite 184

Der Begriff »Torte« kommt als deutsches Wort erstmals 1418 vor. Der Name leitet sich vom lateinischen »tortus« (gedreht) ab und bedeutet soviel wie rundes Gebäck (Torta, Tortilla). Doch schon in spätrömischer Zeit waren warme Torten beliebt, die bei geringstem Druck den damals so begehrten Safransaft verspritzten. Die mittelalterlichen Torten aber hatten mit den heutigen, üppigen Gebilden nur den Namen gemein. Sie waren ein Zwischending zwischen Auflauf und Pastete mit verschiedenen profanen Füllungen. Auch die alten Germanen stellten unter Hinzugabe von Honig »Darten« her – als Symbol der Sonne zur Sonnenwende und als Grabbeigabe für ihre Toten.

Erst allmählich wurde die Torte süß in dem uns bekannten Sinn und oftmals mit Obst gefüllt. Der älteste und noch heute gebräuchliche Name eines Törtchens ist das »Non plus ultra«, gebacken anläßlich der Hochzeit Isabellas von Kastilien mit Ferdinand II., König von Aragón (1479–1516). Seine Devise lautete: »plus ultra«. Das ist heute noch nachzulesen.

Zum inzwischen verfügbaren Kaffee und Tee sowie zur Trinkschokolade wurde feineres Gebäck gewünscht. Die erlesensten Gewürze aus dem Orient standen jetzt zur Verfügung und beflügelten die Phantasie der Bäcker bei der Herstellung wundervoller Traumgebilde in Tortenform. Es waren Kreationen aus Schaum und süßen Düften und anfangs nur den Reichen vorbehalten. Oft krönte die Oberfläche ein süßer Guß, ein andermal prangten darauf Rosen, Blüten oder Blätter, schnäbelnde Tauben und manchmal sogar ein »zuckersüßes« Hochzeitspaar.

Ein Koch am Hofe des Salzburger Erzbischofs Wolfdietrich von Raitenau erfand die erste mit Buttercreme gefüllte Torte (Cremb-Torte). Ein Österreicher namens Vogler kreierte die Linzertorte nach einem altägyptischen Rezept; sie duftet nach Zimt, Nelken und Mandeln. Dem Küchenchef des Fürsten von Metternich verdankt die gastronomische Welt die Sachertorte. Immer kompliziertere Rezepte tauchten auf, und auch in bürgerlichen Haushalten überboten sich die Hausfrauen bei der Gestaltung von Torten und schufen wahre Meisterstücke der handwerklichen Konditorenkunst. Allmählich kamen die drei- und mehrstöckigen Torten aus der Mode. Jedoch bei großen Hochzeiten und Jubiläen läßt ihr Anblick immer noch nostalgische Biedermeierstimmung aufkommen.

Mit der Erfindung der Buttercreme und ihren variablen Beicremen begann eine neue Epoche der Tortenherstellung. Eine große Erleichterung brachten die fertig zu kaufenden Tortenblätter sowie die Karlsbader Oblaten, die mit einer entsprechenden Füllung schnell aus der Verlegenheit helfen konnten, wenn sich kurzfristig Besuch zum Kaffee anmeldete.

So ist die Torte bis heute ein Traditionsgebäck für die Festtagstafel geblieben, insbesondere die Klassiker wie Dobostorte, Pischinger- und Linzertorte, natürlich auch die weltberühmte Sachertorte sowie all die überlieferten festlichen Haustorten, die in diesem Kapitel vorgestellt werden.

Traditionelle Rezepte

Demitorte

Ungarn

Sie ist die Torte großer Feste und erhielt ihren Namen wohl daher, weil sie bei den zu verwendenden 18 Eiern so groß, schön und delikat gerät, daß von vornherein die Warnung ergehen muß, ja nicht mehr als »demi« (französisch: halb) von dem zu verspeisen, was man zu verzehren beabsichtigt. Aber auf 18 Personen verteilt, erhält jeder nur ein Ei, und diesen Genuß darf sich – ausnahmsweise – auch ein Gast leisten, der Linientreue zu wahren hat.

- 18 Eier, getrennt
- 500 g Zucker
- 250 g geriebene Mandeln
- 6 EL Mehl
- abgeriebene Schale von 1/2 unbehandelten Zitrone
- 100 g geriebene Zartbitter-Schokolade

Für die gekochte Schokoladeglasur

- 200 g Zucker
- 70 ml Wasser
- 200 g dunkle Couverture (Tunkmasse)

Außerdem

- Butter und Mehl für die Form
- 150 g Himbeerkonfitüre

1 Die Dotter mit 240 g Zucker schaumig rühren. Die Mandeln, das gesiebte Mehl und die Zitronenschale untermischen. Die Eiklar mit dem restlichen Zucker zu Schnee schlagen und locker unterheben. Die Masse in zwei gleiche Portionen teilen. Eine Hälfte bleibt hell, in die andere die geriebene Schokolade einrühren.

2 Eine große Springform ausbuttern und bemehlen. Die helle Masse einfüllen und glattstreichen. Bei 180 °C im vorgeheizten Backrohr etwa 40 Minuten backen. Auf einem Kuchengitter auskühlen lassen. Mit der dunklen Masse auf dieselbe Weise verfahren.

3 Die Konfitüre erwärmen, passieren, auf den dunklen Boden streichen und den hellen Boden auflegen.

4 Die Schokoladeglasur zubereiten, wie auf Seite 67 beschrieben. Die ganze Torte mit der Glasur überziehen.

Bosnyáktorte

Ungarn

Sie hat nichts mit den Bosniaken – in Bosnien rekrutierte Truppen des österreich-ungarischen Heeres – zu tun, sondern ist eine Kreation der ungarischen Baronesse Zsofia von Bosnyák.

- 8 Eiklar
- 280 g Staubzucker
- 250 g geriebene Haselnüsse
- 2 EL feine Semmelbrösel
- 2 EL kleingewürfelte kandierte Melonenschale oder Quittenpaste

Außerdem

- Butter und Mehl für die Form
- 150 g Couverture (Tunkmasse)

1 Die Eiklar zu Schnee schlagen, dabei nach und nach den Staubzucker einrieseln lassen. Die Haselnüsse, die Semmelbrösel und die Fruchtwürfelchen unterziehen.

2 Eine Springform gut ausbuttern und bemehlen. Die Masse einfüllen und glattstreichen. Bei 180 °C im vorgeheizten Backrohr etwa 45 Minuten backen. Vorsichtig aus der Form lösen und auskühlen lassen.

3 Die Couverture schmelzen und die Torte damit überziehen. Sie schmeckt auch ohne Überzug gut.

Mohntorte

BOSNIEN

Eine Torte rein türkischen Ursprungs.

- 180 g Butter
- 160 g Zucker
- 6 Eier, getrennt
- 50 g geschmolzene Zartbitter-Schokolade
- 50 g geriebene Walnüsse
- 180 g feingemahlener Mohn

Für die gekochte Schokoladeglasur

- 200 g Zucker
- 70 ml Wasser
- 200 g dunkle Couverture (Tunkmasse)

Außerdem

- Butter und Mehl für die Form

1 Die Butter mit 60 g Zucker schaumig rühren. Einzeln nacheinander die Dotter zugeben und dickcremig aufschlagen. Die lauwarme Schokolade, die Nüsse und den Mohn dazurühren. Die Eiklar mit dem restlichen Zucker zu Schnee schlagen und unterheben.

2 Eine Springform ausbuttern und bemehlen. Die Masse einfüllen und glattstreichen. Bei 180 °C im vorgeheizten Rohr 40 Minuten backen. Auf einem Kuchengitter auskühlen lassen.

3 Die Schokoladeglasur zubereiten, wie auf Seite 67 beschrieben. Die ganze Torte mit der Glasur überziehen.

Linzertorte

In ganz Österreich zählt sie zu einer der bekanntesten und berühmtesten Torten. Sie ist die Visitenkarte altösterreichischer Backkunst.

- 250 g Mehl
- 250 g geröstete, geriebene Mandeln (oder Haselnüsse)
- 250 g Butter, 250 g Zucker
- 1 Ei, 1 EL Kakao, 1 TL Zimt
- 1 Prise Nelkenpulver
- 6 cl Kirschwasser oder Rum

Außerdem

- 200 g Ribisel- oder Himbeerkonfitüre
- 1 Eigelb, mit 1 EL Milch verrührt, zum Bestreichen

1 Das Mehl mit den Mandeln vermischen, auf die Arbeitsfläche häufen und in die Mitte eine Mulde drücken. Die Butter in Würfeln sowie alle anderen Zutaten in die Mehlmulde geben und alles zusammen rasch zu einem weichen Mürbteig arbeiten. Eine Kugel formen, in Folie wickeln und 1 Stunde kalt stellen.

2 Eine Springform mit Backpapier auslegen oder einen Tortenring auf ein mit Backpapier belegtes Blech stellen. Die Hälfte des Teigs ausrollen und in die Form legen. Aus dem restlichen Teig 1 cm dicke Stränge rollen. Weiterarbeiten, wie in der Bildfolge beschrieben. Bei 180 °C im vorgeheizten Rohr etwa 80 Minuten backen.

1 Aus den Strängen zunächst den Tortenrand formen.

2 Die Konfitüre mit der Teigkarte einstreichen.

3 Aus den verbliebenen Strängen ein Gitter auflegen.

4 Mit Eigelb bestreichen.

Datteltorte 1

BATSCHKA

Über die Militärgrenze hinweg gelangten dennoch Köstlichkeiten aus dem Osmanenreich auch in die ungarischen Provinzen. Die deutschen Ansiedlerfrauen ließen sich von guten Zutaten aus dem orientalischen Kulturbereich gern inspirieren und stellten bald ihre eigene Variante auf den Tisch.

- 8 Eiklar
- 280 g Zucker
- ausgeschabtes Mark von ½ Vanilleschote
- 280 g geriebene Mandeln
- 280 g in Streifen geschnittene Datteln
- 3 EL Mehl

Außerdem

- Butter und Mehl für die Form
- 150 g Couverture

1 Die Eiklar zu Schnee schlagen, dabei nach und nach den Zucker einrieseln lassen. Nacheinander das Vanillemark, die Mandeln, Datteln und das gesiebte Mehl unterziehen.

2 Eine Springform buttern und bemehlen. Die Masse einfüllen und glattstreichen. Bei 170 °C im vorgeheizten Backrohr etwa 1 Stunde backen. Auskühlen lassen.

3 Die Couverture schmelzen und die Torte damit überziehen.

Datteltorte 2

BOSNIEN, DALMATIEN

Sie geht auf ein altes türkisches Rezept zurück. Bosnien war ja eine Provinz des Osmanenreiches, das engste Bindung zum Sultanshof Stambul pflegte. Und das kam besonders in der süßen Küche zum Ausdruck.

- 250 g Datteln
- etwas Mehl
- 210 g geriebene Mandeln
- 140 g Zucker
- 4 Eiklar

Außerdem

- Butter und Mehl für die Form
- ¼ l Schlagobers

1 Die Datteln leicht in Mehl wälzen, damit sie nicht mehr kleben. Entsteinen und in ganz feine Streifen schneiden. Mit den Mandeln und 60 g Zucker vermischen und die mit dem restlichen Zucker zu Schnee geschlagenen Eiklar unterheben.

2 Eine Springform ausbuttern und bemehlen. Die Masse einfüllen und glattstreichen. Bei 175–180 °C im vorgeheizten Backrohr etwa 45 Minuten backen. Auskühlen lassen.

3 Das Obers steif schlagen und die gesamte Torte damit einstreichen.

Schokoladetorte 1

BATSCHKA

Eine im ganzen Lande verbreitete, sehr bekannte Torte. Sie wurde jedes Jahr am Vortag des Weihnachtsbasars gebacken und dort zu Wohltätigkeitszwecken versteigert.

- 120 g Zartbitter-Schokolade
- 5 Eier, getrennt
- 140 g Zucker
- 2 EL Rum, 2 EL Mehl

Für die Creme

- 150 g Zartbitter-Schokolade
- 200 g Butter
- 3 EL Zucker
- 3–4 Eidotter
- 2–3 EL Rum

Für die Glasur

- 50 g Zucker
- 2 EL Wasser
- 100 g geriebene Zartbitter-Schokolade
- 1 TL Butter

Außerdem

- Butter für die Form
- geraspelte Schokolade und 12 Rumkirschen zum Verzieren

1 Die Schokolade im Wasserbad schmelzen und warm halten. Die Eiklar mit dem Zucker zu Schnee schlagen. Einzeln nacheinander die Dotter unterrühren. Die lauwarme Schokolade, den Rum und das gesiebte Mehl unterheben.

2 Den Boden einer Springform mit Butter einfetten. Die Hälfte der Masse einfüllen und bei 180 °C im vorgeheizten Backrohr 35 Minuten backen. Auskühlen lassen. Mit der zweiten Teighälfte ebenso verfahren.

3 Für die Creme die Schokolade schmelzen. Die Butter mit dem Zucker schaumig rühren. Die Dotter, die lauwarme Schokolade und den Rum dazugeben und zu einer glatten Creme verrühren.

4 Die Tortenböden mit der Creme zusammensetzen und die Oberfläche sowie den Rand damit einstreichen. Mit Schokoladeraspeln bestreuen und die Rumkirschen entsprechend der Stückeinteilung auflegen.

5 Die Tortenoberfläche kann statt mit Creme auch mit Glasur überzogen werden. Dafür den Zucker mit dem Wasser einmal aufkochen lassen. In die klare Zuckerlösung die Schokolade einrühren, zuletzt die Butter zufügen. Ebenfalls mit Schokoraspeln bestreuen und die Rumkirschen auflegen.

Hinweis

Durch das getrennte Backen der Tortenböden haben die Oberflächen beider Böden eine Kruste und damit einen festen Biß. Die Kruste verhindert das Eindringen der Creme.

Schokoladetorte 2

BANAT

Ein altes Rezept von der sehr bekannten Notarswitwe Mathilda Pretz aus Elemir, Banat.

- 250 g Butter
- 250 g Zucker
- 5 Eier, getrennt
- 1 Päckchen Vanillezucker
- 130 g feingeriebene Mandeln
- 250 g geschmolzene Zartbitter-Schokolade
- 130 g Mehl

Für die Füllung

- 250 g Kompottfrüchte

Für die gekochte Schokoladeglasur

- 200 g Zucker
- 70 ml Wasser
- 200 g dunkle Couverture (Tunkmasse)

Außerdem

- Butter für die Form

1 Die Butter mit 2/3 des Zuckers schaumig rühren, anschließend die Dotter unterrühren und dickcremig schlagen. Den Vanillezucker und die Mandeln dazugeben. Die nur noch lauwarme Schokolade und das gesiebte Mehl hinzufügen. Etwa 15 Minuten gut rühren. Die Eiklar mit dem restlichen Zucker zu Schnee schlagen und vorsichtig unterheben.

2 Eine Springform gut ausbuttern. Die Masse einfüllen und glattstreichen. Bei 175 °C im vorgeheizten Backrohr etwa 45 Minuten backen. Auskühlen lassen.

3 Für die Füllung die Früchte sehr gut abtropfen lassen, eventuell entsteinen und klein schneiden. Den Tortenboden horizontal einmal durchschneiden, mit den Früchten belegen und wieder zusammensetzen.

4 Die Schokoladeglasur zubereiten, wie auf Seite 67 beschrieben. Die ganze Torte damit überziehen.

Passah-Torte

ORIGINALREZEPT VON DER MUTTER PAUL ABRAHAMS

- 5 Eier, getrennt
- 125 g Staubzucker
- 2 EL heißes Wasser, Salz
- 75 g geriebene Haselnüsse
- 3 EL Kakaopulver
- 100 g Semmelbrösel
- Saft von 1 Zitrone
- abgeriebene Schale von 1/2 unbehandelten Zitrone

Für die Schokoladeglasur

- 30 g Kakaopulver
- 100 g Staubzucker
- 50 g Kokosfett
- 3 EL heißes Wasser

Außerdem

- 50 g geraspelte Schokolade zum Bestreuen

1 Die Dotter mit dem Staubzucker und dem heißen Wasser schaumig schlagen. Die Eiklar mit 1 Prise Salz sehr gut aufschlagen und auf den Dotterschaum gleiten lassen. Die Nüsse mit dem Kakao, den Semmelbröseln, Zitronensaft und -schale vermischen. Auf den Eischnee streuen und zusammen vorsichtig unterheben.

2 Den Boden einer Springform mit Backpapier auslegen. Die Masse einfüllen und glattstreichen. Bei 180 °C im vorgeheizten Backrohr etwa 45 Minuten backen. Auf ein Kuchengitter stürzen und das Backpapier abziehen.

3 Für die Glasur den Kakao mit dem Staubzucker gut vermischen. Das Kokosfett erhitzen, die Kakaomischung und das heiße Wasser dazugeben und zu einer glatten Glasur verrühren.

4 Die noch warme Glasur so auf der Torte verstreichen, daß sie seitlich herunterläuft. Die Oberfläche mit der geraspelten Schokolade bestreuen.

Pischingertorte

WIEN

Ein besonders schnelles Rezept, wenn unerwartet Gäste kommen. Oskar Pischinger, ein Wiener Zuckerbäcker, hat sie erfunden.

- 100 g Butter, 100 g Zucker
- 100 g geschmolzene Zartbitter-Schokolade
- 2 Eidotter

Für die Schokoladeglasur

- 100 g Butter
- 100 g geschmolzene Zartbitter-Schokolade

Außerdem

- 5 große Karlsbader Oblaten

1 Die Butter mit dem Zucker sehr schaumig rühren. Die lauwarme Schokolade untermischen. Einzeln die Dotter dazugeben und cremig aufschlagen.

2 Die Oblaten mit dieser Masse zusammensetzen und rundum dünn einstreichen. Kalt stellen.

3 Für die Glasur die Butter zerlassen, leicht abkühlen lassen und die geschmolzene Schokolade unterrühren. Etwas abkühlen lassen und die Torte vollständig damit überziehen.

Manna-Torte

JÜDISCHES REZEPT

Diese Torte ist so hervorragend im Geschmack, daß ihr Name nicht von ungefähr an »Manna«, das vom Himmel gefallene Brot, denken läßt.

- 8 Eier, getrennt
- 300 g Zucker
- 4 EL Himbeergeist oder Rum
- 200 g geschälte, geriebene Mandeln
- 160 g Mehl
- 125 g zerlassene Butter

Außerdem

- Butter für die Form
- 550 g Himbeergelee
- 6 EL Himbeergeist oder Rum
- 100 g geschälte, gehackte Mandeln zum Bestreuen

1 Die Eidotter mit 140 g Zucker und dem Alkohol schaumig rühren. Die Eiklar mit dem restlichen Zucker zu Schnee schlagen und locker unterheben. Die Mandeln und das gesiebte Mehl einrühren. In dünnem Strahl die höchstens noch lauwarme Butter untermischen.

2 Eine Springform gut ausbuttern. Die Masse einfüllen und glattstreichen. Bei 180 °C im vorgeheizten Backrohr etwa 1 Stunde backen. Bei Bedarf mit Pergamentpapier abdecken. Auf ein Kuchengitter stürzen und auskühlen lassen.

3 Das Himbeergelee erwärmen und mit dem Alkohol verrühren.

4 Den Tortenboden zweimal durchschneiden. 2 Tortenscheiben mit je 1/3 Gelee bestreichen, zusammensetzen und die 3. Scheibe auflegen. Diese und den Rand mit dem restlichen Gelee bestreichen. Den Rand mit Mandeln einstreuen. Auf die Oberfläche zwei gleichmäßige Mandelringe als Dekoration aufstreuen.

Dalmatinische Orangentorte

DALMATIEN

Bevor Dalmatien nach dem Wiener Kongreß an Österreich fiel, war es venezianisch gewesen, was in der Neigung zu Obsttorten seinen Ausdruck findet. Kreiert wurde die Orangentorte angeblich in Ragusa (Dubrovnik), im Land, wo schon die Orangen blühen. Gekühlt serviert, ist sie eine köstliche Erfrischung in den Sommermonaten.

- 5 Eier, getrennt
- 140 g Zucker
- Saft und abgeriebene Schale von 1 unbehandelten Orange
- 140 g geriebene Mandeln
- 2 Messerspitzen Backpulver
- 70 g Mehl

Für die Orangenglasur

- 125 g Zucker
- 1/8 l Wasser
- Saft und abgeriebene Schale von 1 unbehandelten Orange
- 1 EL guter Rum

Außerdem

- Butter und Mehl für die Form
- Orangengeleefrüchte zum Dekorieren

1 Die Dotter mit 50 g Zucker schaumig rühren. Orangensaft und -schale untermengen. Die Eiklar mit dem restlichen Zucker zu Schnee schlagen und auf den Dotterschaum gleiten lassen. Die Mandeln daraufstreuen, das mit dem Backpulver gesiebte Mehl darübergeben und alles zusammen locker unterheben.

2 Eine Springform gut ausbuttern und bemehlen. Die Masse einfüllen und glattstreichen. Bei 190 °C im vorgeheizten Backrohr 30 Minuten backen. Auf einem Kuchengitter vollständig auskühlen lassen.

3 Für die Glasur den Zucker mit dem Wasser kräftig aufkochen. Die übrigen Zutaten dazugeben und gut vermengen. Lauwarm abkühlen lassen und die Torte damit überziehen. Mit den Geleefrüchten beliebig dekorieren.

Obers- und Buttercremetorten

Biedermeiertorte

Sehr altes Rezept aus Wien

Soll diese Torte nicht nur technisch gelingen, sondern auch ihren historischen Hintergrund in Erinnerung rufen, so muß man sich in die Zeit zurückversetzen, da der römische Kaiser Deutscher Nation auf seine Krone verzichtet hat und sich nur noch schlicht Kaiser von Österreich nannte, muß man an Schönbrunn denken, an den alten Kaiser Franz, an die gute alte Zeit. Das Kompliment für diese besondere Festtagstorte könnte dann lauten: »Superbe, Madame, superbe«.

Für den dunklen Teig

- 50 g Haselnüsse
- 70 g Butter
- 70 g Zucker
- 3 Eier, getrennt
- 70 g geschmolzene Zartbitter-Schokolade
- 20 g Mehl

Für den hellen Teig

- 2 Eier
- 1 Eidotter
- 50 g Zucker
- 50 g Mehl
- 25 g zerlassene Butter

Für die Füllung

- 150 g Butter
- 150 g Zucker
- 1 Eidotter
- 300 g gekochte, passierte Maroni (Kastanien)
- 1 EL Rum
- 1/4 l geschlagenes Obers
- 1 Tropfen rote Lebensmittelfarbe

Außerdem

- Butter und Mehl für die Form
- 1 Stück Angelika (Apotheke) zum Verzieren

1 Für den dunklen Teig die Haselnüsse im Rohr bei 200 °C rösten, bis die Häute Risse zeigen. Abkühlen lassen. Durch Abreiben in einem Tuch von den Häuten befreien und die Kerne fein zerstoßen.

2 Die Butter mit 30 g Zucker schaumig rühren. Die Dotter nacheinander einrühren. Die Nüsse und die abgekühlte Schokolade unterrühren. Die mit dem restlichen Zucker zu Schnee geschlagenen Eiklar auf die Masse gleiten lassen, das Mehl darübersieben und zusammen unterheben.

3 Eine Springform ausbuttern und bemehlen. Den Teig einfüllen und bei 180 °C im vorgeheizten Backrohr 35–40 Minuten backen. Auf einem Kuchengitter auskühlen lassen.

4 Für den hellen Teig die Eier, den Dotter und den Zucker auf dem Herd lauwarm aufschlagen. Das gesiebte Mehl und die etwas abgekühlte Butter untermischen. Backen wie den dunklen Teig.

5 Für die Füllung die Butter mit dem Zucker gut schaumig rühren, den Dotter unterrühren. Das Maronipüree, den Rum und 1/3 des Schlagobers untermischen.

6 Die beiden Tortenböden mit einem Teil der Creme bestreichen, zusammensetzen und auch den Rand mit Creme bestreichen. Einen kleinen Teil des restlichen Schlagobers abnehmen und mit roter Lebensmittelfarbe rosa färben.

7 Das noch verbliebene Obers in einen Spritzbeutel mit Sterntülle füllen und ein Gitter auf die Tortenoberfläche spritzen. Mit dem rosa Obers kleine Rosetten auf das Gitter setzen. An jede Rosette ein Stück Angelika als Blatt anlegen. Bis zum Anschneiden kalt stellen.

Mozarttorte

BATSCHKA, BANAT

Sie soll, heißt es, der Mutter Mozarts eingefallen sein, als sie dem allabendlichen Zeremoniell ihres Leopold mit dem vierjährigen Wolferl zuhörte. Auf die deftige Wechselrede wird hier verzichtet. Auf jeden Fall schuf die Mozartin das Tortenhalbrund, das liebe Potscherl ihres Wolferl vor Augen, tischte es als Dessert nach dem Abendessen auf und forderte ihre beiden Männer auf, nun das zu tun, was sie sich allabendlich sagten (...»rück den ... zum Mund« ...).

- 6 Eier, getrennt
- 140 g Zucker
- 140 g gesiebtes Mehl
- abgeriebene Schale von 1/2 unbehandelten Zitrone
- 1/2 Päckchen Vanillezucker

Zum Beträufeln und Füllen

- Weichselkompott (mit ausreichend Saft)
- 1 1/2 TL Cognac
- 1 1/2 TL Orangenlikör
- 1/2 l Schlagobers
- 50 g Zucker

Für die Creme

- 125 g dunkle Couverture (Tunkmasse)
- 1/8 l Schlagobers

Außerdem

- Butter und Mehl für die Form
- kleingehackte Pistazien und Weichseln zum Verzieren

1 Die Dotter mit 60 g Zucker schaumig rühren. Das Mehl löffelweise dazurühren, mit der letzten Menge die Zitronenschale und den Vanillezucker zufügen. Die Eiklar mit dem restlichen Zucker zu Schnee schlagen und locker unterheben.

2 Eine halbkugelförmige Backform ausbuttern und bemehlen. Den Teig einfüllen. Bei 180 °C im vorgeheizten Rohr etwa 45 Minuten backen. Auskühlen lassen.

3 Horizontal in 8–10 gleich dicke Scheiben schneiden, nebeneinander auslegen und mit dem Saft des Weichselkompotts, vermischt mit dem Cognac und dem Orangenlikör, gut beträufeln.

4 Das Obers mit dem Zucker steif schlagen. Eine Handvoll gut abgetropfte, sehr klein geschnittene Weichseln untermengen und die Scheiben damit bestreichen. In der Halbkugelform wieder zusammensetzen.

5 Für die Creme die Couverture klein schneiden. Das Obers erhitzen, die Couverture darin schmelzen, vom Herd nehmen und glattrühren. Auf Raumtemperatur abkühlen lassen, dann schaumig aufschlagen. Die Torte ganz mit der Creme überziehen, mit Pistazien und Weichseln verzieren. Kalt stellen.

Punschtorte

BUDAPEST

Diese Torte mag in Ungarn bei Abiturienten- und Studentenfesten deshalb so beliebt sein, weil sie sich, kühl aufbewahrt, einige Tage frisch hält. Das war wohl Anlaß für manchen Studenten, heimlich von den Feiern einen Vorrat mit nach Hause zu schmuggeln.

- 8 Eier, getrennt
- 8 EL Zucker
- 8 gestrichene EL Mehl

Für die Füllung

- 8 Eidotter
- 250 g Zucker
- ausgeschabtes Mark von 1 Vanilleschote
- 1/2 l Schlagobers
- 8 Blatt weiße Gelatine, kalt eingeweicht
- 30 g Rosinen, in 2 EL Rum eingeweicht
- 1 EL feingehacktes Zitronat

Für die Glasur

- 250 g Zucker
- 4 TL Wasser
- 1 TL Zitronensaft
- Saft von 1 Orange
- 2 EL guter Rum
- etwas rosa Lebensmittelfarbe (Drogerie)

Außerdem

- Marzipanblumen zum Dekorieren

1 Die Dotter mit 4 EL Zucker schaumig rühren. Die Eiklar mit dem restlichen

Zucker zu Schnee schlagen und auf den Dotterschaum gleiten lassen. Das Mehl daraufsieben und zusammen unterheben.

2 Den Boden einer Springform mit Backpapier belegen. Die Masse einfüllen und glattstreichen. Bei 175 °C im vorgeheizten Backrohr etwa 1 Stunde backen. Auf eine leicht bemehlte, glatte Fläche stürzen, das Papier abziehen und den Tortenboden auskühlen lassen.

3 Für die Füllung die Dotter mit dem Zucker, Vanillemark und 4 EL Obers auf dem Wasserbad unter ständigem Rühren dickcremig rühren. Die gut ausgedrückte Gelatine unter Rühren in der Creme auflösen. Vom Wasserbad nehmen und kalt rühren. Das restliche Obers steif schlagen und unterziehen. Die Rosinen mit dem Rum und das Zitronat zufügen.

4 Den Tortenboden in 4 Böden teilen, mit der Füllung bestreichen und wieder zusammensetzen. Die Tortenoberfläche bleibt frei.

5 Für die Glasur Zucker und Wasser aufkochen. Den Zitronensaft zufügen und die Glasur kalt rühren. Orangensaft, Rum und Farbe zugeben. Die Tortenoberfläche damit glasieren und mit Marzipanblumen dekorieren. Kühl stellen und erst am nächsten Tag anschneiden.

Punschglasur

1 Die Fondantglasur (Seite 66), mit Rum aromatisiert, mit der Palette auf die aprikotierte Tortenoberfläche glatt aufstreichen.

2 Braunen Fondant in eine Spritztüte (Seite 75) füllen und, in der Mitte beginnend, ohne Unterbrechung in Kreisen aufspritzen.

3 Von der Mitte aus nach außen durchziehen, dabei nach jedem Zug die Palette (oder Messer) mit einem feuchten Tuch säubern.

Kaffeeglasur

1 Die Fondantglasur, mit Kaffee dunkel gefärbt, mit der Palette aufstreichen (hier ist die Oberfläche mit ausgerolltem Marzipan belegt und aprikotiert).

2 Weißen Fondant in eine Spritztüte (Seite 75) füllen und in gleichen Abständen dünne Fäden quer über die Tortenoberfläche aufspritzen.

3 Zunächst in einer Richtung und breiten Abständen durchziehen, dann in den Zwischenräumen in entgegengesetzter Richtung durchziehen.

Sveti-Sava-Torte

BOSNIEN

Eine national-serbische Torte, die alljährlich zum Jahrestag des serbischen Heiligen (»sveti« bedeutet heilig) in nationalbewußten Serbenfamilien aufgetischt wird. Sava war der Mönchsname, den der jüngste Sohn (Rastko) des ersten mittelalterlichen serbischen Königs Stevan Nemanja annahm, als er in das orthodoxe Kloster des Hl. Chilandarius auf Athos eintrat und Partei ergriff für Byzanz und gegen den Papst und die westliche Machtgruppierung. Die Belohnung war die Bestellung zum serbisch-orthodoxen Patriarchen, womit innerhalb der byzantinischen Machtsphäre die Serben als Nation anerkannt waren. Der Hl. Sava wurde zum nationalen Symbol des Serbentums.

- 50 g Zartbitter-Schokolade
- 125 g Butter, 125 g Zucker
- 6 Eier, getrennt
- 50 g feine Semmelbrösel

Für die Creme

- 50 g Zartbitter-Schokolade
- 125 g Butter
- 125 g Staubzucker
- 2 Eidotter
- 1/8 l Schlagobers

Außerdem

- Butter und Semmelbrösel für die Form

1 Die Schokolade reiben. Die Butter mit der Hälfte des Zuckers schaumig rühren. Nach und nach die Eidotter dazugeben und so lange rühren, bis eine dickcremige Masse entstanden ist. Die Eiklar mit dem restlichen Zucker zu Schnee schlagen, die Brösel einrieseln lassen, auf die Dottermasse gleiten lassen und locker unterheben.

2 Eine Springform gut ausbuttern und mit Bröseln ausstreuen. Die Masse einfüllen, glattstreichen. Bei 170 °C im vorgeheizten Backrohr knapp 45 Minuten backen. Auf ein Kuchengitter stürzen und auskühlen lassen.

3 Für die Creme die Schokolade reiben. Die Butter mit dem Staubzucker schaumig rühren. Die Dotter einzeln einrühren und löffelweise die Schokolade untermischen. Das Obers (heute nach Belieben mit Sahnesteif) sehr steif schlagen. 3 EL davon in einen Spritzbeutel füllen und bis zum Verzieren kalt stellen. Das restliche Obers unter die Schokoladecreme heben.

4 Den Tortenboden einmal durchschneiden, mit einem Teil der Creme bestreichen, wieder zusammensetzen und mit der restlichen Creme ganz überziehen. Schlagoberstupfen auf den Rand spritzen und so die späteren Tortenstücke markieren.

Evatorte hell und dunkel

BUDAPEST, PRAG

Der Name geht angeblich auf die Urmutter der Menschheit zurück. Die Torte durfte einst bei keinem Familienfest fehlen.

Für den hellen Teig

- 5 Eier, getrennt, 5 EL Zucker
- 150 g geriebene Haselnüsse
- 2 EL Semmelbrösel
- 1 Messerspitze Backpulver

Für den dunklen Teig

- 5 Eier, getrennt, 5 EL Zucker
- 4 EL Kakaopulver
- 3 EL Mehl, 1/4 TL Backpulver

Für die Creme

- 4 Eier, 200 g Zucker
- 4 EL Mehl, 1/4 l Milch
- 250 g Butter
- 2–3 EL passierte Marillenkonfitüre, 2 EL Kakaopulver
- 1/4 l Schlagobers

Außerdem

- Butter und Mehl für die Form
- geraspelte Schokolade

1 Für den hellen Teig die Dotter mit 2 EL Zucker sehr schaumig rühren. Die Eiklar mit dem restlichen Zucker zu Schnee schlagen und auf den Dotterschaum gleiten lassen. Die Haselnüsse mit den Semmelbröseln und dem Backpulver mischen, auf den Eischnee streuen und zusammen vorsichtig unterheben.

2 Eine Springform ausbuttern und bemehlen. Die Masse einfüllen und glattstreichen. Bei 180 °C im vorgeheizten Rohr 35 Minuten backen. Auf einem Kuchengitter auskühlen lassen.

3 Für den dunklen Teig die Dotter mit 2 EL Zucker sehr schaumig rühren. Die Eiklar mit dem restlichen Zucker zu Schnee schlagen und auf den Dotterschaum gleiten lassen. Kakao, Mehl und Backpulver auf den Eischnee sieben, zusammen unterheben. Backen wie oben.

4 Für die Creme die Eier mit dem Zucker schaumig rühren, das Mehl einrühren. Die Milch erhitzen, zu der Masse gießen und auf dem Herd dickcremig kochen. Vom Herd nehmen, etwas abkühlen lassen und die Butter in kleineren Stücken einrühren. Die Creme teilen. In eine Hälfte die Marillenkonfitüre, in die andere den Kakao mischen. Auskühlen lassen. Das Obers aufschlagen und je eine Hälfte unter die Cremen mischen.

5 Die Tortenböden einmal durchschneiden und wie folgt füllen und zusammensetzen: heller Boden, dunkle Creme, dunkler Boden, helle Creme, heller Boden, dunkle Creme, dunkler Boden. Den Tortenrand mit dunkler, die Oberfläche mit heller Creme bestreichen. Mit Schokoraspeln verzieren.

Jourtorte

WIEN, BUDAPEST

Ein Glanzstück der Konditorkunst! Kein Wunder, da für Damen »jour-fix« bestimmt.

6 Eier, getrennt
160 g Zucker, 120 g Mehl

Für die Füllung 1

8 Eidotter, 100 g Zucker
4 TL Milch
2 Päckchen Vanillezucker
3 Blatt weiße Gelatine, kalt eingeweicht
1/2 l Schlagobers
100 g Staubzucker

Für die Füllung 2

100 g Rosinen, in
2 EL Rum eingeweicht
150 g Zitronat

Außerdem

150 g gemischte kandierte Früchte zum Belegen

1 Die Dotter mit der Hälfte des Zuckers schaumig rühren. Die Eiklar mit dem restlichen Zucker zu Schnee schlagen und auf den Dotterschaum gleiten lassen. Das Mehl darübersieben, zusammen locker unterheben.

2 Den Boden einer Springform mit Backpapier belegen. Die Hälfte der Masse einfüllen und glattstreichen. Bei 180 °C im vorgeheizten Backrohr etwa 20 Minuten backen. Auskühlen lassen. Mit der zweiten Massenhälfte ebenso verfahren.

3 Für Füllung 1 die Dotter, Zucker, Milch und Vanillezucker vermischen und auf dem Wasserbad dickcremig aufschlagen. Die warm aufgelöste Gelatine gründlich unterrühren. Vom Wasserbad nehmen und abkühlen lassen. Sobald die Creme zu gelieren beginnt, das Obers mit dem Staubzucker aufschlagen und unterziehen.

4 Für Füllung 2 die Rosinen mit dem Rum und dem feingeschnittenen Zitronat vermischen.

5 Eine metallene Tortenunterlage leicht einölen. Darauf einen Tortenring stellen und so schließen, daß sein Durchmesser 1 cm größer ist als der des Tortenbodens. Jeden Tortenboden einmal durchschneiden.

6 In den Ring 1/4 der Füllung 1 streichen. Ein Tortenblatt darauflegen, mit 1/4 der Füllung 1 bestreichen und 1/3 der Füllung 2 daraufstreuen. Noch zweimal so verfahren. Die Torte mit dem letzten Tortenblatt abdecken. Darauf achten, daß bei jeder Schicht seitlich etwas Creme austritt. Den Ring abdecken und die Torte 2–3 Stunden in das Gefrierfach stellen.

7 Die Torte auf eine Tortenplatte stürzen und etwa 1/2 Stunde kalt stellen. Auf der jetzt oben liegenden Cremeschicht die kandierten Früchte dekorativ verteilen.

Kaffeetorte mit Oberscreme

BANAT, KROATIEN

Ein etwas neueres Rezept, wie man der Verwendung von löslichem Kaffeepulver entnehmen kann. Es entspricht dem Wunsch nach einer schnelleren Zubereitung.

- 8 Eier, getrennt
- 140 g Zucker
- 140 g geriebene Mandeln
- 1 EL feingemahlenes oder lösliches Kaffeepulver

Für die Kaffeeoberscreme

- 4 Eidotter
- 120 g Zucker
- 5 EL starker schwarzer Kaffee (Mocca)
- 200 ml Schlagobers

Außerdem

- Butter für die Form
- gehackte Mandeln zum Bestreuen

1 Die Dotter mit 40 g Zucker sehr schaumig rühren. Die Mandeln und das Kaffeepulver untermischen. Die Eiklar mit dem restlichen Zucker zu Schnee schlagen und locker unter die Dottermasse heben.

2 Eine Springform ausbuttern. Die Masse einfüllen und glattstreichen. Bei 175 °C im vorgeheizten Backrohr 40–45 Minuten backen. Auskühlen lassen, am besten über Nacht.

3 Für die Creme die Dotter mit dem Zucker schaumig rühren. Den kalten Kaffee dazugeben und auf dem Wasserbad dickcremig aufschlagen. Auskühlen lassen. Das Obers steif schlagen und unter die Creme ziehen.

4 Den Tortenboden einmal durchschneiden, mit einem Teil der Creme bestreichen, zusammensetzen und mit der restlichen Creme vollständig überziehen; reichlich mit gehackten Mandeln bestreuen.

Indianertorte

BUDAPEST, PRAG

Sie erinnert an Negerküsse, ist aber sehr viel besser im Geschmack. Zum sofortigen Verzehr geeignet.

- 7 Eier
- 200 g Zucker
- Saft von 1/2 Zitrone
- 100 g Mehl

Für die Füllung 1

- 100 g Zucker
- 3 EL Wasser
- 200 g dunkle Couverture (Tunkmasse)

Für die Füllung 2

- 1/2 l Schlagobers
- 100 g Staubzucker
- 1 Päckchen Vanillezucker

Außerdem

- Butter für die Form
- 4 EL geschlagenes Obers
- 12 kandierte Kirschen

1 Die Eier mit dem Zucker und dem Zitronensaft gut aufschlagen. Löffelweise das gesiebte Mehl unterziehen.

2 Eine Springform ausbuttern. 1/5 der Masse einfüllen und glattstreichen. Bei 200 °C im vorgeheizten Backrohr 8–10 Minuten backen. Auskühlen lassen. Mit der restlichen Masse noch viermal auf die gleiche Weise verfahren und dabei die Form immer wieder ausbuttern.

3 Für die Füllung 1 den Zucker mit dem Wasser aufkochen. Die Couverture in Stücken dazugeben und schmelzen. Die Masse glattrühren, aufkochen lassen und weiterrühren, bis sie dick geworden ist. Unter gelegentlichem Rühren etwas abkühlen lassen.

4 Für die Füllung 2 das Obers mit dem Staubzucker und Vanillezucker sehr gut aufschlagen.

5 Die 5 Tortenblätter mit Füllung 1 bestreichen. 4 davon zusätzlich mit etwa 3/4 der Füllung 2 bestreichen und die Blätter zusammensetzen. Obenauf das verbliebene Tortenblatt mit der dunklen Creme legen. Die Torte vollständig mit der restlichen Füllung 2 überziehen und mit dem Schlagobers und kandierten Kirschen entsprechend der Stückeinteilung verzieren.

Russische Cremetorte
ÖSTERREICH-UNGARN

Ungeübten Händen ist diese Torte nicht zu empfehlen. Eine versierte Tortenbäckerin wird damit aber Lob und Anerkennung erringen.

5 Eier, getrennt
100 g Zucker
70 g Mehl

Für die Creme

8 Eidotter
200 ml Milch
140 g Zucker
4 Blatt Gelatine, kalt eingeweicht
70 g Rosinen, in 1 EL Rum eingeweicht
70 g feingehacktes Zitronat
1/2 l Schlagobers

Außerdem

Butter und Mehl für den Formboden
kandierte Früchte zum Verzieren

1 Die Dotter mit der Hälfte des Zuckers schaumig rühren. Die Eiklar mit dem restlichen Zucker zu Schnee schlagen und auf den Dotterschaum gleiten lassen. Das Mehl darübersieben und beides zusammen vorsichtig unterheben.

2 Von einer kleineren Springform den Ring abnehmen. Den Boden der Form ausbuttern, bemehlen und 1/3 der Masse darauf verstreichen. Bei 170 °C im vorgeheizten Backrohr etwa 10 Minuten backen. Vom Boden lösen und auskühlen lassen. Mit der restlichen Masse noch zweimal auf dieselbe Weise verfahren.

3 Für die Creme die Dotter mit der Milch und dem Zucker vermischen und auf dem Wasserbad zu einer dicken Creme aufschlagen. Vom Wasserbad nehmen und die warm aufgelöste Gelatine einrühren. Die Creme so lange weiterschlagen, bis sie kalt ist. Die Rosinen und das Zitronat unterrühren, zuletzt das aufgeschlagene Obers unterziehen. Zuvor von dem geschlagenen Obers 3 EL zum Verzieren in einen Spritzbeutel füllen und kalt stellen.

4 Ein Teigblatt in die gleiche Springform, diesmal mit Ring, legen und mit Creme bestreichen. Ebenso mit dem zweiten und dritten Teigblatt verfahren. Mit dem verbliebenen Obers mit der großen Sterntülle entsprechend der Stückeinteilung 10 Rosetten aufspritzen und mit den kandierten Früchten verzieren.

Feine Nußtorte
BANAT

Das Rezept ist eine Hinterlassenschaft der Notarswitwe Mathilda Pretz aus Elemir, einer weitgerühmten Tortenbäckerin. Diese Torte ist ein Prachtstück der Pâtisserie!

6 Eier, getrennt
210 g Zucker
70 g geschmolzene Zartbitter-Schokolade
1 EL guter Rum
70 g feine, gesiebte Semmelbrösel
210 g feingeriebene Walnüsse

Zum Füllen und Überziehen

250 g feine Konfitüre nach Wahl
1/8 l Schlagobers
1 Päckchen Vanillezucker
50 g feingehackte Walnüsse

Außerdem

Butter und Mehl für die Form

1 Die Dotter mit 100 g Zucker schaumig rühren. Nach und nach die lauwarme Schokolade und den Rum untermischen. Die Eiklar mit dem restlichen Zucker zu Schnee schlagen und auf den Schokoladeschaum gleiten lassen. Die Semmelbrösel und die Nüsse darüberstreuen und zusammen locker unterheben.

2 Eine Springform ausbuttern und bemehlen. Die Masse einfüllen und glattstreichen. Bei 180 °C im vorgeheizten Backrohr 40–45 Minuten backen. Auskühlen lassen, am besten über Nacht.

3 Den Tortenboden zweimal durchschneiden. Die Konfitüre erwärmen, passieren und alle drei Böden dünn damit bestreichen. Das Obers mit dem Vanillezucker steif schlagen und die Nüsse untermischen. Auf die Konfitüre streichen und die Torte zusammensetzen. Bis zum Anschneiden kalt stellen.

Sévigné-Torte

BUDAPEST

Die Torte gehört zum Besten vom Besten. Gundel Panni, eine Tochter des Inhabers des im Budapester Stadtpark gelegenen Nobelrestaurants Gundel, schenkte dieses Rezept ihrer Schulfreundin (der Autorin dieses Buches). Weil die Torte etwas Exquisites ist, trägt sie den Namen der Marquise de Sévigné, die bereits am Hofe Ludwigs XIV. in Paris wegen ihres Geistes auffiel. Ihre rund 1500 Briefe an ihre Tochter waren von solcher Aussagekraft, daß sie bereits zu Lebzeiten der Marquise abschriftlich in Literatenkreisen kursierten. So beliebt wie die Marquise in der vornehmen Gesellschaft war auch diese Torte an den Festtafeln der Noblesse der Donaumonarchie.

6 Eier, getrennt
200 g Zucker
Saft von 1/2 Zitrone
200 g geschälte, geriebene Mandeln

Für die Creme

8 Eidotter, 8 EL Zucker
800 ml Schlagobers
30 g Gelatine, kalt eingeweicht
150 g kleingewürfelte kandierte Früchte (zum Beispiel Kirschen, Marillen, Zuckermelone, Birnen, Zwetschken, Zitronat, Orangeat oder Arancini)

Außerdem

Butter für die Form
50 g kleingewürfelte kandierte Früchte (wie oben) zum Verzieren

1 Die Eidotter mit 80 g Zucker schaumig rühren und den Zitronensaft untermischen. Die Eiklar mit dem restlichen Zucker zu Schnee schlagen und auf den Dotterschaum gleiten lassen. Die Mandeln darüberstreuen und beides zusammen locker unterheben.

2 Eine Springform ausbuttern. 1/3 der Masse einfüllen, glattstreichen und bei 180 °C im vorgeheizten Backrohr etwa 20 Minuten backen. Auf ein Tortengitter stürzen und auskühlen lassen. Mit der restlichen Masse noch zweimal so verfahren, so daß 3 Böden gebacken werden.

3 Für die Creme die Eidotter mit dem Zucker schaumig rühren. Die Hälfte des Obers zufügen und auf dem Wasserbad dickcremig aufschlagen. Kräftig rühren, bis die Creme einmal aufkocht. Vom Wasserbad nehmen, die heiß aufgelöste Gelatine gründlich einrühren und die Creme kalt stellen.

4 Von der Creme 1/3 zum Überziehen der Torte beiseite stellen. Das restliche Obers steif schlagen und mit den kandierten Früchten unter die restliche Creme heben, sobald diese zu gelieren beginnt. Erneut kalt stellen.

5 Die Tortenböden mit der Creme bestreichen und zusammensetzen. Mit der beiseite gestellten Creme die Oberfläche und den Rand überziehen und mit den kandierten Früchten verzieren. Einige Stunden in den Kühlschrank stellen, dann erst anschneiden.

Hinweis

Wer sicher gehen will, daß von der Gelatine keine Schlieren in der Creme sichtbar bleiben, gibt die Gelatine durch ein Sieb dazu oder passiert die Creme.

Orangentorte mit Oberscreme

BUDAPEST

Da Dalmatien seit dem Wiener Kongreß österreichisch war, konnte es nicht lange dauern, bis am Sitz des Trägers der Krone, des Hl. Stephan, die dalmatinische Orangentorte ihr Pendant fand. Budapest mit seinem bereits kontinentalen Klima brauchte im Sommer auch seine Erfrischungen, und die konnten in der ungarischen Hauptstadt doch keinen Namen einer österreichischen Provinz tragen.

- 6 Eier, getrennt
- 140 g Zucker
- Saft von 2 Orangen
- 140 g geriebene Mandeln
- 50 g feine Semmelbrösel

Für die Creme

- Saft von 3 Orangen
- 3 Eidotter
- 150 g Zucker
- 1 EL Reis-Stärkemehl
- 375 ml Schlagobers

Außerdem

- Butter und Mehl für die Form

1 Die Dotter mit 50 g Zucker sehr schaumig rühren. Den Saft der Orangen einmischen. Die Eiklar mit dem restlichen Zucker zu Schnee schlagen und auf den Dotterschaum gleiten lassen. Die Mandeln und Semmelbrösel darüberstreuen und locker unterheben.

2 Eine Springform ausbuttern und bemehlen. Die Masse einfüllen und glattstreichen. Bei 180 °C im vorgeheizten Backrohr 35–40 Minuten backen. Auf einem Kuchengitter auskühlen lassen.

3 Für die Creme den Orangensaft mit den Dottern, dem Zucker und dem Stärkemehl vermischen und auf dem Wasserbad dickcremig rühren. Vom Wasserbad nehmen, kalt rühren und das steifgeschlagene Obers unterziehen.

4 Den Tortenboden einmal durchschneiden, mit einem Teil der Creme bestreichen, zusammensetzen und die ganze Torte vollständig mit der restlichen Creme überziehen.

Dobostorte

ORIGINALREZEPT AUS BUDAPEST

Ein Ungar namens József Dóbos erfand diese unsterbliche Torte anläßlich des Wiener Kongresses. Da sie aus dem multinationalen Reich der Hl. Stephanskrone stammt, wird sie ungarisch »Dobosch« ausgesprochen. Und jede Nation gab ihr ihre arteigene Besonderheit.

- 7 Eier, getrennt
- 150 g Staubzucker
- 100 g Mehl
- 50 g Stärkemehl

Für die Creme

- 250 g Butter
- 150 g Staubzucker
- 2 Eidotter
- 1 EL Kirschwasser
- 150 g geschmolzene Zartbitter-Schokolade

Für die Karamelglasur

- 1 TL Butter
- 150 g Zucker
- 1 EL Zitronensaft

1 Die Dotter mit 50 g Staubzucker schaumig rühren. Die Eiklar zu Schnee schlagen, dabei nach und nach den restlichen Staubzucker einrieseln lassen. Ein Drittel des Eischnees unter den Dotterschaum ziehen. Den restlichen Eischnee daraufgleiten lassen. Das Mehl mit dem Stärkemehl vermengen und auf den Eischnee sieben. Zusammen locker unterheben.

2 Auf 6 Stück Backpapier Kreise von 25 cm Durchmesser aufzeichnen. Die Dobosmasse in 6 Portionen darauf verteilen und glattstreichen. Nacheinander alle Böden backen, und zwar nach Sicht etwa 8 Minuten bei 200 °C im vorgeheizten Backrohr. Sofort auf ein Kuchengitter stürzen, damit sie auf dem heißen Blech nicht »nachbacken« und austrocknen. Das Papier abziehen.

3 Für die Creme die Butter mit dem Staubzucker cremig rühren. Einzeln nacheinan-

der die Dotter unterrühren. Das Kirschwasser dazugeben. Zuletzt löffelweise die noch lauwarme Schokolade untermischen.

4 Das schönste Tortenblatt beiseite legen. Die anderen 5 mit der Creme bestreichen zusammensetzen und auch die Oberfläche und den Rand mit Creme glatt einstreichen.

5 Für die Glasur die Butter in einer Pfanne zerlassen. Den Zucker mit dem Zitronensaft zufügen und unter ständigem Rühren goldgelb karamelisieren. Aufpassen, daß er nicht verbrennt. Sofort das zurückbehaltene Tortenblatt mit der Glasur überziehen. Seitlich übergelaufene Glasur mit einem gefetteten Messer sauber abschneiden.

6 Mit einem befetteten kalten Kuchenmesser auf dem noch warmen Guß 12–14 Tortenstücke markieren. So können später gleichmäßig schöne Stücke angeboten werden. Dieses letzte Blatt exakt auf die Torte setzen. Oder: Das Tortenblatt mit dem Kuchenmesser in 12 oder 16 Stücke teilen und diese einzeln auf die Torte legen.

Pralinétorte

WIEN

Eine delikate Schöpfung aus der Zeit der Franzosenbesetzung Wiens: Die Wiener Bäcker ließen es sich nicht nehmen, ihre Pariser Kollegen mit ihren eigenen Waffen, den Pralinenkugeln, unter Feuer zu nehmen. Es geht die Mär, daß die Kaisertochter Marie Louise Napoleon, als er 1809 in Wien eingezogen war, diese Torte serviert hatte, was ihn zu einem Heiratsantrag veranlaßt haben soll.

- 150 g Butter
- 150 g Zucker
- 150 g geschmolzene Zartbitter-Schokolade
- 6 Eier, getrennt
- 80 g feine Semmelbrösel

Für die Creme

- 140 g Haselnüsse
- 140 g Zucker
- 1/8 l Milch
- 3 Eidotter
- 100 g Zucker
- 20 g Mehl
- 150 g Butter

Für die Schokoladeglasur

- 80 g dunkle Couverture (Tunkmasse)
- 4 EL Wasser
- 80 g Zucker
- 1 EL Butter

Außerdem

- Butter und Mehl für die Form
- 12 Pralinés zum Dekorieren

1 Die Butter mit 50 g Zucker schaumig rühren. Die lauwarme Schokolade untermischen. Einzeln nacheinander die Dotter unterrühren und cremig aufschlagen. Die Eiklar mit dem restlichen Zucker zu Schnee schlagen und auf den Schokoladeschaum gleiten lassen. Die Semmelbrösel darüberstreuen und beides locker unterheben.

2 Eine Springform ausbuttern und bemehlen. Die Masse einfüllen und glattstreichen. Bei 175–180 °C im vorgeheizten Backrohr 35–40 Minuten backen. Auf einem Kuchengitter auskühlen lassen, am besten über Nacht.

3 Für die Creme die Haselnüsse bei 200 °C im Backrohr rösten, bis die Häute Risse zeigen. Abkühlen lassen. Durch Abreiben in einem Tuch von den Häuten befreien. Den Zucker in einer schweren Pfanne unter ständigem Rühren goldgelb karamelisieren und mit den Haselnüssen vermischen. Zum Auskühlen sofort auf gebuttertes Papier, einen ausgefetteten Teller oder Backblech schütten, da die Nüsse sonst in der Pfanne ankleben. Die ausgekühlten Nüsse zerstoßen.

4 Die Milch zum Kochen bringen. Die Dotter mit dem Zucker schaumig rühren, das Mehl untermischen, in die Milch einrühren und unter kräftigem Rühren einmal aufkochen lassen. Sofort vom Herd nehmen. Unter die noch heiße Masse die kleingeschnittene Butter und die zerstoßenen Haselnüsse mischen und so lange rühren, bis die Creme kalt und dick geworden ist.

5 Den Tortenboden zweimal durchschneiden und mit der Creme wieder zusammensetzen, die Oberfläche bleibt frei.

6 Für die Glasur die Couverture mit 2 EL Wasser auf dem Herd schmelzen. Den Zucker, das restliche Wasser und die Butter dazugeben und unter ständigem Rühren bis zur Fadenprobe (Seite 66) kochen. In eine Schüssel umfüllen und kalt rühren. Sollte sie zu dick sein, noch 1 EL Wasser zugeben.

7 Die Tortenoberfläche und den Rand mit der Glasur überziehen und die 12 Pralinés entsprechend der Stückeinteilung auflegen.

Kaffeetorte mit Buttercreme

VON BETTY SCALA AUS ARTHOLZ IN SÜDBÖHMEN

Die österreichische Offiziersgattin, die nach ihrer Hochzeit mit Gatten und Tornisterkind (so nannte man in der alten Monarchie die Offizierskinder, die mit ihren Eltern von Garnison zu Garnison zogen) quer durch die alte Monarchie zog: von Istrien über steirische Garnisonen und Triest bis nach Bosnien und Agram. Von dort flüchtete sie zum Ende des Zweiten Weltkriegs nach Wien und Kärnten. Allüberall fand ihre Torte eine begeisterte Anhängerschar. Am begeistertsten war ihr Tornisterkind, das die Torte später selbst herstellte. Doch er fand, daß er sich die Glasur schenken könnte, wenn er statt dessen eine größere Menge Creme anfertige und die Torte damit auch von außen bestreiche. Er nahm auch statt des Vanillemarks ein Päckchen Vanillezucker – ein Beispiel des Verfalls der Backkunst von Generation zu Generation.

5 Eier, getrennt
180 g Zucker
ausgeschabtes Mark von
1/2 Vanilleschote
18 geröstete, feingemahlene
Kaffeebohnen
180 g ungeschälte, geriebene
Mandeln (oder Haselnüsse)

Für die Creme

4 Eidotter, 150 g Staubzucker
3 EL starker schwarzer
Kaffee (Mocca) oder
1 TL lösliches Kaffeepulver
150 g Butter

Für die Glasur

210 g Staubzucker
3 EL starker schwarzer
Kaffee (Mocca)
1 nußgroßes Stück Butter

Außerdem

Butter für die Form

1 Die Eidotter mit 80 g Zucker schaumig schlagen. Das Vanillemark und den gemahlenen Kaffee locker untermischen. Die Eiklar mit dem restlichen Zucker zu Schnee schlagen und auf die Dottermasse gleiten lassen. Die Mandeln darüberstreuen und zusammen mit einem Kochlöffel unterheben.

2 Eine Springform ausbuttern, die Masse einfüllen und glattstreichen. Bei 180–190 °C im vorgeheizten Backrohr etwa 30 Minuten backen. Etwas abgekühlt aus der Form lösen, auf ein Kuchengitter stürzen und vollständig auskühlen lassen.

3 Für die Creme die Eidotter mit dem Staubzucker schaumig rühren. Den Kaffee untermischen und auf dem Herd bei Mittelhitze so lange kräftig weiterrühren, bis die Masse einmal aufkocht. Sofort vom Herd nehmen und unter gelegentlichem Rühren auskühlen lassen. Die Butter schaumig rühren und löffelweise die Creme untermischen.

4 Den Tortenboden einmal durchschneiden, mit der Creme füllen und wieder zusammensetzen.

5 Für die Glasur 2 EL Staubzucker in einem kleinen Topf mit dem Kaffee verrühren und einmal aufkochen lassen. Unter ständigem Rühren den restlichen Zucker und die Butter dazugeben und weitererhitzen, bis eine halbfeste, aber noch streichfähige Glasur entstanden ist. Das dauert etwa 10 Minuten. Die Tortenoberfläche und den Tortenrand mit der Glasur bestreichen; dies muß zügig erfolgen, weil die Glasur sogleich erstarrt.

Schokoladetorte mit Maronicreme

ALTES WIENER REZEPT

Eine besonders raffiniert erdachte Torte, deren Creme ihr einen besonderen Charme verleiht. Sie ist bei jung und alt sehr beliebt.

- 100 g Butter
- 100 g Zucker
- 6 Eier, getrennt
- 100 g geschmolzene Zartbitter-Schokolade
- 100 g ungeschälte, geriebene Mandeln

Für die Füllung

- 750 g Maroni (Kastanien)
- 1/8 l Milch
- 200 g Zucker
- 1 Päckchen Vanillezucker
- 1 EL Rum oder Maraschino

Für die gekochte Schokoladeglasur

- 200 g Zucker
- 70 ml Wasser
- 200 g dunkle Couverture (Tunkmasse)

Außerdem

- Butter und Mehl für die Form
- 200 g Marillenkonfitüre zum Überziehen

1 Die Butter mit 40 g Zucker schaumig rühren. Einzeln nacheinander die Dotter dazugeben und dickcremig aufschlagen. Die lauwarme Schokolade untermischen. Die Eiklar mit dem restlichen Zucker zu Schnee schlagen und auf die Creme gleiten lassen. Die Mandeln auf den Eischnee streuen und zusammen unterheben.

2 Eine Springform ausbuttern und bemehlen. Die Masse einfüllen und glattstreichen. Bei 175 °C im vorgeheizten Backrohr etwa 40 Minuten backen. Auskühlen lassen, am besten über Nacht.

3 Für die Creme die Maroni in etwa 25 Minuten weich kochen. Etwas abkühlen lassen, mit einem scharfen Messer halbieren und mit einem Teelöffel das Mark herausschälen. Durch ein Sieb streichen. Das Maronipüree mit der Milch und dem Zucker aufkochen. Mit dem Vanillezucker und dem Rum oder Maraschino aromatisieren.

4 Den Tortenboden einmal durchschneiden, mit der Creme bestreichen und wieder zusammensetzen.

5 Die Schokoladeglasur zubereiten, wie auf Seite 67 beschrieben.

6 Die Marillenkonfitüre erhitzen, passieren und die ganze Torte damit einstreichen. Mit der Glasur überziehen.

Maroni schälen andere Art

1 Die Maroni auf der runden Seite kreuzweise einritzen, dazu ein kleines, spitzes Messer verwenden.

2 In einer feuerfesten Form oder auf dem Blech ausbreiten und bei 200° C im Rohr 10 Minuten rösten.

3 Nur kurz abkühlen lassen. Mit dem Messer die aufgesprungene Schale sowie die Innenhaut entfernen.

Direktrice-Torte

BUDAPEST

Die Schöpfung von Piroska von Alszeghy, der Direktrice des Budapester Amizoni-Internats für Töchter der gehobenen Kreise. Mit dieser Torte konnten sie zu Hause vorführen, was sie gelernt hatten. 12 ganze Eier, dazu reichlich Nüsse und Schokolade – da heißt es in der Tat einteilen zu müssen beim Verzehr.

500 g geschälte Haselnüsse
12 Eiklar
400 g Staubzucker

Für die Creme

200 g Zartbitter-Schokolade
2 EL Wasser
12 Eidotter
200 g Staubzucker
150 g Butter

Außerdem

Butter und Mehl für die Form

1 Von den Haselnüssen 400 g reiben, den Rest (zum Bestreuen der fertigen Torte) grob hacken.

2 Die Eiklar zu Schnee schlagen, dabei nach und nach den Staubzucker einrieseln lassen. Die geriebenen Nüsse vorsichtig unterziehen.

3 Eine Springform ausbuttern und bemehlen. Die Hälfte der Masse einfüllen, glattstreichen und bei 175–180 °C im vorgeheizten Backrohr 35–40 Minuten backen, dabei das Backrohr keinesfalls öffnen. Mit der zweiten Teighälfte ebenso verfahren. Auf einem Kuchengitter auskühlen lassen, am besten über Nacht.

4 Für die Creme die Schokolade in dem Wasser schmelzen und etwas abkühlen lassen. Die Dotter mit dem Staubzucker schaumig rühren und im Wasserbad dickcremig schlagen. Die Schokolade dazugeben und so lange rühren, bis die Creme dick geworden ist. Vom Wasserbad nehmen und abkühlen lassen. Die Butter schaumig rühren und löffelweise die Creme untermischen.

5 Die Tortenböden einmal durchschneiden, mit einem Teil der Creme bestreichen, wieder zusammensetzen und mit der restlichen Creme vollständig überziehen. Mit den gehackten Nüssen bestreuen.

Ilona-Früchtetorte

BUDAPEST

Die Zugabe einer Vielfalt exotischer Früchte in Kombination mit Rum läßt die Weite des Orients erahnen.

8 Eier, getrennt
8 EL Zucker
160 g geriebene Haselnüsse
2 EL Mehl

Für die Füllung 1

160 g geriebene Haselnüsse
2 TL heiße Milch
160 g Butter
160 g Zucker

Für die Füllung 2

150–200 g verschiedene kandierte Früchte wie Kirschen, Melonenschalen, Weichseln, Erdbeeren, nach Belieben auch etwas Zitronat und Orangeat
10 Datteln
50 g Rosinen
2 EL Rum

Für die gekochte Schokoladeglasur

200 g Zucker
70 ml Wasser
200 g dunkle Couverture (Tunkmasse)

Außerdem

Butter für die Form
200 g Himbeerkonfitüre

1 Die Dotter mit 3 EL Zucker schaumig rühren. Die Eiklar mit dem restlichen

Zucker zu Schnee schlagen und löffelweise unterheben. Nach und nach die Nüsse und das gesiebte Mehl einmischen.

2 Eine Springform ausbuttern. Die Masse einfüllen und glattstreichen. Bei 180 °C im vorgeheizten Backrohr 40–45 Minuten backen. Auf einem Tortengitter auskühlen lassen.

3 Für die Füllung 1 die geriebenen Haselnüsse mit der heißen Milch überbrühen und dann schneeweiß rühren. Abkühlen lassen. Die Butter mit dem Zucker schaumig rühren und nach und nach die Nüsse untermischen.

4 Für die Füllung 2 die kandierten Früchte und die entkernten Datteln klein schneiden. Die Rosinen und die Datteln in Rum einweichen.

5 Den Tortenboden zweimal durchschneiden. Auf 2 Böden Füllung 1 und Füllung 2 übereinander verstreichen – zwischendurch kurz tiefkühlen, damit die Früchte nicht zu stark in die Creme einsinken – und alle Böden aufeinandersetzen. Die Oberfläche mit der erwärmten, passierten Konfitüre bestreichen.

6 Die Schokoladeglasur zubereiten, wie auf Seite 67 beschrieben. Die Torte damit überziehen.

Jeritzatorte

ÖSTERREICH

Dies war die Lieblingstorte der Primadonna Maria Jeritza (eigentlich Marie Jedlitzka). Der Name der Sopranistin, die seit 1912 am Wiener Opernhaus wirkte, bleibt nun unvergessen.

- 8 Eier, getrennt
- 70 g Zucker
- 70 g feingehackte Mandeln
- 140 g geriebene Zartbitter-Schokolade
- 20 g Mehl

Für die Creme

- 4 Eidotter
- 140 g Zucker
- 120 g geriebene Zartbitter-Schokolade
- 1 EL Wasser
- 140 g weiche Butter

Für die gekochte Schokoladeglasur

- 200 g Zucker
- 70 ml Wasser
- 200 g dunkle Couverture (Tunkmasse)

Außerdem

- Butter für die Form

1 Die Dotter schaumig rühren. Die Eiklar mit dem Zucker zu Schnee schlagen, 1/3 unter den Dotterschaum ziehen, den Rest daraufgleiten lassen. Die Mandeln, die Schokolade und das gesiebte Mehl auf den Eischnee streuen und zusammen locker unterheben.

2 Eine Springform ausbuttern. 1/3 der Masse einfüllen und glattstreichen. Bei 190 °C im vorgeheizten Backrohr 35–40 Minuten backen. Auf einem Kuchengitter auskühlen lassen. Mit der restlichen Masse noch zweimal auf dieselbe Weise verfahren.

3 Für die Creme die Dotter, den Zucker, die Schokolade und das Wasser vermischen und im Wasserbad zu einer dicken Creme aufschlagen. Vom Wasserbad nehmen und lauwarm abkühlen lassen. Die Butter in kleinen Stücken dazugeben und so lange rühren, bis die Creme kalt ist.

4 Die Tortenböden mit einem Teil der Creme bestreichen, zusammensetzen und den Rand mit der restlichen Creme einstreichen.

5 Die Schokoladeglasur zubereiten, wie auf Seite 67 beschrieben. Die Tortenoberfläche mit der Glasur überziehen.

Jambotorte

UNGARN

Eine einfach herzustellende Torte!

8 Eiklar
160 g Zucker, 130 g Mehl
160 g geriebene Walnüsse
2 gestrichene EL gesiebte Semmelbrösel
2 Päckchen Vanillezucker

Für die Creme

6 Eidotter, 100 g Zucker
2 TL starker schwarzer Kaffee (Mocca), 150 g Butter

Außerdem

Butter für die Form
100 g grobgehackte Nuß-Zucker-Mischung zum Bestreuen

1 Eiklar und Zucker zu Schnee schlagen. Mehl, Nüsse und Semmelbrösel mischen und den Vanillezucker locker unterheben.

2 Eine Springform ausbuttern. Die Masse einfüllen und glattstreichen. Bei 190 °C im vorgeheizten Backrohr 30 Minuten backen. Auf einem Kuchengitter auskühlen lassen.

3 Für die Creme die Dotter mit dem Zucker schaumig rühren. Den Kaffee dazugeben und im Wasserbad dickcremig aufschlagen. Vom Wasserbad nehmen und kalt rühren. Die Butter schaumig rühren und die Creme löffelweise untermischen.

4 Den Tortenboden einmal durchschneiden. Mit einem Teil der Creme bestreichen, wieder zusammensetzen und die ganze Torte mit der restlichen Creme bestreichen. Die Oberfläche und den Rand mit der Nußmischung bestreuen.

Fiscaltorte

ADVOKATENTORTE

Hatte ein Anwalt – ein Fiscal, gesprochen Fischkal – einen Prozeß gewonnen, überreichte die Gattin des Klienten dem Advokaten zumeist eine Torte mit der Bemerkung: »Eine Kleinigkeit für Ihre Kinder.« Das klang dann auf keinen Fall nach Bestechung.

8 Eidotter, 3 Eier
300 g Zucker
300 g geriebene Mandeln
12 Eiklar

Für die Schokoladecreme

8 Eidotter, 300 g Zucker
200 g geriebene Zartbitter-Schokolade
200 g Butter

Für die Schokoladeglasur

200 g geriebene Couverture (Tunkmasse)
150 g Staubzucker
4 TL Wasser, 20 g Butter

Außerdem

Butter für die Form

1 Die Dotter und die ganzen Eier mit 100 g Zucker schaumig rühren. Die Mandeln dazugeben und so lange weiterrühren, bis die Masse weiß ist. Zuletzt die mit dem restlichen Zucker zu Schnee geschlagenen Eiklar unterheben.

2 Eine Springform gut ausbuttern. Die Hälfte der Masse einfüllen und glattstreichen. Bei 175 °C im vorgeheizten Backrohr 30 Minuten backen. Auf einem Kuchengitter auskühlen lassen. Mit der zweiten Massehälfte auf dieselbe Weise verfahren.

3 Für die Creme Dotter und Zucker im Wasserbad zu einer dicken Creme aufschlagen. Vom Wasserbad nehmen und kalt rühren. Die Schokolade mit der Butter schaumig rühren und die Creme löffelweise untermischen.

4 Die Tortenböden einmal durchschneiden. Mit einem Teil der Creme bestreichen, wieder zusammensetzen. Den Tortenrand mit der restlichen Creme bestreichen.

5 Für die Glasur die Couverture im Wasserbad schmelzen, mit dem Staubzucker und Wasser dick rühren. Vom Wasserbad nehmen, die Butter dazugeben und so lange weiterrühren, bis die Glasur etwas ausgekühlt ist. Die Tortenoberfläche damit überziehen.

Nußtorte

Batschka

In der Batschka wurden die Walnüsse auch »Welschnüsse« genannt, weil sie bei den »Welschen«, den Fremden – in diesem Fall den Italienern – beheimatet waren.

8 Eier, getrennt
200 g Zucker, 2 EL Rum
1 Prise Zimt, 120 g Mehl
260 g geriebene Walnüsse
2 gestrichene EL gesiebte Semmelbrösel

Für die Creme

150 g Butter
100 g Zucker, 2 Eier
100 g geriebene Zartbitter-Schokolade

Außerdem

Butter und Mehl für die Form
Rum zum Beträufeln (nach Belieben)

1 Die Dotter mit 50 g Zucker schaumig rühren. Den Rum und den Zimt untermischen. Die Eiklar mit dem restlichen Zucker zu Schnee schlagen und auf den Dotterschaum gleiten lassen. Mehl, Walnüsse und Semmelbrösel mischen und daraufstreuen und alles locker unterheben.

2 Eine Springform ausbuttern und bemehlen. Die Masse einfüllen und glattstreichen. Bei 175 °C im vorgeheizten Backrohr etwa 1 Stunde backen. Auskühlen lassen.

3 Für die Creme die Butter mit dem Zucker schaumig rühren. Die Eier einzeln zugeben und weiterrühren, bis eine glatte, cremige Masse entstanden ist. Die Schokolade untermischen und kräftig rühren, bis die Creme geschmeidig ist.

4 Den Tortenboden einmal durchschneiden. Nach Belieben den Boden mit Rum beträufeln. Mit einem Teil der Creme bestreichen, wieder zusammensetzen und die ganze Torte mit der restlichen Creme bestreichen.

Marillentorte

Wien

50 g Butter, 4 EL Zucker
5 Eidotter, 3 EL Milch
1/2 TL Backpulver
4 EL Mehl, 1 Eiklar

Für den Belag

130 g getrocknete Marillen, am Vorabend in 1/2 l Wasser eingeweicht
3 EL Zucker
4 Eiklar
4 EL Staubzucker
1 Päckchen Vanillezucker

Außerdem

Butter für die Form

1 Die Butter mit dem Zucker schaumig rühren, die Dotter unterrühren. Die Milch, das mit dem Backpulver gesiebte Mehl und das Eiklar dazugeben und alles gut schaumig rühren.

2 Den Boden einer Springform ausbuttern oder mit Backpapier belegen. Die Masse einfüllen, glattstreichen und bei 180 °C im vorgeheizten Backrohr etwa 30 Minuten backen.

3 Für den Belag die Marillen mit dem Zucker im Einweichwasser weich kochen. Dieses soll fast verdunstet sein. Auskühlen lassen und den gebackenen Kuchen damit belegen.

4 Die Eiklar mit dem Staubzucker und Vanillezucker schön dickcremig schlagen und über die Aprikosen verstreichen. Den Kuchen noch einmal in das Backrohr schieben und etwa 10 Minuten überbacken, bis der Eischnee schön hellgelb geworden ist.

Stefániatorte

Ungarn

Sie ist eine Kreation der Prinzessin Stefánia, der Gemahlin des Kronprinzen Rudolph. Die Schokolade in Stangen, wie sie in der Vorkriegszeit verwendet wurde, hatte eine schmälere Form als die heutige »Tafel« und wog je Stange 50 Gramm.

10 Eiklar
250 g feinster Zucker
250 g feingeriebene Haselnüsse
4 EL ausgesiebte Semmelbrösel

Für die Creme

250 g Zucker
6 Eidotter
2 EL Schlagobers
2 Stangen geschmolzene Schokolade (siehe Einleitung)
1 EL weiche Butter

Außerdem

Butter für die Form

1 Die Eiklar zu Schnee schlagen, dabei den Zucker nach und nach einrieseln lassen. Die Nüsse und die Brösel unterheben.

2 Eine Springform gut ausbuttern, die Masse einfüllen und glattstreichen. Bei 180 °C im vorgeheizten Backrohr etwa 35 Minuten backen. Auskühlen lassen.

3 Für die Creme den Zucker mit den Dottern und dem Obers vermischen und im Wasserbad dickcremig schlagen. Vom Wasserbad nehmen und kalt schlagen. Die lauwarme Schokolade und die Butter gut unterrühren.

4 Den Tortenboden einmal durchschneiden. Mit einem Teil der Creme bestreichen, zusammensetzen und die ganze Torte mit der restlichen Creme überziehen.

Lukácstorte

ALTES UNGARISCHES REZEPT

Dies war die Torte der gehobenen Gesellschaft.

8 Eier, getrennt
250 g Zucker
40 g Kakaopulver
45 g Mehl

Für die Creme

250 g Zucker
3 EL Wasser
250 g Butter
2 Eidotter
200 g in 2 EL Rum eingeweichte kandierte Früchte, klein geschnitten

Für die Glasur

60 g Zucker
2 EL Wasser
15 g Kakaopulver
80 g Butter

Außerdem

Butter für die Form

1 Die Eidotter mit 100 g Zucker schaumig rühren. Die Eiklar mit dem restlichen Zucker zu Schnee schlagen und auf den Dotterschaum gleiten lassen. Das Mehl mit dem Kakao darübersieben und beides vorsichtig unterheben.

2 Eine Springform ausbuttern. Die Masse einfüllen und glattstreichen. Bei 180 °C im vorgeheizten Backrohr etwa 40 Minuten backen. Auskühlen lassen.

3 Für die Creme den Zucker mit dem Wasser aufkochen. Auskühlen lassen. Die Butter schaumig rühren, den Sirup einlaufen lassen und weiterrühren, bis die Masse schneeweiß ist. 2 EL für das Bestreichen des Randes zurückbehalten, die restliche Creme teilen. Unter eine Hälfte einzeln nacheinander die Dotter rühren und zu einer dicken gelben Creme aufschlagen.

4 Den Tortenboden einmal durchschneiden und beide Schnittseiten mit Creme bestreichen: die eine mit der weißen, die andere mit der gelben Creme. Auf eine Tortenhälfte etwa 1 1/2 cm hoch die kandierten Früchte verteilen. Die andere Hälfte mit der Cremeseite nach unten sehr vorsichtig darüberstülpen. Die Torte ganz leicht beschweren, damit sich die Cremen berühren. Mit der zurückbehaltenen Creme den Rand einstreichen.

5 Für die Glasur den Zucker mit dem Wasser aufkochen. Sobald er glasig ist, den Kakao einrühren, gut aufkochen lassen und vom Herd nehmen. Noch heiß die Butter in kleinen Stücken einrühren. Etwas abkühlen lassen und die ganze Torte damit überziehen.

Moderne Rezepte

Sachertorte

Für 1 Torte von
24 cm Durchmesser

Keine ist so vielgerühmt wie diese. Doch in jedem Buch gibt es eine andere Rezeptur, und in jeder Konditorei wird ein anderes Produkt unter diesem Namen verkauft. Aber wenigstens mit Schokolade oder schlimmstenfalls mit Kakao wird sie hergestellt.
Die Sachermasse hat eine bestimmte Zusammensetzung, und dazu werden nur Butter, Couverture, Eier, Zucker und Mehl verwendet. Keine Mandeln oder Marzipan, keine Nüsse oder Arancini. Mit solchen Beigaben kann man sicherlich auch eine gute Schokolademasse backen, nur ist es dann keine Sachermasse. Die Sachertorte wird mit feiner Marillenkonfitüre gefüllt und eingestrichen und mit der sogenannten Schokoladekonservglasur überzogen. Weder Fondant noch Glasurmasse, auch nicht die feinste Couverture paßt in gleicher Harmonie.

1 *Die Torte mit der passierten Marillenkonfitüre füllen.*

2 *Die ganze Torte mit der heißen Konfitüre bestreichen.*

3 *Die gesamte Glasur auf die aprikotierte Torte ausleeren.*

4 *Rasch verstreichen.*

Sachermasse (Rezept Seite 51)
350 g passierte Marillenkonfitüre zum Füllen und Aprikotieren
Schokoladekonservglasur (Rezept Seite 67)

Zum Präsentieren

½ l Schlagobers
10 g feinster Kristallzucker

1 Die Sachermasse am Vortag backen und im Kühlschrank aufbewahren. Aus dem Reifen nehmen und einmal horizontal durchschneiden. Mit der Krustenseite nach unten auf eine genau passende Tortenunterlage setzen, mit etwa 100 g Marillenkonfitüre bestreichen und zusammensetzen.

2 Die restliche Konfitüre aufkochen und damit die ganze Torte mit Hilfe einer Palette dünn bestreichen.

3 Die Torte samt Unterlage auf ein Glasiergitter stellen und mit der Konservglasur rasch und mit wenigen Strichen vollkommen überziehen. Wegsetzen. Nach dem Erstarren und Festwerden der Glasur mit einem kleinen Messer den noch leicht abgelaufenen Rand wegschneiden. Mit einer sauberen Palette von der Unterlage abheben und auf einen Tortenteller setzen. Portionieren.

4 Das Obers mit dem Zucker schlagen und mit der Torte servieren.

Gerührte Linzertorte

Für 1 Torte von 24 cm Durchmesser

Die Linzertorte ist ein fester Begriff in der österreichischen Süßspeisenküche. Sie ist eigentlich keine Torte, sondern eher ein Kuchen, ist aber in ihrer runden Form als Linzertorte in der ganzen Welt berühmt geworden. Man kennt sie als Gerührte Linzertorte oder als Linzertorte aus einem Nußlinzerteig. Beide sind nicht unbedingt Schlankmacher. Doch ist die »Gerührte« vielleicht um eine Spur leichter – man will sich ja nicht umsonst damit geplagt haben, beim Schaumigrühren genügend Luft unterzubringen.
Die Linzermasse ist auch ein guter Bröselverwerter. Wenn es also mürbe Kuchenabfälle gibt – Sachermasse, Nußmasse, Biskuitmasse, Mürbteigbrösel usw. (man kann sie auch sammeln und zur späteren Verwendung tiefkühlen) –, dann wird's Zeit, eine Linzertorte zu backen. Die Bindung durch hauptsächlich süße Brösel und Nüsse macht den Kuchen wesentlich mürber, als wenn nur Mehl und Nüsse verwendet werden. Semmelbrösel eignen sich für diese Rezeptur nicht.

Für die Linzermasse

300 g Haselnüsse
300 g Kuchenbrösel
50 g Mehl
320 g Butter
150 g Staubzucker
10 g Vanillezucker
2 cl Rum
5 g Zimt
3 g Nelken
1 g Salz
abgeriebene Schale von
1/4 unbehandelten Zitrone
2 Eier
1 Eidotter

Außerdem

1 runde Backoblate von
22 cm Durchmesser (kann
gestückelt sein)
50 g nicht passierte
Ribiselkonfitüre
10 g gehobelte Mandeln
Staubzucker zum Besieben

1 Einen Tortenreifen vorbereiten. 100 g Haselnüsse auf einem Backblech bei 180 °C im Backrohr rösten, bis sich die dünnen Häutchen lösen und die Kerne gleichmäßig hellbraun durchgeröstet sind. In einem Tuch die Häutchen gründlich abreiben. Auskühlen lassen. Die gerösteten und die ungerösteten Haselnüsse sowie die Kuchenbrösel reiben und mit dem Mehl mischen.

2 Die Butter mit dem Zucker, Rum, den Gewürzen und der Zitronenschale schaumig rühren. Die beiden Eier und den Dotter nach und nach zugeben. Zuletzt die Nußmischung einmelieren.

3 Etwa 2/5 der Masse in den Tortenreifen einstreichen. Die Backoblate in die Mitte legen und darauf die Ribiselkonfitüre verteilen, jedoch nicht bis zum Tortenreifen hinausstreichen.

4 Die restliche Linzermasse in einen Dressiersack mit Sterntülle füllen und ein Gitter über die Torte spritzen, dabei ebenfalls etwa 1 cm Distanz zum Tortenreifen einhalten. Rundherum entlang dem Tortenreifen spiralförmig den Rand dressieren. In die Mitte der Torte locker einige gehobelte Mandeln streuen.

5 Bei 160 °C im vorgeheizten Backrohr etwa 1 Stunde backen. Auskühlen lassen.

6 Die Torte aus dem Reifen nehmen, in die Mitte eine Scheibe aus Karton legen und rundherum leicht mit Staubzucker besieben.

Hinweis

Die Linzertorte eignet sich hervorragend zum Einfrieren und kann so zeitlich unabhängig vorbereitet und nach dem Auftauen frisch zu Tisch gebracht werden.

Marillenrahmtorte

Für 1 Torte von
26 cm Durchmesser

Die Marillenrahmtorte muß frisch zubereitet werden, sie eignet sich nicht zum Einfrieren oder zum Aufbewahren im Kühlschrank. Wenn ein Rest verbleibt, sollte man ihn vor dem Servieren im Backrohr oder Mikrowellengerät leicht anwärmen. Den Blätterteigboden kann man jedoch schon am Vortag backen.
Die Marillen sollen aromatisch und vollreif sein. Sehr gut eignen sich dafür Marillen aus der Dose. Meist nur mäßig süß und kernig weich, sind sie oft besser zu verwenden als frische Früchte.

- 400 g Blätterteig (Rezept Seite 54 oder Tiefkühlware)
- 1 kg Bohnen, Linsen oder Erbsen zum Blindbacken
- 20 g ungeschälte, geriebene Mandeln
- 700 g Marillenhälften

Für die Rahm-Royal

- 100 g Topfen (10 % Fett)
- 70 g Kristallzucker
- 10 g Vanillepuddingpulver
- 7 g Vanillezucker
- 4 Eidotter
- abgeriebene Schale von 1/4 unbehandelten Zitrone
- 1 Prise Salz
- 1/4 l Schlagobers

Außerdem

- 1/2 Päckchen Tortenguß, nach Packungsanweisung zubereitet

1 Eine runde Schablone aus Backpapier mit einem Durchmesser von 34 cm vorbereiten. Den Blätterteig 2 mm dick ausrollen und nach der Papierschablone ausschneiden. Stupfen (mit einer Gabel in Abständen einstechen), damit der Teig gleichmäßig aufgehen kann. Die Teigplatte auf das Rollholz aufrollen, über der Pieform abrollen und der Form anpassen. Den überstehenden Rand über die obere Kante biegen und außen an die Form drücken, um einem Schlupfen (Zusammenziehen) des Teiges etwas vorzubeugen.

2 Das Backpapier von der Kante in 3 cm Abständen jeweils etwa 4 cm zur Mitte hin einschneiden. Mit der Scherenspitze im mittleren Bereich einige kleine Löcher einstechen, damit später der Backdunst entweichen kann.

Die Marillen (Schnittfläche nach oben) schindelartig auf den vorgebackenen Boden legen.

Auf den Teig in die Pieform legen. Der eingeschnittene Rand läßt sich problemlos aufstellen. Die Hülsenfrüchte bis zum oberen Rand einfüllen. Bei 180 °C im vorgeheizten Backrohr etwa 45 Minuten backen. Die Hülsenfrüchte aus der Form leeren und das Papier herausnehmen. Der Blätterteig soll hellbraun und rösch durchgebacken sein.

3 Die Mandeln gleichmäßig auf dem Boden verteilen und die Marillenhälften mit der offenen Seite nach oben kreisförmig und schindelartig einlegen. Bei 170 °C 15 Minuten vorbacken.

4 In der Zwischenzeit für die Royal den Topfen, Zucker, Vanillepuddingpulver, Vanillezucker, Dotter, Zitronenschale und Salz vermischen und mit dem auf etwa 80 °C erhitzten Obers verrühren. Nach Ablauf der Vorbackzeit über die Marillen verteilen und in weiteren etwa 35 Minuten bei gleicher Temperatur fertigbacken.
Backprobe: Eine Marillenhälfte in der Tortenmitte etwas anheben – dabei kann man erkennen, ob der Guß ausreichend abgestockt ist.

5 Überkühlen lassen. Den an der Formkante überstehenden Teig abschneiden. Mit dem Tortenguß dünn abglänzen und aus der Form nehmen.

Rhabarbertorte

Für 1 Torte von
26 cm Durchmesser

Der Rhabarber wird bei uns in Österreich fast ein wenig vernachlässigt, meist wird er nur zu Kompott verarbeitet. Dabei ist er in der Süßspeisenküche für erfrischende Desserts bestens zu verwenden. Hier ein Beispiel, in dem der geschälte, geschnittene Rhabarber in geriebenem Teig, mit Royal übergossen, gebacken wird. Mit Schaummasse bedeckt und garniert, wird die Torte im sehr heißen Backrohr noch geflämmt. Die Rhabarbertorte sollte so frisch wie möglich serviert werden.

Gezuckerter geriebener Teig (Rezept Seite 60)
1 Eiklar zum Fixieren des Teigrandes
650 g geschälter, in 1 cm breite Stücke geschnittener Rhabarber
20 g Mehl

Für die Royal

150 ml Schlagobers
150 ml Milch
3 Eier
80 g Kristallzucker
16 g Vanillepuddingpulver
8 g Vanillezucker
1 Prise Salz

Außerdem

Schaummasse (Rezept Seite 52, 1¼ Rezeptmenge)
15 g grobgehackte Splittermandeln, wenn vorhanden
Staubzucker zum Besieben

1 Eine Pieform – niedrige Fruchkuchenform mit einem nur 3 cm hohen, schrägen Rand – von 26 cm Durchmesser vorbereiten.

2 Den geriebenen Teig 3 mm dick ausrollen. Mit Hilfe einer Papierschablone oder eines passenden Tortenreifens im Durchmesser von 32 cm rund ausschneiden. In die Form legen und exakt eindrücken. Den überstehenden Rand über den Formrand legen und mit etwas Eiklar außen fixieren, um ein Einziehen des Teiges während des Backens zu verhindern. Bei 170 °C im vorgeheizten Backrohr 15 Minuten vorbacken.

3 Den Rhabarber mit dem Mehl mischen und sofort auf dem heißen Teig verteilen. Weitere 10 Minuten bei gleicher Temperatur backen.

4 Inzwischen für die Royal das Obers mit der Milch aufkochen. Die Eier mit dem Zucker, Vanillepuddingpulver, Vanillezucker und Salz mischen. Unter Rühren die Obers-Milch-Mischung zugießen und die Royal über dem Rhabarber verteilen. In 30–35 Minuten bei gleicher Temperatur fertigbacken.

5 Backprobe: Mit einem kleinen Messer in der Tortenmitte ein Stück Frucht anheben und kontrollieren, ob die Royal gestockt ist. Beachten, daß mit der Royal nicht zu lange gebacken wird – sie soll möglichst nicht aufgehen, sondern glatt und »speckig« stocken. Auch soll sie möglichst wenig Farbe nehmen.

6 Auskühlen lassen. Den an der Formkante überstehenden Teig mit einem Messer abschneiden. Die Torte aus der Form nehmen und auf ein Backblech stellen.

7 Einen Teil der Schaummasse 1–2 Stunden vor dem Servieren leicht kuppelförmig aufstreichen. Mit einem Torteneinteiler oder langen Messer die Tortenstücke markieren. Mit einem Dressiersack und glatter Tülle auf jedes Tortenstück spiralförmig und zur Tortenmitte verjüngend sehr füllig die restliche Schaummasse aufdressieren. Locker die Splittermandeln darüberstreuen, leicht mit Staubzucker besieben und im Backrohr bei 250 °C Oberhitze kurz Farbe nehmen lassen.

Florentiner Apfeltorte

Für 2 Torten von 24 cm Durchmesser

Die Rezepteinheiten für 1 Torte wären zu klein, daher sind die Zutaten für 2 Torten vorgesehen. Eine Torte kann zu späterer Verwendung halbfertig tiefgekühlt werden. Oder es können aus rationellen Überlegungen beide Torten, halbfertig tiefgekühlt, vorbereitet sein und zu gegebenem Anlaß fertiggebacken werden.

Für die Nußmasse

- 150 g geriebene Walnüsse
- 40 g Semmelbrösel
- 20 g Mehl, 130 g Butter
- 5 g Vanillezucker
- abgeriebene Schale von 1/4 unbehandelten Zitrone
- 1 Prise Zimt
- 1 Prise Salz
- 7 Eidotter, 7 Eiklar
- 140 g Zucker

Für die Biskuitböden

- Biskuitmasse für Rouladen (Rezept Seite 49, 1/2 der angegebenen Menge)

Für die Apfelfüllung

- 150 g entrindetes Toastbrot, etwa 2 Tage alt (keine Semmelbröckerl!)
- 2,4 kg Äpfel (Boskoop oder Elstar)
- 2 l Wasser
- 100 ml Zitronensaft
- 250 g Zucker
- abgeriebene Schale von 1/2 unbehandelten Zitrone

Für die Florentinermasse

- 140 g gehobelte Mandeln
- 140 g Staubzucker, 2 Eiklar

Außerdem

- 100 g Ribiselkonfitüre
- 1/2 Päckchen Tortenguß, nach Packungsanweisung zubereitet

1 Einen Tortenreifen vorbereiten. Die Walnüsse mit den Bröseln und dem Mehl mischen. Die Butter mit Vanillezucker, Zitronenschale, Zimt und Salz schaumig rühren. Die Dotter nach und nach zugeben. Die Eiklar mit dem Zucker zu Schnee schlagen, beide Massen mischen und die Nußmischung einmelieren. In den Tortenreifen füllen, zum Rand hochstreichen und bei 160 °C im vorgeheizten Backrohr etwa 1 Stunde backen. Auf ein mit Zucker bestreutes Papier umdrehen und auskühlen lassen.

2 Aus der Biskuitmasse auf Backpapier 2 Böden mit 25 cm Durchmesser aufstreichen und bei 210 °C 15–20 Minuten backen. Ebenfalls auf ein mit Zucker bestreutes Papier umdrehen und auskühlen lassen.

3 Für die Füllung das Toastbrot in kleine Würfel mit 5 mm Seitenlänge schneiden und ausgebreitet 2 Stunden übertrocknen lassen. Die Äpfel schälen, vom Kerngehäuse befreien und in Spalten schneiden. Das Wasser mit 50 ml Zitronensaft und 100 g Zucker aufkochen, die Äpfel zugeben und kernig weich blanchieren. Auf einem Gitter abtropfen und auskühlen lassen.

4 Die Nußmasse aus dem Reifen nehmen und horizontal einmal durchschneiden. Die Schnittflächen mit der Ribiselkonfitüre bestreichen. Tortenkarton unterlegen.

5 Zur Fertigstellung der Füllung 30 g Zucker mit der Zitronenschale auf der Arbeitsfläche – ideal ist eine Marmorplatte – durch Hin- und Herstreichen unter festem Druck mit der Palette verreiben. So wird das ätherische Öl frei und vom Zucker aufgenommen. Zusammen mit den Äpfeln, dem restlichen Zucker und Zitronensaft und den Toastbrotwürfeln vermischen und auf den beiden Tortenböden kuppelförmig aufstreichen. Jeweils ein Biskuitblatt, mit der Papierseite nach oben, der Kuppelform angepaßt auflegen und anpressen.

6 Für die Florentinermasse die Mandeln mit dem Staubzucker und dem Eiklar verrühren und je zur Hälfte über dem Biskuit verstreichen. Bei 230 °C etwa 12 Minuten überbacken – die Florentinermasse soll appetitlich hellbraun in der Farbe sein. Auskühlen lassen und mit dem Tortenguß abglänzen.

B'soffener Kapuziner

Für 1 Torte von
24 cm Durchmesser

Eine alte österreichische, leider schon fast vergessene Süßspeise, die herrlich in das Kapitel »Moderne österreichische Mehlspeisen« paßt.
Ein Dessert für jede Jahreszeit. Im Winter erinnert sie ein wenig an Punsch oder Glühwein und gemütliche Stube, in der wärmeren Jahreszeit ist sie angenehm erfrischend und leicht. Die Zusammensetzung der doch reichlich bemessenen Tränke sollte gerade noch »Röhrltest-fest« sein.

Für die Haselnußmasse

60 g	Haselnüsse
130 g	Mehl
4	Eier
150 g	Kristallzucker
5 g	Vanillezucker
1 g	Zimt
1 Prise	Salz

Für die Tränke

80 g	Kristallzucker
30 ml	Wasser
200 ml	Weißwein
80 ml	Saft von Dosenananas
80 ml	Rum

Zum Garnieren

1/4 l	Schlagobers
5 g	Kristallzucker
	kleine Segmente von Dosenananasscheiben

1 Für die Haselnußmasse die Haselnüsse auf einem Backblech bei 180 °C im Backrohr rösten, bis sich die dünnen Häutchen lösen und die Kerne hellbraun durchgeröstet sind. In einem Tuch die Häutchen abreiben. Die ausgekühlten Haselnüsse reiben und mit dem Mehl mischen.

2 Die Eier mit dem Zucker, Vanillezucker, Zimt und Salz aufschlagen. Die Nuß-Mehl-Mischung einmelieren und in den vorbereiteten Tortenreifen füllen. Zum Rand hochstreichen und bei 200 °C im vorgeheizten Backrohr etwa 35 Minuten backen. Die Masse kann die Tränke besser aufnehmen, wenn sie nicht ganz frisch ist, sondern schon am Vortag gebacken wurde.

3 Für die Tränke den Zucker mit dem Wasser aufkochen und auskühlen lassen. Mit dem Wein, Ananassaft und Rum mischen.

4 Die Torte auf ein Gitter stellen und mit einem Schöpflöffel die Tränke nach und nach darübergießen. Auch die abgelaufene Tränke wieder darübergeben, so daß sie möglichst zur Gänze von der Nußmasse aufgenommen werden kann. Kurz abtropfen lassen und auf einen Tortenteller setzen. Die vorgesehene Anzahl der Portionen an der Oberseite mit einem Messer markieren.

5 Das Schlagobers schlagen, den Zucker gleich zu Beginn zugeben. Mit einem Dressiersack und großer Sterntülle das geschlagene Obers spiralförmig, zur Mitte verjüngend, aufdressieren. Die Ananasstückchen als Dekor auflegen.

1 Die am Vortag gebackene Torte auf ein Gitter setzen und nach und nach die gesamte Tränke darüberschöpfen und eindringen lassen.

2 Die Stücke markieren und das aufgeschlagene Obers mit einem Spritzbeutel und großer Sterntülle spiralförmig von außen nach innen aufdressieren.

Fruchttorte mit Biskuitboden

Für 1 Torte von
24 cm Durchmesser

- Biskuitmasse für Torten (Rezept Seite 50)
- 5 cl Cointreau oder ähnlicher Likör zum Tränken (für Kinder Kompottsaft)
- Früchte nach Saison, gewaschen, trockengetupft

Für die Vanillebuttercreme

- 80 ml Milch, 30 g Zucker
- 8 g Vanillepuddingpulver
- 1 Eidotter, 120 g Butter

Außerdem

- 1/2 Päckchen Tortenguß, nach Packungsanweisung zubereitet
- 100 g gehobelte, geröstete Mandeln zum Einstreuen

1 Den gebackenen Biskuitboden aus dem Reifen nehmen und einmal horizontal durchschneiden. Eine Hälfte in einen sauberen Tortenreifen mit entsprechender Tortenunterlage einlegen, die zweite Hälfte, in Klarsichtfolie verpackt, zu einer späteren Verwendung einfrieren. Den Biskuitboden mit dem Likör befeuchten.

2 Für die Vanillebuttercreme die Milch mit dem Zucker, Vanillepuddingpulver und dem Dotter aufkochen. In der Küchenmaschine bei langsamer Geschwindigkeit kalt rühren. Wenn die Creme auf ungefähr 35 °C abgekühlt ist, die temperierte Butter in Stücken zugeben und schaumig rühren. 3/4 der Creme auf dem Biskuit verstreichen. Die Früchte auflegen und mit dem Tortenguß abglänzen.

3 Mit einem kleinen, spitzen Messer die Torte vom Rand lösen und den Reifen abnehmen. Die Torte hochheben, mit Hilfe einer Palette den Biskuitrand mit der restlichen Buttercreme einstreichen und mit den gehobelten Mandeln einstreuen.

Fruchttorte mit Blätterteigboden

Für 1 Torte von
26 cm Durchmesser

- 400 g Blätterteig (Rezept Seite 54 oder Tiefkühlware)
- Bohnen, Linsen oder Erbsen zum Blindbacken
- Vanillebuttercreme wie links oder passende, erhitzte Konfitüre
- diverse Früchte, am besten Ananaserdbeeren oder Himbeeren
- 1/2 Päckchen Tortenguß, nach Packungsanweisung zubereitet

1 Eine runde Schablone aus Backpapier mit einem Durchmesser von 34 cm vorbereiten. Den Blätterteig 2 mm dick ausrollen und nach der Papierschablone ausschneiden. Stupfen (mit einer Gabel in Abständen einstechen), damit der Teig gleichmäßig aufgehen kann. Die Teigplatte auf das Rollholz aufrollen, über der Pieform abrollen und der Form anpassen. Den überstehenden Rand über die obere Kante biegen und außen an die Form andrücken, um einem Schlupfen des Teiges etwas vorzubeugen.

2 Das Backpapier von der Kante in 3 cm Abständen jeweils etwa 6 cm zur Mitte hin einschneiden. Mit der Scherenspitze im mittleren Bereich einige kleine Löcher einstechen, damit später der Backdunst entweichen kann. Auf den Teig in die Pieform legen. Der eingeschnittene Rand läßt sich problemlos aufstellen. Die Hülsenfrüchte bis zum oberen Rand einfüllen. Bei 180 °C im vorgeheizten Backrohr etwa 45 Minuten backen. Die Hülsenfrüchte aus der Form leeren und das Papier herausnehmen. Der Blätterteig soll hellbraun und rösch durchgebacken sein. Den überstehenden Teigrand abschneiden.

3 Den Boden mit der Buttercreme oder dünn mit Konfitüre glatt einstreichen. Mit den Früchten dicht belegen und mit dem Tortenguß abglänzen. Diese Fruchttorte, speziell wenn der Boden mit Konfitüre bestrichen wurde, schmeckt gut mit leicht gesüßtem Schlagobers.

Zwetschken-streuseltorte

Für 1 Torte von
26 cm Durchmesser

Ein Mürbteigboden, darauf Zwetschken und obenauf noch reichlich Butterstreusel, das ist ein wenig deftig, aber gut – die Zwetschkensaison dauert ja nicht so lange. Die Torte wird am besten in einer Pieform – einer Fruchttortenform mit etwa 3 cm hohem, schrägem Rand – gebacken.

- Linzerteig (Rezept Seite 59, 1/3 der angegebenen Menge)
- 60 g ungeschälte, geriebene Mandeln
- 700–800 g entsteinte Zwetschkenhälften
- 30 g Zimtzucker
- 500 g Butterstreusel (Rezept Seite 60)
- Staubzucker zum Besieben

1 Den Mürbteig 5 mm dick ausrollen. Mit Hilfe der Form etwas größer ausschneiden, auf das Rollholz aufrollen, über der Pieform abrollen und der Form angleichen. Den überstehenden Rand abschneiden.

2 30 g Mandeln gleichmäßig auf dem Boden verteilen und die Zwetschken, außen beginnend, in Kreisen schindelartig aufstellen. Zuerst den Zimtzucker und dann die restlichen Mandeln darüberstreuen. Die Butterstreusel darüber verteilen.

3 Bei 160 °C im vorgeheizten Backrohr etwa 1 Stunde backen. Auskühlen lassen, portionieren und leicht mit Staubzucker besieben.

Hinweis

Zum Einfrieren oder Aufbewahren im Kühlschrank ist die Zwetschkenstreuseltorte weniger geeignet. Am besten ist sie frisch gebacken. Doch kann man sie sehr gut vorbereiten. Mürbteig und Zwetschken schon am Vortag in die Form geben, auch die Streusel bereits herstellen; zum Backen nur mehr den Zimtzucker, die zweite Menge Mandeln und die Streusel darübergeben.

Frucht-Punschtorte

Für 2 Torten von
24 cm Durchmesser

Ein Fruchtkuchen mit Marillen, getränkt mit Punsch, ist im Winter ein Vergnügen.

- 200 g Mehl
- 75 g grobgeriebene oder gehackte Haselnüsse
- 200 g Butter
- 200 g Staubzucker
- 1 Vanilleschote
- abgeriebene Schale von 1/2 unbehandelten Zitrone
- 4 Eier

Für den Belag

- 300 g Marillenhälften (Dose)
- 25 g grobgeriebene oder gehackte Haselnüsse

Außerdem

- 1/4 l Punsch (je nachdem – mit mehr oder weniger Alkohol) zum Tränken
- 250 g passierte Marillenkonfitüre
- 50 g feingehacktes Orangeat
- 1/2 Päckchen Tortenguß, nach Packungsanweisung zubereitet

1 Das gesiebte Mehl mit den Haselnüssen mischen. Die temperierte Butter mit dem Zucker, dem ausgeschabten Mark der Vanilleschote und der Zitronenschale schaumig rühren. Dabei beachten, daß die Butter genügend weich ist, eventuell noch etwas anwärmen. Die Eier nach und nach zugeben und zuletzt die Mehlmischung einmelieren.

2 Die Masse je zur Hälfte in die vorbereiteten Tortenreifen verteilen. Die Marillenhälften mit den Schnittflächen nach unten auflegen und mit den Haselnüssen bestreuen. Bei 160 °C im vorgeheizten Backrohr etwa 50 Minuten backen.

3 Die noch lauwarmen Torten mit je 1/8 Liter Punsch tränken.

4 Die Marillenkonfitüre mit dem Orangeat mischen, aufkochen und damit die Torten bestreichen. Auskühlen lassen und mit dem Tortenguß abglänzen.

Topfentorte

Für 1 Torte von
24 cm Durchmesser

Eine sehr leichte Topfenmasse, auf einem Mürbteigboden gebacken. Die Torte sollte frisch zubereitet sein und möglichst noch lauwarm serviert werden. Eventuell kann man sie nach dem Schneiden und kurz vor dem Servieren im Mikrowellengerät leicht temperieren. Es gibt eigens für Topfentorten hergestellte Tortenreifen. Diese bewirken, daß die Masse an der Seite fast keine Farbe nehmen kann. Allerdings kann man sie nur im Konditoreigeräte-Fachhandel bekommen. Ein kleiner Trick genügt für den Hausgebrauch: Backpapier fünf- bis sechsfach in der Höhe von 7 cm zusammenfalten und in der Länge dem Tortenreifenumfang anpassen.
Wer keinen solchen Tortenreifen besitzt, kann alternativ eine Springform verwenden, sollte den Formboden aber verkehrt herum einsetzen, weil sich der dünne Mürbteigboden sonst nur sehr schwer herauslösen läßt. Auch bei der Springform sollte der Trick mit dem gefalteten Backpapier angewendet werden.

Mürbteig (Rezept Seite 59, 1/6 der angegebenen Menge)

Für die Topfenmasse

500 g passierter Topfen (20 % Fett)
250 g Sauerrahm
40 g Zucker
40 g Vanillepuddingpulver
40 g Magermilchpulver
12 g Vanillezucker
1 g Salz
3 Eidotter
abgeriebene Schale von 1/3 unbehandelten Zitrone
1/2 l Milch
5 Eiklar
130 g Zucker

Außerdem

Staubzucker zum Besieben oder 1/2 Päckchen Tortenguß, nach Packungsanweisung zubereitet

1 Den Mürbteig 3mm dick ausrollen, mit dem Rollholz aufrollen und auf dem Backblech wieder abrollen. Um Blasenbildung zu vermeiden, den Teig stupfen (mit einer Gabel in Abständen einstechen). Mit dem Tortenreifen ausstechen und diesen um den Mürbteig stehen lassen. Bei 180 °C im vorgeheizten Backrohr nach Sicht hell backen.

2 Das vorbereitete Backpapier eng anliegend um den Tortenreifen wickeln (siehe Anweisung in der Rezepteinleitung) und mit einer Schnur fixieren.

3 Für die Topfenmasse alle Zutaten bis einschließlich der Zitronenschale mit dem Handschneebesen oder in der Küchenmaschine glattrühren. Dann die Milch nach und nach zugießen.

4 Die Eiklar mit dem Zucker zu Schnee schlagen. Die relativ flüssige Topfenmasse – am besten durch einen hilfsbereiten Assistenten – in die Schneemasse gießen (lassen) und dabei zügig mit dem Handschneebesen melieren. So wenig wie möglich zusammenrühren! In den Tortenreifen füllen.

5 Bei 200 °C anbacken. Nach etwa 20 Minuten – sobald die Decke etwas Farbe genommen hat – mit einem kleinen, spitzen Messer die Backkruste entlang dem Tortenreifen etwa 15 mm tief einschneiden, damit sich die Decke gleichmäßig heben kann. Die Temperatur auf 170 °C reduzieren und die Torte in 40–50 Minuten fertigbacken.

6 Auskühlen lassen, aus dem Reifen nehmen, auf eine Tortenplatte stellen und portionieren. Leicht anzuckern oder auch mit Tortenguß an der Oberseite abglänzen.

Obers- und Buttercremetorten

Grundsätzliches zu den Obers- und Buttercremetorten

Schlagobers ist ein wunderbares Produkt und schon in ungemischter Form, nur leicht gesüßt, ein kulinarisches Erlebnis. In der modernen Konditorei ist Obers die Basis für die schönsten Geschmackskompositionen. Bei seiner Bearbeitung und zur Verwendung für Oberscremen und Torten sind Sorgfalt und Genauigkeit notwendig, um das beste Ergebnis zu erzielen.

Obers richtig schlagen

Zum Schlagen sollte Obers möglichst nicht wärmer als 3–4 °C sein. Bei Temperaturen über 10 °C gibt es nur mehr Butter.
Schlagobers zur Herstellung von Oberscreme immer etwas schwächer ausschlagen als etwa zum Garnieren; denn es wird beim Melieren mit der Grundcreme noch bearbeitet, behält – schwächer ausgeschlagen – das größere Volumen und gibt damit der Creme die leichtere und schönere Struktur.

Obers süßen

Zum Füllen, Garnieren, als Beigabe zur Sachertorte, zum Eis oder zu einer Creme sollte es immer leicht gesüßt werden. Etwa 15–20 g Zucker reichen, um das Schlagobers im Geschmack runder und damit feiner in Kombination mit dem anderen zu gestalten. Hierfür kann ohne weiteres Kristallzucker gleich von Beginn an mitgeschlagen werden.

Gelatine auflösen

Zum Stabilisieren von Oberscreme wird in der Regel Gelatine verwendet. Diese ist als Blatt- und Pulvergelatine im Handel erhältlich. Blattgelatine zuerst in kaltem Wasser einweichen, ausdrücken und im heißen Wasserbad auflösen. Pulvergelatine mit 3 Teilen kaltem Wasser mischen und im heißen Wasserbad auflösen, bis die Lösung klar ist. Beide werden im heißen Zustand mit der jeweiligen Grundcreme – das sind die Cremezutaten ohne Schlagobers und eventuell Eischnee – gemischt.

Schlagobers und Grundcreme mischen

Sehr wesentlich für eine lockere, leichte Oberscreme ist der richtige Zeitpunkt beziehungsweise die richtige Temperatur der Grundcreme beim Mischen mit dem Schlagobers. Dazu muß diese wohl kalt und schon leicht im Stocken begriffen sein, darf aber in der Creme nicht zu rasch anziehen. Es könnten Klümpchen entstehen, und es könnte die Creme beim Verarbeiten auch zu rasch fest werden. War die Grundcreme beim Melieren mit dem Obers noch etwas zu warm, wird die Creme flüssig, verliert viel an Volumen und ergibt ein schweres Endprodukt.

Tränken

Das Tränken der Tortenböden – Befeuchten mit verschiedenen, in den Rezepten angegebenen Mischungen – geschieht am besten, indem man die Tränke in eine Spritzflasche, wie sie zum Einspritzen von Wäsche verwendet wird, einfüllt und die Tortenböden damit dosiert befeuchtet.

Tortenunterlage

Beim Füllen und Garnieren der Torten sollte zum leichteren und schonenderen Hantieren eine Tortenunterlage oder der Boden der Springform unter die gebackene Masse gelegt werden.

Tortenreifen vorbereiten

Zum Einsetzen von Obers- und Cremetorten haben sich zwei noch wenig bekannte Techniken als sehr praktisch erwiesen, vor allem auch hinsichtlich Exaktheit und Sauberkeit der Tortenränder bei Produkten, wo Schichten oder Lagen an der Seite ein Dekorelement sein sollen. Den Tortenreifen innen mit Öl bestreichen und mit Kristallzucker ausstreuen. So

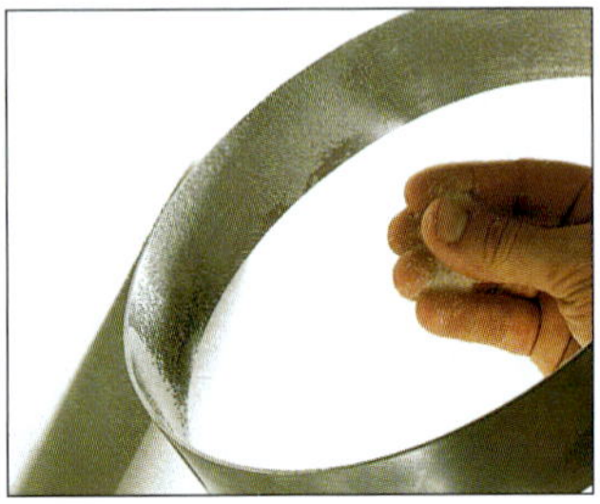

Den Tortenreifen dünn mit Öl bestreichen und mit Kristallzucker ausstreuen.

Den Tortenreifen mit einem passend zugeschnittenen Kunststoffstreifen auslegen.

Die eingefrorene Torte aus dem Reifen nehmen, mit einem weiteren, 5 mm höheren Kunststoffstreifen umlegen, zum Beispiel zum Einstreichen von Schlagobers.

kann der tiefgekühlte Tortenkorpus leicht und unbeschadet herausgedrückt werden, wenn die Öl-Zucker-Mischung beim Einsetzen der Torte nicht verwischt wurde. Die elegantere Lösung ist es, den Tortenreifen mit einem Streifen Kunststoffolie auszulegen. Hier kann nach dem Abnehmen des Tortenreifens von der tiefgekühlten Torte der Kunststoffstreifen leicht abgezogen werden, der Tortenrand bleibt ganz exakt. Dafür aus einer stärkeren Buchfolie (Papierfachgeschäft) einen Streifen, der dem inneren Reifenumfang und der Reifenhöhe entspricht, zuschneiden und in den Tortenreifen einlegen. Bei einigen Rezepturen wird nach dem Einfrieren zur Fertigstellung der Torte noch etwa 5 mm hoch Schlagobers aufgetragen. Dazu wird ein weiterer, um 5 mm höherer Streifen benötigt. Diesen nach dem Abnehmen des Tortenreifens über den ersten Kunststoffstreifen um die Torte legen und mit einem Stück Klebeband fixieren. Das Obers exakt einstreichen und kurz anfrieren lassen. Wenn keine Glasur aufgetragen wird, beide Streifen abnehmen und die Torte weiter bearbeiten.

Tiefkühltechnik

Die meisten der angegebenen Rezepte sind für zwei Torten berechnet. Es ist auf Grund der sonst zu kleinen, nicht mehr genau meßbaren Zutatenmengen nicht zu empfehlen, nur eine davon herzustellen.
Die fast in jedem Haushalt vorhandenen Tiefkühlmöglichkeiten helfen, dieses Problem zu lösen, und geben zusätzlich die Möglichkeit, rationeller zu arbeiten – man muß für den nächsten Anlaß nicht von vorne beginnen, sondern muß die halbfertige Torte nur mehr vollenden.
Tiefkühlen bringt in vielen Fällen echte Qualitätsverbesserung. Eine Torte, die für den nächsten Tag vorbereitet und bei normaler Kühlschranktemperatur aufbewahrt wird, ist, je nachdem, rund 24 Stunden alt. Dagegen ist eine Torte, die in Vorbereitung tiefgekühlt wird, nur so alt, wie sie Zeit zum Durchfrieren und Auftauen braucht, also unbedingt frischer. Nicht zu vergessen auch, daß man dadurch in der Vorbereitung zeitlich unabhängiger ist.
Die tiefgekühlte Süßspeise – nach dem Einfrieren geruchsgeschützt in Folie verpackt und bei gleichbleibender Temperatur gelagert – kann längere Zeit unbeschadet aufgehoben werden.
5–6 Stunden vor dem Präsentieren sollte die Torte vollendet werden, so daß sie in aufgetautem Zustand serviert werden kann. Dies erfolgt noch in tiefgekühlter Form. Portionieren läßt sie sich am besten, wenn sie noch halb gefroren ist.

Kaffee-Nuß-Torte

Für 2 Torten von 24 cm Durchmesser

Lesen Sie auf Seite 195 »Grundsätzliches zu den Obers- und Buttercremetorten«.

Krokantmasse (Rezept Seite 52)
8 cl Kaffeelikör zum Tränken

Für die Kaffeeoberscreme

22 g Gelatine
120 g Walnüsse
20 g lösliches Kaffeepulver
50 ml heißes Wasser
5 Eidotter, 3 Eier
150 g Zucker
10 g Vanillezucker
1 Prise Salz
700 ml Schlagobers

Für die Kaffeeglasur

3 g Gelatine
2 cl Wasser
3 g lösliches Kaffeepulver
80 g Kaffeeobers (ungezuckerte Kondensmilch, 12 % Fett)
160 g weiße Couverture, geschmolzen

Zur Fertigstellung (je Torte)

150 ml Schlagobers
2 g Kristallzucker
echte oder Schokolade-Kaffeebohnen zum Dekorieren

1 Die Krokantmasse am besten schon am Vortag backen und im Kühlschrank aufbewahren.

2 Zwei Tortenreifen vorbereiten. Den Tortenboden einmal horizontal durchschneiden und je einen Boden mit der Schnittfläche nach oben in die Reifen legen. Mit einem Pinsel oder Spritzfläschchen mit je der Hälfte des Kaffeelikörs befeuchten.

3 Für die Creme die Gelatine auflösen. Die Nüsse grob brechen, 5–6 mm groß. Das Kaffeepulver in dem heißen Wasser auflösen und mit den Dottern und Eiern, Zucker, Vanillezucker und Salz aufschlagen. Die heiße Gelatine einrühren und mit dem geschlagenen Obers und den Walnußstückchen melieren.

4 Die Creme je zur Hälfte glatt in die Tortenreifen streichen und tiefkühlen. Nach dem Festwerden die Torten mit den Reifen in Klarsichtfolie wickeln und wieder tiefkühlen. Erst wenn eine Torte – oder auch beide – für eine Kaffeetafel vorgesehen ist, erfolgen die weiteren Arbeitsschritte.

5 Die Kaffeglasur kann schon einige Tage im voraus zubereitet und im verschlossenen Gefäß im Kühlschrank aufbewahrt werden. Dafür die eingeweichte Gelatine mit dem Wasser und dem Kaffeepulver mischen, im Wasserbad auflösen und warm halten. Das Kaffeeobers erhitzen und damit die Couverture überrühren (siehe Hinweis). Die Kaffeemischung mit dem Kochlöffel einrühren, damit nicht zuviel Luft (ergibt Blasen auf der Glasur) eingearbeitet wird.

6 Die Torte aus dem Tiefkühler nehmen, den Reifen abnehmen und den höheren Kunststoffstreifen umlegen.

7 Das Obers mit dem Kristallzucker aufschlagen, einstreichen und kurz tiefkühlen. Das Obers nicht durchfrieren, sondern zum leichteren Auftragen der Glasur nur anziehen lassen.

8 Die Häfte der kühl gehaltenen Glasur mit der Palette aufstreichen. Die Kunststoffstreifen vorsichtig abnehmen und die Glasur im Kühlschrank etwas abstocken lassen. Sie wird immer weich bleiben, soll jedoch beim Schneiden nicht ablaufen.

9 Die Torte portionieren, solange sie noch halb gefroren ist. Auf jedes Stück eine Kaffeebohne legen und Serviertemperatur annehmen lassen.

Hinweis

Eine Couverture überrühren: Der geschmolzenen Schokolade Flüssigkeit nach und nach zugeben. Zunächst wird die Masse immer fester, gerinnt schließlich und verbindet sich durch intensives Rühren und die Zugabe weiterer Flüssigkeit zu einer speckig-glänzenden, homogenen Masse.

Kaisertorte

Für 1 Torte von 24 cm Durchmesser

Mürbteigboden mit Preiselbeerkonfitüre, darauf Schokoladesandmasse und eine abgekochte, mit Schnee gelockerte Karamel-Schokolade-Creme – ganz mit geschlagenem Obers eingestrichen und mit Schokoladespänen dekoriert.

Für die Schokoladesandmasse

- 30 g Mehl
- 30 g Mais-Stärkemehl
- 10 g Kakaopulver
- 2 Eier
- 50 g Kristallzucker
- 20 g Butter, zerlassen

Für den Mürbteigboden

- Mürbteig (Rezept Seite 59, 1/6 der angegebenen Menge)
- 50 g Preiselbeerkonfitüre

Für die Karamel-Schokolade-Creme

- 220 ml Milch
- 20 g Vanillepuddingpulver
- 1 Eidotter
- 4 g Gelatine
- 5 g Vanillezucker
- 120 g Kristallzucker
- 40 g Bittercouverture (dunkle Tunkmasse)
- 3 Eiklar

Außerdem

- 1/4 l Schlagobers
- 5 g Kristallzucker
- 50 g Bittercouverture
- Kakaopulver zum Besieben

1 Für die Sandmasse das Mehl, Stärkemehl und Kakaopulver zusammen sieben. Die Eier mit dem Zucker mischen und ohne Anwärmen aufschlagen. Die Mehlmischung, dann die Butter einmelieren. Die Masse in den vorbereiteten Tortenreifen füllen. Bei 200 °C im vorgeheizten Backrohr etwa 20 Minuten backen. Auskühlen lassen.

2 Den Mürbteig 2 mm dick ausrollen, auf das Backblech legen und mit dem Tortenreifen ausstechen. Stupfen. Bei 180 °C im vorgeheizten, Backrohr nach Sicht hellbraun backen.

3 Einen Tortenreifen vorbereiten. Den Mürbteigboden einlegen, mit der Konfitüre bestreichen, den Schokoboden auflegen.

4 Für die Creme 50 ml Milch mit dem Puddingpulver und dem Dotter verrühren und – je nachdem – die eingeweichte Blattgelatine oder die mit Wasser gemischte Pulvergelatine zugeben. Die restliche Milch mit dem Vanillezucker kochen.

5 Eine Pfanne erhitzen. 60 g Zucker langsam einrieseln lassen und unter Rühren zu hellbraunem Karamel schmelzen. Die kochende Milch unter intensivem Rühren nach und nach zugeben. Vorsicht, sie kocht leicht über! Sobald der Karamel aufgelöst ist, die Puddingpulvermischung einrühren und gut durchkochen. Die geschmolzene Couverture zugeben und nochmals aufkochen.

6 Die Eiklar mit dem restlichen Zucker zu Schnee schlagen. Wichtig: Pudding und Eischnee sollten unbedingt zur gleichen Zeit fertig sein. Das ist mit der Küchenmaschine kein Problem. Für die Bedienung des Handmixers wäre in diesem Fall ein Assistent von Vorteil.

7 Zuerst etwas Eischnee in die kochendheiße Puddingmasse mit dem Schneebesen einrühren und diese Masse locker in den verbliebenen Eischnee einmelieren. Sofort in den Tortenreifen streichen. Im Kühlschrank abstocken lassen.

8 Die Torte aus dem Reifen nehmen und mit dem zweiten, höheren Kunststoffstreifen umlegen. Das Obers mit dem Zucker aufschlagen und die Oberfläche 2 cm hoch einstreichen. Kurz durchkühlen, die Kunststoffstreifen entfernen. Den Tortenrand rundum dünn mit Schlagobers einstreichen.

9 Mit einem Messer von der Couverture direkt auf die Torte – auch an der Seite – Späne abschaben, so daß sie locker damit bestreut ist. Vor dem Servieren leicht mit Kakaopulver besieben.

Herrentorte

Für 1 Torte von
24 cm Durchmesser

Lesen Sie auf Seite 195 »Grundsätzliches zu den Obers- und Buttercremetorten«.
Na ja – auch Damen trinken ab und zu ganz gern ein Schlückchen. Aber kaum ist in einer Torte ein wenig mehr »Geist«, wird sie bereits als Herrentorte angeboten. Hier ist es Amaretto zum Tränken sowie zum Aromatisieren der Creme.

Sachermasse (Rezept Seite 51, 2/3 der angegebenen Menge)
160 ml Amaretto zum Tränken

Für die Schokoladeoberscreme

60 g Milchcouverture (helle Tunkmasse)
60 g Bittercouverture (dunkle Tunkmasse)
300 ml Schlagobers
3 cl Amaretto

Außerdem

etwa 150 g Milchcouverture zum Garnieren
Staubzucker zum Besieben

1 Die Sachermasse am besten schon am Vortag backen und im Kühlschrank aufbewahren.

2 Für die Creme beide Couverturen klein schneiden. Das Obers aufkochen, die Schokolade unter Rühren darin schmelzen und etwa 1 Minute mixen. Im kalten Wasserbad rasch abkühlen, dabei aber nicht dauernd, sondern nur ab und zu umrühren. Im Kühlschrank 24 Stunden reifen lassen.

3 Den Tortenboden aus dem Reifen schneiden, den Reifen säubern und zum Einsetzen vorbereiten.

4 Den Tortenboden einmal horizontal durchschneiden und die schönere Hälfte mit der Innenseite nach oben in den Tortenreifen legen. Mit Hilfe eines Pinsels oder Spritzfläschchens mit der halben Menge des Amarettos tränken.

5 Zur Fertigstellung der Creme den Amaretto zum Schokoladeobers geben und gemeinsam wie Schlagobers aufschlagen.

6 Die Hälfte der Creme auf dem Tortenboden im Reifen verstreichen. Den zweiten Tortenboden auflegen, mit dem restlichen Amaretto befeuchten und die zweite Hälfte der Creme darüber verteilen. Kalt stellen oder einfrieren.

7 Die Milchcouverture zur Garnierung auf dem feinen Reibeisen reiben. Die gefrorene Torte aus dem Reifen nehmen. Die Sachermasse an den Seiten, die noch nicht mit Creme bedeckt sind, durch Verstreichen mit der Palette abdecken und die Torte vollständig mit den Schokoladespänen einstreuen.

8 Eine Kartonscheibe mit einem Durchmesser von ungefähr 10 cm in die Mitte legen und rundherum die Oberfläche ganz leicht mit Staubzucker besieben.

Weichsel-oberstorte

Für 2 Torten von
24 cm Durchmesser

Lesen Sie auf Seite 195 »Grundsätzliches zu den Obers- und Buttercreme-torten«.

Kakaomasse (Rezept Seite 51)
Biskuitmasse für Rouladen (Rezept Seite 49, 1/2 der angegebenen Menge)

Zum Tränken

70 g Zucker, 70 ml Wasser
150 ml Kirschwasser

Für die Weichsel-oberscreme

200 g entsteinte Weichseln (frisch oder tiefgekühlt)
120 g Zucker, 12 g Gelatine
350 ml Obers, geschlagen

Für die Kirschwasser-oberscreme

10 g Gelatine
3 Eidotter
35 g Kristallzucker
4 cl Kirschwasser
5 g Vanillezucker
1 Prise Salz
350 ml Obers, geschlagen

Zur Fertigstellung (je Torte)

150 ml Obers, mit 2 g Zucker aufgeschlagen
50 g geriebene Bittercouverture (dunkle Tunkmasse)
Kompottweichseln oder -kirschen, eventuell mit Stiel

1 Aus der Kakaomasse schon am Vortag einen Tortenboden backen und im Kühlschrank aufbewahren.

2 Die Biskuitmasse zubereiten. Daraus auf Backpapier zwei Blätter mit einem Durchmesser von 23 cm aufstreichen und backen. Nach dem Backen nochmals exakt auf dieses Maß korrigieren. Das Biskuit ist im Durchmesser dann 1 cm kleiner als der Tortenreifendurchmesser und wird später mit der Creme abgedeckt. Die dunkle Masse bleibt an der Seite sichtbar und ist in Verbindung mit der rosa Weichsel- und der gelben Kirschoberscreme ein Gestaltungselement.

3 Für die Tränke den Zucker mit dem Wasser aufkochen und ausgekühlt das Kirschwasser untermischen.

4 Zwei Tortenreifen vorbereiten. Den dunklen Tortenboden horizontal zweimal durchschneiden. Je 1 Boden in die Reifen einlegen (den übrig gebliebenen Teil zur späteren Verwendung in Folie verpacken und einfrieren) und mit je 50 g Tränke befeuchten.

5 Für die Weichseloberscreme die Weichseln mit dem Zucker 2–3 Minuten durchkochen und mixen. Die aufgelöste Gelatine einrühren, auskühlen lassen und knapp vor dem Stocken unter das geschlagene Obers melieren. Zu gleichen Teilen in die Reifen füllen und zum Rand hin exakt verstreichen. In den Tiefkühler stellen.

6 Für die Kirschwasseroberscreme die Gelatine auflösen. Die Eidotter mit dem Zucker, Kirschwasser, Vanillezucker und Salz schaumig rühren. Die heiße Gelatine einrühren und sofort unter das geschlagene Obers melieren. Über die inzwischen feste Weichseloberscreme streichen, je einen Biskuitboden auflegen und so weit in die Creme drücken, daß diese mit der Oberkante des Biskuits abschließt. Mit der restlichen Tränke (je zur Hälfte) befeuchten. Tiefkühlen. Nach dem Festwerden der Creme die beiden Torten mit den Reifen in Klarsichtfolie wickeln und wieder tiefkühlen.

7 Bei Bedarf die Torte(n) aus dem Tiefkühler nehmen, den Tortenreifen abnehmen und mit dem höheren Kunststoffstreifen umlegen. Das Schlagobers einstreichen. Kurz tiefkühlen.

8 Die beiden Kunststoffstreifen abnehmen. Die Oberfläche bis 3 cm zum Rand hin mit geriebener Schokolade bestreuen. Die Torte noch halb gefroren portionieren oder im ganzen auftauen lassen. Vor dem Servieren auf jedes Stück eine Kirsche legen.

Erdbeeroberstorte

Für 2 Torten von
24 cm Durchmesser

Lesen Sie auf Seite 195 »Grundsätzliches zu den Obers- und Buttercremetorten«.
Erdbeeren, ob als Sauce, Fruchtmark oder die ganzen Früchte, sind wahrscheinlich die beliebtesten Früchte in der Süßspeisenküche. Am schönsten und im vollen Aroma zu verarbeiten sind sie natürlich in der Saison: in Kombination mit geschlagenem Obers als feines, schnelles Dessert, als Belag für Erdbeerschüsserl oder -schnitten, als Sauce zu einer Creme, Eisspeisen oder einer warmen Süßspeise. Oder wie hier als Oberscreme.
Erdbeermark sind frische, passierte Erdbeeren. Dafür sollten Sie zu gegebener Zeit aus den vollreifen Früchten einen Vorrat für verschiedene Gelegenheiten herstellen und in kleineren Einheiten einfrieren: die gewaschenen, entstielten Früchte passieren und zur besseren Aromabildung mit 10 Prozent Zucker vermischen.

Biskuitmasse für Torten (Rezept Seite 50)
200 g Erdbeermark (siehe Rezepteinleitung) und
120 ml Grand Marnier zum Tränken

Für die Erdbeeroberscreme

20 g Gelatine
360 g Erdbeermark
100 g Staubzucker
Saft von 1/2 Zitrone
600 ml Obers, geschlagen
80 g Walderdbeeren

Zur Fertigstellung (je Torte)

2 g Kristallzucker
150 ml Schlagobers
60 g nach Packungsanweisung zubereiteter Tortenguß
100 g Erdbeermark
gleichmäßige, schöne Erdbeeren zum Garnieren
Tortenguß zum Abglänzen der Erdbeeren

1 Die Biskuitmasse am besten schon am Vortag backen und im Kühlschrank aufbewahren.

2 Zwei Tortenreifen vorbereiten. Vom Tortenboden rundherum 5 mm wegschneiden, er wird dadurch im Durchmesser um 1 cm kleiner. Das dient dazu, daß das Biskuit nach dem Einsetzen der Creme am Rand nicht sichtbar und vollständig von der Creme bedeckt ist. Anschließend den Tortenboden horizontal in je zwei 15 mm hohe und 8 mm hohe Scheiben schneiden und die dickeren Böden in die Reifen einlegen.

3 Zum Tränken das Erdbeermark und den Likör mischen und mit der halben Menge die beiden Böden mit Hilfe eines Spritzfläschchens oder Pinsels schön gleichmäßig befeuchten.

4 Die Gelatine auflösen. Das Erdbeermark mit dem Staubzucker und Zitronensaft vermischen und mit der heißen Gelatine kräftig verrühren. In das geschlagene Obers einmelieren und die Walderdbeeren unterheben.

5 Die Hälfte der Creme auf die beiden Böden verteilen und glattstreichen. Dabei beachten, daß der Zwischenraum zwischen Biskuit und Tortenreifen mit Creme aufgefüllt wird.

6 Die beiden dünneren Biskuitböden auflegen, mit der restlichen Tränke befeuchten und mit der Creme auffüllen. Tiefkühlen. Nach dem Festwerden der Creme die Torten mitsamt den Reifen getrennt in Klarsichtfolie wickeln und wieder tiefkühlen.

7 Bei Bedarf die Torte(n) aus dem Tiefkühler nehmen, den Tortenreifen abnehmen und mit dem höheren Kunststoffstreifen umlegen. Das

mit dem Zucker aufgeschlagene Obers exakt bis zum Kunststoffrand einstreichen und kurz tiefkühlen. Das Obers soll nicht durchfrieren, sondern zum leichteren Auftragen der Tortengußmischung nur etwas anziehen.

8 Das Erdbeermark mit dem heißen Tortenguß mischen und schnell über der Tortenoberfläche verteilen. Dabei sollte möglichst wenig über die Seite ablaufen. Kurz anziehen lassen, die beiden Kunststoffstreifen abnehmen.

9 Die Torte portionieren oder auch im ganzen auftauen lassen. Vor dem Servieren die mit dem Blütenansatz halbierten Erdbeeren in heißen Tortenguß tauchen und mit der Schnittfläche nach oben auflegen.

Topfen-oberstorte

Für 2 Torten von
24 cm Durchmesser

Lesen Sie auf Seite 195 »Grundsätzliches zu den Obers- und Buttercreme-torten«.
Sie ist die populärste der modernen Oberstorten, schmeckt fast jedem und paßt nahezu zu jedem Anlaß.

Biskuitmasse für Rouladen (Rezept Seite 49, 1/2 der angegebenen Menge)

Für die Creme

- 10 g Gelatine
- 400 g Topfen (40 % Fett)
- 160 g Staubzucker
- 7 Eidotter
- 40 ml Zitronensaft
- abgeriebene Schale von 1/2 unbehandelten Zitrone
- 10 g Vanillezucker, 1 g Salz
- 650 ml Obers, geschlagen

Zur Fertigstellung (je Torte)

- 1/4 l Schlagobers, 5 g Zucker
- gehobelte, geröstete Mandeln zum Bestreuen
- Mandarinenspalten (Dose)

1 Aus der Biskuitmasse auf Backpapier 2 Blätter mit einem Durchmesser von 23 cm aufstreichen und backen. Nach dem Backen nochmals exakt auf dieses Maß korrigieren. Das Biskuit ist im Durchmesser 1 cm kleiner als der Tortenreifen und später nicht sichtbar.

2 Zwei Tortenreifen vorbereiten und die beiden Biskuitblätter einlegen. (Eventuell mit einem passenden Likör befeuchten.)

3 Für die Creme die Gelatine auflösen. Den passierten Topfen mit Zucker, Dottern, Zitronensaft und -schale sowie Vanillezucker und Salz mit dem Schneebesen kräftig verrühren. Die heiße Gelatine einrühren und sofort unter das geschlagene Obers melieren. In die Tortenreifen streichen und tiefkühlen. Nach dem Festwerden der Creme die Torten mit den Reifen in Klarsichtfolie wickeln und wieder tiefkühlen.

4 Bei Bedarf die Torte(n) aus dem Tiefkühler nehmen und den Tortenreifen abnehmen. Mit dem höheren Kunststoffstreifen umlegen. Das Obers mit dem Zucker schlagen und einstreichen. Kurz tiefkühlen.

5 Die beiden Kunststoffstreifen abnehmen. Die Torte in halb gefrorenem Zustand portionieren oder auch im ganzen auftauen lassen. Vor dem Servieren einige Hobelmandeln locker in die Mitte der Torte streuen. Mit dem verbliebenen Obers mit großer Sterntülle Rosetten auf jede Portion dressieren und mit Mandarinenspalten belegen.

Heidelbeer-joghurttorte

Für 2 Torten von
24 cm Durchmesser

Lesen Sie auf Seite 195 »Grundsätzliches zu den Obers- und Buttercremetorten«.
Hier sollten keine Zuchtheidelbeeren verwendet werden. Das feine Aroma ist wirklich nur in den wild wachsenden Waldheidelbeeren enthalten. Es können aber ohne weiteres – das betrifft auch die Ribisel – Tiefkühlfrüchte verwendet werden. Sollten Ribisel nicht erhältlich sein, werden sie durch die gleiche Menge Heidelbeeren ersetzt.

Biskuitmasse für Rouladen
(Rezept Seite 49)

Zum Tränken

100 g Heidelbeeren
100 ml Wasser
40 g Zucker

Für die Creme

350 g Heidelbeeren
160 g Zucker
80 ml Zitronensaft
40 g Gelatine
650 g Joghurt (3,6 % Fett)
650 ml Obers, geschlagen

Für den Fruchtspiegel

90 g nach Packungsanweisung zubereiteter Tortenguß
100 g Heidelbeeren
30 g Ribisel

1 Aus der Biskuitmasse auf Backpapier 4 Blätter mit einem Durchmesser von 23 cm aufstreichen und backen. Nach dem Backen nochmals exakt auf dieses Maß korrigieren. Das Biskuit ist im Durchmesser um 1 cm kleiner als der Tortenreifendurchmesser, so daß später am Tortenrand nur die Creme sichtbar ist.

2 Für die Tränke die Heidelbeeren mit dem Wasser und Zucker aufkochen. Mixen und auskühlen lassen. Zwei Tortenreifen vorbereiten. Alle Biskuitblätter mit der Tränke befeuchten und 2 davon in die Reifen einlegen.

3 Die Heidelbeeren für die Creme mit dem Zucker und Zitronensaft etwas anwärmen, so daß sich der Zucker auflöst und sich Saft bilden kann. Die Früchte sollen möglichst ganz bleiben, daher nicht mit dem Kochlöffel rühren, sondern das Gefäß auf der Wärmequelle nur leicht rütteln.

4 Die aufgelöste Gelatine zugeben und das Joghurt untermischen. Durch das kalte Joghurt sollte die Grundcreme so weit abgekühlt sein, daß sie knapp vor dem Stocken ist und in das geschlagene Obers einmeliert werden kann. Sollte sie noch etwas zu warm sein, dann im kalten Wasserbad unter vorsichtigem Rühren (beachten, daß die Früchte nicht zerrührt werden) temperieren. Zieht die Grundcreme mit der Zugabe des Joghurt dagegen sofort an, dann durch vorsichtiges Anwärmen temperieren.

5 Die Hälfte der Creme einstreichen und dabei beachten, daß der zum Reifen freibleibende Rand aufgefüllt wird. Die beiden verbliebenen Biskuitblätter auflegen und mit der restlichen Creme auffüllen. Tiefkühlen. Wenn die Creme fest geworden ist, die Torten mit den Reifen in Klarsichtfolie einschlagen und tiefkühlen.

6 Bei Bedarf die Torte(n) aus dem Tiefkühler nehmen. Den Tortenreifen abnehmen und mit dem höheren Kunststoffstreifen umlegen.

7 Den Tortenguß aufkochen, die Früchte zugeben und nochmals aufkochen lassen. Wieder nicht umrühren, sondern das Kochgeschirr auf der Wärmequelle nur rütteln. Sofort über die Tortenoberfläche gießen. Mit wenigen Strichen, am besten mit Hilfe eines Pinsels, die Früchte-Gelee-Mischung gleichmäßig verteilen.

8 Nach wenigen Minuten, wenn das Gelee fest geworden ist, die Kunststoffstreifen abnehmen. Die Torte in halb gefrorenem Zustand portionieren oder auch im ganzen (zur schöneren Präsentation) auftauen lassen.

Himbeer-joghurttorte

Für 2 Torten von 24 cm Durchmesser

Lesen Sie auf Seite 195 »Grundsätzliches zu den Obers- und Buttercremetorten«.
Himbeermark sind passierte Himbeeren, zur besseren Aromabildung mit 10 Prozent Zucker vermischt.

Biskuitmasse für Rouladen (Rezept Seite 49)

Zum Tränken

100 ml Wasser, 40 g Zucker
100 g Himbeermark

Für die Creme

40 g Gelatine
450 g Himbeermark
250 g Zucker, 2 cl Zitronensaft
650 g Joghurt (3,6 % Fett)
650 ml Obers, geschlagen

Zur Fertigstellung (je Torte)

etwa 400 g Himbeeren
Tortenguß zum Abglänzen
20 g grobgehackte Pistazien

1 Aus der Biskuitmasse auf Backpapier 4 Blätter mit einem Durchmesser von 23 cm aufstreichen und backen. Nach dem Backen nochmals exakt auf dieses Maß korrigieren. Das Biskuit ist im Durchmesser um 1 cm kleiner als der Tortenreifendurchmesser, so daß später am Tortenrand nur die Creme sichtbar ist.

2 Zwei Tortenreifen vorbereiten. Für die Tränke Wasser und Zucker aufkochen, auskühlen lassen und mit

dem Himbeermark mischen. Alle Biskuitblätter mit der Tränke befeuchten und 2 davon in die Reifen einlegen.

3 Die Gelatine für die Creme auflösen. Das Himbeermark mit dem Zucker und Zitronensaft verrühren. Die heiße Gelatine einrühren, das Joghurt untermischen und in das geschlagene Obers einmelieren. Die Hälfte der Creme einstreichen und dabei beachten, daß der zum Reifen freibleibende Rand aufgefüllt wird.

4 Die beiden verbliebenen Biskuitblätter auflegen und mit der restlichen Creme auffüllen. Tiefkühlen. Wenn die Creme fest geworden ist, die Torten mit dem Reifen in Alufolie einschlagen und wieder tiefkühlen.

5 Bei Bedarf die Torte(n) aus dem Tiefkühler nehmen. Den Tortenreifen abnehmen und mit dem höheren Kunststoffstreifen umlegen.

6 Die Himbeeren mit der Öffnung nach unten, am Tortenrand beginnend, dicht aneinander auflegen. Die Früchte mit nach Packungsanweisung zubereitetem Tortenguß abglänzen und locker die gehackten Pistazien aufstreuen. Die Kunststoffstreifen abnehmen. Die Torte in halb gefrorenem Zustand portionieren oder auch im ganzen (zur schöneren Präsentation) auftauen lassen.

Trüffeltorte

Für 1 Torte von
24 cm Durchmesser

Lesen Sie auf Seite 195 »Grundsätzliches zu den Obers- und Buttercremetorten«.
Der Name steht für die klassische Schokoladetorte, von der es zahlreiche Variationen gibt – es ist keine bestimmte Rezeptur. Hier ist es die Panamamasse, eine Mandel-Schokolade-Masse ohne Mehl, gefüllt mit einer leichten Schokoladeoberscreme.

Für die Panamamasse

- 80 g Bittercouverture (dunkle Tunkmasse)
- 7 Eidotter, 5 g Vanillezucker
- 1 Prise Salz
- 7 Eiklar, 120 g Zucker
- 140 g ungeschälte, geriebene Mandeln

Für die Schokoladeoberscreme

Rezept Seite 63

Zur Fertigstellung

- 200 g Milchcouverture für Schokoladespäne

1 Die Panamamasse am Vortag backen und im Kühlschrank aufbewahren. Dafür die Couverture zerkleinern und im Wasserbad schmelzen. Die Dotter mit Vanillezucker und Salz schaumig rühren. Die Eiklar mit dem Zucker zu einem kompakten, aber noch schmierigen Schnee schlagen. Die Schokolade flüchtig mit der Dottermasse verrühren, unter den Eischnee mischen, die Mandeln einmelieren. In den Tortenreifen füllen. Bei 160 °C im vorgeheizten Backrohr etwa 45 Minuten backen. Auskühlen lassen. Aus dem Reifen nehmen und horizontal in 3 gleich starke Böden schneiden.

2 Einen Tortenreifen vorbereiten und einen Panamaboden einlegen.

3 Die Schokoladeoberscreme aufschlagen. Gut 1/3 der Creme auf den Boden im Reifen aufstreichen, den zweiten Boden auflegen, wieder mit gut 1/3 der Creme bestreichen, den dritten Boden auflegen und diesen mit der restlichen Creme dünn abstreichen. Tiefkühlen.

4 Bei Bedarf die Torte aus dem Tiekühler nehmen, den Reifen und den Kunststoffstreifen abnehmen. Die Torte etwas antauen lassen, damit die Creme an der Seite weich wird. Wenn notwendig, die Creme über der Panamamasse verstreichen, so daß die Torte ganz eingestrichen ist.

5 Aus der Milchcouverture Späne raspeln und die Torte damit dicht einstreuen. Noch halb gefroren portionieren oder auch ungeschnitten im Kühlschrank auftauen lassen.

Mandelkrokant-torte

Für 2 Torten von 24 cm Durchmesser

Lesen Sie auf Seite 195 »Grundsätzliches zu den Obers- und Buttercreme-torten«.
Für die Schnellcreme wird keine Grundcreme abgezogen, sondern – ähnlich wie bei einem Parfait – eine Eiermasse aufgeschlagen und mit Schlagobers gemischt.

Krokantmasse (Rezept Seite 52)
8 cl Amaretto zum Tränken

Für den Mandelkrokant

100 g geschälte Mandeln
100 g Kristallzucker
1 Moccalöffel Wasser

Für die Mandelkrokant-Schnellcreme

120 g geschälte Mandeln für Mandelnougat
15 g Gelatine
4 Eidotter
2 Eier
100 g Kristallzucker
10 g Vanillezucker
1 Prise Salz
650 ml Obers, geschlagen
120 g Mandelkrokant

Für die Mandelsoufflés

110 g geschälte Mandeln
90 g Puderzucker (besonders feiner Staubzucker)
3 Eiklar, 50 g Kristallzucker
35 g Mais-Stärkemehl
50 g gehobelte, geröstete Mandeln zum Bestreuen

Zur Fertigstellung (je Torte)

150 g Schlagobers
2 g Kristallzucker

1 Die Krokantmasse am besten schon am Vortag backen und im Kühlschrank aufbewahren. Zwei Tortenreifen vorbereiten.

2 Für den Mandelkrokant die Mandeln – im selben Arbeitsgang auch gleich die Mandeln für den Mandelnougat der Schnellcreme – im Backrohr hellbraun rösten. 100 g davon für den Mandelkrokant entweder mit einer groben Reibscheibe in der Maschine reiben oder durch Darüberrollen mit einem Rollholz in Stücke von 3–4 mm Größe brechen. Mit dem Mehlsieb das Feine wegsieben und dieses zu den Mandeln für den Mandelnougat geben.

3 Die groben Mandelstücke, den Kristallzucker und das Wasser in einer kleinen Kasserolle mischen und bei intensiver Hitze abrösten, bis der Zucker geschmolzen ist und die Mandelstückchen mit Karamel überzogen sind. Sofort auf ein kaltes Backblech ausleeren, ausbreiten und nach dem Auskühlen mit dem Rollholz durch lockeres Darüberrollen teilen.

4 Die gerösteten Mandeln für den Nougat mit dem Stabmixer so fein wie möglich zu einer geschmeidigen Paste verreiben.

5 Den Krokantmasseboden horizontal in der Mitte durchschneiden. Je eine Hälfte in die Tortenreifen legen und mit dem Amaretto mit Hilfe eines Spritzfläschchens oder eines Pinsels zu gleichen Teilen befeuchten.

6 Die Gelatine für die Creme auflösen. Die Dotter mit den Eiern, Zucker, Vanillezucker und Salz schaumig rühren. Die heiße Gelatine und flüchtig den Mandelnougat einrühren. Sofort mit dem geschlagenen Obers und dem Mandelkrokant melieren.

7 Die Creme gleichmäßig auf die Krokantmasse in die Reifen verteilen und glattstreichen. Tiefkühlen. Nach dem Festwerden der Creme die Torten mit den Reifen in Klarsichtfolie wickeln und wieder tiefkühlen.

1 *Die Masse für die Mandelsoufflés mit dem Spitzbeutel und mittelgroßer, glatter Tülle auf Backpapier dressieren.*

2 *Die Busserln mit gerösteten Hobelmandeln bestreuen und bei nur mäßiger Hitze zu goldbrauner Farbe backen.*

8 Bevor die Torte(n) fertiggestellt werden soll oder auch während des Auftauens (vor dem Servieren) die Mandelsoufflés zubereiten. Dafür die Mandeln mit der feinen Reibscheibe reiben und mit dem Puderzucker mischen. Die Eiklar mit dem Zucker und dem Stärkemehl vermischen und zu Schnee schlagen. Die Mandel-Puderzucker-Mischung locker einmelieren.

9 Die Masse in einen Spritzbeutel füllen und mit mittelgroßer, glatter Tülle auf ein mit Backpapier belegtes Blech gleichmäßig große Busserl dressieren. Mit gerösteten Hobelmandeln bestreuen und bei 160 °C im vorgeheizten Backrohr etwa 15 Minuten backen.

10 Zur Fertigstellung der Torte den Tortenreifen abnehmen und mit dem höheren Kunststoffstreifen umlegen. Das mit dem Zucker aufgeschlagene Obers mit einer Palette exakt einstreichen und die Torte kurz tiefkühlen.

11 Den Kunststoffstreifen abnehmen. Die Torte noch halb gefroren portionieren oder für eine schönere Präsentation auch im ganzen auftauen lassen und locker etwas von dem verbliebenen Mandelkrokant aufstreuen. Auf jede Portion ein Mandelsoufflé legen.

Sommertorte

Für 1 Torte von
24 cm Durchmesser

Lesen Sie auf Seite 195 »Grundsätzliches zu den Obers- und Buttercremetorten«.
Zur Verwendung kommt tiefgekühlter Blätterteig, da es sich für einen dünnen Boden nicht lohnt, den aufwendigen Blätterteig selbst herzustellen. Gebackener Blätterteig schmeckt nach dem Einfrieren nicht mehr gut. Auch die gebundenen Früchte eignen sich nicht. Daher soll die Torte am Tag der Herstellung auch verzehrt werden.

- 1 Kleinpackung tiefgekühlter Blätterteig

Für die gebundenen Früchte

- 110 g entsteinte Marillen
- 50 g Heidelbeeren
- 50 g Ribisel, 110 g Erdbeeren
- 110 g Himbeeren
- 50 ml Wasser, 80 g Zucker
- 1 cl Zitronensaft
- 8 g Gelatine
- 30 g Vanillepuddingpulver
- 30 ml Wasser

Für die Bayerische Creme

- 90 ml Weißwein, 50 g Zucker
- 3 Eidotter, 12 g Gelatine
- 1,5 cl Zitronensaft
- abgeriebene Schale von 1/8 unbehandelten Zitrone
- 1/4 l Obers, geschlagen

Zur Fertigstellung

- Schaummasse (Rezept Seite 52)
- Himbeeren zum Garnieren

1 Den nach Packungsanweisung aufgetauten Blätterteig 2 mm dick ausrollen und im Durchmesser um mindestens 5 cm größer ausschneiden, als es dem Tortendurchmesser von 24 cm entspricht. Blätterteig »schnurrt« (zieht sich zusammen) beim Backen, deshalb sollte er vor dem Backen 15 Minuten rasten. Bei 200 °C im vorgeheizten Backrohr rösch und durch und durch braun ausbacken. Auskühlen lassen und genau nach dem Tortenreifen ausschneiden.

2 Den Tortenreifen innen mit Öl befetten und um den Blätterteigboden stellen.

3 Für die gebundenen Früchte alle Früchte waschen, putzen und gut abtropfen lassen. Die Marillen in Spalten schneiden und die Erdbeeren halbieren oder vierteln, je nach Größe.

4 Das Wasser mit dem Zucker, Zitronensaft und, je nachdem, mit der eingeweichten Blattgelatine oder der mit Wasser angerührten Pulvergelatine aufkochen. Die Marillen, Heidelbeeren und Ribisel zugeben und kurz aufkochen. Die Früchte sofort abseihen. Den Saft nochmals aufkochen und das Vanillepuddingpulver,

mit dem Wasser angerührt, einrühren und gut durchkochen. Die blanchierten Früchte, die Erdbeeren und Himbeeren zugeben und kurz aufkochen lassen. Dabei vorsichtig mit einem Kochlöffel umrühren, die Früchte sollen möglichst ganz bleiben. Sofort auf dem Blätterteigboden verstreichen und zum Abstocken in den Kühlschrank stellen.

5 Für die Bayerische Creme den Weißwein mit dem Zucker, den Dottern, der eingeweichten oder angerührten Gelatine, Zitronensaft und -schale mischen und im Wasserbad wie Weinchaudeau bis zur leichten Bindung schaumig aufschlagen. Sofort kalt schlagen und knapp vor dem Stocken mit dem geschlagenen Obers melieren.

6 Die Creme glatt über die gebundenen Früchte verstreichen und dabei beachten, daß das Öl nicht vom Reifen abgestreift wird. Zum oberen Rand des Tortenreifens sollte ungefähr 1 cm Rand für die Schaummasse frei bleiben. Einige Stunden zum Abstocken in den Kühlschrank stellen.

7 Die Schaummasse glatt in den Tortenreifen streichen. Die Torte von unten nach oben durch den Reifen drücken. Nicht vergessen, vorher eine passende Tortenunterlage, die auch durch den Reifen gehen muß, unterzulegen.

8 Zum Portionieren oder Einteilen die Stücke mit einem langen Messer an der Tortenoberseite markieren und auf jede Portion aus der restlichen Schaummasse mit der Sterntülle eine Rosette dressieren. Wenn möglich, mit einem Bunsenbrenner die Tortenoberfläche und die Rosetten abflämmen – aber mit Vorsicht und nicht zu nahe herangehen, sonst gibt's verkohlte Kanten. Auf jede Rosette eine schöne Himbeere setzen.

Waldfrüchtetorte

Für 1 Torte von
24 cm Durchmesser

Lesen Sie auf Seite 195 »Grundsätzliches zu den Obers- und Buttercremetorten«.
Eine schnelle Torte. Die Herstellung des Biskuitbodens läßt sich nicht verkürzen. Aber dann kommen nur noch eine Schnellcreme, darauf eine Waldfrüchtemischung, gepflückt aus der Tiefkühltruhe des nächsten Händlers, und etwas Tortenguß zum Abglänzen dazu. Waldfrüchte werden in der Regel als Mischung von Heidelbeeren, Himbeeren, Erdbeeren, Brombeeren und Ribiseln angeboten. Frische Früchte sind natürlich auch nicht zu verachten!

Biskuitmasse für Torten
(Rezept Seite 50)
4 cl Marillenlikör zum
Tränken

Für die Schnellcreme

10 g Gelatine
300 ml Schlagobers
3 Eidotter
40 g Kristallzucker
4 cl Marillenlikör
1 Prise Salz

Zur Fertigstellung

450 g Waldfrüchtemischung
Tortenguß zum Abglänzen
der Früchte

1 Aus der Biskuitmasse am besten schon am Vortag einen Tortenboden backen. Horizontal einen 2 cm hohen Teil als Boden für die Waldfrüchtetorte abschneiden. Den Rest, in Klarsichtfolie verpackt, für eine spätere Verwendung einfrieren.

2 Einen Tortenreifen vorbereiten und den Biskuitboden einlegen. Mit dem Marillenlikör mit Hilfe eines Pinsels oder eines Spritzfläschchens befeuchten.

3 Die Gelatine für die Creme auflösen. Das Obers aufschlagen. Die Dotter mit dem Zucker, Likör und Salz schaumig rühren. Die heiße Gelatine einrühren und sofort mit dem Schlagobers melieren. Über dem Biskuit glatt verstreichen und tiefkühlen.

4 Bei Bedarf die Torte aus dem Tiefkühler nehmen. Die Waldfrüchte auf der Oberfläche verteilen, mit dem Tortenguß abglänzen, den Tortenreifen und den Kunststoffstreifen entfernen. Noch halb gefroren portionieren oder auch im ganzen auftauen lassen.

Belvederetorte

Für 1 Torte von
24 cm Durchmesser

Lesen Sie auf Seite 195 »Grundsätzliches zu den Obers- und Buttercremetorten«.
Eine buttergerührte Schokolademasse, mit Karamelcreme, die bereits am Vortag zubereitet wird, gefüllt und mit Milchschokolade-Oberscreme eingestrichen. Als Dekor werden Schokoladespäne aufgestreut.

Für die Karameloberscreme

1/2 l Schlagobers
110 g Kristallzucker
80 g Butter, 1 cl Rum

Für die Schokolademasse

35 g Bittercouverture
(dunkle Tunkmasse)
60 g Butter
25 g Staubzucker
5 g Vanillezucker
4 Eidotter, 4 Eiklar
70 g Kristallzucker
75 g Mehl

Zur Fertigstellung

Milchschokolade-Oberscreme
(Rezept Seite 63, 1/2 der
angegebenen Menge)
50 g Bittercouverture
Staubzucker zum Besieben

1 Für die Karameloberscreme das Schlagobers aufkochen.

2 Zum Schmelzen des Zuckers ein Kochgeschirr mit möglichst dickem Boden und 2 Liter Fassungsvermögen verwenden sowie einen langen Kochlöffel. Die Masse kocht beim Aufgießen mit dem Obers hoch und spritzt sehr stark – daher Vorsicht! Das Kochgeschirr erhitzen und den Zucker nach und nach unter Rühren einrieseln lassen. Beim Schmelzen darf er nicht zu dunkel werden, sondern soll eine angenehm braune Farbe haben.

3 Sofort das heiße Obers in kleinen Mengen unter intensivem Rühren zugießen, eventuell zwischendurch von der Wärmequelle wegziehen. Unter Rühren langsam kochen lassen, bis der Karamel vollkommen gelöst ist. Die Butter in Stücken zugeben, 1 Minute mixen und im kalten Wasserbad rasch abkühlen. Ab einer Temperatur von 30 °C fast nicht mehr rühren, sonst gibt's Butter mit Karamelgeschmack. Zugedeckt im Kühlschrank 24 Stunden reifen lassen.

4 Für die Schokolademasse die Bittercouverture zerkleinern und im Wasserbad unter Rühren schmelzen. Auf etwa 35 °C temperieren, mit der Butter, dem Staubzucker und Vanillezucker mischen und schaumig rühren. Beachten, daß die Masse eine geschmeidige, weiche Konsistenz hat, um ein optimales Volumen zu erreichen – daher eventuell noch etwas anwärmen. Die Dotter einzeln nacheinander einrühren.

5 Die Eiklar mit dem Zucker zu Schnee schlagen, beide Massen mischen und das gesiebte Mehl einmelieren. Auf Backpapier 4 Blätter mit einem Durchmesser von 24 cm aufstreichen und bei 200 °C im vorgeheizten Backrohr nach Sicht backen. Sofort mit dem Tortenreifen ausstechen, so daß die Blätter exakt dem Reifendurchmesser entsprechen. Auskühlen lassen.

1 In den geschmolzenen Zucker nach und nach das heiße Obers einlaufen lassen, dabei kräftig rühren.

2 Unter intensivem Rühren zum Kochen bringen, der Karamel muß sich vollständig auflösen.

6 Einen Tortenreifen vorbereiten. Ein Blatt einlegen.

7 Die gut gekühlte Karamelcreme mit dem Rum mischen und wie Schlagobers aufschlagen. 1/3 der Creme in den Tortenreifen streichen, das nächste Teigblatt auflegen, wieder 1/3 Creme, Teigblatt, restliche Creme und das letzte Teigblatt. Tiefkühlen.

8 Bei Bedarf die Torte aus dem Tiefkühler nehmen, den Tortenring und den Kunststoffstreifen entfernen.

9 Die schon am Vortag hergestellte Milchschokolade-Oberscreme aufschlagen und die Torte an der Seite dünn und oben mit der restlichen Creme einstreichen. Aus der Bittercouverture mit einem kleinen, scharfen Messer Späne hobeln, die Torte an der Oberseite damit dicht bestreuen und in die Mitte noch einen Hauch Staubzucker sieben.

Nußtorte

Für 1 Torte von 24 cm Durchmesser

Lesen Sie auf Seite 195 »Grundsätzliches zu den Obers- und Buttercremetorten«.
Eine Buttercreme ist in diesem Buch nicht oft vertreten. Aber ab und zu macht auch etwas »Handfestes« Freude. Und eine Nußtorte hat es immer gegeben.

Für die Nußmasse

150 g geriebene Walnüsse
40 g Semmelbrösel
20 g Mehl
130 g Butter
5 g Vanillezucker
abgeriebene Schale von 1/4 unbehandelten Zitrone
1 Prise Zimt
1 Prise Salz
7 Eidotter, 7 Eiklar
140 g Zucker

Für die Nußbuttercreme

30 ml Wasser
50 g Kristallzucker
100 g geriebene Walnüsse
3 cl Rum
Buttercreme (Rezept Seite 63, 1/2 der angegebenen Menge)

Zur Fertigstellung

120 g Milchcouverture (helle Tunkmasse)
70 ml Schlagobers
Kakao zum Bestauben
100 g grobgeriebene Walnüsse zum Einstreuen des Tortenrandes

1 Die Nußmasse schon am Vortag backen und im Kühlschrank aufbewahren. Dafür einen Tortenreifen vorbereiten. Die Walnüsse mit den Bröseln und dem Mehl mischen. Die Butter mit Vanillezucker, Zitronenschale, Zimt und Salz schaumig rühren und die Dotter nach und nach zugeben. Die Eiklar mit dem Zucker zu Schnee schlagen, beide Massen mischen und die Nußmischung einmelieren.

2 Die Masse in den Tortenreifen füllen, zum Rand hin hochstreichen. Bei 160 °C im vorgeheizten Backrohr etwa 1 Stunde backen.

3 Für die Nußbuttercreme zuerst eine Nußfarce herstellen. Würde man die Nüsse nur in geriebenem Zustand der Buttercreme beimengen, wäre der geschmackliche Effekt nicht der gleiche. Das Wasser mit dem Zucker aufkochen, die Nüsse einrühren, auskühlen lassen und den Rum untermischen.

4 Bei der Herstellung der Buttercreme muß die sowieso kleine Menge Vanillecreme nicht geteilt werden. Das heißt, alle Zutaten für die Vanillecreme (das ganze Eidotter verwenden) zusammenmischen und unter Rühren abkochen. Die Butter schaumig rühren. Die Vanillecreme mit der Nußfarce mischen und nach und nach unter die Butter rühren.

5 Den Nußmasseboden aus dem Reifen nehmen, horizontal zweimal durchschneiden. Einen Tortenreifen vorbereiten. Die Torte verkehrt einsetzen, das heißt, die Bodenseite der Masse wird zum Oberteil. Dieses als erstes in den Reifen einlegen, mit der Hälfte der Nußbuttercreme bestreichen, den Vorgang wiederholen und den dritten Boden auflegen. Kühlen oder tiefkühlen.

6 Zur Fertigstellung die zerkleinerte Couverture im Wasserbad schmelzen. Das Obers aufkochen und nach und nach einrühren. Die Schokolade wird zunächst dicker, gerinnt dann und bindet sich wieder zu einer glatten Masse. Wichtig ist, zwischen den einzelnen Phasen der Flüssigkeitszugabe intensiv zu rühren.

7 Die Torte aus der Kühlung nehmen und umdrehen – zur Erinnerung: Sie wurde mit der Oberseite nach unten eingesetzt, um eine besonders glatte Oberfläche zu erhalten. Die Schokoladecreme an der Oberseite der Torte verstreichen und abstocken lassen. Mit Kakao besieben, so daß sich eine samtig braune Oberfläche ergibt. Tortenreifen und Kunststoffstreifen abnehmen. Auch den Rand dünn mit Creme einstreichen, so daß die Nußmasse bedeckt ist. Den Rand mit den geriebenen Nüssen einstreuen.

Grand-Marnier-Torte

Für 1 Torte von 24 cm Durchmesser

Lesen Sie auf Seite 195 »Grundsätzliches zu den Obers- und Buttercremetorten«.

Biskuitmasse für Rouladen
(Rezept Seite 49, 1/2 der
angegebenen Menge)

Zum Tränken

60 g Orangenmarmelade oder
Marillenkonfitüre
3 cl Blutorangensaft
3 cl Grand Marnier

Für die Creme

230 g Mandarinenspalten
12 g Gelatine, 5 Eidotter
5 cl Grand Marnier
50 g Zucker, 5 g Vanillezucker
1 Prise Salz
380 ml Obers, geschlagen

Zur Fertigstellung

80 g nach Packungsanwei-
sung zubereiteter Tortenguß
4 cl Blutorangensaft
2 cl Grand Marnier
150 ml Obers, mit
2 g Zucker geschlagen
Orangenmarmelade

1 Aus der Biskuitmasse je ein Blatt mit dem Durchmesser von 23 cm und 24 cm auf Backpapier aufstreichen und backen. Mit dem Tortenreifen exakt ausstechen.

2 Einen Tortenreifen vorbereiten und den größeren Biskuitboden einlegen. Die erhitzte und passierte Konfitüre mit dem Blutorangensaft und dem Likör mischen. Mit der halben Menge den Biskuitboden befeuchten.

3 Für die Creme die Mandarinenspalten (Dose) gut abtropfen lassen. Die Gelatine auflösen. Die Dotter mit dem Likör, Zucker, Vanillezucker und Salz schaumig rühren. Die heiße Gelatine einrühren und flüchtig mit dem Schlagobers mischen. Die Mandarinenspalten zugeben, fertig melieren.

4 Die Hälfte der Creme auf dem Tortenboden verteilen. Das zweite Biskuitblatt auflegen, mit der restlichen Tränke befeuchten und die verbliebene Creme aufstreichen – auch den Spalt zwischen Biskuit und Tortenreifen ausfüllen. Tiefkühlen.

5 Bei Bedarf die Torte aus dem Tiefkühler nehmen. Zur Fertigstellung den Tortenguß mit dem Blutorangensaft aufkochen, den Likör einrühren und zügig auf die Tortenoberfläche auftragen. Den Tortenreifen und den Kunststoffstreifen abnehmen. Noch halb gefroren portionieren oder auch im ganzen auftauen lassen.

6 Auf jede Portion mit Spritzbeutel und glatter Tülle einen Obersring dressieren und mit Orangenmarmelade füllen.

Irish-Cream-Torte

Für 1 Torte von 24 cm Durchmesser

Lesen Sie auf Seite 195 »Grundsätzliches zu den Obers- und Buttercremetorten«.
Fünf leichte Biskuitblätter, gefüllt mit Irish-Cream-Buttercreme. Anstelle des Irish-Cream-Likörs – Eierlikör mit Irish Whiskey als Basis – könnte auch gewöhnlicher Eierlikör verwendet werden. Interessanter ist sicher das Aroma des Whiskey in der Creme.

Für die Biskuitmasse

6 Eidotter
120 g Kristallzucker
5 g Vanillezucker
abgeriebene Schale von
1/4 unbehandelten Zitrone
1 Prise Salz
6 Eiklar
80 g Mehl
40 g Mais-Stärkemehl
30 g zerlassene, heiße Butter

Für die Buttercreme

60 ml Milch
95 g Zucker
5 g Vanillepuddingpulver
1 Eidotter
90 g Irish Cream
250 g Butter
40 g (1 1/3) Eiklar

Zur Fertigstellung

300 g Modelliermarzipan
(Seite 31), zart gelb gefärbt
Staubzucker
wenig Kakaopulver

1 Für die Biskuitmasse die Eidotter mit 20g Zucker, Vanillezucker, Zitronenschale und Salz schaumig rühren. Die Eiklar mit dem restlichen Zucker zu Schnee schlagen. Beide Massen locker mischen und flüchtig das mit dem Stärkemehl gesiebte Mehl untermischen. Die Butter in dünnem Strahl einlaufen lassen und einmelieren.

2 Auf Backpapier 5 Blätter mit einem Durchmesser von 24 cm aufstreichen und bei 210 °C im vorgeheizten Backrohr etwa 15 Minuten backen.

3 Nach dem Ausbacken sofort auf ein locker mit Kristallzucker bestreutes Papier umdrehen und auskühlen lassen. Wieder zurückdrehen, mit dem Tortenreifen exakt ausstechen und das Papier abziehen.

4 Einen Tortenreifen vorbereiten. Die beiden schönsten Biskuitblätter auswählen und jeweils als Ober- und Unterteil vorsehen. Das als Oberteil gedachte Blatt mit der einstigen Papierseite nach unten in den Reifen legen. So hat die Torte nach dem Umdrehen zum Fertigmachen eine plane Oberfläche.

5 Für die Buttercreme zuerst eine Vanillecreme kochen. Dafür die Milch mit 15g Zucker, dem Puddingpulver und dem Dotter unter kräftigem Rühren einmal aufkochen lassen und kalt rühren. Mit dem Likör vermischen. Die Butter schaumig rühren und nach und nach die Vanillecreme zufügen. Die Eiklar mit dem restlichen Zucker im Wasserbad unter Rühren auf 35 °C erwärmen und aufschlagen. Locker mit der Buttercreme melieren.

6 Zum späteren Einstreichen 100g Buttercreme im Kühlschrank aufbewahren. Mit der restlichen Creme die fünf Biskuitblätter in den Tortenreifen einsetzen (die Oberfläche bleibt ohne Creme) und kühlen oder tiefkühlen. Buttercremetorten können so – genau wie Oberstorten – zu beliebiger Zeit vorbereitet oder auf Vorrat gehalten werden.

7 Zur Fertigstellung die Buttercreme rechtzeitig aus dem Kühlschrank nehmen oder vorsichtig anwärmen und wieder etwas schaumig rühren. Die Torte aus dem Reifen nehmen, umdrehen, den Kunststoffstreifen abziehen und die Torte vollständig mit der Buttercreme einstreichen.

8 Das Marzipan etwa 2 mm dick ausrollen und, wenn möglich, mit einem Waffelmuster-Rollholz prägen. Zum Stauben kein Mehl, sondern Staubzucker verwenden. Vorsichtig auf das Rollholz aufrollen und über die Torte legen. Den an der Seite abhängenden Rand sorgfältig anmodellieren und dabei Faltenbildung vermeiden. Den überstehenden Rand wegschneiden. Mit einem Mehlbesen, es kann auch ein breiter Pinsel sein, eventuelle Staubzuckerreste entfernen.

9 Eine Kartonscheibe von 10 cm Durchmesser in die Mitte der Torte legen und rundherum mit einem kleinen Teesieb ganz wenig und zum Rand verlaufend Kakao aufsieben.

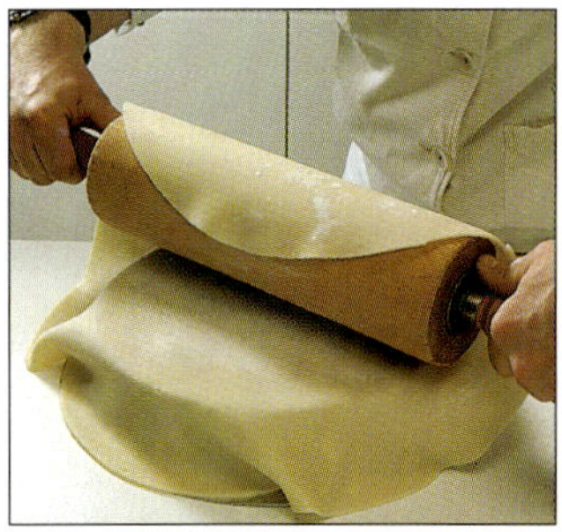

1 *Das ausgerollte Marzipan mit einem Rollholz aufnehmen und über der Torte abrollen.*

2 *Mit Hilfe einer Palette die Ränder faltenfrei anmodellieren und abschneiden.*

Schnitten

Traditionelle Rezepte Seite 221
Moderne Rezepte Seite 227

In den Verkaufstheken guter Konditoreien finden sie allseits Bewunderung und dankbare Abnehmer. Diese meist hoch und locker gefüllten Schnitten, deren Füllung nur eine dünne Teigbasis und eine ebenso dünne Teigabdeckung besitzt, geben rundum sichtbar alle ihre Geheimnisse preis und erwecken den Eindruck einer ausgesprochen schwierigen Herstellung. Das Gegenteil ist der Fall, denn im Vergleich zu einer runden Torte handelt es sich bei den Schnitten vorwiegend um die gleichmäßig portionierbare Form und das ausschließlich stückweise Angebot.

Schnitten haben eine lange Tradition in der k.u.k. Monarchie und wurden häufig nach berühmten Persönlichkeiten oder Caféhäusern benannt. Ein Esterházy darf dabei nicht fehlen, und dem ungarischen Café Gerbeaud mit seinen bis heute erhaltenen roten Plüschsofas wurde durch sie ein Andenken gesetzt. Ihre ungarische Abstammung ist mancher Schnitte heute noch durch die Bezeichnung »Pitta« (Plural Pitten) zu entnehmen. Am berühmtesten ist sicher die Creme-Pitta – die Cremeschnitte –, die im Pâtisserie-Angebot für den Nachmittagskaffee oder als Dessert unverzichtbar geworden ist. Ein wenig Biedermeier zaubert sie auf den Teller, und Erinnerungen an die etwas sparsamere Kindheit werden wach, als für den Familientisch ein einfacher, höchstens mit etwas Schlagobers gelockerter Vanillepudding (Flammeri) die Füllung für die Cremeschnitten ergab.

Das optisch saubere Erscheinungsbild ist bei den Schnitten oberstes Gebot. Dazu ein Tip: Legen Sie den gebackenen und geschnittenen Blätterteig- oder Biskuitstreifen (je nach Rezept auch andere Teige oder Massen) zwischen zwei hohe Leisten, und setzen Sie die Füllung ein. Die Teigabdeckung überziehen oder glasieren Sie im ganzen, schneiden sie dann in Stücke und legen diese auf die Füllung. So lassen sich exakte Schnitten schneiden, bei denen die Füllung nicht mehr herausgedrückt wird.

1 *Die gebackene, ausgekühlte Teigplatte in zwei gleich breite Streifen schneiden. Den schöneren von beiden glasieren und in 4–5 cm breite Stücke schneiden.*

2 *Den zweiten Teigstreifen zwischen zwei 4–5 cm hohe Holzleisten legen und die Füllung je nach Rezept einstreichen oder mit dem Spritzbeutel eindressieren.*

3 *In Höhe der Holzleisten die Oberfläche glattstreichen. Mit Hilfe eines dünnen Messers die Leisten sauber von der Füllung trennen, die »Deckel« auflegen und portionieren.*

Traditionelle Rezepte

Indianerschnitten

Batschka

- 6 Eier, 6 EL Zucker
- 1 EL Kakaopulver, 70 g Mehl
- 100 g geschmolzene Zartbitter-Schokolade

Für die Baisermasse

- 5 Eiklar, 250 g Staubzucker

Für die Kaffeeglasur

- 6 EL starker schwarzer Kaffee (Mocca)
- 25 Stück Würfelzucker
- 50–100 g Zartbitter-Schokolade
- 50 g Butter

1 Die Eier mit dem Zucker schaumig aufschlagen. Nach und nach das mit dem Kakao gesiebte Mehl und die Schokolade unterrühren.

2 Ein Blech mit Backpapier auslegen und die Masse daraufstreichen. Bei etwa 180 °C im vorgeheizten Backrohr 25–30 Minuten backen. Auskühlen lassen.

3 Für die Baisermasse die Eiklar aufschlagen. Den Staubzucker einrühren und im nicht zu heißen Wasserbad weiterrühren, bis eine standfeste Masse entstanden ist. Auf der kalten Teigplatte glatt verstreichen.

4 Für die Glasur den Kaffee mit dem Würfelzucker und der in kleine Stücke gebrochenen Schokolade zum Kochen bringen. Den Topf vom Herd nehmen, die Mischung glattrühren und noch warm die Butter dazugeben. Zu einer vollkommen glatten Glasur rühren und den Baiser damit überziehen.

5 Die Schnitte mit einem sehr scharfen Messer in gleichmäßige, quadratische Stücke schneiden.

Maronischnitten

Batschka

- 5 Eier, getrennt
- 5 EL Zucker
- 5 EL Mehl

Für die Maronifüllung

- 1 kg Maroni (Kastanien)
- 250 g Zucker
- 1 Päckchen Vanillezucker
- 250 g weiche Butter
- 125 g geschälte, geriebene Mandeln
- Rum nach Belieben

Für die Schokoladeglasur

- 80 g Couverture (Tunkmasse)
- 4 EL Wasser
- 80 g Staubzucker
- 1 EL Butter

Außerdem

- geschälte, feingehackte Mandeln zum Verzieren

1 Die Eidotter mit 1 EL Zucker schaumig rühren. Die Eiklar mit dem restlichen Zucker zu Schnee schlagen und auf den Dotterschaum gleiten lassen. Darauf das Mehl sieben und beides zusammen locker mit einem Rührlöffel unterheben.

2 Ein Blech mit Backpapier auslegen und die Masse darauf glatt verstreichen. Bei 200 °C im vorgeheizten Backrohr etwa 20 Minuten backen. Auskühlen lassen. Die Teigplatte der Länge nach halbieren.

3 Für die Füllung die Maroni in 25 Minuten in Wasser weich kochen, kurz abkühlen lassen, aufschneiden und mit einem Teelöffel das Innere herausschälen. Durch ein Sieb passieren und mit den übrigen Zutaten glattrühren. Die Füllung auf einer Teigplatte verstreichen, die andere darauflegen und leicht andrücken.

4 Für die Glasur die Couverture mit 2 EL Wasser auf dem Herd unter Rühren schmelzen. Weitere 2 EL Wasser, den Staubzucker und die Butter dazugeben und unter ständigem Rühren bis zur Fadenprobe (Seite 66) kochen. Vom Herd nehmen und kalt rühren. Die obere Teigplatte mit der Glasur überziehen und mit den Mandeln bestreuen. Quer in zweifingerbreite Stücke schneiden.

Gerbeaud-Schnitten

BUDAPEST

Wer kennt »Gerbeaud« nicht? Es ist ein noch heute bestehendes Nobel-Caféhaus.

- 500 g Mehl
- 1 Messerspitze Backpulver
- 160 g Butter
- 150 g Zucker
- 3 Eier
- etwas Milch

Für die Füllung

- 350 g Zucker
- 3 EL Mehl
- 1/2 l kochendheiße Milch
- 100–150 g Butter

Für die Schokoladeglasur

- 80 g dunkle Couverture (Tunkmasse)
- 4 EL Wasser
- 80 g Staubzucker
- 1 EL Butter

1 Das Mehl mit dem Backpulver auf ein Brett sieben. Die Butter in kleine Würfel schneiden, auf dem Mehl verteilen, ebenso den Zucker und alles mit einem Messer zusammenhacken. Die Eier einarbeiten und mit nur so viel Milch zusammenkneten, daß der Teig nicht klebt. Zu einer Kugel formen, in Folie wickeln und 1/2 Stunde kalt stellen.

2 Den Teig in 4 gleich große Stücke teilen und einzeln ausrollen. Ein Backblech mit Backpapier belegen und einzeln nacheinander die 4 Teigplatten bei 190 °C im vorgeheizten Backrohr in je 8–10 Minuten hellgelb backen. Auskühlen lassen.

3 Für die Füllung den Zucker in einer schweren Pfanne hellbraun karamelisieren. Das Mehl einrühren und noch ein wenig mitbräunen lassen. Mit der kochenden Milch ganz langsam, damit sie nicht überläuft, und unter ständigem Rühren ablöschen. Die Pfanne vom Herd ziehen und weiterrühren, bis die Masse ausgekühlt ist. Zuletzt die weiche Butter schaumig rühren und die Masse löffelweise untermischen. Die Füllung auf 3 Teigplatten verstreichen und alle 4 Teigplatten aufeinandersetzen.

4 Für die Glasur die Couverture mit 2 EL Wasser auf dem Herd unter Rühren schmelzen. Weitere 2 EL Wasser, den Staubzucker und die Butter dazugeben und unter ständigem Rühren bis zur Fadenprobe (Seite 66) kochen. Vom Herd nehmen und kalt rühren. Die obere Teigplatte mit der Glasur überziehen.

5 Die Gerbeaud-Schnitte in gleichmäßige, längliche Stücke schneiden.

Annaschnitten aus St. Ivan

BATSCHKA

Die Annaschnitte fehlte auf keiner St. Ivaner Kirchweih!

- 280 g Zucker, 4 Eidotter
- 140 g weiche Butter
- 1 Eiklar
- 140 g gehackte Haselnüsse

Außerdem

- 1 großes Waffelblatt
- 1 Eiklar zum Bestreichen
- Schokoladeglasur (siehe Gerbeaud-Schnitten links)

1 In einer großen, schweren Pfanne 150 g Zucker unter Rühren hellbraun karamelisieren. 100 g Zucker mit den Dottern und der Butter gründlich vermischen und löffelweise unter den heißen Zucker rühren. Auf dem Herd weiterrühren, bis eine dicke Masse entstanden ist. Leicht abkühlen lassen.

2 Inzwischen das Eiklar mit dem restlichen Zucker zu Schnee schlagen und zusammen mit den Haselnüssen rasch untermischen.

3 Das Waffelblatt längs halbieren. Eine Hälfte mit Eiklar bestreichen und die noch warme Zuckermasse daraufstreichen. Die andere Waffelhälfte daraufdrücken und leicht beschweren. Das obere Waffelblatt mit der Glasur überziehen. Quer in Streifen schneiden.

Rigó Jantschi

BUDAPEST

- 40 g geschmolzene Schokolade
- 30 g Kakaopulver
- 50 g zerlassene Butter
- 10 Eier, getrennt
- 2 ganze Eier
- 180 g Staubzucker
- 40 g feine Semmelbrösel
- 60 g Mehl
- 30 g geröstete, geriebene Haselnüsse

Für die Schokoladecreme

- 1/2 l Schlagobers
- 1 Päckchen Vanillezucker
- 100 g Zartbitter-Schokolade
- 3 EL Zuckersirup
- 50 g Kakaopulver

Für die Schokoladeglasur

- 80 g Couverture (Tunkmasse)
- 4 EL Wasser
- 80 g Staubzucker
- 1 EL Butter

1 Die Schokolade mit dem Kakao und der zerlassenen Butter glattrühren. Die Dotter mit den beiden ganzen Eiern und 50 g Staubzucker schaumig rühren. Die Eiklar mit dem restlichen Staubzucker zu Schnee schlagen.

2 Die Schokolademischung unter den Dotterschaum rühren. Darüber den Eischnee gleiten lassen und darauf die Semmelbrösel, das gesiebte Mehl und zuletzt die Haselnüsse streuen. Alles zusammen mit einem breiten Kochlöffel locker unterheben.

3 Ein Backblech mit Backpapier auslegen. Die Masse 1/2–3/4 cm dick aufstreichen und bei 180 °C im vorgeheizten Backrohr etwa 30 Minuten backen. Auskühlen lassen.

4 Für die Creme das Obers mit dem Vanillezucker steif schlagen. Die Schokolade in dem Zuckersirup schmelzen, den Kakao dazugeben und glattrühren. Auskühlen lassen. Zunächst 3–4 EL des Schlagobers einrühren, dann nach und nach das restliche Obers.

5 Die Teigplatte längs halbieren. Eine Hälfte gleichmäßig mit der Creme bestreichen und kühl stellen.

6 Inzwischen für die Glasur die Couverture mit 2 EL Wasser auf dem Herd unter Rühren schmelzen. Weitere 2 EL Wasser, den Staubzucker und die Butter dazugeben und unter ständigem Rühren bis zur Fadenprobe (Seite 66) kochen. Vom Herd nehmen und kalt rühren.

7 Die zweite Teighälfte mit der Schokoladeglasur überziehen. In gleichmäßige Vierecke schneiden und diese auf die erstarrte Creme legen. Erst danach ganz durchschneiden. Nur so erhält man schöne Stücke.

Schokoladeschnitten 1

BATSCHKA

- 125 g Kokosfett
- 80 g Schokolade
- 250 g Staubzucker
- 1 Päckchen Vanillezucker
- 3 Eier
- 125 g Butter

Außerdem

- 3 große Waffelblätter

1 Das Kokosfett in einer Schüssel im Wasserbad zerlassen.

2 Die Schokolade reiben und zusammen mit dem Staubzucker, dem Vanillezucker und den Eiern zum Kokosfett geben und so lange rühren, bis das Wasser darunter gerade eben zu kochen beginnt. Die Schüssel aus dem Wasserbad nehmen, die Butter in Stücken dazugeben und die Creme kalt rühren.

3 Die Waffelblätter halbieren und mit der Creme zusammensetzen, so daß 6 Lagen entstehen. Mit einem Brett beschweren und über Nacht kalt stellen. Am nächsten Tag mit einem scharfen Messer in Streifen oder Vierecke schneiden.

Schokoladeschnitten 2

BATSCHKA

150 g Butter
300 g Zucker
8 Eier, getrennt
1 EL feine Semmelbrösel
4 EL Kakaopulver
½ Päckchen Backpulver
150 g geriebene Haselnüsse

Für die Creme

100 g Zucker
2 Eier
100 g Butter
2 EL Kakaopulver

Außerdem

Konfitüre nach Wahl
zum Bestreichen

1 Die Butter mit 150 g Zucker schaumig rühren. Die Eidotter einzeln nacheinander unterrühren.

2 Die Eiklar mit dem restlichen Zucker zu Schnee schlagen und locker auf die Schaummasse gleiten lassen.

3 Die Semmelbrösel mit dem Kakao und dem Backpulver vermischen und mit den Haselnüssen locker auf den Eischnee streuen. Mit einem Kochlöffel vorsichtig unterheben.

4 Ein tiefes Blech mit Backpapier auslegen, die Masse einfüllen, glattstreichen und bei 190–200 °C im vorgeheizten Backrohr 30–40 Minuten goldgelb backen. Auf ein Gitter stürzen und mit erhitzter, passierter Konfitüre bestreichen.

5 Für die Creme die angegebenen Zutaten in einem Topf vermischen, erhitzen und unter ständigem Rühren kurz aufkochen. Etwas abkühlen lassen und mit einer Palette auf den Kuchen streichen. Sobald die Creme erstarrt ist, den Kuchen in gleichmäßige Vierecke schneiden.

Zigeunerschnitten

BOSNIEN

140 g Zartbitter-Schokolade
140 g Butter
140 g Zucker
6 Eier, getrennt
120 g Mehl

Für die Obersfüllung

250 g Zartbitter-Schokolade
¼ l Schlagobers

Für die Schokoladeglasur

80 g Couverture (Tunkmasse)
4 EL Wasser
80 g Staubzucker
1 EL Butter

Außerdem

Butter und Mehl für das Blech

1 Die Schokolade in kleine Stücke brechen und im Wasserbad schmelzen. Leicht abkühlen lassen.

2 Die Butter mit 40 g Zucker schaumig rühren. Die Schokolade untermischen. Die Dotter einzeln dazurühren. Die Eiklar mit dem restlichen Zucker zu Schnee schlagen und auf die Schokolademasse gleiten lassen. Das Mehl darübersieben und beides zusammen mit einem Kochlöffel vorsichtig unterheben.

3 Zwei Backbleche gut mit Butter fetten und bemehlen. Die Masse ziemlich dünn aufstreichen und bei 180 °C im vorgeheizten Backrohr etwa 15 Minuten backen. Auskühlen lassen.

4 Für die Obersfüllung die Schokolade raspeln. Das Obers aufschlagen und die Schokolade unterziehen. Auf eine der beiden Teigplatten streichen und mit der anderen abdecken.

5 Für die Glasur die Couverture mit 2 EL Wasser auf dem Herd unter Rühren schmelzen. Weitere 2 EL Wasser, den Staubzucker und die Butter dazugeben und unter ständigem Rühren bis zur Fadenprobe (Seite 66) kochen. Vom Herd nehmen und kalt rühren. Die obere Teigplatte damit überziehen.

6 Sobald die Glasur getrocknet ist, den Kuchen in gleichmäßige Quadrate schneiden und frisch servieren oder kalt stellen.

Creme-Pitta

HOCHZEITSREZEPT AUS DER BATSCHKA

280 g Mehl, 250 g Butter
1 Eidotter, 1 Prise Salz
etwa 120 ml Wasser

Für die Creme

7 Eidotter, 1 Ei
170 g Zucker
4 Päckchen Vanillezucker
70 g Mehl, 400 ml Milch

Außerdem

Staubzucker zum Besieben

1 140 g Mehl mit der Butter verkneten und zu einem Block formen. Kalt stellen.

2 Das restliche Mehl mit dem Dotter, Salz und so viel Wasser schnell zu einem weichen Teig abarbeiten, daß er die Konsistenz von Strudelteig hat. Zu einer Kugel formen, in Folie wickeln und 1/2 Stunde kalt stellen.

3 Den Teig zu einem Quadrat ausrollen und den Butterblock in die Mitte legen. Die Teigecken so über den Butterblock schlagen, daß sie in der Mitte zusammentreffen. Zu einem großen Rechteck ausrollen. Von beiden schmalen Seiten aus jeweils ein Drittel der Teigplatte über das mittlere Drittel schlagen und 10 Minuten kalt stellen.

4 Erneut ausrollen, wie oben zusammenlegen und kalt stellen. Diesen Vorgang noch zweimal wiederholen.

5 Den Teig teilen und ausrollen. Nacheinander die beiden Teigblätter auf der Rückseite eines kalt abgespülten Backblechs bei 200 °C im vorgeheizten Backrohr in etwa 15 Minuten goldgelb backen.

6 Für die Creme die Dotter und das ganze Ei mit dem Zucker und Vanillezucker schaumig rühren. Das Mehl dazusieben und untermischen. Die Milch erhitzen, die Schaummasse hineingeben und auf dem Herd noch so lange bearbeiten, bis die Creme dick ist. Auskühlen lassen.

7 Die Creme auf einer Teigplatte verstreichen und mit der anderen abdecken. Dick mit Staubzucker besieben. Mit einem scharfen Messer in quadratische Stücke schneiden.

Moderne Rezepte

Cremeschnitten

Für 1 Backblech von 40 × 32 cm Größe – ergibt 9 Portionen

400 g Blätterteig (Rezept Seite 54 oder Tiefkühlware)

Für die Vanilleoberscreme

100 ml Milch
30 g Zucker, 8 g Vanillezucker
10 g Vanillepuddingpulver
1 Eidotter
1 kleine Prise Salz
5 g Gelatine
1/4 l Schlagobers

Außerdem

80 g passierte Marillenkonfitüre zum Aprikotieren
100 g Fondant zum Glasieren
Cointreau zum Aromatisieren

1 Den Blätterteig 2 mm dick ausrollen und auf das Backblech legen. Die überstehenden Ränder wegschneiden und das Teigblatt stupfen – mit einer Gabel in 1 cm Abständen einstechen, um ein gleichmäßiges Aufgehen zu erreichen. 20 Minuten ruhen lassen, damit der Teig beim Backen nicht zu sehr schrumpft.

2 Bei 180 °C im vorgeheizten Backrohr etwa 30 Minuten backen. Der Blätterteig muß durch und durch hellbraun und knusprig gebacken sein. Nur so kann er einen angenehm buttrigen Röstgeschmack entwickeln. Auskühlen lassen.

3 Mit Hilfe eines Lineals in drei Streifen von 9 × 36 cm Größe schneiden. Den schönsten als Oberteil – mit der Blechseite nach oben – zum Glasieren zur Seite legen. Den zweitschönsten Streifen – mit der Blechseite nach unten – auf eine entsprechende Unterlage legen. Der dritte Streifen ist als Mittelteil gedacht.

Die gebackene, ausgekühlte Blätterteigplatte mit Lineal und Küchenmesser in drei gleich breite Streifen (9 x 36 cm) schneiden.

4 Für die Creme die Milch, den Zucker, Vanillezucker, Vanillepuddingpulver, Dotter und Salz abkochen. Die Gelatine – Blattgelatine eingeweicht und ausgedrückt, Pulvergelatine mit 3 Teilen kaltem Wasser gemischt – einrühren und die Creme kalt rühren. Das Obers schlagen. Zuerst einen kleinen Teil davon unter den Pudding mischen und diese Mischung in das restliche Obers einmelieren.

5 Die Hälfte der Creme auf das Bodenblatt streichen, das Mittelteil auflegen und die restliche Creme daraufstreichen. Oben und rundherum exakt verstreichen. Die halbfertigen Cremeschnitten zum Stocken in den Kühlschrank stellen.

6 Das Oberteil mit der kochendheißen Marillenkonfitüre dünn bestreichen (aprikotieren). Das Fondant auf etwa 35 °C erwärmen, mit Cointreau aromatisieren, soweit notwendig mit Wasser verdünnen und durchscheinend dünn auf den aprikotierten Blätterteigstreifen auftragen. Bei 60 °C im vorgewärmten Backrohr einige Minuten trocknen lassen.

7 Ausgekühlt in Stückgröße schneiden, auf die abgestockte Creme legen und mit einem in heißes Wasser getauchten Messer fertig portionieren.

Holländer Kirschschnitten

Sie werden wie die Cremeschnitten (Seite 227) hergestellt, jedoch zusätzlich mit gebundenen Weichseln zwischen nur zwei Blätterteigböden (Ober- und Unterteil) gefüllt.

Für die gebundenen Weichseln

250 g Tiefkühlweichseln
40 g Kristallzucker
15 g Vanillepuddingpulver
3 cl Griottelikör

1 Die Weichseln auf einem Gitter oder in einem Sieb auftauen lassen und den abtropfenden Saft auffangen. Von dieser Menge werden etwa 170 g abgetropfte Weichseln und 80 g Saft entstehen.

2 Den Weichselsaft mit dem Zucker und dem Vanillepuddingpulver mischen und unter Rühren mit dem Schneebesen abkochen. Die Weichseln zugeben, nochmals aufkochen und, um die Früchte zu schonen, nur mit dem Kochlöffel rühren. Den Griottelikör einrühren und sofort auf dem Blätterteigboden verteilen. Im Kühlschrank auskühlen lassen.

3 Die Cremeschnittencreme darüber verstreichen und im Kühlschrank abstocken lassen. Das Oberteil aprikotieren und glasieren, wie bei den Cremeschnitten beschrieben, jedoch das Fondant mit Griottelikör abschmecken statt mit Cointreau und eventuell mit roter Lebensmittelfarbe oder auch Himbeersaft rosa einfärben.

Bananenschnitten

Für 1 Randblech von 40 × 32 cm Größe – ergibt 16–20 Portionen

Schokolade und Banane sind immer eine harmonische Kombination. Für die Bananenschnitten wird ein mit Vanillecreme gefüllter Biskuitboden mit Bananen belegt, Milchschokoladeobers darüber gestrichen und dann noch mit feiner Bitterschokoladeglasur abgedeckt.

Für die Biskuitmasse

4 Eier
80 g Kristallzucker
4 g Vanillezucker
1 Prise Salz
60 g Mais-Stärkemehl
60 g Mehl, 40 g Öl

Zum Tränken

60 g Staubzucker
30 ml heißes Wasser
8 cl Rum

Für die Vanillecreme

80 ml Milch
25 g Kristallzucker
1 Eidotter
9 g Vanillepuddingpulver
80 g Butter

Für die Milchschokoladeoberscreme

Rezept Seite 63, aus 400 g Schlagobers bereits am Vortag zubereitet

Für die Bitterschokoladeglasur

120 ml Schlagobers
120 g Bittercouverture (dunkle Tunkmasse)

Außerdem

1,2 kg Bananen

1 Für die Biskuitmasse die Eier mit dem Zucker, Vanillezucker und Salz in der Küchenmaschine oder mit der Hand schaumig rühren. Zuerst das mit dem Stärkemehl gesiebte Mehl und dann das Öl einmelieren.

2 Die Masse auf das mit Backpapier belegte Backblech ganzflächig aufstreichen. Bei 210 °C im vorgeheizten Backrohr 15–20 Minuten backen. Auf ein mit Kristallzucker bestreutes Backpapier umdrehen und auskühlen lassen.

3 Für die Tränke den Staubzucker im heißen Wasser auflösen, den Rum einrühren.

4 Für die Vanillecreme alle Zutaten (ohne Butter) mischen, unter Rühren mit dem Schneebesen abkochen. Kalt rühren, die temperierte Butter nach und nach zugeben und schaumig rühren.

5 Das Biskuitblatt in der Breite halbieren. Eine Hälfte mit der Hälfte der Tränke befeuchten und 2/3 der Vanillecreme darauf verstreichen. Die zweite Biskuithälfte auflegen, mit der restlichen Tränke befeuchten und die restliche Vanillecreme aufstreichen.

6 Die geschälten Bananen der Länge nach halbieren und dicht nebeneinander auflegen. Die Milchschokoladeoberscreme aufschlagen und glatt darüber verstreichen. Der Profi verwendet für solche Arbeitstechniken Metallrahmen. Da läßt sich, auf die Portionsgrößen berechnet, ein genaues Maß einhalten und exakt arbeiten. Die Hausfrau kann sich in einfacher Weise mit einem selbstgebastelten Rahmen aus Karton, eventuell noch mit Alufolie überzogen, helfen. Über Nacht im Kühlschrank abstocken lassen.

7 Für die Glasur das Obers aufkochen, die zerkleinerte Couverture darin schmelzen und auf etwa 30 °C abkühlen lassen. Dabei möglichst wenig rühren, um keine Luft einzurühren, die später in Form von Luftbläschen an der Glasuroberfläche stören würde. Die Bananenschnitten mit Hilfe einer Palette mit der Schokoladeglasur abstreichen, im Kühlschrank stocken lassen und portionieren.

Esterházyschnitten

Für 2 Backbleche von 40 × 32 cm Größe – ergibt 20–24 Portionen

Esterházyschnitten oder -torten, man kennt sie auf der ganzen Welt. Eines verbindet die vielen unterschiedlichen Rezepturen: das Schokolademuster in der weißen Fondantglasur. Siehe dazu auch die Abbildungen auf Seite 165.

Für die Esterházymasse

7 Eiklar
210 g Kristallzucker
210 g feingeriebene Haselnüsse

Für die Esterházycreme

70 g geröstete, geschälte Haselnüsse
Buttercreme (Rezept Seite 63, die angegebene Menge)

Außerdem

100 g passierte Marillenkonfitüre zum Aprikotieren
30 g Kochschokolade
150 g Fondant
100 g gehobelte, geröstete Mandeln zum Einstreuen der Seitenränder
10–12 Belegkirschen

1 Die Eiklar mit dem Zucker mischen und zu Schnee schlagen. Die Haselnüsse einmelieren und auf die beiden mit Backpapier belegten Backbleche bis zum Rand aufstreichen. Bei 200 °C im vorgeheizten Backrohr etwa 15 Minuten nach Sicht backen. Die Masse soll ganz wenig Farbe genommen haben. Noch heiß in der Breite in je drei Teile schneiden und auskühlen lassen.

2 Für die Creme aus den gerösteten Haselnüssen auf einfache Weise einen Nougat herstellen, indem man sie so lange mixt, bis daraus eine halbflüssige braune Masse entstanden ist. Mit der Buttercreme mischen. Damit fünf Esterházymasseblätter bestreichen, alle sechs Blätter zusammensetzen und noch eine kleine Menge zum Verstreichen der Seitenränder zurücklassen. Kühlen. Beim Füllen das schönste Blatt als Unterseite verwenden und beim Fertigmachen den ganzen Block umdrehen – so erhält man eine glatte Oberfläche.

3 Mit einem in heißes Wasser getauchten Messer der Länge nach durchschneiden. Die beiden etwa 6 cm breiten Streifen hintereinanderstellen und an den Seiten die restliche Creme verstreichen. Die Konfitüre aufkochen und damit die Oberseite bestreichen.

4 Die Kochschokolade zerkleinern, im Wasserbad schmelzen und auf etwa 32 °C temperieren. In eine Spritztüte (Seite 75) füllen und die Spitze mit der Schere so abschneiden, daß eine ungefähr 1 mm große Öffnung entsteht.

5 Das Fondant auf etwa 35 °C erwärmen und mit wenig Wasser zu einer dünnflüssigen Konsistenz verrühren. Die Oberseite der beiden Streifen dünn damit glasieren. In das weiche Fondant sofort mit der Spritztüte der Länge nach in 6–7 mm Abständen Linien ziehen und mit der Spitze eines kleinen Messers das bekannte Esterházymuster zeichnen. Wer sich dieses Zeichnen nicht zutraut, soll es ruhig weglassen, das tut dem Geschmack keinen Abbruch.

6 Die Seiten mit den gehobelten Mandeln einstreuen, portionieren und auf jede Schnitte eine halbe Belegkirsche setzen.

Papagenoschnitten

Für 1 Form von 30 × 17 cm Größe. Es könnte genausogut eine passende Tortenform verwendet werden.

Eine Mandelmasse mit Kompottmandarinenspalten, mit Cointreau getränkt, darauf Milchschokoladeoberscreme, die mit Milchschokoladespänen bestreut wird.

Für die Mandelmasse

- 220 g Marzipanrohmasse
- 30 ml Wasser, 120 g Eidotter
- 10 g Vanillezucker
- abgeriebene Schale von 1/4 unbehandelten Zitrone
- 1 Prise Salz
- 120 g Eiklar, 110 g Zucker
- 30 g Mais-Stärkemehl
- 80 g Mehl
- 40 g zerlassene Butter
- 200 g gut abgetropfte Kompottmandarinenspalten

Zum Tränken

- 100 ml Kompottmandarinensaft
- 6 cl Cointreau

Für die Milchschokoladeoberscreme

Rezept Seite 63, aus 300 g Schlagobers bereits am Vortag zubereitet

Außerdem

150 g Milchcouverture (helle Tunkmasse) für Schokoladespäne

1 Die Mandelmasse schon am Vortag herstellen. Dafür das Marzipan mit dem Wasser auf der Arbeitsplatte mit der Hand weich arbeiten. Anschließend zusammen mit den Eidottern, Vanillezucker, Zitronenschale und Salz schaumig rühren.

2 Die Eiklar mit dem Zucker und dem Stärkemehl verrühren und zu Schnee schlagen. Beide Massen mischen. Zuerst das gesiebte Mehl, dann die heiße Butter und zum Schluß noch vorsichtig die Mandarinenspalten einmelieren.

3 Die Masse in die mit Backpapier belegte oder eingeschlagene Form füllen und bei 170 °C im vorgeheizten Backrohr etwa 50 Minuten backen. Auf ein mit Kristallzucker bestreutes Backblech umdrehen und im Kühlschrank aufbewahren.

4 Für die Tränke den Mandarinensaft mit dem Cointreau mischen und die Mandelmasse mit Hilfe eines Pinsels gleichmäßig damit befeuchten.

5 Die Milchschokoladeoberscreme wie Schlagobers aufschlagen und glatt darüberstreichen. Die Schokoladespäne aufstreuen. Mit einem in heißes Wasser getauchten Messer der Länge nach teilen und in portionsgerechte Schnitten schneiden.

Bienenstich

Für 1 Randblech von 40 × 32 cm Größe – ergibt 15 Portionen

Germteig – direkte Führung (Rezept Seite 57, 1/3 der angegebenen Menge)

Für die Bienenstichmasse

- 80 g Butter
- 50 g Zucker
- 40 g Honig
- 110 g geschälte, gehobelte Mandeln

Außerdem

Vanilleoberscreme wie bei Cremeschnitten (Rezept Seite 227, jedoch die 1 1/2 fache Menge)

1 Den Germteig 20 × 32 cm groß ausrollen und so auf das mit Backpapier belegte Backblech legen, daß er an drei Seiten vom Blechrand begrenzt ist. Kurz tiefkühlen, damit die Bienenstichmasse leichter aufgestrichen werden kann.

2 Für die Bienenstichmasse die Butter mit dem Zucker und dem Honig aufkochen. Die Mandeln einrühren. Die Bienenstichmasse auf dem inzwischen festen Germteig – er muß nicht ganz durchgefroren sein – völlig glatt verstreichen und den Teig bei 30 °C zum Doppelten seines Volumens aufgehen lassen.

3 Bei 180 °C im vorgeheizten Backrohr etwa 30 Minuten backen. Auskühlen lassen. Horizontal einmal in der Mitte durchschneiden, das Oberteil mit der Bienenstichmasse an den Rändern abgleichen und in 3 × 5 Stücke schneiden. Die Stücke sind etwa 9 × 4 cm groß.

4 Die Creme zubereiten und auf das Unterteil streichen. Die geschnittenen Oberteile auflegen und die Creme im Kühlschrank abstocken lassen. Mit einem in heißes Wasser getauchtem Messer fertig portionieren.

Heidelbeer- oder Ribiselschaumschnitten

Für 1 Randblech von 40 × 32 cm Größe

Heidelbeeren oder Ribisel mit überbackener Schaummasse sind eine gute Kombination, hier auf Mürbteig und Biskuit.

Mürbteig (Rezept Seite 59, die angegebene Menge)
Biskuitmasse für Rouladen (Rezept Seite 49, 1/2 der angegebenen Menge)
100 g passierte Marillenkonfitüre

Zum Tränken

60 g Staubzucker
30 ml heißes Wasser
8 cl Rum

Für die Vanillecreme

80 ml Milch
25 g Kristallzucker
1 Eidotter
9 g Vanillepuddingpulver
80 g Butter

Für die Schaummasse

3 Eiklar
150 g Kristallzucker

Außerdem

1 kg Heidelbeeren oder Ribisel
Schaummasse (Rezept Seite 52, das Doppelte der angegebenen Menge)
Vanillestaubzucker zum Besieben

1 Den Mürbteig 3 mm dick ausrollen, auf das Rollholz aufrollen und auf dem Backblech wieder abrollen. Die Ränder an allen vier Seiten abgleichen und die Teigplatte stupfen – mit einer Gabel in 1 cm Abständen einstechen. Bei 160 °C im vorgeheizten Backrohr in etwa 20 Minuten gleichmäßig hellbraun backen.

2 Die Biskuitmasse in Blechgröße (40 x 32 cm) backen. Sofort auf ein mit Kristallzucker bestreutes Backpapier umdrehen und auskühlen lassen.

3 Den Mürbteigboden mit der erhitzten Marillenkonfitüre bestreichen. Das Biskuitblatt auflegen.

4 Für die Tränke den Zucker im heißen Wasser auflösen und den Rum einrühren.

5 Für die Vanillecreme alle Zutaten (ohne Butter) mischen und unter Rühren mit dem Schneebesen abkochen. Kalt rühren, die temperierte Butter nach und nach zugeben und schaumig rühren.

6 Das Biskuitblatt mit der Tränke befeuchten und die Vanillecreme aufstreichen. Die Früchte aufstreuen.

7 Für die Schaummasse die Eiklar mit dem Zucker vermischen und im heißen Wasserbad auf etwa 40 °C erwärmen. Schaumig aufschlagen.

8 Zuerst einen Teil der Schaummasse relativ fest über die Früchte streichen, um diese zu binden, und dann die restliche Schaummasse glatt darüber verstreichen. Mit der Palette durch Betupfen Spitzen von der Schaummasse hochziehen. Mit Staubzucker leicht besieben und bei 250–300 °C Oberhitze oder unter dem Grill auf der Oberseite Farbe nehmen lassen.

Topfensouffléschnitten

Für 1 Kapselrahmen von 30 × 25 cm Größe

Soufflés sind warme Desserts (meistens, es gibt auch gesalzene), die sich in allen Variationen immer durch besondere Leichtigkeit auszeichnen. Die Topfensouffléschnitten sind von der Optik und Präsentation überhaupt nicht mit dem verwandt, was man unter diesem Begriff verstehen sollte.
Jedoch sind sie – und das ist bei richtiger Herstellung ganz besonders dem zusätzlichen hohen Eiweißgehalt des Topfens zuzuschreiben – von einer solchen Leichtigkeit, daß man die Bezeichnung »Soufflé« für diese kalte Süßspeise in Schnittenform mit gutem Gewissen verwenden kann.

Mürbteig (Rezept Seite 59, 1/6 der angegebenen Menge)
etwa 400 g Kompottpfirsiche

Für die Topfensoufflémasse

1/4 l Milch
80 g Vanillepuddingpulver
4 Eidotter
10 g Vanillezucker
1 g Salz
abgeriebene Schale von 1/4 unbehandelten Zitrone
1/4 l Schlagobers
500 g Topfen (10 % Fett)
8 Eiklar
180 g Kristallzucker

Außerdem

1/2 Päckchen Tortenguß, nach Packungsanweisung zubereitet
Kompottmandarinenspalten und halbierte Erdbeeren nach Anzahl der Portionen

1 Den Mürbteig 3 mm dick ausrollen, auf das Rollholz aufrollen, auf dem Backblech wieder abrollen und mit dem Kapselrahmen ausstechen. Er könnte auch in einem Tortenreifen gebacken werden – dann mit diesem ausstechen. Die Teigplatte stupfen – mit einer Gabel in 1 cm Abständen einstechen. Bei 160 °C im vorgeheizten Backrohr in etwa 20 Minuten hellbraun ausbacken. Auskühlen lassen.

2 Die gut abgetropften und mit Küchenpapier abgetupften Pfirsiche in Abständen einlegen.

3 Bei der Topfensoufflémasse ist es wichtig, daß die gekochte Creme und der Eischnee zur gleichen Zeit fertig werden. Daher ist entweder eine Küchenmaschine für die Herstellung des Eischnees oder ein Assistent Voraussetzung. 100 ml Milch mit dem Puddingpulver, den Eidottern, Vanillezucker, Salz und Zitronenschale mischen. Das Schlagobers mit der restlichen Milch aufkochen, die Puddingpulvermischung einrühren und gut durchkochen. Die Creme ist ziemlich fest, brennt daher leicht an und muß intensiv gerührt werden. Den Topfen zugeben und nochmals unter kräftigem Rühren richtig aufkochen.

4 Die Eiklar mit dem Zucker mischen und zu einem kompakten, aber noch schmierigen Schnee schlagen. Mit dem Schneebesen einen kleinen Teil des Eischnees flüchtig unter die kochendheiße Creme mischen und diese rasch und mit wenigen Strichen unter den restlichen Eischnee melieren.

5 Sofort in die Kapsel (oder den Tortenreifen) über die Früchte verteilen und bei 160 °C 40 Minuten backen. Die Masse soll an der Oberseite wenig Farbe nehmen. Auskühlen lassen.

6 In Schnittengröße einteilen, mit dem Tortenguß dünn abglänzen und mit den separat auf einem Gitter abgeglänzten Früchten dekorieren.

Die Erdbeeren auf einem Gitter mit Tortenguß abglänzen.

Rouladen

Traditionelle Rezepte Seite 239
Moderne Rezepte Seite 241

Wer in letzter Minute zum Nachmittagskaffee etwas ansprechendes Selbstgebackenes anbieten möchte, ist mit einer Biskuitroulade immer bestens beraten. Sie ist schnell zubereitet und kann mit den unterschiedlichsten Füllungen – von einfacher Konfitüre über geschlagenes Obers, pur oder mit Früchten, bis hin zu Obers- und Buttercremen – bestrichen werden. Der Phantasie für dekorative Garnituren sind kaum Grenzen gesetzt.

Voraussetzung ist eine lockere Rouladenmasse, die nach dem Backen genügend Elastizität besitzt, um beim Aufrollen nicht zu reißen. Das gebackene Biskuitblatt muß vollständig auskühlen, damit die Füllung, insbesondere eine Buttercreme, nicht schmilzt. Die vielfach übliche Methode, eine Roulade vorzuformen, indem man das warme Biskuitblatt aufrollt und so erkalten läßt, erübrigt sich bei einer richtigen Herstellung und richtigem Ausbacken der Rouladenmasse. Es genügt, das gebackene Biskuitblatt auf ein mit Zucker bestreutes Tuch oder Papier umzudrehen und so auskühlen zu lassen. Ein kleiner Trick, falls die Masse zu stark ausgebacken wurde und beim späteren Aufrollen brechen könnte: auf die Papierseite ein feuchtes Tuch legen und das Biskuitblatt einige Zeit so liegen lassen

Eigentlich sind die Rouladen gerollte Torten. Um die häuslichen Rezepte abzuwandeln, kann man deshalb auch bei den Tortenrezepten nachlesen und sich dort Ideen für besondere Füllungen und Garnituren suchen. Es ist jedoch darauf zu achten, daß beide harmonisch aufeinander abgestimmt sind. Auch Farbkontraste sollten dabei eine Rolle spielen. Eine Moccaroulade sieht zum Beispiel mit dunklen Schokoladekaffeebohnen auf aufgespritzten weißen Obersrosetten sehr ansprechend aus. Dafür wird die Roulade vorher auch von außen mit Moccacreme bestrichen und mit frisch gerösteten, gehackten Haselnüssen eingestreut.

1 *Die Biskuitmasse auf dem mit Backpapier ausgelegten Blech bis in die Ränder mit der Palette glatt verstreichen.*

2 *Nach dem Backen die Biskuitplatte auf ein gezuckertes Tuch umdrehen und das Papier vorsichtig abziehen.*

3 *Nach dem Auskühlen mit Konfitüre (oder einer anderen Füllung) bestreichen und mit Hilfe des Tuchs aufrollen.*

Traditionelle Rezepte

Biskuitroulade

Österreich

- 4 Eier, getrennt
- 100 g Staubzucker
- 100 g feines Mehl
- 1 Prise Salz

1 Die Dotter mit 20 g Staubzucker schaumig rühren. Die Eiklar mit dem restlichen Staubzucker zu Schnee schlagen. Dotterschaum und Eischnee locker vermischen.

2 Das Mehl mit dem Salz sieben und unter die Masse melieren.

3 Ein Backblech mit Backpapier belegen und die Masse darauf glatt verstreichen. Bei 200 °C im vorgeheizten Rohr in etwa 12 Minuten hellgelb backen.

4 Nur kurz abdampfen lassen. Auf ein leicht gezuckertes Tuch umdrehen, das Backpapier abziehen, einrollen und auskühlen lassen.

5 Wieder aufrollen und beliebig füllen – siehe unten. Die Füllung nicht ganz bis zum Rand auftragen, damit sie beim Zusammenrollen, was mit Hilfe des Tuchs erfolgt, nicht an den Seiten austritt. Vor dem Aufschneiden die Roulade mit Staubzucker besieben.

Konfitürefüllung

- 400 g Marillen-, Kirschen-, Weichsel-, Himbeer-, Orangen-, Ribisel- oder Ingwerkonfitüre

Die Konfitüre glattrühren, bei Bedarf leicht erwärmen.

Orangen- oder Zitronenbuttercreme

- 150 g weiche Butter
- 10 EL gesiebter Staubzucker
- 3 Eidotter
- abgeriebene Schale von 1/2 unbehandelten Orange oder Zitrone
- Saft von 1 1/2 Orangen oder 2–3 Zitronen

Die Butter schaumig rühren. Nach und nach den Staubzucker und die Dotter zufügen und dickcremig rühren. Zuletzt die Zitrusschale und den Saft untermischen.

Schokoladebuttercreme

- 150 g weiche Butter
- 3–4 EL Staubzucker
- 3 Eidotter
- 100 g geschmolzene Zartbitter-Schokolade

Die Creme zubereiten wie oben. Statt Zitrone oder Orange die Schokolade untermischen.

Schokolade-Haselnuß-Buttercreme

In die Schokoladebuttercreme zusätzlich 100 g geröstete, geriebene Haselnüsse und 2 cl Rum einrühren.

Vanillecreme

- 1/4 l Milch
- 1/2 Päckchen Vanillepuddingpulver
- 60 g Zucker
- 1/2 Päckchen Vanillezucker
- 2 kleine Eier, getrennt
- 100 ml Schlagobers

Die Milch aufkochen. Das Puddingpulver mit 20 g Zucker und dem Vanillezucker vermischen, in die Milch rühren, noch einmal kräftig aufkochen lassen und vom Herd nehmen. Die beiden Eidotter einrühren und auskühlen lassen. Die Eiklar mit dem restlichen Zucker zu Schnee schlagen und das Obers aufschlagen, zusammen unterheben.

Zigeunerarm

UNGARN

Das Rezept ergibt eine Roulade mit großen Stücken.

- 5 Eier, getrennt
- 5 EL kaltes Wasser
- 100 g Zucker
- abgeriebene Schale von
- 1 unbehandelten Zitrone
- 150 g gesiebtes Mehl

Für die Füllung

- 4 Eidotter
- 150 g Zucker
- 20 g Speisestärke
- 1/2 l Milch
- ausgeschabtes Mark von
- 1 Vanilleschote
- Saft von 1/2 Zitrone

Außerdem

- Staubzucker zum Besieben

1 Die Eiklar mit dem kalten Wasser aufschlagen. Nach und nach den Zucker einrieseln lassen und zu Schnee schlagen.

2 Einzeln nacheinander die Eidotter und die Zitronenschale untermischen. Zuletzt das Mehl einmelieren.

3 Ein Backblech mit Backpapier belegen und die Masse darauf glatt verstreichen. Bei 200 °C im vorgeheizten Backrohr in etwa 15 Minuten hellgelb backen. Auf ein mit Zucker bestreutes Tuch umdrehen, das Papier abziehen, die Roulade einrollen und auskühlen lassen.

4 Für die Füllung die Eidotter mit dem Zucker schaumig rühren, die Speisestärke zufügen. Die Milch mit dem Vanillemark aufkochen. Neben dem Herd langsam den Dotterschaum einmischen und unter ständigem Rühren noch einmal aufkochen. Zuletzt den Zitronensaft einrühren. Abkühlen lassen.

5 Die Roulade aufrollen, dick mit der Creme bestreichen – nicht bis zum Rand! – und mit Hilfe des Tuchs locker wieder zusammenrollen. Vor dem Anschneiden mit Staubzucker besieben.

Schokoladeroulade mit Kirschfüllung

BUDAPEST

- 4 Eier, getrennt
- 2 EL heißes Wasser
- 100 g geschmolzene
- Zartbitter-Schokolade
- 60 g Staubzucker
- 80 g feines Mehl

Für die Füllung

- 250 g passierter Topfen
- 2 Eidotter
- 75 g feinster Zucker
- 1 EL Kirschwasser
- 1/2 l Schlagobers
- 2 Päckchen Vanillezucker
- 50 g gehackte Belegkirschen

Außerdem

- 15–20 halbierte
- Belegkirschen

1 Die Eidotter mit dem Wasser schaumig rühren und die Schokolade untermischen. Die Eiklar mit dem Staubzucker zu Schnee schlagen und auf die Schokolademasse gleiten lassen. Das Mehl darübersieben und zusammen locker unterheben.

2 Ein Backblech mit Backpapier belegen und die Masse darauf glatt verstreichen. Bei 200 °C im vorgeheizten Backrohr etwa 12 Minuten backen. Auf ein mit Zucker bestreutes Tuch umdrehen, das Backpapier abziehen, die Roulade einrollen und auskühlen lassen.

3 Für die Füllung den Topfen mit den Dottern und dem Zucker schaumig rühren, das Kirschwasser einrühren. Das Obers mit dem Vanillezucker aufschlagen und mit der Topfenmasse mischen. Die Belegkirschen untermischen und einen Teil der Füllung auf die entrollte Roulade streichen – nicht ganz bis zum Rand. Locker mit Hilfe des Tuchs wieder zusammenrollen und die Oberfläche mit der restlichen Füllung bestreichen. Tupfen aufspritzen, Belegkirschen auflegen und die Roulade bis zum Verzehr kalt stellen.

Moderne Rezepte

Erdbeerobersroulade

Für 1 Roulade – ergibt etwa 15 Portionen

Erdbeeroberscreme mit Stücken von Ananaserdbeeren als Einlage, eingerollt in eine helle Biskuitmasse. Werden anstelle der Ananaserdbeeren Walderdbeeren verwendet, kann die Roulade ohne weiteres zur Bevorratung tiefgekühlt werden. Walderdbeeren haben einen so geringen Wassergehalt, daß ein Saftaustritt nach dem Auftauen fast nicht erfolgt.

Biskuitmasse für Rouladen (Rezept Seite 49, 1/2 der angegebenen Menge)

Für die Erdbeeroberscreme

- 8 g Gelatine
- 1/4 l Schlagobers
- 150 g Erdbeermark
- 70 g Kristallzucker
- 3 cl Cointreau
- 2 cl Orangensaft

Außerdem

- 100 g Erdbeeren, entstielt und gewaschen
- Vanillestaubzucker zum Besieben

1 Die Biskuitmasse auf das mit Backpapier belegte Backblech formatfüllend aufstreichen und backen. Nach dem Ausbacken sofort auf ein mit Kristallzucker bestreutes Backpapier umdrehen und auskühlen lassen.

2 Für die Creme die Gelatine – Blattgelatine in kaltem Wasser eingeweicht und wieder herausgenommen oder Pulvergelatine mit 3 Teilen kaltem Wasser verrührt – im heißen Wasserbad auflösen. Das Schlagobers schlagen (nicht zu stark ausschlagen!) und kühl stellen. Die restlichen Zutaten verrühren, die heiße Gelatine untermischen und in das geschlagene Obers einmelieren.

3 Von der Roulade das Papier, auf dem sie gebacken wurde, abziehen und die Creme zum oberen Rand verlaufend aufstreichen. Die mit Küchenpapier trockengetupften und in Stücke geschnittenen Erdbeeren locker aufstreuen und ein wenig in die Creme drücken. Die ungerollte Roulade zum leichten Abstocken – mit der weichen Creme würde sie sich schlecht rollen lassen – in den Kühlschrank stellen.

4 Mit Hilfe des darunter befindlichen Papiers aufrollen, straff in das Papier einwickeln und im Kühlschrank einige Stunden abstocken lassen. Portionieren und leicht mit Vanillestaubzucker besieben.

Biedermeier-roulade

Für 1 Roulade –
ergibt etwa 15 Portionen

Eine leichte Mandelobers-creme mit Weichseln in einer Kakaomasseroulade.

- Kakaomasse (Rezept Seite 51, die angegebenen Mengen für eine Masse von 4 Eiern reduzieren)
- 160 g entsteinte Weichseln (auch Tiefkühlfrüchte)
- 80 g Kristallzucker

Für die Mandeloberscreme

- 350 ml Schlagobers
- 10 g Gelatine
- 100 g Marzipanrohmasse
- 2 cl Rum, 4 Eidotter
- 6 g Vanillezucker
- 1 Prise Salz

Außerdem

- Vanillestaubzucker zum Besieben

1 Die Kakaomasse auf einem mit Backpapier belegten Backblech mit Rand in der Größe 40 × 32 cm formatfüllend aufstreichen und backen. Sofort auf ein mit Kristallzucker bestreutes Backpapier umdrehen und auskühlen lassen.

2 Die Weichseln mit dem Zucker mischen und aufkochen. Den Saft abseihen und bis zum starken Faden kochen (siehe Fadenprobe, Seite 66). Die Früchte wieder zugeben und 2 Minuten langsam kochen lassen. Auskühlen lassen und abseihen.

1 Mit Weichselsaft tränken, die Weichseln aufstreuen.

2 Die Creme über die angezogenen Weichseln verstreichen.

3 Die Roulade mit Hilfe des Papiers aufrollen.

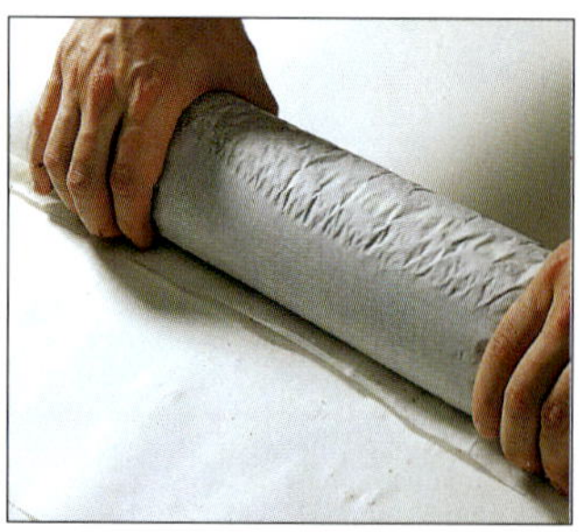

4 In das Papier einrollen.

3 Für die Creme das Schlagobers schlagen (nicht zu stark ausschlagen!) und kühl stellen. Die Gelatine – Blattgelatine in kaltem Wasser eingeweicht und wieder herausgenommen oder Pulvergelatine mit 3 Teilen kaltem Wasser verrührt – im heißen Wasserbad auflösen. Das Marzipan und den Rum auf der Arbeitsfläche mit der Hand glattarbeiten und mit den Eidottern, Vanillezucker und Salz schaumig rühren. Die heiße Gelatine rasch einrühren und in das geschlagene Obers einmelieren.

4 Das Papier, auf dem die Kakaomasse gebacken wurde, abziehen. Mit dem Weichselsaft gleichmäßig beträufeln und die Creme zum oberen Rand verlaufend aufstreichen. Die Weichseln aufstreuen und die Roulade, noch ungerollt, im Kühlschrank etwas anziehen lassen – die weiche Creme würde sich nicht gut einrollen lassen; sie darf aber auch nicht zu stark abstocken, sonst verbindet sie sich schlecht mit der Masse.

5 Mit Hilfe des Papiers aufrollen, straff in das Papier einwickeln, einige Stunden kühlen. Oder auch zu späterer Verwendung tiefkühlen. Portionieren, leicht mit Vanillestaubzucker besieben.

Topfen-obersroulade

Für 1 Roulade – ergibt etwa 15 Portionen

Topfenoberscreme in einer Biskuitroulade – in dieser Rezeptur mit Himbeeren, aber es können die verschiedensten Beerenfrüchte, auch gemischt, verwendet werden. Auch Weintrauben passen sehr gut. Und außerhalb der Beerensaison eignen sich Kompottmandarinen, Kompottpfirsiche in Spalten oder auch Kompottmarillen als Einlage. In Kombination mit Kompottfrüchten ist die Topfenobersroulade ideal zum Einfrieren geeignet, weniger dagegen mit den frischen Beerenfrüchten, weil diese nach dem Auftauen Saft verlieren und das Schnittbild unansehnlich machen.

Biskuitmasse für Rouladen (Rezept Seite 49, 1/2 der angegebenen Menge)

Für die Topfenoberscreme

- 5 g Gelatine
- 200 ml Schlagobers
- 160 g Topfen (10 % Fett)
- 100 g Sauerrahm
- 60 g Kristallzucker
- 1 cl Zitronensaft
- 5 g Vanillezucker
- 2 Eidotter
- abgeriebene Schale von 1/8 unbehandelten Zitrone
- 1 Prise Salz

Außerdem

- 100 g Himbeeren
- Vanillestaubzucker zum Besieben

1 Die Biskuitmasse auf das mit Backpapier belegte Backblech formatfüllend aufstreichen und backen. Nach dem Ausbacken sofort auf ein mit Kristallzucker bestreutes Backpapier umdrehen und vollständig auskühlen lassen.

2 Für die Creme die Gelatine – Blattgelatine in kaltem Wasser eingeweicht und wieder herausgenommen oder Pulvergelatine mit 3 Teilen kaltem Wasser verrührt – im heißen Wasserbad auflösen. Das Schlagobers schlagen (nicht zu stark ausschlagen!) und bis zur Verwendung wieder kühl stellen. Die restlichen Zutaten nur verrühren, die heiße Gelatine untermischen und in das geschlagene Obers einmelieren.

3 Von der Roulade das Papier, auf dem sie gebacken wurde, abziehen und die Creme zum oberen Rand verlaufend aufstreichen. Die ausgelesenen Himbeeren locker aufstreuen und ein wenig in die Creme drücken. Die ungerollte Roulade zum leichten Abstocken – mit der weichen Creme würde sie sich schlecht rollen lassen – in den Kühlschrank stellen.

4 Mit Hilfe des darunter befindlichen Papiers aufrollen, straff in das Papier einwickeln und im Kühlschrank einige Stunden abstocken lassen. Portionieren und mit Vanillestaubzucker leicht besieben. Wird dabei ein schmales Lineal aufgelegt, entsteht ein einfaches Dekor.

1 *Die in kaltem Wasser eingeweichte Gelatine auflösen.*

2 *Heiß unter die Zutaten der Creme rühren.*

3 *In das geschlagene Obers einmelieren.*

Champagner-roulade

Für 1 Roulade –
ergibt etwa 15 Portionen

Sekt paßt aber ebensogut. Schaumweincreme in einer Mandelroulade, die bestens zum Einfrieren geeignet ist.

Für die Mandelmasse

40 g Mehl
40 g Mais-Stärkemehl
30 g Butter
40 g Marzipanrohmasse
4 Eidotter
4 g Vanillezucker
1 Prise Salz
4 Eiklar
80 g Kristallzucker

Für die Schaumweincreme

350 ml Schlagobers
120 ml trockener Schaumwein
3 cl Grand Marnier
80 g Kristallzucker
2 cl Zitronensaft
12 g kalt eingeweichte Gelatine
4 Eidotter
abgeriebene Schale von 1/8 unbehandelten Zitrone

Außerdem

60 g gehobelte Mandeln
Vanillestaubzucker zum Besieben

1 Für die Mandelmasse das Mehl mit dem Stärkemehl sieben. Die Butter zerlassen.

2 Das Marzipan zuerst mit wenig Eidotter auf der Arbeitsplatte glattarbeiten. Anschließend mit den restlichen Dottern, Vanillezucker und Salz schaumig rühren. Die Eiklar mit dem Zucker verrühren und zu Schnee schlagen. Beide Massen mischen. Zuerst die Mehlmischung und dann die Butter einmelieren.

3 Die Masse auf ein mit Backpapier belegtes Backblech mit Rand in der Größe 40 × 32 cm formatfüllend aufstreichen, die Mandeln locker darüberstreuen und bei 210 °C im vorgeheizten Backrohr 15–20 Minuten backen. Auf ein mit Kristallzucker bestreutes Backpapier umdrehen und auskühlen lassen.

4 Für die Schaumweincreme das Schlagobers schlagen und kühl stellen. Die restlichen Zutaten vermischen – am besten in einer Nirostaschüssel oder -kessel – und im kochenden Wasserbad wie Weinchaudeau zu schaumiger Konsistenz und leichter Bindung der Eidotter aufschlagen. Kalt schlagen. Knapp vor dem Stocken der Gelatine in das geschlagene Obers einmelieren.

5 Von der Mandelmasse das Papier, auf dem sie gebacken wurde, abziehen und die Creme zum oberen Rand verlaufend aufstreichen. Die ungerollte Roulade zum leichten Abstocken, damit die Creme beim Einrollen an der Seite nicht herausgepreßt wird, kurz in den Kühlschrank stellen.

6 Die Roulade mit Hilfe des darunter befindlichen Papiers aufrollen, straff in das Papier einwickeln und einige Stunden im Kühlschrank abstocken lassen. Portionieren und leicht mit Vanillestaubzucker besieben.

Variation

Die gleiche Rezeptur kann auch für die Zubereitung mit trockenem Weißwein verwendet werden. Man kann hier wie dort auch frische Früchte, zum Beispiel rote und grüne Weintrauben – es sollten dünnschalige, kernlose Sorten sein –, Himbeeren, Erdbeeren, Brombeeren, Heidelbeeren auf die Creme streuen und mit einrollen. Bei Verwendung der frischen Früchte eignen sich die Rouladen nicht mehr zum Einfrieren, weil die Früchte Wasser ziehen und die Rouladen nach dem Auftauen unansehnlich sein würden. Werden aber in Spalten geschnittene Kompottpfirsiche, Kompottmarillen, Kompottbirnen oder Kompottmandarinen genommen, gibt es auch hier keine Probleme. Die einzelnen Portionen noch mit leicht gesüßtem geschlagenem Obers und den passenden Früchten dekorieren.

Stückdessert

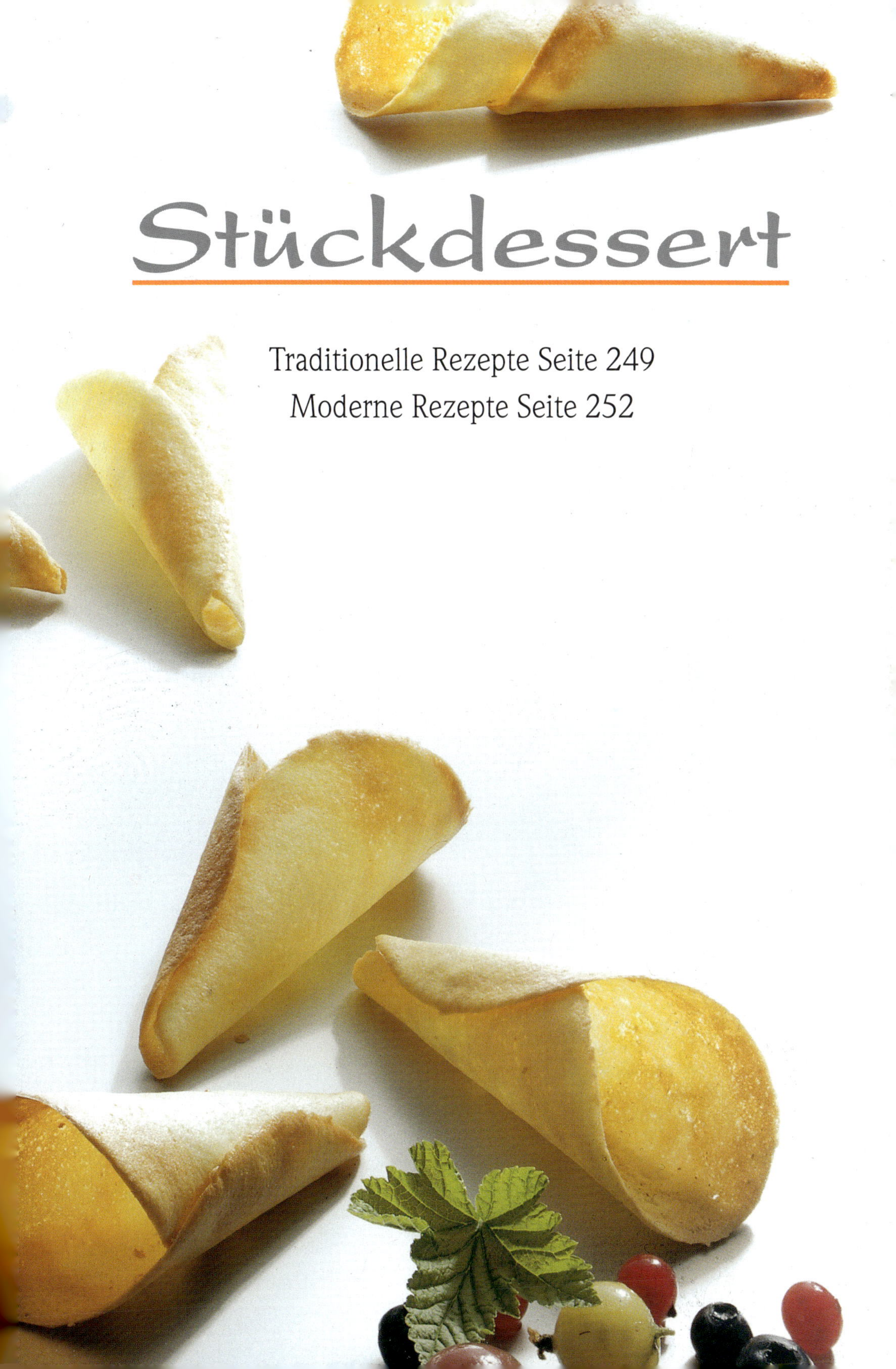

Unter Stückdessert versteht man die Portions-Pâtisserie, die dem Betrachter in einer Konditorei das Wasser im Mund zusammenlaufen läßt. Paradebeispiel sind die Indianer, die andernorts Mohrenköpfe heißen, und beide Bezeichnungen haben eine treffende Begründung. Ein Wiener Zuckerbäcker war nämlich von einem indischen Zauberkünstler so begeistert, daß er ihm zu Ehren den »Indianer« schuf. Dafür hat er gebackene Biskuitschalen mit Schokolade überzogen und mit schneeweißem Schlagobers gefüllt – die dunkle Schokolade sollte die Hautfarbe, das Schlagobers die Zähne des Inders symbolisieren.
Ein weiteres Beispiel für die kleinen Gebäcke, die zum Nachmittagskaffee und als Dessert eine gleich große Bedeutung haben, sind die Eclairs, auch Blitzkuchen oder Liebesknochen genannt. Sie bestehen aus einem als Stangen aufgespitzten Brandteig, der beim Backen große Poren entwickelt, so daß er sich ausgezeichnet füllen läßt. Es ist der gleiche Teig, aus dem auch die Brandteigringe gebacken werden. Der fast neutrale Geschmack von Brandteig erlaubt Füllungen wie auch Glasuren ganz nach persönlicher Wahl, das heißt, die beschriebenen Rezepte können nach Belieben abgewandelt werden. Auch pikante Füllungen sind denkbar, so daß das Gebäck als hervorragende Vorspeise serviert werden kann.
Eine alte Tradition haben die Stanitzel. Das Wort leitet sich vom tschechischen »štanicla« ab, was Tüte heißt. Für Stanitzel werden aus einer Art Hippenmasse dünne Teigkreise gebacken und noch heiß mit Hilfe eines Stanitzelholzes zu Tüten gerollt, die nach dem Abkühlen mit geschlagenem Obers gefüllt werden. Eine spätere Verwandte sind die Schillerlocken, für die Blätterteigstreifen auf tütenförmige Metallformen gerollt und samt den Formen gebacken werden. Auch sie werden nach dem Erkalten mit geschlagenem Obers gefüllt.
Die Rezepte in diesem Kapitel wurden nach den in der häuslichen Küche machbaren Techniken ausgewählt. Besonders akkurates Arbeiten ist dennoch erforderlich, damit die kleinen Dessertstücke nicht nur den Magen, sondern auch das Auge erfreuen.

Traditionelle Rezepte

Prinzeßkrapfen

Wien, Batschka, Banat

140 g Wasser
140 g Butter oder
feines Schweineschmalz
1 Prise Salz, 1 EL Zucker
140 g Mehl
5 Eier, 1 TL Backpulver

Für die Vanillecreme

5 Dotter, 200 g Staubzucker
40 g Mehl, 200 ml Milch
1 Päckchen Vanillezucker
oder ausgeschabtes Mark von
1 Vanilleschote
100 g frische Butter

Außerdem

Butter und Mehl für das Blech
Staubzucker zum Besieben

1 Das Wasser mit der Butter oder dem Schmalz, Salz und Zucker zum Kochen bringen. Das Mehl auf einmal hineinschütten und so lange rühren, bis sich der Teig als Kloß vom Topfboden löst und einen weißen, dünnen Belag hinterläßt. Vom Herd nehmen und etwas abkühlen lassen.

2 Einzeln nacheinander die Eier gut einarbeiten. Es ist wichtig, daß der Teig ein Ei ganz aufgenommen hat, bevor das nächste dazukommt, da er sonst kaum den erwünschten Glanz erhält. Das Backpulver über die gesamte Teigfläche sieben und kräftig unterrühren.

3 Ein Backblech ausbuttern und bemehlen. Mit dem Spritzbeutel und großer Lochtülle oder mit Hilfe von zwei Löffeln Häufchen von 3–4 cm Durchmesser auf das Blech setzen, dabei einen Abstand von 10 cm einhalten. Bei 200 °C im vorgeheizten Backrohr in etwa 20 Minuten hellgelb backen. Zugfrei auskühlen lassen.

4 Für die Vanillecreme die Dotter mit 80 g Staubzucker schaumig rühren. Das Mehl untermischen. Die Milch erhitzen und den Vanillezucker oder das Vanillemark darin aufkochen. Vom Herd nehmen und den Dotterschaum einrühren. Den Topf bei reduzierter Hitze wieder auf die Herdplatte stellen und unter kräftigem Rühren zu einer dicken Creme kochen. Es genügt, wenn sie ein- oder zweimal aufwallt. Auskühlen lassen. Inzwischen die Butter mit dem restlichen Staubzucker sehr schaumig rühren und die Eiercreme löffelweise unterrühren.

5 Von den Krapfen einen Deckel abschneiden und das untere Teil mit Creme füllen. Den Deckel wieder auflegen und dick mit Staubzucker besieben.

Variation

Die Vanillecreme mit pürierten frischen und Trockenfrüchten abwandeln.

Olympia-Würfel

Als die Olympischen Spiele 1896 wieder auflebten, kreierte ein ungarischer Konditor dieses Gebäck.

50 g Mehl
250 g geriebene Mandeln
450 g Zucker, 3 Eier
80 g Kakaopulver
abgeriebene Schale von
1/2 unbehandelten Zitrone
1/2 TL Zimt
1 Messerspitze Nelkenpulver

Außerdem

250 g gehackte Mandeln
Butter für das Blech
Zucker zum Ausrollen

1 Das Mehl mit den Mandeln und dem Zucker mischen und auf die Arbeitsfläche häufen. In die Mitte eine Mulde drücken und alle anderen Zutaten hineingeben. Rasch zu einem glatten Teig zusammenkneten. Eine Kugel formen, in Folie wickeln und kalt stellen.

2 Den Teig auf der leicht gezuckerten Arbeitsfläche zu viereckigen Stangen mit 4 cm Kantenbreite formen. 4 cm breite Stücke (Würfel) abschneiden und diese in den gehackten Mandeln wälzen.

3 Auf ein gefettetes Blech legen und im vorgeheizten Backrohr bei 175 °C etwa 1/2 Stunde backen.

Stanitzel

ALT-WIEN

In der gesamten k.u.k. Region wurden die Spitztüten Stanitzel genannt. Obstverkäufer, Maronibrater und alle anderen, die Ware in geringen Mengen verkauften, drehten aus Zeitungspapier ihre Stanitzel.

3 Eier
3 eischwer Zucker
1 eischwer Mehl, gesiebt

Zum Füllen und Verzieren

1/4 l Schlagobers
Erdbeeren

1 Die Eier mit dem Zucker dickschaumig rühren. Das Mehl locker einmischen.

2 Ein Blech mit Backpapier auslegen. Mit dem Eßlöffel Häufchen mit genügend Abstand daraufsetzen und diese zu Kreisen von 15 cm Durchmesser auseinanderstreichen. Bei 200 °C im vorgeheizten Backrohr etwa 10 Minuten backen. Schnell mit einem Messer vom Backpapier lösen. Noch heiß mit Hilfe eines Stanitzelholzes zu Tüten rollen, die Ränder leicht andrücken und die Stanitzel auskühlen lassen.

3 Das Obers steif schlagen und mit dem Spritzbeutel in die Starnitzel füllen. Jedes Starnitzel mit 1–2 Erdbeeren verzieren.

Mandelstanitzel

5 Eiklar
50 g Zucker
50 g geriebene Mandeln
1 EL Mehl

Zum Füllen und Verzieren

1/4 l Schlagobers
Schokoladeraspel

Außerdem

Butter und Mehl für das Blech

1 Die Eiklar mit dem Zucker, den Mandeln und dem gesiebten Mehl mit dem Schneebesen verrühren. Es soll dabei eine nur leicht schaumige, noch flüssige Masse entstehen.

2 Ein Backblech ausbuttern, bemehlen und die Masse dünn aufstreichen. Bei 200 °C im vorgeheizten Backrohr etwa 8 Minuten backen.

3 Noch heiß in 5 × 7 cm große Rechtecke schneiden und nochmals kurz in das heiße Backrohr schieben. Das Gebäck noch heiß zu kleinen Tüten drehen und die Ränder leicht andrücken. Die Stanitzel auskühlen lassen.

4 Das Obers steif schlagen, in die Tüten füllen und mit geraspelter Schokolade verzieren.

Moderne Rezepte

Mandelsoufflé

Ergibt 18–20 Stück

Krapferl aus Mandelschaummasse, mit leichter Vanillebuttercreme und Himbeerkonfitüre gefüllt.

Für die Mandelsoufflémasse

- 220 g geschälte, feingeriebene Mandeln
- 170 g Staubzucker
- 6 Eiklar
- 100 g Kristallzucker
- 40 g Mais-Stärkemehl

Für die Vanillebuttercreme

- 160 ml Milch
- 50 g Kristallzucker
- 2 Eidotter
- 15 g Vanillepuddingpulver
- 150 g Butter

Außerdem

- 200 g gehobelte Mandeln zum Bestreuen
- 150 g Himbeerkonfitüre

1 Die Mandeln mit dem Staubzucker mischen. Die Eiklar mit dem Kristallzucker und dem Stärkemehl verrühren und zu Schnee schlagen. Die Mandelmischung einmelieren und mit mittelgroßer, glatter Tülle Krapferl mit einem Durchmesser von 5 cm auf ein mit Backpapier belegtes Backblech dressieren. Mit den gehobelten Mandeln dicht bestreuen und bei 160 °C im vorgeheizten Backrohr etwa 20 Minuten backen. Backprobe: Vorsichtig versuchen, ein Stück vom Papier zu lösen. Auskühlen lassen.

2 Für die Vanillebuttercreme alle Zutaten – mit Ausnahme der Butter – unter Rühren mit dem Schneebesen abkochen. Kalt rühren. Die temperierte Butter nach und nach zugeben und schaumig rühren.

3 Die Buttercreme auf die Hälfte der Krapferl, ohne diese umzudrehen, mit Dressiersack und mittelgroßer Sterntülle ringförmig und zweifach übereinander aufdressieren. In die Mitte der Buttercremeringe die Himbeerkonfitüre füllen und die Oberteile (Blechseite nach unten) aufsetzen. Kühlen.

Hinweis

Die Krapferl sollen nach dem Backen und Auskühlen innen noch relativ weich sein. Durch die Feuchtigkeit von Buttercreme und Konfitüre werden sie jedoch im gesamten weicher und zarter. Daher ist es von Vorteil, sie schon am Tag vor der Präsentation herzustellen.

Ischler Törtchen

Für 30–35 Törtchen

Jeder in Österreich kennt Ischler Törtchen. Jeder kennt sie anders, aber meist treffen sie sich irgendwo bei Mürbteig und Schokolade. Dieses Rezept ist die feine Variation vom »Zauner«.

- Mürbteig (Rezept Seite 59, 1/2 der angegebenen Menge)

Für die Ischler Creme

- 1/4 l Schlagobers
- 170 g Kristallzucker
- 80 g Butter
- 200 g Bittercouverture (dunkle Tunkmasse)
- 1/4 l Milch
- 20 g Vanillepuddingpulver
- 2 Eidotter

Außerdem

- 200 g passierte Marillenkonfitüre zum Aprikotieren
- 500 g Fondant zum Glasieren
- Kakaopulver zum Färben des Fondants
- feingehackte Pistazien zum Dekorieren

1 Den Mürbteig 2 mm dick ausrollen und mit einem runden Ausstecher von 6 cm Durchmesser Scheiben ausstechen. Auf ein mit Backpapier belegtes Backblech setzen und bei 170 °C im vorgeheizten Backrohr nach Sicht hellbraun backen.

2 Für die Ischler Creme das Obers mit 120 g Zucker und der Butter aufkochen. Die geschnittene Couverture darin schmelzen. Im kalten Wasserbad unter Rühren rasch abkühlen; dabei im Temperaturbereich ab 30 °C nur in Abständen kurz durchrühren, sonst buttert die Masse aus! Im Kühlschrank auf mindestens 4 °C abkühlen lassen.

3 200 ml Milch mit dem restlichen Zucker aufkochen. Die restliche Milch mit dem Puddingpulver und den Dottern verrühren, in die kochende Milch einrühren und gut durchkochen. Kalt rühren, mit Klarsichtfolie abdecken, damit sich keine Haut bildet, und in den Kühlschrank stellen.

4 Die Schokoladecreme wie Obers aufschlagen und mit der glattgerührten Vanillecreme melieren. Auf die Hälfte der Linzerscheiben mit einem Dressiersack und glatter Tülle dicke Tupfen aufdressieren. Die restlichen Linzerscheiben auflegen und so weit zusammendrücken, daß die Teigränder und die Creme kantengleich abschließen. Die Creme soll etwa 1 cm hoch eingefüllt sein. Im Kühlschrank abstocken lassen.

5 Die Oberseiten mit einem Pinsel mit der kochendheißen Marillenkonfitüre bestreichen. Das Fondant auf etwa 35 °C erwärmen und mit Kakao schokoladebraun einfärben. Mit Wasser und eventuell wenig Eiklar – für einen schöneren Glanz – zu entsprechender Konsistenz verdünnen. Die Ischler Törtchen auf ein Glasiergitter stellen und mit einem Eßlöffel die Glasur über die einzelnen Törtchen verteilen. Einige feingehackte Pistazien in die Mitte streuen. Nach dem Abtrocknen mit einem nassen Messer vom Gitter lösen und auf einer entsprechenden Unterlage präsentieren.

Eclairs

Ergibt 20–25 Stück

Brandteig (Rezept Seite 62, die angegebene Menge)

Für die Kaffeeoberscreme

- 1/2 l Milch
- 120 g Kristallzucker
- 50 g Vanillepuddingpulver
- 10–15 g Instantkaffee
- 2 Eidotter
- 1 Prise Salz
- 1/2 l Schlagobers

Außerdem

- 150 g passierte Marillenkonfitüre zum Aprikotieren
- Instantkaffee und
- 400 g Fondant zum Glasieren

1 Aus dem Brandteig mit Dressiersack und mittelgroßer Sterntülle 8 cm lange Stangerl auf ein mit Backpapier belegtes Backblech dressieren. Bei 200 °C im vorgeheizten Backrohr 20–25 Minuten backen.

2 Für die Creme 400 ml Milch mit dem Zucker aufkochen. Die restliche Milch mit dem Puddingpulver, Kaffee, den Dottern und Salz verrühren, in die kochende Milch gießen und unter intensivem Rühren aufkochen lassen. Zum raschen Auskühlen in ein flaches Gefäß leeren und, um Hautbildung zu vermeiden, mit Klarsichtfolie abdecken. Auskühlen lassen.

3 Die Marillenkonfitüre aufkochen und mit einem Pinsel auf die obere Hälfte der Eclairs streichen.

4 Etwas Instantkaffee in wenig warmem Wasser auflösen. Das Fondant auf etwa 35 °C erwärmen und den aufgelösten Kaffee nach Geschmack und Farbe zugeben. Das Fondant soll eine dünnflüssige, aber deckende Konsistenz haben. Wenn notwendig, noch etwas Wasser zugeben. Die Eclairs mit der Oberseite in das Fondant eintauchen und auf einem Glasiergitter abtrocknen lassen. Bei 60 °C im Backrohr kurz übertrocknen. Das Fondant soll sich beim Betasten trocken anfühlen und schön glänzen.

5 Die ausgekühlte Creme durch ein Sieb passieren. Das Schlagobers nicht ganz ausschlagen. Zuerst einen kleinen Teil mit der Grundcreme verrühren und diese dann in das restliche Obers einmelieren.

Mit dem Dressiersack und mittelgroßer Sterntülle aus dem Brandteig 8 cm lange Stangerl (Eclairs) oder dicke Rosetten (Krapferl, siehe Variation) auf das gefettete oder mit Backpapier belegte Blech spritzen.

6 Die Eclairs horizontal durchschneiden, so daß gleich starke Hälften entstehen, und die Oberteile zur Seite legen. Auf die Unterteile mit Dressiersack und mittelgroßer Sterntülle die Kaffeeoberscreme spiralförmig und reichlich der Länge nach dressieren. Die Deckel aufsetzen und kühl stellen.

Variation

BRANDTEIGKRAPFERL MIT VANILLECREME: Aus dem Brandteig mit Dressiersack und mittelgroßer Sterntülle Krapferl auf ein mit Backpapier belegtes Backblech dressieren und mit verquirltem Ei bestreichen. Bei 200 °C im vorgeheizten Backrohr 25–30 Minuten backen. Die Brandteigmasse treibt, wenn sie richtig hergestellt wurde, sehr stark und besteht fast nur aus Hülle, die an der Oberfläche grob und sehr interessant gerissen ist. Dieselbe Creme wie für die Eclairs zubereiten, jedoch ohne Kaffee. Die Krapferl horizontal durchschneiden und die Deckel zur Seite legen. Die Creme mit Dressiersack und mittelgroßer Sterntülle reichlich auf die Unterteile dressieren. Die Deckel aufsetzen, leicht mit Vanillestaubzucker besieben und kühl stellen.

Festtags-gebäcke

Traditionelle Rezepte Seite 259
Moderne Rezepte Seite 262

Kirchenfeste im Jahreslauf, zu denen für Selbstgebackenes vor allem Weihnachten und Ostern zählen, sowie die zahlreichen Familienfeste gehören zu den Festtagen im Laufe des Kalenderjahres. In den meisten Familien war es üblich, zum Geburtstag einen Gugelhupf zu backen, in die Mitte eine brennende Kerze zu stellen und das »Geburtstagskind« damit bereits am Frühstückstisch zu überraschen. Das Rezept dafür ist auf Seite 81 zu finden. Für einen »runden« Geburtstag, eine Taufe oder ein Jubiläum sind Torten, wie sie in dem umfangreichen Kapitel ab Seite 152 beschrieben sind, die geeignete Wahl. Hier wird der persönliche Geschmack die Auswahl bestimmen. Eine dem Anlaß entsprechende Garnitur – zum Beispiel aufgespritzte Ziffern, Marzipanrosen, die man beim Konditor oder in einem Confiseriegeschäft fertig kaufen kann, bunte Schokolinsen oder Kindermotive – reicht in der Regel aus, um das betreffende Ereignis sichtbar werden zu lassen. Hier sind neben dem Rezept nur ein wenig Phantasie und gestalterischer Mut gefragt. Entscheidend ist, daß die bedachte Person sich gewürdigt weiß.

Die mehrstöckige Hochzeitstorte gehört zu den aufwendigsten Festtagsgebäcken. Ihr Aufbau setzt allerdings einschlägige Fachkenntnisse voraus, und die Dekoration ist von so vielen Schwierigkeiten begleitet, daß sie den Pâtisserie-Profis vorbehalten bleiben soll. Ganz einfach sind dagegen die traditionellen Hochzeitskuchen herzustellen, die erstmals vor der Kirche an die auf das Hochzeitspaar wartenden Zuschauer verteilt wurden.

Das Backen zu Weihnachten und Ostern hat sich in der Familientradition erhalten. In den k.u.k. Gebieten waren es vor allem das Kletzen- und das Früchtebrot, die in der Vorweihnachtszeit nicht fehlen durften. Erst in späterer Zeit kam der Christstollen hinzu, den man im ungarischen Teil der Donaumonarchie kaum kannte. Und der gebackene Osterkranz war das geeignete eßbare »Nest«, in dem die bunt gefärbten Eier ihren Platz fanden.

Traditionelle Rezepte

Osterlämmer

Österreich-Ungarn

In römisch-katholischen Landen ist Ostern das höchste Fest des Kirchenjahres. Mit dem gebackenen Opfer-(Oster-)lamm als Symbol wird es in den Familien traditionell nachvollzogen. Das Christusfahndl in den Rücken gesteckt, schmückte das Lamm den österlichen Frühstückstisch.

150 g Butter
150 g Zucker
4 Eier, getrennt
1 Päckchen Vanillezucker
1 Prise Salz
3 EL Rum (nach Belieben)
150 g Stärkemehl
150 g Mehl

Für die Glasur

2 EL Zitronensaft
75 g Staubzucker

Außerdem

Butter und Semmelbrösel für 2 Lammformen
Kokosraspel zum Bestreuen

1 Die Butter mit der Hälfte des Zuckers schaumig rühren. Die Eidotter mit dem Vanillezucker, Salz und Rum (diesen weglassen, wenn Kinder mitessen) gründlich untermischen.

2 Die Eiklar mit dem restlichen Zucker zu Schnee schlagen. Das Stärkemehl mit dem Mehl sieben. Beides zusammen locker unter die Schaummasse melieren.

3 Zwei Lammformen sorgfältig ausbuttern und mit Semmelbröseln ausstreuen. Die Masse einfüllen, die Formen schließen. Bei 180 °C im vorgeheizten Backrohr etwa 30 Minuten backen. Auskühlen lassen.

4 Für die Glasur den Zitronensaft mit dem Staubzucker glattrühren. Die Lämmer damit überziehen und sofort mit Kokosraspeln einstreuen. Trocknen lassen.

Variation

Die Hälfte der Masse mit 20 g Kakaopulver und 75 g geschmolzener Nougatmasse dunkel färben. Das gebackene Lamm mit einer dunklen Glasur (75 g Staubzucker, 1 TL Kakaopulver, 2 EL Rum) überziehen und mit Schokoladestreuseln einstreuen.

Tiroler Hochzeitskuchen

200 g Butter, 250 g Zucker
6 Eier, getrennt
1 TL Zimt, 1 Prise Salz
125 g Mehl, 1 TL Backpulver
200 g ungeschälte, geriebene Mandeln
200 g kleingewürfelte Vollmilch-Schokolade

Außerdem

Butter und Semmelbrösel für die Form
Staubzucker zum Besieben

1 Die Butter mit 50 g Zucker schaumig rühren. Nach und nach die Dotter mit weiteren 50 g Zucker unterrühren und dickcremig aufschlagen. Zimt und Salz untermischen.

2 Die Eiklar mit dem restlichen Zucker zu Schnee schlagen und auf die Schaummasse gleiten lassen. Das Mehl mit dem Backpulver daraufsieben, die Mandeln darüberstreuen und alles zusammen locker unterheben. Die Schokoladewürfel unterziehen.

3 Eine Gugelhupfform gut ausbuttern und mit Semmelbröseln ausstreuen. Die Masse einfüllen und bei 190 °C im vorgeheizten Backrohr knapp 1 Stunde backen. Ein paar Minuten im ausgeschalteten Rohr bei offener Tür ausdampfen lassen. Auf ein Gitter stürzen und vollständig auskühlen lassen. Dick mit Staubzucker besieben.

Donauschwäbischer Hochzeitszopf

Bei der großen donauschwäbischen Hochzeit wurden im Elternhaus der Braut riesengroße Zöpfe vom Hochzeitskuchen hergestellt und aus Platzgründen beim Bäcker gebacken. Das Besondere war die Beigabe von zerstoßenen Lorbeerkörnern, die dem Kuchen einen besonderen Duft verliehen und ausschließlich für diesen Anlaß verwendet wurden. Der in dicke Stücke geschnittene Kuchen füllte manchmal sechs bis sieben große Körbe, er wurde an die »Hochzeitsschauer« verteilt. Viele ortsansässige Zigeuner schickten ihre Kinder zwei- bis dreimal, um ein Stück zu ergattern.

600 g Mehl
gut 1/4 l lauwarme Milch
30 g Germ (Hefe)
150 g Zucker
150 g Butter
4 Eidotter, 1 Ei
1 TL Salz
1 Prise abgeriebene unbehandelte Zitronenschale
1 Prise gemahlene, gesiebte Lorbeerkörner

Für die Zuckerglasur

250 g Zucker, 1/8 l Wasser
2 EL Zitronensaft

Außerdem

Butter für das Blech
beliebige Garnituren

1 Das Mehl in eine Schüssel sieben und in die Mitte eine Vertiefung drücken. Von der Milch 3–4 EL abnehmen, in einer Tasse die Germ mit 2 TL Zucker darin auflösen und in die Mehlmulde gießen. Mit 1/4 des Mehls vermischen, die Schüssel mit einem Tuch abdecken und das Dampfel an einem warmen Ort 15 Minuten aufgehen lassen.

2 Die restlichen Zutaten zugeben und den Teig gut abschlagen, bis er sich vom Schüsselrand löst. Er darf nicht zu weich sein, deshalb gegebenenfalls noch etwas Mehl einarbeiten. Erneut abdecken und aufgehen lassen, bis der Teig etwa das Doppelte seines Volumens erreicht hat.

1 Die drei Teigstränge nebeneinander auslegen und von der Mitte aus zu flechten beginnen.

2 Das geflochtene Teil drehen und mit den offenen Strängen den Zopf fertigflechten.

3 Den Teig noch einmal durchkneten und in 3 Teile teilen. Auf der bemehlten Arbeitsfläche jedes Teil zu einem gleich starken, langen Strang rollen und damit einen Zopf flechten.

4 Ein Backblech ausbuttern. Den Zopf daraufheben, zudecken und nochmals aufgehen lassen. Bei 190 °C im vorgeheizten Backrohr etwa 45 Minuten backen.

5 Inzwischen die Zuckerglasur kochen. Dafür den Zucker mit dem Wasser und Zitronensaft zum »Ballen« kochen. Das heißt, beim Eintauchen von etwas gekochtem Zucker in kaltes Wasser muß sich ein Klümpchen bilden.

6 Den Zopf aus dem Backrohr nehmen und sofort mit der heißen Zuckerglasur bestreichen. Beliebig garnieren, zum Beispiel mit kandierten Früchten, Belegkirschen, Schokolade- oder Kokosraspeln.

Hinweis

Soll der Kuchen nicht süß schmecken, bestreicht man ihn vor dem Backen mit flüssiger Butter oder belegt ihn mit Butterflöckchen und verzichtet auf die Zuckerglasur.

Moderne Rezepte

Osterpinzen

Für 4 Stück mit je 400 g

Dies ist das in Österreich wahrscheinlich populärste Ostergebäck. Es wird aus einem feinen Germteig, in der Regel mit Anis gewürzt, zubereitet. Zur Säure- und Geschmacksbildung wird er oft über mehrere Tage oder, wie hier, zumindest über mehrere Stunden und in drei Phasen geführt. Natürlich können die Pinzen ebenso wie die meisten Kuchen qualitätsverbessernd eingefroren werden.

- 80 ml trockener Weißwein
- 12 g gehackter Anis
- 180 g Rosinen
- 5 cl Rum

Für den Vorteig – 1. Stufe

- 30 g Germ (Hefe)
- 150 ml Milch
- 30 g Kristallzucker
- 1 Ei
- 300 g Mehl

Für den Vorteig – 2. Stufe

- 80 g Butter
- 20 g Zucker
- 1 Ei
- 1 Eidotter
- 150 g Mehl

Für den Pinzenteig

- 1 Ei
- 3 Eidotter
- 100 g Kristallzucker
- 20 g Vanillezucker
- abgeriebene Schale von je ½ unbehandelten Zitrone und Orange
- 30 g Salz
- 40 g Germ (Hefe)
- 60 ml Milch
- 150 g gekochte, passierte Kartoffeln
- 500 g Mehl
- 150 g Butter

Außerdem

- 1 Ei, mit 1 Eidotter verschlagen, zum Bestreichen

1 Schon am Vortag den Weißwein und den gehackten Anis aufkochen und zugedeckt ziehen lassen. Ebenso am Vortag die gewaschenen und gründlich abgetrockneten Rosinen mit dem Rum mischen und in einem abgedeckten Behälter aufbewahren.

2 Für den Vorteig 1. Stufe: Die Germ in der kalten Milch auflösen. Den Zucker und das Ei zugeben, mit dem Mehl mischen und gut abarbeiten. In eine Schüssel legen, diese mit Klarsichtfolie abdecken und den Vorteig 60 Minuten ruseln (aufgehen) lassen.

3 Für den Vorteig 2. Stufe: Den reifen Vorteig 1. Stufe mit der plastisch festen Butter, dem Zucker, Ei, Dotter und Mehl mischen und wiederum gut abarbeiten. In die Schüssel legen, mit Folie abdecken und 45 Minuten ruseln lassen.

4 Den Anis vom Wein abseihen. (Die Kartoffeln kochen, schälen, passieren und auskühlen lassen.)

5 Für den Pinzenteig Ei und Eidotter mit dem Zucker, Vanillezucker, Zitronen- und Orangenschale sowie dem Salz vermischen. Die Germ in der kalten Milch auflösen. Zusammen mit den Kartoffeln, Vorteig 2, dem abgeseihten Wein, den Rosinen und dem Mehl gut abarbeiten. Mit der plastisch festen Butter fertigwirken, bis sich der Teig vom Kessel oder der Arbeitsplatte löst. Vier gleiche Teile auswiegen, zu Kugeln schleifen, mit Folie zudecken und 15 Minuten ruseln lassen.

6 Noch einmal schleifen und auf zwei mit Backpapier belegte Backbleche setzen. Mit dem verschlagenen Ei bestreichen. Bei 30 °C zum doppelten Volumen aufgehen lassen.

7 Die Pinzen noch einmal mit Ei bestreichen. Mit einer Schere von der Mitte aus dreiteilig einschneiden. Bei 150 °C im vorgeheizten Backrohr etwa 30 Minuten backen.

Osterkränze, Osterstriezel

Der Germteig für den Osterkranz beziehungsweise für den Osterstriezel hat keine bestimmte Rezeptur. Es wird meist ein eher leichter Germteig sein, wie er vornehmlich als Frühstückskuchen mit Butter und Marmelade oder Honig geeignet ist. Er wird in vielen Variationen und Formen, auch mit mitgebackenen gefärbten Eiern hergestellt. Kuchen dieser Art sollten möglichst frisch gegessen werden. Jedoch ist auch hier die Frischhaltung durch Tiefkühlung – bei Kuchen ohne mitgebackene ganze Eier – kein Problem.

Germteig – direkte Führung (Rezept Seite 57, die dort angegebene Menge)
Ei zum Bestreichen
Splittermandeln und Hagelzucker zum Bestreuen

1 Aus dem Germteig in den gewünschten Größen die Teigstücke auswiegen, zu Kugeln schleifen (von Hand rund formen) und zu Strängen rollen – je nach der gewünschten Form (Striezel oder Kränze, geflochten) in der notwendigen Länge. Die geflochtenen und geformten Stücke auf mit Backpapier belegte Backbleche legen und zum etwa doppelten Volumen aufgehen lassen.

2 Mit verschlagenem Ei bestreichen, mit Splittermandeln und Hagelzucker bestreuen oder auch mit gefärbten Eiern belegen. Bei etwa 180 °C im vorgeheizten Backrohr backen, die Backzeit ist je nach Stückgröße unterschiedlich.

Orangen-Mandel-Bissen

Eine Zauner-Spezialität, die sich in Bad Ischl großer Beliebtheit erfreut.

Für den Mürbteig

200 g Mehl
125 g Butter
75 g Zucker
80 g geschälte, feingeriebene Mandeln
2 Eier
1 Prise Zimt

Für die Füllung

150 g Kristallzucker
125 g grobgeriebene Mandeln
50 g gehacktes Orangeat
Saft von 1 1/2 Orangen
abgeriebene Schale von 1/2 unbehandelten Orange

Außerdem

80 g passierte Marillenkonfitüre zum Aprikotieren
50 g Staubzucker und 1,5 cl Orangensaft zum Glasieren
50 g feingehacktes Orangeat zum Dekorieren

1 Das Mehl auf eine Arbeitsfläche häufen und mit der Butter, dem Zucker, den Mandeln, Eiern und der Prise Zimt rasch zu einem glatten Teig zusammenwirken. In Folie wickeln und im Kühlschrank etwa 30 Minuten anziehen lassen.

2 Inzwischen für die Füllung den Zucker mit den Mandeln, Orangeat sowie Orangensaft und -schale vermischen.

3 Den Teig 3 mm dick und rechteckig ausrollen. Der Breite nach halbieren und eine Hälfte auf ein mit Backpapier belegtes Backblech legen. Die Füllung darauf verteilen und glattstreichen.

4 Die zweite Teighälfte kantengleich darüberlegen und die Ränder verbinden. Bei 170–190 °C im vorgeheizten Backrohr etwa 35 Minuten backen.

5 Überkühlt, aber noch warm mit der kochendheißen Marillenkonfitüre bestreichen.

6 Für die Glasur den Staubzucker mit dem Orangensaft zu einer dünnflüssigen Konsistenz verrühren und aufstreichen. Locker mit dem feingehackten Orangeat bestreuen.

7 Auskühlen lassen und in Würfel mit 3 cm Kantenlänge schneiden.

Ischler Schokowürfel

Für 1 Backblech mit Rand von 40 × 32 cm Größe

Eine Adventspezialität.

Für die Haselnußmasse

150 g Mehl
150 g geriebene Haselnüsse
150 g Bittercouverture (dunkle Tunkmasse)
150 g Butter
100 g Kristallzucker
4 Eier

Für die Glasur

50 ml Wasser
150 g Kristallzucker
30 g Butter
120 g Bittercouverture (dunkle Tunkmasse)

Außerdem

400 g Ribiselkonfitüre zum Füllen und Bestreichen

1 Das Mehl mit den Haselnüssen mischen. Die geschnittene Couverture im Wasserbad schmelzen, auf etwa 35 °C temperieren und mit der weichen Butter und dem Zucker schaumig rühren. Nach und nach die Eier einrühren. Die Mehl-Haselnuß-Mischung einmelieren.

2 Die Masse etwa 2 cm dick und vollkommen glatt auf das mit Backpapier belegte Backblech streichen. Bei 190 °C im vorgeheizten Backrohr etwa 20 Minuten backen. Auskühlen lassen.

3 Einmal horizontal durchschneiden. 300 g Ribiselkonfitüre auf dem Unterteil verstreichen. Das Oberteil auflegen und mit der restlichen Konfitüre bestreichen.

4 Für die Glasur das Wasser mit dem Zucker aufkochen. Die Butter und die geschnittene Couverture zugeben und bei mäßiger Hitze noch etwa 10 Minuten rühren, ohne die Glasur dabei zum Kochen zu bringen.

5 Die Glasur gleichmäßig auf den Kuchen auftragen. Nach dem Abstocken in etwa 3 × 3 cm große Würfel schneiden. Nach Belieben dekorieren, zum Beispiel mit weißen Marzipansternen (aus Modelliermarzipan – Seite 31 – ausgestochen).

Tiroler Früchtebrot

Ergibt ungefähr 1,75 kg Früchtebrot, das in verschiedenen Größen gebacken wird. Die gebräuchlichsten Einheiten sind 120 g, 250 g und 500 g.

Das Tiroler Früchtebrot ist ein Traditionsgebäck, das weit über Österreich hinaus als Festtagsgebäck für die Zeit um Nikolo und Weihnachten viele Freunde hat. Ähnlich wie das Kletzenbrot enthält es eine Früchtemischung, jedoch ohne Teigbindung. Außen herum wird es manchmal nur mit Ei oder mit einer Mischung aus Ei und wenig Mehl bestrichen. Meist aber wird es dünn in einen Germmürbteig eingeschlagen wie in dieser Rezeptur. Mit Dickzuckerfrüchten und Mandeln dekoriert, behält es lange seine Frische, ist aber auch zum Tiefkühlen bestens geeignet.

Für die Früchtemischung

je 80 g Kletzen, Mandeln, Walnüsse, in Würfel geschnittenes Orangeat und Zitronat
je 160 g Feigen, Trockenmarillen, entsteinte Dörrpflaumen, Datteln und Rosinen
Inländerrum und Jamaikarum zum Marinieren

1 *Die einige Tage im voraus zubereitete Früchtemischung.*

2 *Die Früchtemischung in den Teig einschlagen.*

3 *Das Brot mit dem verschlagenen Ei bestreichen.*

4 *Hübsch dekorieren.*

Für den Germmürbteig

10 g Germ, 50 ml Milch
250 g Mehl, 100 g Butter
20 g Staubzucker
3 g Salz, 1 Eidotter

Außerdem

1 Ei mit
1 Eidotter verschlagen, zum Bestreichen
einige geschälte halbe Mandeln, geschälte halbe Pistazienkerne und Belegkirschen zum Dekorieren

1 Die Früchtemischung sollte schon einige Tage im voraus zubereitet werden. Dafür die Kletzen über Nacht in kaltem Wasser einweichen, das Wasser wechseln und die Früchte weich kochen. Die Feigen und Trockenmarillen zur Reinigung in kochendem Wasser durchrühren und sofort wieder herausnehmen. Auf einem Gitter abtropfen lassen und bei 100 °C im Backrohr übertrocknen.

2 Alle Früchte grob schneiden, etwa in der Größe einer halben Dattel – man soll noch merken, was man ißt. Die Mandeln und die Walnüsse zu ungefähr halber Mandelgröße hacken.

3 Die so vorbereiteten Früchte und Nüsse mischen und in einen Topf füllen. Mit so viel Inländer- und Jamaikarum übergießen, daß dieser von den Früchten aufge-

nommen wird, ohne daß die Fruchtmasse zu weich wird. Eher knapp bemessen, denn vor dem Aufarbeiten kann man, wenn notwendig, noch etwas Rum nachgeben.

4 Für den Teig die Germ in der kalten Milch auflösen und mit den restlichen Zutaten zu einem glatten Teig verarbeiten. In Klarsichtfolie wickeln und im Kühlschrank 1 Stunde rasten lassen. In dieser Zeit die Fruchtmasse in den gewünschten Größen rechteckig ausformen.

5 Den Teig 2 mm dick ausrollen und in einer der geformten Fruchtmasse entsprechenden Größe zuschneiden. Mit Wasser bestreichen, die Fruchtmasseziegel auflegen und in den Teig gleichmäßig und dünn einschlagen. Mit dem Schluß nach unten auf ein mit Backpapier belegtes Backblech setzen.

6 Mit dem verschlagenen Ei bestreichen. Trocknen lassen, nochmals bestreichen und mit den Belegkirschen sowie den Mandel- und Pistazienhälften dekorieren. Wieder trocknen lassen. Der Teig soll vor dem Backen nicht aufgehen, daher immer im kühlen Bereich bleiben. Erst beim Backen wird die Germ wirksam – der Teig geht auf, die getrocknete Eistreiche reißt und ergibt dadurch die typische Marmorierung.

7 Bei etwa 160 °C im vorgeheizten Backrohr mit schöner hellbrauner Farbe backen, die Zeit richtet sich nach der Größe der Brote.

Kletzenbrot

Für 2 Laibe oder Wecken

Ein einfacher Schwarzbrotteig, vorteilhafterweise vom Bäcker (bestellen!) und mit reichlich feinen Trockenfrüchten, Nüssen, Rosinen, Arancini und Gewürzen angereichert. Urig und gesund, ein herrlich duftendes Gebäck für die Adventzeit. In Folie verpackt, hält es sich im Kühlschrank lange frisch, kann aber zu längerer Bevorratung ohne weiteres auch eingefroren werden. Und gegessen wird es am besten mit Butter darauf – schmeckt besonders fein zu Tee oder Punsch.

Für die Früchtemischung

220 g Kletzen
220 g Feigen
100 g entsteinte Dörrpflaumen
80 g Rosinen
50 g grob gebrochene Walnüsse
50 g Mandeln (halbe Stücke)
30 g in kleine Würfel geschnittenes Orangeat
20 g in kleine Würfel geschnittenes Zitronat
5 cl Rum

Außerdem

500 g Schwarzbrotteig aus dunklem Weizenmehl
50 g Kristallzucker
10 g Vanillezucker
5 g Anis, 5 g Zimt
abgeriebene Schale von 1/4 unbehandelten Zitrone

1 Die Kletzen (= getrocknete Birnen) über Nacht in kaltem Wasser einweichen. Am nächsten Tag abgießen und in wenig frischem Wasser weich kochen. In grobe Würfel schneiden.

2 Um die Feigen von den verschiedenen Unreinheiten zu befreien, die Früchte in kochendes Wasser legen, kurz umrühren und sofort wieder abseihen. Auf einem Gitter abtropfen lassen und bei 100 °C im Backrohr übertrocknen. In grobe Würfel schneiden.

3 Die Dörrpflaumen in ein Sechstel Größe schneiden. Die Rosinen waschen und mit Küchenpapier abtrocknen. Alle Früchte mit den Nüssen, Mandeln, dem Orangeat, Zitronat und Rum mischen und über Nacht in einem verschlossenen Gefäß durchziehen lassen.

4 Den Brotteig mit dem Zucker, Vanillezucker, den Gewürzen, der Zitronenschale sowie den Früchten mischen und zu 2 Laiben oder auch Wecken formen, dabei gut mit Mehl stauben. Auf ein mit Backpapier belegtes Backblech setzen und bei 28 °C etwa 1 Stunde aufgehen lassen. Mit Wasser bestreichen und bei 200 °C im vorgeheizten Backrohr 70–80 Minuten backen. Aus dem Backrohr nehmen und zum Abglänzen mit heißem Wasser bestreichen.

Christstollen

Nur einen Christstollen zu backen, ist wegen der vielen verschiedenen Zutaten und der teilweise dann sehr kleinen Mengen nicht anzuraten. Daher ist diese Rezeptur für 2 Christstollen mit je 1 kg berechnet oder auch für 4 kleine Stollen mit je 500 g Gewicht.

Jeder weiß um seine Qualitätsunterschiede, doch ein Christstollen kann etwas Gutes sein. Probieren Sie diesen einmal. Sie müssen seine Herstellung auch nicht in der Hektik der Weihnachtsvorbereitungen unterbringen. Theoretisch könnten Sie ihn schon im Sommer backen. Tiefkühlen ist das Geheimnis, das eigentlich längst keines mehr sein sollte. Informieren Sie sich bitte in der Einleitung zum Kapitel Kuchen (Seite 78).
Übrigens, am besten schmeckt der Stollen schon vor Weihnachten. An den gemütlichen Adventsonntagen kann man ihn viel besser genießen und sich auf die kommenden Feiertage einstimmen. Zur kurzfristigen Verwendung immer im Kühlschrank, in Klarsicht- oder Alufolie eingeschlagen, aufbewahren. Erst knapp vor dem Servieren aufschneiden und Raumtemperatur annehmen lassen, damit er seine feinen Aromen wieder freigeben kann.

400 g Rosinen
8 cl Rum
130 g in kleine Würfel geschnittenes Orangeat
50 g in kleine Würfel geschnittenes Zitronat
30 g kandierter, in kleine Würfel geschnittener Ingwer
100 g geschälte, geröstete Mandeln, grob gehackt
100 ml Milch
40 g Germ (Hefe)
520 g Mehl
1 Eidotter, 25 g Honig
22 g Staubzucker
1 cl Rum
10 g Vanillezucker
6 g Salz
2 g Zimt
2 g Nelkenpulver
abgeriebene Schale von 1/4 unbehandelten Zitrone
280 g Butter

Außerdem

zerlassene Butter zum Bestreichen
Vanillestaubzucker zum Besieben

1 Die gewaschenen, abgetrockneten Rosinen schon am Vortag mit dem Rum mischen und in einem verschlossenen Glas durchziehen lassen. In ein Sieb leeren und den Saft ablaufen lassen. Mit den anderen Kanditen und Mandeln mischen.

2 Die Milch auf 20 °C temperieren, in eine Schüssel füllen und die Germ darin auflösen. 120 g Mehl zugeben, mit dem Kochlöffel kurz abschlagen. Die Schüssel mit einem Tuch abdecken und dieses Dampfel zum etwa dreifachen Volumen aufgehen lassen.

3 Eidotter, Honig, Staubzucker, Rum, Vanillezucker, Salz, Gewürze und Zitronenschale miteinander vermischen. Mit dem reifen Dampfel, dem restlichen Mehl und der plastisch festen Butter auf der Arbeitsplatte oder in der Küchenmaschine zu einem Teig zusammenwirken. Die Früchte kurz einarbeiten. Den Teig halbieren, jedes Teil rund formen, mit einem Tuch bedecken und auf der leicht mit Mehl bestaubten Arbeitsplatte 30 Minuten ruhen lassen.

1 Einen seitlichen Wulst mit Hilfe des Nudelwalkers über die Mitte legen.

2 Auf das Blech legen.

4 Jedes Teil mit dem Nudelwalker rechteckig – ungefähr 30 × 20 cm groß – ausrollen. Die Kanten von links und rechts etwa 2 cm breit einschlagen und glattrollen. Von oben und unten den Teig zur Mitte einschlagen. Mit dem Nudelwalker der Länge nach in der Mitte eindrücken, so daß an den Seiten dicke Wülste entstehen, und zur bekannten Stollenform zusammenlegen.

5 Die Stollen auf ein mit Backpapier belegtes Backblech legen und mit Klarsichtfolie bedecken. Bei 30 °C aufgehen lassen. Der Christstollenteig ist ein sehr schwerer Teig und soll sein Volumen beim Aufgehen daher nur um etwa 50 % vergrößern.

6 Bei 150 °C im vorgeheizten Backrohr etwa 50 Minuten backen. Kurz überkühlen lassen, aber noch heiß reichlich – auch am Boden – mit Butter bestreichen. Ideal wäre das Eintauchen in flüssige Butter. Dick mit Vanillestaubzucker besieben (am besten in reichlich Vanillestaubzucker wenden). Im Kühlschrank bis zum nächsten Tag abstehen lassen und dann nochmals auf allen Seiten mit Vanillestaubzucker besieben.

Hinweis

Für Vanillestaubzucker werden Staub- und Vanillezucker im Verhältnis 10:1 gemischt.

Tee- und Weihnachtsgebäck

Traditionelle Rezepte Seite 273
Moderne Rezepte Seite 290

Sterne, Halbmonde, Kranzerl, Busserln, Kipferln – diese liebevollen Bezeichnungen drücken bereits aus, was die Plätzchenbäckerei so sehr vom allgemeinen Backen unterscheidet: Begeisterung erfaßt die ganze Familie. Die Kinder können es kaum erwarten, vom Teig zu naschen und beim Ausstechen zu helfen. Der köstliche Duft, der von der Küche aus durchs Haus zieht, macht alle ungeduldig, endlich von der Vielfalt der Weihnachtsbäckerei probieren zu dürfen. Etwas Geheimnisvolles liegt in diesem Tun, das die Arbeit zu einem erwartungsweckenden Miteinander werden läßt.

Da werden Nüsse und Mandeln geröstet, gehackt und gerieben. Da wird aus gut gekühlten Zutaten ein Mürbeteig geknetet. Jede Portion wird einzeln ausgerollt, der Rest zwischenzeitlich kalt gestellt, damit der Teig beim Ausstechen nicht bröselt. Da wird der Teig für das Spritzgebäck gerührt und das berühmte S mit Spritzbeutel und mittelgroßer Sterntülle auf das Blech dressiert. Die geschmolzene Tunkmasse wartet bereits auf das Eintauchen der Enden. Aus Baiser- und Makronenmasse werden Häufchen auf Oblaten gesetzt, und die Zimtsterne verströmen ihren unwiderstehlichen Duft. Mit großer Liebe zum Detail werden Plätzchen mit Konfitüre zusammengesetzt, glasiert und verziert.

Wer will da noch unterscheiden, ob der kleine Florentiner »nur« zum Tee gereicht wird oder auf den weihnachtlichen bunten Teller kommt? Es gibt keine offizielle Trennung zwischen Tee- und Weihnachtsgebäck. Vielmehr hat es sich aus der Tradition entwickelt, daß bestimmte Gebäcke die Weihnachtszeit besser symbolisieren als andere, was überwiegend mit deren Formen und Gewürzen zu tun hat. Und so soll es auch bleiben und noch lange von Generation zu Generation weitergereicht werden.

Wichtig: Weiche und krosse Gebäcke nicht gemischt in die dafür gedachten Behälter einschlichten. Die Konsistenz würde sich angleichen – die weichen Gebäcke würden trockener und die krossen, knusprigen weich werden.

Feines durchs ganze Jahr

Traditionelle Rezepte

Ewigkeitsbäckerei

Kroatien, um 1800

- 120 g Mehl, 120 g Butter
- 120 g geriebene Mandeln
- 1 Ei, 3 hartgekochte Eidotter, passiert
- 120 g Zucker, 1 EL Rum
- abgeriebene Schale von 1/2 unbehandelten Zitrone

Außerdem

- 1–2 Eidotter zum Bestreichen
- grobgehackte Mandeln zum Bestreuen

1 Das Mehl auf eine Arbeitsfläche sieben und die Butter in kleinen Stücken sowie alle anderen Zutaten dazugeben. Zu einem glatten Teig zusammenkneten, zur Kugel formen, in Folie wickeln, 1/2 Stunde kalt stellen.

2 Den Teig messerrückendick ausrollen und beliebige Formen ausstechen. Mit verquirltem Dotter bestreichen und mit den grobgehackten Mandeln bestreuen. Auf ein mit Backpapier ausgelegtes Backblech legen und bei 180 °C im vorgeheizten Backrohr 10–15 Minuten backen.

Mozartkrapferln

Salzburg

- 100 g Butter
- 100 g Zucker
- 1 Ei
- 100 g geriebene Haselnüsse
- 250 g Mehl

Für die Füllung

- 100 g Butter
- 100 g Zucker
- 70 g geriebene Haselnüsse
- 1 TL Rum

Außerdem

- halbierte Haselnußkerne zum Verzieren

1 Die Butter mit dem Zucker schaumig rühren. Das Ei zufügen und dickschaumig aufschlagen. Die Haselnüsse und das gesiebte Mehl zufügen und rasch zu einem glatten Teig zusammenkneten. Zur Kugel formen, in Folie wickeln und mindestens 1/2 Stunde kalt stellen.

2 Den Teig 3–4 mm dick ausrollen, kleine Krapferln von 2 1/2 cm Durchmesser ausstechen und auf ein mit Backpapier ausgelegtes Backblech legen. Bei 180 °C im vorgeheizten Backrohr etwa 15 Minuten backen. Auf einem Kuchengitter auskühlen lassen.

3 Für die Füllung die Butter mit dem Zucker schaumig rühren. Die Haselnüsse und den Rum untermischen. Je zwei Krapferln mit der Füllung zusammensetzen. Obenauf von dem Rest der Füllung einen kleinen Tupfer setzen und diesen mit einem halben Haselnußkern verzieren.

Schneebusserln mit Nuß

Batschka

- 4 Eiklar
- 6 gehäufte EL Staubzucker
- Saft von 1/2 Zitrone
- 250 g grobgehackte Walnüsse

Außerdem

- kleine, runde Backoblaten (nach Belieben)

1 Die Eiklar mit dem Staubzucker dickschaumig aufschlagen. Den Zitronensaft zufügen und die Walnüsse untermengen.

2 Mit Hilfe von zwei Teelöffeln nicht zu eng kleine, nußgroße Häufchen auf das mit Backpapier ausgelegte oder mit Oblaten belegte Blech setzen. Bei 170 °C im vorgeheizten Backrohr etwa 30 Minuten backen. Die Busserln sollen weiß bleiben.

Teebrezeln mit Zitrone

Batschka

- 70 g Butter
- 80 g Zucker
- 5 Eidotter
- 250 g Mehl
- Saft von 1 Zitrone
- abgeriebene Schale von 1/2 unbehandelten Zitrone

Außerdem

- Eiklar zum Bestreichen
- 100 g Zucker und 1 TL Anissamen zum Bestreuen *oder* Zucker- und Schokoladeglasur

1 Die Butter mit dem Zucker schaumig rühren. Einzeln nacheinander die Dotter dazugeben und dickcremig aufschlagen. Das gesiebte Mehl, Zitronensaft und -schale untermischen und auf dem Brett zu einem feinen Teig verkneten. Eine Rolle von 3–4 cm Durchmesser formen, in Folie wickeln und 1/2 Stunde kalt stellen.

2 Von der Teigrolle 1 cm breite Scheiben abschneiden. Daraus bleistiftdünne Stränge rollen und zu kleinen Brezeln formen.

3 Mit verquirltem Eiklar bestreichen und mit Zucker, mit Anissamen vermischt, bestreuen. Auf ein mit Backpapier ausgelegtes Blech legen. Bei 175 °C im vorgeheizten Backrohr in 15 Minuten hellgelb backen.

4 *Oder:* Die Brezeln backen, ohne sie mit Eiklar zu bestreichen. Nach dem Erkalten glasieren.

Anisbäckerei

Batschka

Das Schmer kann heute durch dieselbe Menge Butterschmalz ersetzt werden.

- 500 g Mehl
- 250 g Schmer (rohes Schweinebauchfett)
- 250 g Zucker
- 2 Eidotter
- 1 TL Anis

Außerdem

- Eiklar zum Bestreichen
- Zucker und etwa 100 g feingehackte Mandeln zum Bestreuen

1 Das Mehl auf ein Brett sieben und mit dem sehr fein gehackten Schmer gut abbröseln. Den Zucker, die Eidotter und Anis dazugeben und zu einem geschmeidigen Teig kneten. Zu einer Kugel formen, in Folie wickeln und 1/2 Stunde kalt stellen.

2 Den Teig auf einer leicht bemehlten Arbeitsfläche messerrückendick ausrollen, beliebige Formen ausstechen und mit verquirltem Eiklar bestreichen.

3 Zucker und Mandeln vermengen und die Plätzchen damit bestreuen. Auf ein mit Backpapier ausgelegtes Blech setzen und bei 180 °C im vorgeheizten Backrohr in etwa 25 Minuten hellgelb backen.

Schwanenhälserl

100 Jahre altes Rezept

3 EL Milch
50 g Butter
100 g Mehl
2 Eier

Zum Formen

50 g Mehl
50 g Zucker
50 g geriebene Mandeln

1 Die Milch mit der Butter erhitzen. Das Mehl auf einmal dazurühren und so lange abschlagen, bis sich die Masse als Kloß vom Topfboden löst und einen weißen Belag hinterläßt. Vom Herd nehmen und etwas abkühlen lassen. Die in warmem Wasser vorgewärmten Eier einzeln nacheinander dazuschlagen und jeweils sehr gut einarbeiten.

2 Das Mehl mit dem Zucker und den Mandeln vermischen und auf ein Backbrett streuen. Je 1 EL Teig auf der Mandelmischung ausrollen und zu einem »S« formen, ähnlich einem Schwanenhals. Auf einem mit Backpapier ausgelegten Blech bei 175 °C im vorgeheizten Backrohr etwa 35 Minuten backen. Die Schwanenhälserl sehen durch die Mandelmischung wie gefedert aus.

Welschnuß-Laibchen

Altes Rezept aus Tirol

80 Walnüsse
1 Ei
125 g Zucker

Außerdem

kleine, runde Backoblaten

1 Die Walnüsse knacken und reiben. Das Ei mit dem Zucker schaumig rühren und die Walnüsse untermischen.

2 Ein Backblech mit Oblaten auslegen. Je 1 TL Nußmasse auf die Mitte der Oblaten setzen und etwas flach drücken. Bei 175 °C im vorgeheizten Backrohr etwa 25 Minuten backen.

Marienplätzchen

Ödenburger Rezept

175 g Mehl
150 g Butter
70 g Zucker
1 Eidotter

Außerdem

Eiklar zum Bestreichen
Zucker zum Bestreuen

1 Sämtliche Zutaten zu einem glatten Teig verkneten. Eine Kugel formen, in Folie wickeln und 1/2 Stunde kalt stellen.

2 Den Teig halbfingerdick ausrollen und runde Plätzchen ausstechen. Auf ein mit Backpapier ausgelegtes Blech legen. Mit verquirltem Eiklar bestreichen und mit Zucker bestreuen. Bei 180 °C im vorgeheizten Backrohr etwa 15 Minuten backen.

Venezianer

Dalmatien

1 unbehandelte Orange
150 g Würfelzucker
150 g geriebene Mandeln
2 Eiklar

Außerdem

kleine, runde Backoblaten

1 Die Orangenschale an dem Würfelzucker abreiben, anschließend die Orange auspressen. Den Würfelzucker und den Orangensaft in eine Kasserolle füllen, auflösen und unter Rühren einmal aufkochen. Die Mandeln dazugeben und weiterrühren, bis eine dicke Masse entstanden ist. Auskühlen lassen. Anschließend die zu Schnee geschlagenen Eiklar unterheben.

2 Ein Backblech mit Oblaten belegen. Die Masse mit Hilfe von zwei Teelöffeln als kleine Häufchen daraufsetzen. Bei 160–165 °C im vorgeheizten Backrohr etwa 15 Minuten backen.

Aus dem Teig beliebige Formen ausstechen oder ausradeln.

Butterteig zum Ausstechen

250 g Butter	
320 g Zucker	
6 Eidotter	
3 Eiklar	
50 g geriebene Mandeln	
abgeriebene Schale von	
1/2 unbehandelten Zitrone	
2 Messerspitzen Zimt	
2 EL Arrak	
520 g Mehl	

Für die Glasur

1 Eiklar	
200 g Staubzucker	

1 Die Butter mit 200 g Zucker schaumig rühren. Die Dotter einzeln nacheinander dazurühren. Die Eiklar mit dem restlichen Zucker zu Schnee schlagen, unterheben und mit den übrigen Zutaten zu einem glatten Teig verarbeiten. Zu einer Kugel formen, in Folie wickeln und gut 1 Stunde kalt stellen.

2 Den Teig auf einer bemehlten Arbeitsfläche dünn ausrollen, beliebige Formen ausstechen und auf ein mit Backpapier ausgelegtes Blech legen. Bei 180 °C im vorgeheizten Backrohr etwa 20 Minuten backen. Auskühlen lassen.

3 Für die Glasur das Eiklar mit dem Staubzucker schaumig rühren und die Plätzchen damit bestreichen. Trocknen lassen.

Kaffeebusserln

BUDAPEST

3 Eiklar	
1 EL starker schwarzer	
Kaffee (Mocca)	
3 EL Zucker	
50 g geriebene Haselnüsse	

Außerdem

kleine, runde Backoblaten	

1 Die Eiklar zusammen mit dem Kaffee und dem Zucker verrühren und im Wasserbad cremig aufschlagen. Die Nüsse unterrühren, die Masse etwas abkühlen lassen.

2 Ein Backblech mit Oblaten belegen. Mit Hilfe von zwei Teelöffeln kleine Häufchen daraufsetzen und bei 170 °C im vorgeheizten Rohr 15 Minuten backen.

Feigenbusserln

1 Eiklar	
120 g Zucker	
120 g geriebene Mandeln	
120 g kleingeschnittene	
Trockenfeigen	

1 Eiklar und Zucker schaumig rühren. Die Mandeln und Feigen untermischen.

2 Ein Blech mit Backpapier auslegen. Mit Hilfe von zwei Teelöffeln kleine Busserln aufsetzen und bei 160 °C im vorgeheizten Backrohr in etwa 30 Minuten mehr trocknen als backen.

Wirtschaftskipferln

Zips

350 g Mehl
250 g Butter
150 g Zucker
abgeriebene Schale von
1/2 unbehandelten Zitrone
1 Ei

Außerdem

Ei zum Bestreichen
3 EL gehackte Mandeln
3 EL Hagelzucker
100 g Konfitüre nach Wahl

1 Aus dem Mehl, der in Stücke geschnittenen Butter, dem Zucker, der Zitronenschale und dem Ei einen glatten Teig kneten. Eine Rolle von 3–4 cm Durchmesser formen, in Folie wickeln und 1 Stunde kalt stellen.

2 Von der Rolle 1 cm dicke Scheiben abschneiden. Diese zuerst zu kleinen Rollen, dann zu Kipferln formen. Mit verquirltem Ei bestreichen und in die Mischung aus Mandeln und Hagelzucker drücken.

3 Ein Blech mit Backpapier auslegen und die Kipferln daraufsetzen. Bei 180 °C im vorgeheizten Backrohr etwa 15 Minuten backen. Auskühlen lassen.

4 Die Konfitüre erhitzen und passieren. Je 2 Kipferln damit zusammensetzen.

Österreichische Kipferln

Zips

1 Eiklar
150 g Staubzucker
Saft von 1/2 Zitrone
140 g Zucker

Außerdem

40 g ungeschälte, gestiftelte
Mandeln
20 g Vanillezucker

1 Das Eiklar zu Schnee schlagen, dabei nach und nach den Staubzucker einrieseln lassen und den Zitronensaft zufügen. Den Zucker langsam einstreuen und weiterrühren, bis der Eischnee lange Spitzen bildet.

2 Die Mandeln mit dem Vanillezucker auf einem Backbrett vermengen. Je 1 TL von der Masse auf diese Mischung setzen, mit der Hand länglich rollen und Kipferln formen.

3 Ein Blech mit Backpapier auslegen, die Kipferln daraufsetzen und bei 180 °C im vorgeheizten Backrohr etwa 15 Minuten backen.

Kastanienkipferln

Batschka

200 g Butter
200 g Mehl
4 Eidotter
5 EL Milch

Für die Füllung

750 g Maroni (Kastanien)
200 g Zucker
1–2 Päckchen
Vanillezucker

1 Sämtliche Zutaten rasch zu einem glatten Teig zusammenkneten. Zur Kugel formen, in Folie wickeln und 1 Stunde kalt stellen.

2 Für die Füllung die Maroni in etwa 25 Minuten weich kochen. Etwas abkühlen lassen, mit einem scharfen Messer halbieren und mit einem Teelöffel das Mark herausschälen. Durch ein Sieb streichen und das Püree sehr gut mit dem Zucker und dem Vanillezucker vermischen.

3 Den Teig ausrollen und in Quadrate mit 4–5 cm Kantenlänge schneiden. Mit der Füllung bestreichen, zusammenrollen, in Kipferlform biegen und über Nacht kalt stellen.

4 Ein Blech mit Backpapier belegen und die Kipferln daraufsetzen. Bei 180 °C im vorgeheizten Backrohr etwa 20 Minuten backen.

Rodolfo-Valentino-Stangen

Rodolfo Valentino, in den Zwanzigerjahren ein vielbewunderter und umschwärmter Stummfilmheld, soll bei einem Kind der Donaumonarchie hängen geblieben sein: der Ungarin Bánky Vilma, nachdem sie ihm diese Schnitten gebacken hat.

550 g Mehl
50 g Zucker
4 Eidotter
350 g Butter

Für die Eiweißglasur

4 Eiklar
350 g Staubzucker

Außerdem

Butter für das Blech
Erdbeer- oder Ribiselkonfitüre

1 Das Mehl auf eine Arbeitsfläche häufen und in die Mitte eine Mulde drücken. Den Zucker und die Dotter in die Mulde geben, die Butter in kleinen Würfeln auf dem Mehlrand verteilen. Zunächst mit einer Gabel die Zutaten in der Mulde mit immer mehr Mehl verrühren, dann alles rasch mit kalt abgespülten Händen zu einem glatten Teig zusammenkneten. Eine Kugel formen, in Folie wickeln und 1 Stunde kalt stellen.

2 Ein Backblech mit Butter fetten. Den Teig in Blechgröße ausrollen und mit Hilfe des Rollholzes auf das Backblech legen.

3 Für die Glasur die Eiklar kräftig aufschlagen, dabei nach und nach den Staubzucker einrieseln lassen. Gleichmäßig auf die Teigplatte streichen und bei 175 °C im vorgeheizten Backrohr etwa 30 Minuten backen. Auskühlen lassen.

4 Die Teigplatte in fingerbreite und fingerlange Stangen schneiden und diese paarweise mit erhitzter, passierter Konfitüre zusammensetzen.

Medenjaci

DALMATIEN

200 g Honig
200 g kernlose Rosinen
375 g Mehl
5 EL geschmacksneutrales Öl
2 EL Weißwein
1 Prise Safran
1 Prise Muskatnuß
1 TL Zimt, 1 Prise Salz
1 Päckchen Vanillezucker

Außerdem

Butter für das Backblech
grober Zucker zum Bestreuen

1 Den Honig bei schwacher Hitze verflüssigen, danach in eine Rührschüssel umfüllen. Die Rosinen in einem Sieb heiß waschen und so etwas aufquellen lassen.

2 Das Mehl, das Öl, den in dem Weißwein aufgelösten Safran und die übrigen Gewürze zum Honig geben und zusammen durcharbeiten, bis ein glatter Teig entsteht. Die abgetropften, mit Küchenpapier trockengetupften Rosinen einkneten.

3 Den Teig auf einer gut bemehlten Arbeitsfläche 1/2 cm dick ausrollen. Kleine Busserl von 3 cm Durchmesser ausstechen und etwas Zucker als Tupfer in die Mitte streuen. Auf ein gefettetes Backblech setzen und bei 190 °C im vorgeheizten Backrohr etwa 15 Minuten backen. Auskühlen lassen. In einer Dose aufbewahrt, sind die Medenjaci lange haltbar.

Negerküsse

BANAT

100 g geriebene Haselnüsse
2 Eiklar
100 g Zucker

Außerdem

100 g Couverture (Tunkmasse)

1 Die geriebenen Nüsse mit 1 Eiklar vermischen, das geht besonders gut mit dem Stößel eines Mörsers. Den Zucker und das zweite Eiklar gut unterrühren.

2 Ein Blech mit Backpapier auslegen und mit Hilfe von zwei Teelöffeln kleine, makronenähnliche Häufchen daraufsetzen.

3 Bei 180 °C im vorgeheizten Backrohr in etwa 10 Minuten hell backen. Auskühlen lassen.

4 Die Couverture schmelzen und die Unterseite der Negerküsse damit bestreichen. Auf einem Kuchengitter trocknen lassen.

Korsikaner

WIEN

Sie sind eine typische Heurigenbäckerei. 8–10 Stück werden gebündelt und zum Heurigen angeboten.

370 g Mehl
120 g Butter
60 g Zucker
120 g geriebene Mandeln
feingehackte Schale von
1/2 unbehandelten Zitrone
1/2 TL Zimt
3 Eier

1 Sämtliche Zutaten auf dem Backbrett zu einem glatten Teig zusammenkneten. Eine Kugel formen, in Folie wickeln und 1 Stunde kalt stellen.

2 Den Teig 2 1/2–3 mm dick ausrollen und mit einem gewellten Teigrädchen 2–3 cm breite und fingerlange Streifen ausradeln.

3 Ein Blech mit Backpapier auslegen und die Korsikaner daraufsetzen. Bei 170 °C im vorgeheizten Backrohr etwa 20 Minuten backen.

Amaretti

Das Rezept stammt aus Parma, wo es allgemein beliebt ist. Kaiserin Zita führte es am Wiener Hof ein. Von da verbreiteten sich die Mandelmakronen über die ganze Welt.

300 g geschälte, geriebene
Mandeln
300 g Zucker
6 Tropfen Bittermandelöl
3 Eiklar

Außerdem

100 g Staubzucker zum
Besieben

1 Die Mandeln mit 200 g Zucker und dem Bittermandelöl vermischen. Die Eiklar mit dem restlichen Zucker zu einem weichen Schnee aufschlagen und nach und nach die Mandelmischung unterziehen. Es soll ein fester Teig entstehen.

2 Ein Backblech mit Backpapier auslegen. Aus dem Teig kleine Kugeln mit 1 1/2–2 cm Durchmesser rollen und mit ausreichendem Abstand auf das Blech legen. Mindestens 5 Stunden, am besten über Nacht an einem warmen, trockenen Ort abtrocknen lassen.

3 Bei 160 °C im vorgeheizten Backrohr 25–30 Minuten backen, sie sollen hell bleiben. Auf dem Blech abkühlen lassen und lauwarm mit Staubzucker besieben. Erst vollkommen ausgekühlt vom Backpapier abheben.

Gebäcke für die Weihnachtszeit

Schokoladetörtchen

Budapest

- 140 g Mehl
- 60 g Butter
- 70 g Zucker
- 100 g geriebene Zartbitter-Schokolade
- 1 Eidotter

Für die Füllung

- 2–3 Eidotter
- 1 Ei
- 3 EL Zucker
- 50 g geschmolzene Vollmilch-Schokolade
- 1 EL Mehl
- 1/4 l Milch

Für die Glasur

- 4 EL Schlagobers
- 100 g Zucker
- 100 g geschmolzene Zartbitter-Schokolade

Außerdem

- gehackte Mandeln zum Rollen

1 Das Mehl auf die Arbeitsfläche sieben und in die Mitte eine Mulde drücken. Die Butter in kleinen Würfeln, den Zucker, die geriebene Schokolade und den Dotter dazugeben und alles zusammen rasch zu einem glatten Teig verkneten. Eine Kugel formen, in Folie wickeln und 1/2 Stunde kalt stellen.

2 Den Teig messerrückendick ausrollen und kleine Taler ausstechen. Auf ein mit Backpapier ausgelegtes Blech setzen und bei 180 °C im vorgeheizten Backrohr 20 Minuten backen.

3 Für die Füllung die Dotter und das Ei mit dem Zucker gut verrühren. Die lauwarme Schokolade, das Mehl und die Milch untermischen und bei schwacher Hitze unter ständigem Rühren langsam zu einer dicken Creme kochen. Abkühlen lassen.

4 Für die Glasur die angegebenen Zutaten unter ständigem Rühren so lange kochen, bis ein Tropfen, der auf einen kalten Teller fällt, seine Form behält und nicht verläuft.

5 Je zwei ausgekühlte Törtchen mit der Füllung zusammensetzen. Mit der Glasur überziehen. Den Rand in den gehackten Mandeln rollen.

Betyár-Schnitten

Ungarn

Diese Schnitten gehörten in Ungarn einst auf jeden Weihnachtsteller.

- 250 g ganze Haselnüsse
- 200 g Zucker
- 6 Eidotter
- 200 g Butter

Außerdem

- 2 große Waffelblätter
- Couverture (Tunkmasse) zum Überziehen
- gehackte Haselnüsse zum Bestreuen

1 Die Haselnüsse bei 200 °C im Backrohr rösten, bis die sie umgebenden Häutchen aufreißen. Abkühlen lassen. Durch Abreiben in einem Tuch von den Häuten befreien und die Kerne hacken.

2 In einer schweren Pfanne 100 g Zucker unter Rühren schmelzen und bräunen.

3 Die Dotter mit dem restlichen Zucker schaumig rühren und auf dem Wasserbad dickcremig aufschlagen. Die Butter in Stücken und schnell den gebräunten, noch heißen Zucker einarbeiten. Die Nüsse untermischen und noch einmal

kräftig durchrühren. Vom Wasserbad nehmen und die Masse etwas auskühlen lassen.

4 Ein Waffelblatt auslegen und die noch warme Masse gleichmäßig daraufstreichen. Dazu am besten eine Palette verwenden. Mit dem zweiten Waffelblatt abdecken, mit einem Brett beschweren und über Nacht kalt stellen.

5 Die Oberfläche mit geschmolzener, temperierter Couverture (Seite 68) überziehen und mit Haselnüssen bestreuen. Ein scharfes Messer in kaltes Wasser tauchen und in gleichmäßige, längliche Stücke schneiden.

Anya-Kranzerl

BATSCHKA

700 g Mehl
400 g Butter
200 g Zucker
2 Eier
4 Eidotter
1 EL Kakaopulver
2 Päckchen Vanillezucker

Außerdem

Ei zum Bestreichen
feingehackte Nüsse zum Wälzen
Marillenkonfitüre zum Zusammensetzen

1 Das Mehl auf die Arbeitsfläche sieben und in die Mitte eine Vertiefung drücken. Die Butter in Stücken auf dem Mehlrand verteilen. Den Zucker, Eier und Dotter in die Mulde geben und zunächst mit einer Gabel mit etwas Mehl vom Rand vermischen. Mit den Händen weiterarbeiten und alles zu einem feinen Teig zusammenwirken.

2 Den Teig in zwei Hälften teilen. In eine Hälfte den Kakao, in die andere Hälfte den Vanillezucker einkneten. Jede Teighälfte zur Kugel formen, in Folie wickeln und mindestens 1/2 Stunde kalt stellen.

3 Beide Teighälften 2 mm dick ausrollen. Aus dem dunklen Teig runde Plätzchen mit 6 cm Durchmesser ausstechen. Ein Backblech mit Backpapier auslegen, die Plätzchen daraufsetzen und bei 190 °C im vorgeheizten Backrohr 10–15 Minuten backen. Auf einem Kuchengitter auskühlen lassen.

4 Den hellen Teig gleich groß ausstechen, hier allerdings in der Mitte ein 1 1/2–2 cm großes Loch ausstechen. Die Ringe auf einer Seite mit verquirltem Ei bestreichen und mit dieser Seite in die feingehackten Nüsse drücken. Anschließend ebenso backen wie die dunklen Plätzchen.

5 Jeweils ein dunkles Plätzchen und ein helles Kranzerl mit erhitzter, passierter Marillenkonfitüre zusammensetzen.

Flepperkuß

BUDAPEST

5 Eiklar
210 g Staubzucker
140 g geriebene Walnüsse
2 EL Semmelbrösel

Für die Füllung

2 Eidotter
100 g Zucker
1 EL Kakaopulver
100 g zerlassene Butter

1 Die Eiklar zu Schnee schlagen, dabei nach und nach den Staubzucker einrieseln lassen. Die Nüsse und Semmelbrösel locker untermischen.

2 Mit Hilfe von zwei Teelöffeln kleine, gleichmäßige Häufchen nicht zu eng auf das mit Backpapier ausgelegte Blech setzen. Bei 170 °C im vorgeheizten Backrohr etwa 30 Minuten backen. Auskühlen lassen.

3 Für die Füllung die Dotter mit dem Zucker verrühren und im Wasserbad dickschaumig aufschlagen. Den Kakao untermischen. Vom Wasserbad nehmen. Die Butter in dünnem Strahl einlaufen lassen und unterrühren. Abkühlen lassen, je zwei Flepperküsse mit der Creme zusammensetzen.

Ischler Törtchen

Bad Ischl, der kleine Marktflecken mit Schwefelquellen und Sole im Salzkammergut, nahm im 19. Jahrhundert einen großen Aufschwung, als der Wiener Hof dort seine Sommerresidenz einrichtete und eine Kaiservilla erbaut wurde. Der Adel und das vornehme Bürgertum folgten bald nach. Das Wiener Caféhaus »Sacher« erhielt dort sein Pendant: den »Zauner«. Denn für den Kaiser und »die Schratt« (die Wiener Burgschauspielerin, die Seine Majestät darüber hinwegtröstete, daß seine einst heißgeliebte Sissi, ihre Freundin, es nun vorzog, mit magyarischen Magnaten Par-force-Ritte in der Puszta zu unternehmen, statt wie früher mit ihm in Ischl zu kuren) konnte nicht irgend eine »Mehlspeis« auf das Cafétischerl gestellt werden. Die hohe Konditorkunst und ihr Ruhm überdauerten zwei Weltkriege. Noch heute ist der Zauner in Ischl »Kaiser«. Und so kommt es, daß Besucher anschließend allenfalls noch zur »Schratt-Villa« pilgern – beides sind süße Nostalgien.

- 150 g geschälte Haselnüsse
- 200 g Mehl
- 150 g Butter
- 150 g Zucker
- 1 Ei

Für die Glasur

- 100 g dunkle Couverture (Tunkmasse)
- 2 EL starker schwarzer Kaffee (Mocca)
- 15 g Butter

Außerdem

- säuerliche Konfitüre zum Zusammensetzen

1 Die Haselnüsse im Rohr leicht rösten, reiben und zusammen mit dem Mehl in einer Schüssel vermischen. Die Butter in kleinen Stücken, den Zucker und das Ei dazugeben und alles zu einem glatten Teig verkneten. Zu einer Kugel formen, in Folie wickeln und 1/2 Stunde kalt stellen.

2 Den Teig auf einer bemehlten Arbeitsfläche 1/2 cm dick ausrollen, Plätzchen mit 5 cm Durchmesser ausstechen und auf ein mit Backpapier ausgelegtes Blech legen. Bei 190 °C im vorgeheizten Backrohr in 15 Minuten nicht zu braun backen. Auskühlen lassen.

3 Die Konfitüre erwärmen, passieren, je zwei Plätzchen damit zusammensetzen.

4 Für die Glasur die Couverture im Wasserbad schmelzen. Vom Wasserbad nehmen, den Kaffee und die Butter dazugeben und so lange rühren, bis die Masse glänzt. Die Törtchen damit überziehen.

Orangenbusserln

SIEBENBÜRGEN

- 3 Eiklar, 280 g Zucker
- 280 g geriebene Mandeln
- 3 EL Semmelbrösel
- Saft von 1 großen Orange
- 1 Messerspitze abgeriebene Orangenschale

Für die Glasur

- 120 g Zucker, 3 EL Wasser
- Saft von 1 kleinen Orange
- 1 EL Arrak

Außerdem

- kleine, runde Backoblaten

1 Die Eiklar zu Schnee schlagen, dabei nach und nach den Zucker einrieseln lassen. Die Mandeln, Semmelbrösel, Orangensaft und -schale dazugeben und alles miteinander gut vermengen.

2 Eine Rolle von 2–3 cm Durchmesser formen. Kleine Stücke abschneiden und diese mit nassen Händen zu Kugeln rollen.

3 Die Oblaten auf ein Backblech legen, je eine Teigkugel daraufsetzen und flach drücken. Bei 180 °C im vorgeheizten Backrohr etwa 30 Minuten backen. Völlig auskühlen lassen.

4 Für die Glasur den Zucker mit dem Wasser aufkochen. Orangensaft und Arrak unterrühren. Die Busserln damit überziehen.

Gefüllte Mandelbusserln

BATSCHKA

9 Eiklar
450 g Zucker
450 g geriebene Mandeln
60 g sehr fein gehacktes Orangeat
60 g sehr fein gehacktes Zitronat
1 Päckchen Vanillezucker

Außerdem

kleine, runde Backoblaten
Hagebutten-, Himbeer- oder Ribiselkonfitüre nach Wahl

1 Die Eiklar mit dem Zucker im Wasserbad dickcremig aufschlagen. Darauf achten, daß das Wasser immer kocht. Sobald die Masse weiß ist, vom Wasserbad nehmen, die Mandeln, das Orangeat und Zitronat sowie den Vanillezucker gut dazurühren.

2 Eine Rolle von 2–3 cm Durchmesser formen. Kleine Stücke abschneiden und diese mit nassen Händen zu Kugeln rollen.

3 Die Oblaten auf ein Backblech legen, je eine Teigkugel daraufsetzen, mit der Hand flach drücken und etwas Konfitüre in die Mitte setzen. Ein genauso großes Teigstück mit den Händen entsprechend flach drücken und damit abdecken. Die Ränder gut zusammendrücken, damit die Konfitüre nicht ausfließt. Die Busserln dürfen nicht zu dick sein.

4 Bei 190 °C im vorgeheizten Backrohr 25 Minuten backen. Die überstehenden Oblatenteile abbrechen.

Mandelbusserln

BATSCHKA

250 g geschälte, gemahlene Mandeln
150 g feinster Zucker
100 g Staubzucker
1 Päckchen Vanillezucker
2 Eiklar

Außerdem

kleine, runde Backoblaten

1 Die Mandeln mit 130 g Zucker, dem Staubzucker, Vanillezucker und 1 Eiklar in einem Topf vermischen und bei schwacher Hitze so lange rühren, bis sich die Masse zusammenballt. Den Topf vom Herd nehmen. Das zweite Eiklar mit dem restlichen Zucker zu Schnee schlagen und schnell unterheben.

2 Ein Backblech mit Oblaten auslegen. Mit den Händen aus der Masse etwa walnußgroße Kugeln formen, etwas flach drücken, auf die Oblaten setzen und bei 170 °C im vorgeheizten Backrohr in etwa 20 Minuten sehr hell backen.

Dattelstangen

BATSCHKA

3 Eiklar, 200 g Zucker
140 g geriebene Mandeln
140 g in Streifchen
geschnittene Datteln

Außerdem

große, rechteckige Oblaten

1 Die Eiklar mit dem Zucker zu Schnee schlagen. Die Mandeln und die Datteln vorsichtig untermischen.

2 Ein Backblech mit Oblaten auslegen und die Masse fingerdick darauf verstreichen. Bei 170 °C im vorgeheizten Backrohr etwa 35 Minuten backen. Das Gebäck soll hell bleiben.

3 Noch warm auf dem Blech in fingerbreite Streifen schneiden.

Feine Schokoladebusserln

WIEN

2 Eiklar, 140 g Zucker
1 Päckchen Vanillezucker
100 g geschmolzene
Zartbitter-Schokolade
100 g geriebene Mandeln

1 Die Eiklar zu Schnee schlagen, dabei nach und nach den Zucker mit dem Vanillezucker einrieseln lassen. Die Schokolade und die Mandeln unterziehen.

2 Ein Blech mit Backpapier auslegen. Die Busserln mit Hilfe von zwei Teelöffeln nicht zu eng daraufsetzen und bei 175 °C im vorgeheizten Backrohr etwa 25 Minuten backen.

Zitronenwürfel

SIEBENBÜRGEN

120 g ungeschälte,
geriebene Mandeln
80 g Zucker
50 g feingewürfeltes
Zitronat
abgeriebene Schale von
1/2 unbehandelten Zitrone
1 Ei

Für die Glasur

250 g Staubzucker
Saft von 1 Zitrone

1 Mandeln, Zucker, Zitronat und Zitronenschale vermischen und das Ei unterrühren.

2 Ein Blech mit Backpapier auslegen und die Masse kleinfingerdick aufstreichen. Bei 160 °C im vorgeheizten Backrohr in 15–20 Minuten mehr trocknen als backen.

3 Für die Glasur den Staubzucker mit dem Zitronensaft dickschaumig rühren. Die noch warme gebackene Teigplatte in kleine Quadrate schneiden und mit der Glasur überziehen. Jetzt erst die Würfel vom Blech nehmen und einzeln nebeneinander auskühlen lassen.

Haselnußstangen

BATSCHKA

2 Eiklar
250 g Zucker
250 g geriebene Haselnüsse
1 Päckchen Vanillezucker
Saft von 1/2 Zitrone

Außerdem

Zucker für das Backbrett
etwas Rumaroma oder Arrak

1 Die Eiklar zu Schnee schlagen, dabei nach und nach den Zucker einrieseln lassen. 4–5 EL für die spätere Glasur abnehmen und kalt stellen. Unter den restlichen Eischnee die Haselnüsse, den Vanillezucker und den Zitronensaft mischen.

2 Reichlich Zucker auf das Backbrett streuen, den Teig fingerdick darauf ausrollen und in 1 1/2 cm breite Streifen schneiden.

3 Den zurückbehaltenen Eischnee mit Rumaroma oder Arrak aromatisieren und die Stangen damit bestreichen. Auf ein mit Backpapier ausgelegtes Blech legen und bei 175 °C im vorgeheizten Backrohr etwa 25 Minuten backen. Die Nußstangen bleiben lange weich.

Zimtringerl

Wien

150 g Mehl
150 g Butter
1 Eidotter
70 g Zucker
70 g geriebene Mandeln
1 TL Zimt
abgeriebene Schale von
1/2 unbehandelten Zitrone

Außerdem

Vanillezucker zum Wenden

1 Das Mehl auf eine Arbeitsfläche sieben. Die Butter in kleine Würfel schneiden und mit dem Dotter, Zucker, den Mandeln, dem Zimt und der Zitronenschale auf dem Mehl verteilen. Alle Zutaten rasch zu einem glatten Teig zusammenkneten. Eine Kugel formen, in Folie wickeln und 1/2 Stunde kalt stellen.

2 Aus dem Teig auf der Arbeitsfläche dünne Rollen formen, kleine Stücke abschneiden, zu dünnen Strängen rollen und kleine Ringerl formen. Auf ein mit Backpapier ausgelegtes Blech legen und bei 180 °C im vorgeheizten Backrohr 10–15 Minuten backen.

3 Reichlich Vanillezucker (am besten selbst hergestellter, Seite 36) in einen tiefen Teller füllen. Die noch heißen Zimtringerl ganz vorsichtig darin wenden und auf einem Brett erkalten lassen.

Florakrapferln

Slawonien

5 Eiklar
200 g Zucker
200 g geriebene Haselnüsse
10 g Mehl

Für die Nußfüllung

60 g Butter
60 g Zucker
60 g geriebene Haselnüsse

Außerdem

Zucker zum Bestreuen
Konfitüre nach Wahl
zum Zusammensetzen

1 2 Eiklar mit 150 g Zucker und den Nüssen gut verrühren. Die anderen Eiklar mit dem restlichen Zucker zu Schnee schlagen und zusammen mit dem gesiebten Mehl untermischen.

2 Ein Backblech mit Backpapier auslegen. Die Masse in einen Spritzbeutel mit Lochtülle füllen, kleine Krapferln aufdressieren und mit Zucker bestreuen. Bei 170 °C im vorgeheizten Backrohr etwa 15 Minuten backen.

3 Für die Nußfüllung die Butter mit dem Zucker leicht schaumig rühren und die Haselnüsse untermischen.

4 Je zwei Krapferln, die unten noch weich sein müssen, entweder nur zusammendrücken oder mit Nußfüllung oder Konfitüre zusammensetzen.

Kurabi-Busserln

Banat

Sie sind türkischen Ursprungs und heißen dort »kurabiye«.

10 g Pottasche
Saft und abgeriebene Schale
von 1 unbehandelten Zitrone
500 g Mehl
250 g Butter
250 g Zucker
1 Ei
1 Eidotter
2 Messerspitzen Zimt
1 Messerspitze Nelkenpulver
100 g geschmolzene
Zartbitter-Schokolade

Außerdem

Staubzucker zum Wälzen

1 Die Pottasche mit dem Zitronensaft beträufeln und beiseite stellen. Das Mehl mit der Butter auf der Arbeitsfläche verbröseln. In die Mitte eine Vertiefung drücken und alle anderen Zutaten einschließlich der Pottasche hineingeben. Rasch zu einem glatten Teig verkneten. Eine Kugel formen, in Folie wickeln und 1/2 Stunde kalt stellen.

2 Den Teig dünn ausrollen, kleine Taler ausstechen und auf ein mit Backpapier belegtes Blech setzen. Bei 190 °C im vorgeheizten Rohr 15 Minuten backen. Noch warm in Staubzucker wälzen.

Non plus ultra

BATSCHKA

Damit die Eischneehäufchen auf den Plätzchen fest sitzen bleiben, ist es von Wichtigkeit, den Schnee gut steif zu schlagen und den gesiebten Staubzucker sorgfältig nur unterzumischen. Beim gemeinsamen Schlagen haftet der Schnee nicht ausreichend auf den Plätzchen und löst sich beim Zusammensetzen der Bäckerei.

- 125 g Mehl
- 120 g Butter
- 1 Eidotter
- 1 EL Zucker

Für die Eiweißglasur

- 3 Eiklar
- 200 g Staubzucker

Außerdem

- Marillenkonfitüre zum Zusammensetzen

1 Das Mehl auf eine Arbeitsfläche sieben und in die Mitte eine Vertiefung drücken. Die Butter in kleinen Stücken, Dotter und Zucker in die Mulde geben. Rasch zu einem glatten Teig zusammenkneten. Eine Kugel formen, in Folie wickeln und 1/2 Stunde kalt stellen.

2 Den Teig messerrückendick ausrollen, Taler von 2 1/2 cm Durchmesser ausstechen und auf ein mit Backpapier ausgelegtes Blech legen.

3 Für die Glasur die Eiklar sehr gut aufschlagen, dabei nach und nach den gesiebten Staubzucker einrieseln lassen. Nur noch so lange weiterschlagen, bis ein standfester Eischnee entstanden ist. Je 1/2 Teelöffel von der Glasur vorsichtig, damit nichts über den Rand läuft, auf die Taler setzen. Bei 175 °C im vorgeheizten Backrohr 20 Minuten backen, der Eischnee soll weiß bleiben.

4 Ausgekühlt je zwei Taler mit der erhitzten, passierten Konfitüre zusammensetzen.

Polnische Waffeln

- 140 g Honig, 280 g Zucker
- 3 Eiklar
- 1 Päckchen Vanillezucker
- 275 g gehackte Walnüsse

Außerdem

- 2 große Waffelblätter

1 Den Honig aufkochen lassen. 140 g Zucker unter ständigem Rühren darin auflösen. Vom Herd nehmen. Die Eiklar mit dem restlichen Zucker zu Schnee schlagen, zum Honig geben und so lange rühren, bis die Masse schaumig und erkaltet ist.

2 Den Topf wieder auf den Herd stellen, erhitzen und rühren, bis sich die Masse vom Boden löst. Den Vanillezucker und die Nüsse untermischen und rühren, bis eine streichfähige Masse entstanden ist. Aber Vorsicht, damit sie nicht anbrennt.

3 Die Masse auf ein Waffelblatt streichen, mit dem anderen abdecken und mit einem Brett beschweren. Nach 2 Tagen in Rauten schneiden.

Rilke

WIEN

- 50 g Butter
- 1 kleiner Eidotter, 50 g Zucker
- 50 g ungeschälte, geriebene Mandeln
- 50 g geriebene Schokolade

Außerdem

- 50 g geriebene Schokolade zum Wälzen

1 Die Butter mit den anderen Zutaten rasch zu einem glatten Teig zusammenkneten und eine Rolle von 2 cm Durchmesser formen. Kleine Stücke abschneiden und in den Handflächen zu Kugeln rollen. Dünn in geriebener Schokolade wälzen.

2 Die Kugeln auf ein mit Backpapier belegtes Blech setzen und bei 100 °C im vorgeheizten Backrohr in 35 Minuten mehr trocknen als backen. Die Rilke dürfen nicht zerlaufen, sondern müssen halbkugelförmig bleiben. Nach dem Backen noch einmal in der geriebenen Schokolade wälzen.

Linzerteig

AHNENREZEPT

500 g Mehl
250 g Butter, 160 g Zucker
10 hartgekochte, passierte Eidotter
2 Eier
abgeriebene Schale von 1/2 unbehandelten Zitrone

Außerdem

Eiklar zum Bestreichen
Hagelzucker und 100 g gehackte Mandeln zum Bestreuen

1 Das Mehl auf eine Arbeitsfläche häufen und in die Mitte eine Vertiefung drücken. Die Butter in kleinen Stücken auf dem Mehlrand verteilen. Alle anderen Zutaten in die Vertiefung füllen und alles zusammen rasch zu einem glatten Teig verkneten. Eine Kugel formen, in Folie wickeln und 1/2 Stunde kalt stellen.

2 Den Teig fingerdick ausrollen und die verschiedensten Formen ausstechen. Mit verquirltem Eiklar bestreichen, dick mit Zucker und Mandeln bestreuen. Es erspart Arbeit, wenn diese vorher miteinander vermischt werden.

3 Auf ein mit Backpapier ausgelegtes Blech setzen und bei 180 °C im vorgeheizten Backrohr etwa 30 Minuten backen. – Dies ist ein sehr gutes, haltbares Gebäck.

Vanillekipferln

BATSCHKA

140 g Butter
70 g Zucker, 1 Eidotter
70 g geriebene Mandeln
50 g Mondamin
120 g Mehl

Außerdem

80 g Staubzucker
1 Päckchen Bourbon-Vanillezucker

1 Butter, Zucker und Dotter schaumig rühren. Die Mandeln und das mit dem Mondamin gesiebte Mehl gut einarbeiten. Aus dem Teig eine Rolle von 3–4 cm Durchmesser formen, in Folie wickeln und 1/2 Stunde kalt stellen.

2 Von der Rolle 1 cm dicke Scheiben abschneiden. Diese zuerst zu kleinen Rollen und dann zu gleichmäßigen Kipferln formen. (Der Teig kann auch ausgerollt und mit Formen ausgestochen werden.)

3 Ein Blech mit Backpapier auslegen und die Kipferln daraufsetzen. Bei 180 °C im vorgeheizten Backrohr etwa 15 Minuten backen.

4 In einer kleinen Schüssel den Staubzucker mit dem Vanillezucker vermischen. Die nur leicht ausgekühlten Kipferln sehr vorsichtig darin wälzen (sie brechen schnell) und auf einem Brett auskühlen lassen.

Haselnußgebäck
WIEN

4 Eier, getrennt
4 eischwer Zucker
4 eischwer Mehl
50 g feingeriebene Haselnüsse
50 g feingewiegtes Zitronat
50 g Rosinen
50 g Schokolade

Für die Schokoladeglasur
80 g dunkle Couverture (Tunkmasse)
4 EL Wasser
80 g Staubzucker
1 EL Butter

Außerdem
Butter und Mehl für das Backblech

1 Die Dotter mit der Hälfte des Zuckers schaumig rühren. Die Eiklar mit dem restlichen Zucker zu Schnee schlagen und auf den Dotterschaum gleiten lassen. Das Mehl darübersieben und die Nüsse daraufstreuen, zusammen locker unterheben. Zuletzt die Rosinen und die in sehr kleine Stückchen geschnittene Schokolade unterziehen.

2 Ein Backblech gut ausbuttern und bemehlen. Den Teig glatt aufstreichen und bei 175 °C im vorgeheizten Backrohr etwa 35 Minuten backen. Auskühlen lassen.

3 Für die Glasur die Couverture mit 2 EL Wasser auf dem Herd unter Rühren schmelzen. Weitere 2 EL Wasser, den Staubzucker und die Butter dazugeben und bis zur Fadenprobe (Seite 66) kochen. Vom Herd nehmen und kalt rühren.

4 Das Gebäck mit der Schokoladeglasur überziehen und in gleichmäßige rechteckige Stücke schneiden. – Es schmeckt auch ohne Glasur sehr gut.

Ausgestochene Mandelbäckerei
DALMATIEN

150 g geriebene Mandeln
60 g feingeschnittene Arancini (oder Orangeat)
150 g Mehl
150 g Zucker
1 Messerspitze Zimt
2 Eier
1 Prise Backpulver

1 Sämtliche Zutaten auf der Arbeitsfläche zu einem glatten Teig zusammenkneten. Zu einer Kugel formen, in Folie wickeln und 1/2 Stunde kalt stellen.

2 Den Teig messerrückendick ausrollen und beliebige kleine Formen ausstechen. Auf ein mit Backpapier ausgelegtes Blech setzen und bei 180 °C im vorgeheizten Backrohr etwa 10 Minuten backen.

Zitronenkipferln
BANAT

150 g Mehl
80 g Butter
80 g Zucker
1 Ei
abgeriebene Schale von 1/2 unbehandelten Zitrone

Außerdem
Vanillezucker zum Bestreuen

1 Sämtliche Zutaten rasch zu einem glatten Teig zusammenkneten. Eine Rolle von 3–4 cm Durchmesser formen, in Folie wickeln und 1 Stunde kalt stellen.

2 Von der Rolle 1 cm dicke Scheiben abschneiden. Diese zuerst zu kleinen Rollen, dann zu Kipferln formen.

3 Ein Blech mit Backpapier auslegen und die Zitronenkipferln daraufsetzen. Bei 180 °C im vorgeheizten Backrohr etwa 15 Minuten backen. Noch warm mit Vanillezucker bestreuen.

Haselnuß-Vanille-Kipferln
BATSCHKA

200 g Butter, 250 g Mehl
1 Eidotter
100 g geriebene Haselnüsse
100 g Zucker
2 Päckchen Vanillezucker

Außerdem
Staubzucker zum Wälzen

1 Die in Stücke geschnittene Butter mit dem Mehl abbröseln. Die übrigen Zutaten dazugeben und zu einem glatten Teig verkneten. Eine Rolle von 3–4 cm Durchmesser formen, in Folie wickeln und 1 Stunde kalt stellen.

2 Von der Rolle 1 cm dicke Scheiben abschneiden. Diese zuerst zu kleinen Rollen, dann zu Kipferln formen.

3 Ein Blech mit Backpapier auslegen und die Kipferln daraufsetzen. Bei 180 °C im vorgeheizten Backrohr etwa 20 Minuten backen. Noch heiß vorsichtig in dem Staubzucker wälzen.

Vanillekranzerl

AHNENREZEPT

200 g Butter
50 g Butterschmalz
250 g Zucker
2 Päckchen Vanillezucker
400 g Mehl
2 Eidotter
1 Ei

Außerdem

Eiklar zum Bestreichen
gehackte Haselnüsse
Marillen-, Ribisel- oder Himbeerkonfitüre zum Zusammensetzen

1 Sämtliche Zutaten rasch zu einem glatten Teig zusammenkneten. Eine Kugel formen, in Folie wickeln und 1/2 Stunde kalt stellen.

2 Den Teig auf einer bemehlten Arbeitsfläche sehr dünn ausrollen. Mit einem gewellten runden Ausstecher mit 4 cm Durchmesser Taler ausstechen. Die Hälfte aller Taler mit verquirltem Eiklar bestreichen, auf ein mit Backpapier ausgelegtes Blech legen und bei 180 °C im vorgeheizten Backrohr etwa 15 Minuten backen.

3 Bei den restlichen Talern mit einem Fingerhut in der Mitte ein Loch ausstechen, so daß Kranzerl entstehen. Ebenfalls mit verquirltem Eiklar bestreichen und in die gehackten Nüsse drücken. Ebenso backen wie die erste Hälfte.

4 Ausgekühlt je einen Taler und ein Kranzerl mit der erhitzten, passierten Konfitüre zusammensetzen. Bis zum Verzehr ein paar Tage in einer geschlossenen Blechdose aufbewahren.

Moderne Rezepte

Florentiner

Hier sind es nicht die meist üblichen runden Florentiner, deren Herstellung eines relativ großen Zeitwands bedarf, sondern in kleinere Quadrate geschnittene Gebäcke, die wesentlich rationeller hergestellt werden können.

Für die Florentinermasse

80 ml Schlagobers
150 g Kristallzucker
100 g Butter
40 g Honig
150 g gehobelte Mandeln
40 g feingehacktes Orangeat

Außerdem

Bitter- oder Milchcouverture (dunkle oder helle Tunkmasse)

1 Das Schlagobers mit dem Zucker, der Butter und dem Honig unter Rühren bis zum starken Faden kochen. Fadenprobe: Mit dem Zeigefinger vom Kochlöffel etwas Zuckerlösung abnehmen. Wenn sich zwischen Zeigefinger und Daumen ein stärkerer Faden ziehen läßt, ist die Probe erreicht. Die Mandeln und das Orangeat einrühren und die Masse noch etwa 2 Minuten unter Rühren kochen lassen.

2 Etwa 3 mm dick auf Backpapier streichen und bei 180 °C im vorgeheizten Backrohr backen, bis die Masse gleichmäßig braun durchgeröstet ist. Sofort mit Hilfe einer 4,5 cm breiten Leiste oder eines Lineals in Quadrate von 4,5 × 4,5 cm schneiden und auskühlen lassen.

3 Ein randloses Backblech oder die Backblechunterseite anfeuchten und Klarsichtfolie darüberspannen. Mit einer Teigkarte die Luftblasen von der Mitte zum Rand hin ausstreichen. Dadurch wird die Folie plan und bleibt durch die Feuchtigkeit auf dem Blech kleben.

4 In kleinen Flächen temperierte Couverture (siehe Seite 68) 2 mm dick aufstreichen. Die Florentiner exakt nebeneinander leicht in die weiche Couverture drücken. Die Schokolade in halbgestocktem Zustand nachschneiden. 5–6 Minuten im Kühlschrank abstocken lassen und noch etwa 2 Stunden auf der Folie belassen. Erst dann mit der Folie umdrehen und diese abziehen. Durch die Verwendung von Folie bekommt die Schokolade eine hochglänzende Oberfläche. Ansonsten könnte auch Pergaminpapier verwendet werden.

Sandscheiben

Für den Mürbteig

400 g Mehl
260 g Butter
200 g Staubzucker
6 g Vanillezucker
1 Prise Salz

Außerdem

1 Ei zu Bestreichen
Kristallzucker zum Rollen
100 g passierte Ribiselkonfitüre

1 Alle Zutaten für den Teig rasch zu einem glatten Teig zusammenwirken. In Folie wickeln und im Kühlschrank fest werden lassen.

2 Aus dem Teig mehrere Rollen mit einem Durchmesser von etwa 2,5 cm formen. Mit Ei bestreichen und in Kristallzucker rollen.

3 Von den Rollen 6–7 mm dicke Scheiben abschneiden, auf ein mit Backpapier belegtes Backblech legen und in der Mitte mit einem Kochlöffelstiel etwas eindrücken. Die Ribiselkonfitüre in eine Spritztüte (siehe Seite 75) füllen und in jede Vertiefung einen kleinen Tupfen dressieren.

4 Bei 220 °C im vorgeheizten Backrohr nach Sicht backen. Die Rändchen sollen ein wenig mehr Farbe bekommen als die Oberfläche.

Haselnuß-plätzchen

450 g geröstete, geschälte und grobgeriebene Haselnüsse
300 g Staubzucker
130 g sehr fein gehacktes Orangeat
abgeriebene Schale von 1 1/2 unbehandelten Orangen
8 Eiklar

1 Alle Zutaten nur kurz verrühren und in einen Dressiersack mit mittelgroßer, glatter Tülle füllen.

2 Ein Backblech mit Backpapier auslegen. In größeren Abständen kleine Plätzchen aufdressieren und diese mit einer nassen Gabel flach und breit drücken. Bei 170 °C im vorgeheizten Backrohr knusprig ausbacken.

Haselnuß-zungen

300 g geröstete, geschälte und grobgeriebene Haselnüsse
300 g Staubzucker
100 g Mehl
10 g Vanillezucker
abgeriebene Schale von 1/2 unbehandelten Zitrone
3 Eier
3 Eiklar
70 g zerlassene Butter

1 Die Haselnüsse, den Staubzucker, Mehl, Vanillezucker und Zitronenschale trocken mischen. Die Eier und das Eiklar, zum Schluß die heiße Butter kurz einrühren. Die Masse in einen Dressiersack mit mittelgroßer, glatter Tülle füllen.

2 Ein Backblech mit Backpapier auslegen. In Abständen längliche Plätzchen aufdressieren und diese mit einer nassen Gabel flach drücken. Bei 170 °C im vorgeheizten Backrohr knusprig ausbacken.

Walnuß-busserl

110 g geriebene Walnüsse
110 g Kokosraspel
40 g Honig
270 g Kristallzucker
7 Eiklar

1 Alle Zutaten miteinander vermischen. In ein kochendes Wasserbad setzen und die Masse dabei auf etwa 60 °C erhitzen. Zum raschen Auskühlen sofort in ein flaches Gefäß leeren und ab und zu umrühren.

2 Ein Backblech mit Backpapier auslegen. Die Masse nach dem Auskühlen in einen Dressiersack mit mittelgroßer, glatter Tülle füllen und kleine Busserl auf das Blech dressieren. Bei 160 °C im vorgeheizten Backrohr nach Sicht backen.

Dressierte Schokolade-linzer

250 g Butter
90 g Staubzucker
20 g Kakaopulver
8 g Vanillezucker
1 g Salz
1 Ei
300 g Mehl

Außerdem

100 g passierte Erdbeerkonfitüre
Vanillestaubzucker zum Besieben

1 Die weiche Butter mit dem Staubzucker, Kakao, Vanillezucker und Salz schaumig rühren. Das Ei und zuletzt das Mehl einmelieren. Die Masse in einen Dressiersack mit mittelgroßer Sterntülle füllen.

2 Ein Backblech mit Backpapier auslegen. In Abständen Kipferln, Stangerln, Rosetten und dergleichen aufdressieren. Bei 160 °C im vorgeheizten Backrohr nach Sicht backen.

3 Nach dem Auskühlen je zwei Plätzchen mit der Erdbeerkonfitüre zusammensetzen und leicht anzuckern. Man kann sie auch teilweise in temperierte Couverture (siehe Seite 68) tunken.

Eisenbahner

Mürbteig (Rezept Seite 59, ½ der angegebenen Menge)
300 g passierte Marillenkonfitüre

Für die Mandelmakronenmasse

200 g Marzipanrohmasse
40 g Honig, 30 g Staubzucker
20 g Butter, 1 Eiklar

1 Den Mürbteig 3 mm dick und in Backblechgröße (40 × 32 cm) ausrollen. Auf das Rollholz aufrollen und auf dem Backblech wieder abrollen. Bei 180 °C im vorgeheizten Backrohr hellbraun ausbacken. Noch heiß der Länge nach in 4,5 cm breite Streifen schneiden und auskühlen lassen.

2 150 g Marillenkonfitüre aufkochen. Die Hälfte der Mürbteigstreifen noch aneinanderliegend damit bestreichen und die restlichen Mürbteigstreifen auflegen. Jetzt erst die gefüllten Streifen auseinanderrücken.

3 Für die Makronenmasse alle Zutaten zu einer relativ festen, aber dressierfähigen Masse verrühren. Mit einem Dressiersack und mittelgroßer Sterntülle jeweils links und rechts an den langen Seiten der Mürbteigstreifen einen Streifen aufdressieren. Über Nacht abtrocknen lassen. Bei 250–300 °C Oberhitze abflämmen, speziell an den Spitzen.

4 Nach dem Auskühlen die restliche Marillenkonfitüre aufkochen, in einen Dressiersack (Topfhandschuh nicht vergessen) mit kleiner Lochtülle füllen und damit den Raum zwischen den Makronenstreifen ausfüllen. Einige Stunden abstehen lassen, anschließend in 2 cm breite Schnitten schneiden.

1 Die Hälfte der Teigstreifen mit Konfitüre bestreichen.

2 Die Makronenmasse an den langen Seiten aufdressieren.

3 Mit Konfitüre füllen.

Polo

300 g Butter, 170 g Staubzucker
8 g Vanillezucker, 1 g Salz
2 Eier, 2 Eidotter
270 g Mehl

Außerdem

250 g Himbeerkonfitüre

1 Die weiche Butter mit dem Staubzucker, Vanillezucker und Salz schaumig rühren. Die Eier und Dotter nach und nach dazurühren, das Mehl einmelieren.

2 Zum Auslegen des Backblechs ist Backpapier nicht geeignet, das Gebäck würde breit verlaufen. Hutpack- oder Seidenpapier ist besser zu verwenden.

3 Mit einem Dressiersack und kleiner, glatter Tülle kleine Busserl aufdressieren, aber nicht zu nah aneinander, die Masse geht stark auf. Bei 160 °C im vorgeheizten Backrohr nach Sicht backen, dabei die Backrohrtür durch Einklemmen eines Kochlöffels einen etwa 1 cm großen Spalt offenhalten.

4 Nach dem Auskühlen die halbe Menge der Busserl umdrehen, einen Tupfen Konfitüre aufdressieren und die Oberteile aufsetzen.

Variation

NERO: Von dem Mehl 30 g durch Kakaopulver ersetzen und mit der Butter schaumig rühren.

Kokoszungen

50 g feingeriebene Haselnüsse
150 g Kokosraspel
30 g sehr fein gehacktes Orangeat
4 Eiklar, 220 g Staubzucker
30 g Honig

1 Die Haselnüsse mit den Kokosraspeln und dem Orangeat mischen.

2 Die Eiklar mit dem Zucker und Honig auf dem Wasserbad unter Rühren auf 35 °C erwärmen. Zu Schnee schlagen und die Nußmischung einmelieren. Die Masse in einen Dressiersack mit glatter Tülle füllen.

3 Ein Backblech mit Backpapier auslegen und kleine Biskotten aufdressieren. Bei 160 °C im vorgeheizten Backrohr nach Sicht backen.

Rosinenplätzchen

250 g Butter
340 g Staubzucker
280 g Mehl, 10 g Vanillezucker
1 g Salz, 9 Eiklar

Außerdem

Rosinen zum Belegen

1 Die sehr weiche Butter mit den anderen Zutaten nur kurz mischen, nicht schaumig rühren. Die Masse in einen Dressiersack mit kleiner Lochtülle füllen.

2 Ein Backblech mit Backpapier auslegen und in entsprechendem Abstand – die Masse läuft sehr breit – Plätzchen aufdressieren. Je 3 Rosinen auflegen und bei 220 °C im vorgeheizten Backrohr backen. Die Plätzchen sollen einen braunen Rand bekommen und in der Mitte hell bleiben.

Kürbiskernschnitten

Linzerteig (Rezept Seite 59, 1/2 der angegebenen Menge)
100 g Marillenkonfitüre

Für die Kürbiskernmasse

80 ml Schlagobers
150 g Honig
150 g Butter
300 g Zucker
350 g Kürbiskerne

1 Den Linzerteig in Blechgröße (40 × 32 cm) ausrollen, auf das Rollholz aufrollen und auf dem Backblech wieder abrollen. Die Kanten abgleichen und bei 180 °C im vorgeheizten Backrohr hell vorbacken. Auskühlen lassen und mit der Marillenkonfitüre dünn bestreichen.

2 Das Schlagobers mit dem Honig, der Butter und dem Zucker aufkochen. Die Kürbiskerne einrühren und nochmals aufkochen. Auf dem Mürbteig verstreichen und bei 180 °C in etwa 30 Minuten fertigbacken.

3 Am folgenden Tag der Länge nach in 3 cm breite Streifen und diese in 2 cm breite Schnitten schneiden. Wenn es beim Schneiden Probleme geben sollte, im Backrohr kurz anwärmen.

Zimtsterne

250 g geriebene Mandeln
370 g Staubzucker
150 g Marzipanrohmasse
150 g sehr fein gehackte Arancini
5 Eiklar
10 g Vanillezucker
3 g Zimt

Außerdem

150 g geriebene Mandeln zum Ausrollen
Eiweißglasur (Rezept Seite 66)

1 Alle Zutaten auf der Arbeitsfläche zu einer relativ festen Masse zusammenwirken. 6–7 mm dick ausrollen und dabei die geriebenen Mandeln als Streumaterial verwenden.

2 Die Eiweißglasur zubereiten. Sie darf nicht zu fest sein, die beim dünnen, aber nicht durchscheinenden Aufstreichen entstehenden Konturen sollen gerade noch verlaufen.

3 Mit einem in Wasser getauchten Ausstecher – es gibt auch eigene Zimtsternausstecher, die man auseinanderklappen kann – Sterne ausstechen. Auf ein mit Backpapier belegtes Backblech setzen und bei 150 °C im vorgeheizten Backrohr langsam und, ohne daß die Glasur viel Farbe nimmt, backen. Wenn sich in einem vorsichtigen Versuch die Sterne vom Papier abheben lassen, sind sie ausreichend lange gebacken.

Orangenlaibchen

250 g Butter
170 g Staubzucker
10 g Vanillezucker
1 g Salz
abgeriebene Schale von ½ unbehandelten Orange
10 Eidotter
370 g Mehl

Für die Füllung

300 g Marzipanrohmasse
120 g sehr fein gehacktes Orangeat
etwa 10 cl Cointreau

1 Die weiche Butter mit dem Staubzucker, Vanillezucker, Salz und Orangenschale schaumig rühren. Die Dotter nach und nach dazurühren und das Mehl einmelieren. Die Masse in einen Dressiersack mit glatter Tülle füllen.

2 Ein Backblech mit Backpapier auslegen, Plätzchen aufdressieren und bei 180 °C im vorgeheizten Backrohr nach Sicht backen. Auskühlen lassen.

3 Für die Füllung das Marzipan mit dem Orangeat und so viel Cointreau verarbeiten, daß eine relativ feste, aber dressierfähige Masse entsteht. Die Hälfte der Krapferln umdrehen, die Füllung aufdressieren und die Oberteile aufsetzen.

Nußbögen

300 g Butter
120 g Staubzucker
8 g Vanillezucker
3 g Zimt
1 g Salz
abgeriebene Schale von
1/4 unbehandelten Zitrone
1 Ei
1 Eidotter
150 g geröstete, geschälte,
feingeriebene Haselnüsse
350 g Mehl

Außerdem

Vanillestaubzucker zum
Besieben

1 Die weiche Butter mit dem Staubzucker; Vanillezucker, Zimt, Salz und Zitronenschale schaumig rühren. Ei und Eidotter nach und nach dazurühren und das mit den Haselnüssen gemischte Mehl einmelieren.

2 Zum Auslegen des Backblechs ist Backpapier nicht geeignet, das Gebäck würde breit verlaufen. Hutpack- oder Seidenpapier ist besser zu verwenden.

3 Mit einem Dressiersack und mittelgroßer Sterntülle Kipferl (Bögen) aufdressieren und bei 160 °C im vorgeheizten Backrohr hell backen. Noch heiß mit Vanillestaubzucker besieben und nach dem Auskühlen nochmals leicht anzuckern.

Nuß-Schokolade-Schnitten

200 g Milchcouverture
(helle Tunkmasse)
150 g Bittercouverture
(dunkle Tunkmasse)
400 g geriebene Walnüsse
150 g Staubzucker
90 g ungezuckerte
Kondensmilch, 7 cl Rum

Außerdem

Eiweißglasur (Rezept Seite 66)
Staubzucker zum Besieben

1 Die zerkleinerten Couverturen gemeinsam im Wasserbad unter Umrühren schmelzen und auf etwa 32 °C abkühlen lassen. Mit den anderen Zutaten kurz durchmischen und zwischen zwei Lagen Backpapier 1 cm dick ausrollen, am besten zwischen zwei passenden Holz- oder Metalleisten. Im Kühlschrank einige Stunden abstocken lassen.

2 Die Eiweißglasur zubereiten. Sie darf nicht zu fest sein, die beim Aufstreichen entstehenden Konturen sollen gerade noch verlaufen.

3 Das obere Papier abnehmen. Die Masse mit Staubzucker besieben und auf ein sauberes Papier umdrehen, so daß die bezuckerte Seite unten ist.

4 Das zweite Papier abnehmen und die Eiweißglasur dünn, aber nicht durchscheinend aufstreichen. Kurz übertrocknen lassen. Anschließend mit einem feuchten Messer zuerst in 3 cm breite Streifen und diese diagonal in 2 cm breite Rhomben schneiden.

Schokoladehalbmonde

200 g Bittercouverture
(dunkle Tunkmasse)
200 g Butter
200 g Staubzucker
280 g geriebene Mandeln

Außerdem

Bittercouverture zum Tunken

1 Die zerkleinerte Couverture im Wasserbad unter Rühren schmelzen und auf etwa 32 °C abkühlen lassen. Mit der plastisch festen Butter, dem Staubzucker und den Mandeln kurz mischen, zu einem Block formen und im Kühlschrank fest werden lassen.

2 Wenn notwendig, kurz durcharbeiten und 6–7 mm dick ausrollen. Mit einem glatten Ausstecher von 4 cm Durchmesser breite Halbmonde ausstechen und auf ein mit Backpapier belegtes Backblech legen.

3 Bei 150 °C backen, ohne Farbe nehmen zu lassen. Auskühlen lassen. Zur Hälfte in temperierte Couverture tunken und auf Papier zum Stocken wegsetzen.

Lebkuchen
Honigkuchen

Traditionelle Rezepte Seite 299
Moderne Rezepte Seite 301

Lebkuchen sind flache, würzige Dauergebäcke, die aus Massen oder Teigen, meistens aus einem Honigteig, hergestellt und häufig auf Oblaten gebacken werden. Sie können groß oder klein, rund oder eckig, gefüllt, überzogen, glasiert, belegt oder beliebig verziert sein. Das Aroma verleiht ihnen eine spezielle Mischung aus vermahlenen Gewürzen. Bei der Lebkuchengewürzmischung dominiert der Zimt, bei der Mischung für Honigkuchen stehen Zimt und Nelke im Vordergrund und bei den Pfefferkuchen Piment und Zimt. Das Wort leitet sich angeblich vom lateinischen »libum« ab, was Fladen bedeutet. Eine andere Interpretation führt es auf das mittelhochdeutsche »lebbe« zurück, das mit »süß« übersetzt wird. Ursprünglich wurden Lebkuchen als mit Heilkräuterextrakten versetzte Honigfladen in den Klosterapotheken hergestellt. Nur sie verfügten damals über die ausreichende Menge an Honig, der bei der Kerzenherstellung aus Bienenwaben abfiel. Erst im 13./14. Jahrhundert entwickelte sich die gewerbsmäßige Herstellung von Lebkuchen, und alsbald machten sich die Lebzelter als eigener Berufsstand von den Bäckern und Zuckerbäckern unabhängig.

Dem Lebkuchen wurde von alters her ein besonderer Heilzauber zugeschrieben. So sollte ein Stück Lebzelten, von Weihnachten bis Lichtmeß bei sich getragen, vor Rückenschmerzen schützen. Im Unterinntal wurden am Vorabend des Thomastags (21. Dezember) die Lebzelten gebacken. Dabei horchte man am Ofen: Hörte man ein Beten oder Weinen, verhieß das nicht Gutes; sang oder pfiff es aber darin, stand Freude ins Haus.

Als Triebmittel für den schweren Teig werden Hirschhornsalz (Ammonium) und Pottasche oder Natron verwendet – Säure und Lauge, die während des Backens Bläschen bilden und so den Teig lockern. Der leicht alkalische Geschmack entweicht während des Auskühlens wieder. Aber wichtig: Sie müssen immer getrennt gelöst und nacheinander in den Teig eingearbeitet werden; direkt gemischt, würde sich ihre Wirkung aufheben.

Und noch ein praktischer Hinweis: Auskristallisierter Honig wird durch Erwärmen wieder klar. Er soll jedoch nicht aufgekocht werden, um die Zerstörung seiner wertvollen Inhaltsstoffe und Aromaverlust zu vermeiden.

Der beste Lebkuchen wird hart, wenn er trocken aufbewahrt wird. Daher sollte er in Klarsichtfolie verpackt und in gut verschlossenenen Behältern, etwa Blechdosen, aufbewahrt werden. So bleibt seine Eigenfeuchtigkeit erhalten.

Traditionelle Rezepte

Honigkuchen

Einwandererrezept aus Franken, 1735

- 4 Eier, getrennt
- 4 gehäufte EL Zucker
- 500 g Mehl
- 1 gehäufter TL Natron
- Saft von 1 Zitrone
- 250 g brauner Honig

Außerdem

- Butter für das Blech
- Zuckersirup zum Bestreichen

1 Die Dotter mit 1 EL Zucker schaumig rühren und beiseite stellen.

2 Das Mehl in eine Schüssel sieben. Auf eine Ecke davon das Natron streuen und mit dem Zitronensaft begießen.

3 Den Honig nur bis zum Siedepunkt erhitzen, er darf nicht kochen. Vom Herd nehmen und unter Rühren lauwarm abkühlen lassen. In das Mehl gießen und gründlich vermischen. Den Dotterschaum unterziehen.

4 Die Eiklar mit dem restlichen Zucker zu Schnee schlagen, auf die Honigmischung gleiten lassen und glatt untermischen.

5 Ein tiefes Backblech ausbuttern, den Teig darauf mit feuchten, kalten Händen glattdrücken. Bei 180 °C im vorgeheizten Backrohr etwa 45 Minuten backen.

6 Den Kuchen noch heiß mit dickem Zuckersirup bestreichen und erst nach 2–3 Tagen anschneiden.

Hinweis

Dieser Honigkuchen wurde das ganze Jahr hindurch gebacken. In der Weihnachtszeit hat man ihn jedoch hübsch verziert. Dafür wurden auf dem rohen Teig auf dem Blech Stücke markiert und diese mit halben Mandeln, Kanditen und Belegkirschen belegt.

Feine Lebkuchen

Böhmen

- 2 Eier, 4 Eidotter
- 500 g Zucker, 150 g lauwarm zerlassene Butter
- 750 g Mehl
- 1 1/2 Päckchen Backpulver
- 250 g geriebene Mandeln
- 200 g geschmolzene Zartbitter-Schokolade
- 50 g feingewiegtes Zitronat
- 50 g Arancinistreifchen
- 1 TL Zimt, 1/2 TL Nelkenpulver
- 1/4 TL geriebene Muskatnuß
- abgeriebene Schale von 1/2 unbehandelten Zitrone

Außerdem

- runde oder rechteckige Backoblaten
- Schokoladeglasur
- halbierte weiße Mandeln

1 Eier und Dotter mit dem Zucker schaumig rühren. Die Butter untermischen.

2 Das Mehl mit dem Backpulver sieben, in die Mitte eine Vertiefung drücken. Die Eimasse und alle anderen Zutaten in die Mulde geben und zu einem mittelfesten Teig zusammenkneten.

3 Den Teig fingerdick ausrollen und runde Lebkuchen ausstechen oder rechteckig ausschneiden in der Größe der Oblaten. Auf die Oblaten legen und auf dem Blech bei 190 °C im vorgeheizten Backrohr etwa 15 Minuten backen. Auskühlen lassen.

4 Die Lebkuchen mit Schokoladeglasur überziehen, mit einer Mandelhälfte belegen.

Nochsam-Kuchen

Altes Rezept von 1770

Dieser Honigkuchen ist einer der ältesten seiner Art. Er wird nur mit Honig ohne Zuckerzugabe gebacken. Zucker war früher teurer als Honig. Aus diesem Grund wurde er nur sparsam zum Bestreuen des Kuchens verwendet. Das Rezept stammt von Elisabeth Egyed, geb. Limberger.

- 6 Eier, getrennt
- 150 g Butter
- 250 g Honig, 350 g Mehl
- 2 EL Wasser
- 1 TL Natron
- 1 EL Milch oder Schnaps
- 1 Messerspitze Zimt
- 1 Prise Nelkenpulver

Außerdem

- Butter und Mehl für das Blech
- 75 g gehackte Nüsse und 75 g grober Kristallzucker zum Bestreuen

1 Die Dotter mit der Butter schaumig rühren.

2 Den Honig in einem Topf erwärmen, aber nicht zum Kochen bringen. Das Mehl in eine Schüssel füllen und mit dem Honig vermengen. Den Topf mit dem Wasser ausschwenken und dieses ebenfalls untermischen.

3 Den Dotterschaum dazugeben und zu einem glatten Teig verrühren. Das Natron in Milch oder Schnaps auflösen und mit den Gewürzen gleichmäßig in den Teig einarbeiten. Zuletzt die zu Schnee geschlagenen Eiklar mit einem Rührlöffel unterheben.

4 Ein Backblech mit hohem Rand gut buttern und mit Mehl bestauben. Den Teig gleichmäßig daraufstreichen. Mit den Nüssen und dem Kristallzucker bestreuen.

5 Bei 200–210 °C im vorgeheizten Backrohr in 45 Minuten schön braun backen. Auf einem Gitter auskühlen lassen. Erst nach 2 Tagen anschneiden. Der Kuchen hält sich in einer Blechdose längere Zeit frisch.

Lebzeltenbrot

Aus Apatin, Batschka

- 350 g erwärmter Honig
- 500 g Mehl, 2 Eier
- 1 TL Pottasche

1 Alle Zutaten kräftig miteinander vermischen und den Teig über Nacht zugedeckt ruhen lassen.

2 Ein Backblech mit Backpapier belegen. Den Teig darauf ausrollen und bei 175 °C im vorgeheizten Backrohr etwa 1 Stunde backen. 2–3 Tage ablagern lassen. In fingerbreite Streifen schneiden.

Moderne Rezepte

Gewürzschnitten

Für ein Backblech mit Rand von 40 × 32 cm Größe

- 500 g Mehl
- 250 g ungeschälte, gehackte Mandeln (Stückgröße 3–5 mm)
- 120 g geriebene Schokolade
- 90 g in kleine Würfel geschnittenes Orangeat
- 6 Eier, 50 ml Wasser
- 500 g Rohzucker
- 100 g Honig, 4 cl Rum
- je 6 g Nelkenpulver, Zimt und Lebkuchengewürz
- 6 g Pottasche
- 30 ml Wasser

Außerdem

- Butter und Mehl für das Blech
- 150 g Bittercouverture (dunkle Tunkmasse)
- 50 g ungeschälte, geröstete, gehackte Mandeln (Stückgröße 3–5 mm)

1 Das gesiebte Mehl mit den Mandeln, der geriebenen Schokolade und dem Orangeat mischen. Die Eier mit dem Wasser, Rohzucker, Honig, Rum und den Gewürzen schaumig rühren. Die Pottasche in dem Wasser auflösen und zugeben. Die Mehlmischung einmelieren.

2 Das Backblech mit Butter befetten und mit Mehl bestreuen. Die Masse gleichmäßig etwa 2 cm hoch aufstreichen. Bei 190 °C im vorgeheizten Backrohr etwa 20 Minuten backen. Auskühlen lassen, auf eine entsprechende Unterlage umdrehen.

3 Die glatte Fläche (Blechseite) mit der temperierten Couverture (siehe Seite 68) bestreichen. Locker die Mandeln aufstreuen und, sobald die Schokolade etwas abgestockt, aber noch nicht ganz erstarrt ist, in 6 × 3 cm große Schnitten schneiden.

Moderne Honiglebkuchen

Ein einfacher Honiglebkuchen, wie er auch zum Ausstechen oder Ausschneiden, etwa für Christbaumbehang, geeignet ist. Oder er wird mit halben Mandeln, Orangen, Pistazien usw. belegt und mit Fadenzuckerglasur (siehe Seite 66) bestrichen.

- 250 g Zucker, 80 ml Wasser
- 750 g Honig
- 1 Ei, 3 Eidotter
- 30 g Zimt, 20 g Vanillezucker
- 8 g Nelkenpulver
- 4 g Kardamom
- 4 g geriebene Muskatnuß
- abgeriebene Schale von 1/2 unbehandelten Zitrone
- 600 g Roggenmehl
- 600 g Weizenmehl
- 12 g Hirschhornsalz
- 5 g Pottasche
- 100 ml Milch

1 Den Zucker mit dem Wasser aufkochen, um den Zucker zu lösen. Den Honig einrühren und auf 30 °C abkühlen lassen.

2 Das Ei und die Eidotter mit sämtlichen Gewürzen schaumig rühren. Zusammen mit der Zuckerlösung und den beiden Mehlsorten in der Küchenmaschine oder in einer Schüssel mischen und anschließend auf der Arbeitsplatte fest bearbeiten.

3 Das Hirschhornsalz und die Pottasche jeweils separat in der Hälfte der Milch auflösen und anschließend getrennt in den Teig einarbeiten. Den Teig in Klarsichtfolie einschlagen und über Nacht ruhen lassen.

4 Zum Ausrollen Mehl als Streumaterial verwenden. Die Teigstärke sollte 4–6 mm betragen, je nachdem, ob Formen ausgestochen oder Stücke ausgeschnitten und belegt werden. Auf mit Backpapier belegte Backbleche setzen. Größere Teigstücke stupfen, um Blasenbildung zu vermeiden. Bei mäßiger Temperatur – etwa 160 °C – im vorgeheizten Backrohr backen.

Hinweis

Werden die einzelnen Stücke vor dem Backen mit Milch bestrichen, bekommen sie eine schönere Oberfläche.

Printen

Printen sind relativ flache, rechteckige Lebkuchen mit Kandiszuckerstückchen, wenig Nüssen und Orangeat und feinem Anisaroma. Sie werden entweder knackig oder weich bevorzugt und dünn mit Schokolade überzogen.

500 g Honig
150 g Staubzucker
20 ml Wasser
5 g Salz
350 g Weizenmehl
350 g Roggenmehl
20 g Vanillezucker
12 g Zimt
14 g Lebkuchengewürz
12 g Anis (die feinen Härchen mit dem Mehlsieb wegsieben)
abgeriebene Schale von 1/4 unbehandelten Zitrone
7 g Pottasche
7 g Hirschornsalz
2 Eidotter
30 g geriebene Walnüsse
30 g sehr fein gehacktes Orangeat
100 g gelber Kandiszucker – in Stückgrößen von etwa 3 mm

Außerdem

Milch zum Bestreichen
Bittercouverture (dunkle Tunkmasse)

1 Den Honig mit dem Zucker, Wasser und Salz mischen und auf etwa 60 °C erhitzen, um den Zucker zu lösen. Auf 30 °C abkühlen lassen.

2 Zusammen mit dem Mehl und den Gewürzen in der Küchenmaschine oder einer Schüssel mischen, anschließend auf der Arbeitsplatte fest bearbeiten.

3 Die Pottasche und das Hirschhornsalz mit je einem Dotter mischen und getrennt in den Teig einarbeiten. Zuletzt noch die Nüsse, das Orangeat und den Kandiszucker kurz beimischen. Den Teig in einer mit Mehl ausgestaubten Schüssel, mit Klarsichtfolie abgedeckt, über Nacht ruhen lassen.

1 *Die rohen Teigstücke mit Milch bestreichen.*

2 *Die Unterseiten dünn mit Couverture abstreichen.*

4 Den Teig 4 mm dick ausrollen, stupfen (= in Abständen von etwa 3 cm mit einer Gabel einstechen) und in Stücke von 5 × 8 cm Größe schneiden. Auf mit Backpapier belegte Backbleche legen und mit Milch bestreichen. Bei 140 °C im vorgeheizten Backrohr etwa 30 Minuten backen.

5 Sollen die Printen knusprig bleiben, bis zum Überziehen trocken aufbewahren. Werden sie weich gewünscht, in einen Raum mit hoher Luftfeuchtigkeit stellen oder mit Hilfe eines Blumenzerstäubers einige Male im Laufe von 2 Tagen an der Ober- und Unterseite mit Wasser befeuchten und im geschlossenen Raum, eventuell im ungeheizten Backrohr, durchziehen und weich werden lassen.

6 Mit einem Pinsel mit temperierter Couverture (siehe Seite 68) zuerst an der Unterseite dünn abstreichen und auf Papier wegsetzen. Nach dem Abstocken der Schokolade auch die Oberseite dünn bestreichen.

Hinweis

KANDIS ZERKLEINERN: Das geht am besten, indem man den Kandis mit einem Tortenreifen umstellt und mit einem Hammer zerschlägt. Das Mehlfeine wegsieben. Daher muß man, um das Gewicht zu erreichen, etwa 50 % mehr vorsehen.

Baseler Leckerli

Für 2 Randbleche von 40 × 32 cm Größe

- 480 g Honig
- 120 g Staubzucker
- 300 g Roggenmehl
- 300 g Weizenmehl
- 15 g Vanillezucker
- 11 g Lebkuchengewürz
- 10 g Zimt
- abgeriebene Schale von ½ unbehandelten Zitrone
- 13 g Hirschhornsalz
- 13 g Pottasche
- 5 cl Kirschwasser
- 250 g geröstete, geschälte, grob gebrochene Haselnüsse (Stückgröße 3–4 mm)
- 160 g in Würfel geschnittenes Orangeat (Stückgröße 3–4 mm)
- 230 g in Würfel geschnittenes Zitronat (Stückgröße 3–4 mm)

Für die Fadenzuckerglasur

- 200 g Zucker, 70 ml Wasser

Außerdem

- Milch zum Bestreichen

1 Honig und Zucker auf etwa 60 °C erhitzen, um den Zucker zu lösen, und wieder auf 30 °C abkühlen lassen.

2 Zusammen mit dem gesamten Mehl und den Gewürzen in der Küchenmaschine oder in einer Schüssel mischen und anschließend auf der Arbeitsfläche fest bearbeiten.

3 Das Hirschhornsalz und die Pottasche jeweils separat in der Hälfte des Kirschwassers auflösen und getrennt in den Teig einarbeiten. Die Nüsse und Früchte zugeben. Den Teig in eine mit Mehl ausgestaubte Schüssel legen, mit Klarsichtfolie abdecken und über Nacht im Kühlschrank ruhen lassen.

4 Den Teig halbieren, jeweils in Backblechgröße ausrollen und auf die mit Backpapier belegten Backbleche legen. Stupfen (= mit einer Gabel in 3 cm Abständen einstechen) und mit Milch bestreichen. Bei 150 °C im vorgeheizten Backkrohr etwa 15 Minuten backen. Überkühlen lassen.

5 Mit der Fadenzuckerglasur (siehe Seite 66) dünn bestreichen und über Nacht stehen lassen. In Stücke von 5 × 8 cm Größe schneiden (paßt in der Größe von 4 × 2 cm auch gut in das Teegebäcksortiment).

Hinweis

Es muß nicht sein, aber es schmeckt recht gut, wenn die Unterseite mit Schokolade bestrichen ist. Dazu vor dem Schneiden die Teigplatte umdrehen und dünn mit temperierter Bittercouverture (siehe Seite 68) bestreichen. Trocknen lassen, wieder zurückdrehen und schneiden.

Schnittlebkuchen

Für 1 Backblech mit hohem Rand von 40 × 32 cm Größe

Lebkuchenschnitten sind etwa 2,5 cm hoch, weich und haben eher Kuchencharakter. Dennoch sollte man davon nicht einfach abbeißen, sondern schmale Schnittchen abschneiden.

- 150 g Zucker, 50 ml Wasser
- 500 g Honig
- 3 Eidotter
- 15 g Vanillezucker
- 10 g Zimt, 3 g Nelkenpulver
- 2 g geriebene Muskatnuß
- 2 g Kardamom
- abgeriebene Schale von ½ unbehandelten Zitrone
- 350 g Roggenmehl
- 350 g Weizenmehl
- 8 g Hirschhornsalz
- 8 g Pottasche, 40 ml Milch
- 80 g weiche Butter
- 160 g grobgehackte Walnüsse
- 160 g feingehackte Arancini
- 150 g feingehackter kandierter Ingwer

Für die Fadenzuckerglasur

- 150 g Zucker
- 50 ml Wasser

Außerdem

- Milch zum Bestreichen

1 Den Zucker mit dem Wasser aufkochen, um den Zucker zu lösen. Den Honig einrühren und auf 30 °C abkühlen lassen.

2 Die Eidotter mit den Gewürzen verrühren. Zusammen mit der Zuckerlösung und dem gesamten Mehl in der Küchenmaschine oder in einer Schüssel mischen und anschließend auf der Arbeitsplatte fest bearbeiten.

3 Das Hirschhornsalz und die Pottasche jeweils separat in der Hälfte der Milch auflösen und getrennt in den Teig einarbeiten. Die Butter und dann die Nüsse und Früchte einarbeiten.

4 Den Teig in Blechgröße ausrollen und raumfüllend auf das mit Backpapier belegte Backblech legen, dabei bis in die Ecken ausformen. Stupfen (= mit einer Gabel in 3 cm Abständen einstechen) und mit Milch bestreichen. Bei 140 °C im vorgeheizten Backrohr etwa 50 Minuten backen. Überkühlen lassen.

5 Mit der Fadenzuckerglasur (siehe Seite 66) dünn bestreichen und über Nacht stehen lassen. In Stücke von 10 × 3 cm Größe schneiden.

Hinweis

Dieser Lebkuchen, größer geschnitten, eignet sich auch sehr gut, um ihn in Cellophan zu verpacken, mit einem Bändchen zu schmücken und als kleine Aufmerksamkeit zu präsentieren.

Elisenlebkuchen

Elisenlebkuchen sind Makronenlebkuchen. Daher ist nicht Mehl, sondern sind Nüsse ein Hauptbestandteil der Masse. Sie werden meist in runder Form hergestellt. Für den Nichtfachmann sind die dafür notwendigen kleinen, runden Oblaten kaum zu erwerben. Es werden für diese Rezeptur deshalb rechteckige Backoblaten vorgeschlagen.

- 100 g geriebene Walnüsse
- 70 g geriebene Mandeln
- 70 g Mehl
- 50 g Semmelbrösel
- 25 g feingehacktes Zitronat
- 25 g feingehacktes Orangeat
- 30 g passierte Marillenkonfitüre
- 6 Eiklar
- 200 g Marzipanrohmasse
- 2 g Hirschhornsalz
- 10 ml Milch
- 400 g Kristallzucker

Für die Fadenzuckerglasur

- 200 g Zucker, 70 g Wasser

Außerdem

- rechteckige Backoblaten
- geschälte halbe Mandeln zum Belegen
- Belegkirschen zum Dekorieren

1 Die Nüsse und Mandeln mit dem Mehl, den Semmelbröseln, Zitronat und Orangeat mischen.

2 Die Konfitüre und 1 Eiklar auf der Arbeitsfläche mit dem Marzipan zu einer weichen Masse verabeiten und in eine Schüssel geben. Das Hirschornsalz in der Milch auflösen. Die restlichen Eiklar mit 200 g Zucker mischen und zu Schnee schlagen, den restlichen Zucker nach und nach einschlagen.

3 Einen kleinen Teil der Schneemasse unter das Marzipan rühren und diesen mit allen anderen Zutaten in den Schnee einmelieren.

4 3–4 Backoblaten durch schwaches Befeuchten der Kanten mit den Längsseiten aneinanderkleben. Die Masse 7 mm dick aufstreichen. Mit einem in warmes Wasser getauchten glatten Messer in Rechtecke von 5 × 8 cm schneiden. Auf mit Backpapier belegte Bleche setzen.

5 In die Mitte der einzelnen Stücke je vier halbe Mandeln kreuzförmig auflegen und 3–4 Stunden übertrocknen lassen. Bei 150 °C im vorgeheizten Backrohr etwa 20 Minuten backen.

6 Die Fadenzuckerglasur (siehe Seite 66) zubereiten und die heißen Lebkuchen damit dünn abstreichen. Je eine halbe Kirsche in die Mitte setzen.

Konfekt

Traditionelle Rezepte Seite 309
Moderne Rezepte Seite 313

Diese kleinen Süßwaren in Bissengröße waren es früher und sind noch heute ein besonderer Luxus. Hinter dem, was in Confiserietheken so magisch anzieht, steht ein kunstvolles Handwerk, bei dem neben den Grundkenntnissen und der formvollendeten Handarbeit eine ausgeklügelte technische Ausstattung unentbehrlich ist. Diese Voraussetzungen sind im Normalhaushalt nicht gegeben. Die folgenden Rezepte beschränken sich daher auf die handwerkliche und technische Machbarkeit feinsten Naschwerks zu Hause.

Zu allen Zeiten haben dem Süßen zugetane Hausfrauen versucht, ihr eigenes Konfekt herzustellen, um damit ihre Kinder zu erfreuen oder Gäste zu verwöhnen. Meist haben als Zutaten schon Nüsse, Mandeln, Trockenfrüchte, Zucker, Butter, Schokolade und Schlagobers ausgereicht, um die kleinen Versuchungen zu zaubern. Außer Aromazutaten und Spirituosen brauchte man keine Zusätze. Vor allem um die Haltbarkeit mußte man sich nicht sorgen, denn die verführerischen Kreationen waren ja keine Verkaufsprodukte, sondern für den Sofortverzehr bestimmt.

Im Haushalt ist es mühevolle Handarbeit, diese kleinen Köstlichkeiten herzustellen. Dabei sind Geschicklichkeit und Genauigkeit gefragt. Am wichtigsten ist es jedoch, wirklich nur beste Zutaten zu verwenden. Insbesondere die Schokolade beziehungsweise Couverture (Tunkmasse) sollte vom feinsten sein. Und wenn sie als Überzug verwendet wird, ist vorschriftsmäßiges Temperieren (siehe Seite 68) unabdingbar, um einen seidigen Glanz zu hinterlassen; ein Grauschleier wäre nicht sehr appetitlich. Werden frische Früchte verwendet, sollten sie noch fest, aber reif sein und ein volles Aroma mitbringen.

Eine spezielle technische Ausrüstung ist nicht zwingend. Dennoch, in gutsortierten Haushaltswarengeschäften gibt es eine kleine Grundausstattung für die Pralinenherstellung. Von großem Vorteil ist allerdings eine kühle Marmorplatte als Arbeitsfläche – ein kleiner Luxus, der dem darauf entstehenden Konfekt angemessen ist.

Traditionelle Rezepte

Rumkugerln

120 g geriebene Schokolade
120 g Zucker
60 g geriebene Mandeln
1 Eiklar
1 EL Rum

Für die Füllung

30 g Butter
1 hartgekochter, passierter Dotter
50 g Zucker, 1 EL Rum

Außerdem

100 g Schokoladestreusel

1 Die Schokolade mit dem Zucker, den Mandeln, Eiklar und Rum verkneten. Aus dem Teig etwa daumendicke Rollen formen.

2 Für die Füllung die Butter schaumig rühren und die restlichen Zutaten nacheinander untermischen.

3 Von den Rollen gleich große Stückchen abschneiden. In der Hand etwas flach drücken und ein wenig Füllung in die Mitte setzen. Die Teigränder vorsichtig darüberschlagen und zu Kugeln rollen.

4 In Schokoladestreuseln wälzen und in Pralinenkapseln setzen.

Stollwerck

In diesem Rezept wird sogenannter Krumpierenzucker verwendet, das ist pulverisierter Traubenzucker. Nur mit Kristallzucker bereiteter Stollwerck würde zu hart.

1 l Milch
500 g Kristallzucker
300 g Krumpierenzucker
1 Päckchen Vanillezucker
1 TL Natron
200 ml schwarzer Kaffee
(nach Belieben), 120 g Butter

Außerdem

Butter für das Blech

1 Die Milch zum Kochen bringen. Zucker, Krumpieren-, Vanillezucker und Natron einrühren und 1/2 Stunde leise köcheln lassen.

2 Den Kaffee (nach Belieben) und die Butter einrühren und nochmals 1/2 Stunde köcheln lassen.

3 Ein 2 cm tiefes Blech reichlich mit Butter ausfetten. Wenn es zu groß ist, mit mehrfach gefalteter Alufolie eine Trennwand formen. Die Masse einfüllen und stocken lassen. In Würfel von 2 × 2 cm Kantenlänge schneiden.

Nußtrüffel

300 g sehr fein geriebene Haselnüsse
100 g geriebene Zartbitter-Schokolade
2 TL lösliches Kaffeepulver
1/2 TL Kardamom
1 EL flüssiger Honig
4 EL Rum

Außerdem

Schokoladestreusel zum Wälzen

1 Die trockenen Zutaten in einer Schüssel miteinander vermischen. Den Honig und den Rum zufügen und zu einer formbaren Masse verarbeiten. Kalt stellen.

2 Aus der Masse je 1 TL abstechen und in den Handflächen schnell zu kleinen Kugeln rollen. In den Schokoladestreuseln wälzen und trocknen lassen.

Schnelle Marillenzeltchen

1 Eiklar
3 EL feine Marillenkonfitüre
gestoßener Würfelzucker

Außerdem

Zucker für das Brett
kleine, runde Backoblaten

1 Das Eiklar mit der Konfitüre und so viel Würfelzucker verkneten, daß eine ausrollfähige Masse entsteht.

2 Ein Brett mit Zucker bestreuen. Die Masse darauf etwa 1 cm dick ausrollen und beliebige kleine Formen ausstechen.

3 Auf Oblaten setzen. Bei höchstens 35 °C im Backrohr trocknen. Überstehende Oblatenränder abbrechen.

Schokoladepaste

BÖHMEN

Ein beliebtes Naschwerk zu Weihnachten, das sich wochenlang frisch hält.

250 g Zucker, 5 EL Wasser
250 g geriebene Zartbitter-Schokolade
250 g geriebene Mandeln
100 g feingewiegtes Zitronat

Außerdem

Zucker für die Platte

1 Den Zucker mit dem Wasser unter Rühren einmal aufkochen lassen. In den Sirup die Schokolade, die Mandeln und das Zitronat einrühren, dabei zügig arbeiten.

2 Eine Marmor- oder Porzellanplatte mit Zucker bestreuen und die Masse fingerdick daraufstreichen. Abdecken und kalt stellen. Die Masse ist am nächsten Tag so fest, daß sich daraus mit einem scharfen Messer beliebige Formen schneiden lassen.

Zwetschkenwurst

500 g Dörrzwetschken
100 g geschälte Mandeln
100 g Haselnüsse
100 g Arancini
100 g getrocknete Feigen
100 g Rosinen
125 g Zucker
4 EL Wasser
abgeriebene Schale von 1/2 unbehandelten Zitrone

Außerdem

Staubzucker für das Brett

1 Die Dörrzwetschken kurz in Wasser kochen und abseihen. Ausgekühlen lassen, entsteinen und sehr fein hacken.

2 Die Mandeln und Haselnüsse blättrig, Arancini und die Trockenfrüchte fein schneiden.

3 Den Zucker mit dem Wasser unter Rühren einmal aufkochen lassen. Die Zwetschken darin kurz aufkochen, dann alle anderen Zutaten nacheinander zufügen und unter ständigem Rühren 10 Minuten kochen. Abkühlen lassen.

4 Ein Brett dick mit Staubzucker besieben und die Masse darauf zu einer Rolle (Wurst) formen. Mit Hilfe von Klarsicht- oder Alufolie gelingt dies am einfachsten. Bis zum Aufschneiden mehrere Tage trocknen lassen.

Türkische Honigschnitten
BOSNIEN

250 g Haselnußkerne
4 Eiklar
200 g Staubzucker
1–2 Päckchen Vanillezucker
80 g Honig

Außerdem

2 große Waffelblätter

1 Die Haselnüsse bei 200 °C im Backrohr rösten, bis die sie umgebenden Häutchen aufreißen. Abkühlen lassen. Durch Abreiben in einem Tuch von den Häutchen befreien und die Kerne grob hacken.

2 Die Eiklar zu Schnee schlagen. Die Schüssel in ein Wasserbad setzen und nach und nach den Staubzucker, Vanillezucker und den Honig einrühren. So lange rühren, bis eine dickcremige Masse entstanden ist. Vom Wasserbad nehmen. Die Haselnüsse untermischen und kalt rühren.

3 Die Masse gleichmäßig auf ein Waffelblatt streichen und mit dem anderen abdecken. Mit einem Brett leicht beschweren und über Nacht kalt stellen.

4 Ein scharfes Messer in kaltes Wasser tauchen und die gefüllten Waffeln in gleichmäßige, längliche kleine Schnitten schneiden.

Original-Zaunerstollen aus Bad Ischl. Er wird in drei Größen hergestellt – vom kleinen Konfekt bis zur größeren Schnitte zum Kaffee.

Zaunerstollen

Er gehört zu den berühmtesten Spezialitäten der Café-Konditorei Zauner in Bad Ischl, von wo aus das 1905 kreierte Konfekt heute in aller Herren Länder verschickt wird. Wer das Original einmal gekostet hat, weiß, daß das Rezept – es ist nach wie vor ein Geheimrezept – nur von Profis verwirklicht werden kann. Doch haben es findige Hausfrauen immer wieder zu imitieren versucht. Ein Beispiel dafür ist das folgende Rezept.

250 g Zartbitter-Schokolade
1/4 l Schlagobers
140 g Haselnüsse
100–120 g Karlsbader oder Zauner Oblaten

Außerdem

geschmacksneutrales Öl
geschmolzene Couverture (Tunkmasse)

1 Die Schokolade klein schneiden oder brechen und mit dem Schlagobers unter Rühren gründlich aufkochen. Vollständig auskühlen lassen, die Mischung wird dabei wieder fest.

2 Inzwischen die Haselnüsse bei 200 °C im Backrohr rösten, bis die Häutchen aufreißen. Abkühlen lassen. Durch Abreiben in einem Tuch die Häutchen entfernen und die Kerne reiben.

3 Die Oblaten sehr fein zerbröseln und zusammen mit den Haselnüssen unter die Schokolademasse mischen. In ein geöltes Bogenwanderl drücken. Kalt stellen.

4 Nach 24 Stunden stürzen, in Couverture tauchen – es kann dunkle oder Milch-Couverture verwendet werden –, auf einem Pralinengitter abtropfen und fest werden lassen.

Schokolade-Mandelsplitter

Dieses Konfekt ist besonders einfach in der Herstellung und schnell zubereitet. Im Rezept wird Vollmilch-Schokolade empfohlen. Genausogut kann – ganz nach dem persönlichen Geschmack – eine bittere oder auch weiße Schokolade verwendet werden. Besonders ansprechend ist eine Mischung aus allen drei Schokoladesorten.

- 100 g Butter
- 200 g geschälte, feine Mandelstifte
- 400 g Vollmilch-Schokolade

1 In einer Pfanne 1 EL Butter zerlassen und die Mandeln darin hellgelb rösten. Abkühlen lassen.

2 Die Schokolade mit der restlichen Butter im Wasserbad schmelzen. Die Mandelstifte gleichmäßig unterrühren. Vom Wasserbad nehmen.

3 Sobald die Masse anzieht, rasch mit Hilfe von zwei Teelöffeln kleine Häufchen auf Pergamentpapier setzen. Kalt stellen.

Variation

Nur 150 g Mandelstifte verwenden und 50 g in Rum getränkte Rosinen zufügen.

Moderne Rezepte

Grundsätzliches zum Konfekt

Der Umgang mit Schokolade (Couverture)
Von den vielen Zutaten, die für Konfekt Verwendung finden, steht eine besonders im Vordergrund – die Schokolade. Nicht die gewöhnliche Kochschokolade, sondern die an Schokoladebestandteilen reichere Couverture oder Tunkmasse. Von ihrer Qualität und Behandlung hängt die Güte der vielen im gesamten Süßspeisenbereich vertretenen Schokoladespezialitäten, vor allem der im Konfektbereich, weitestgehend ab. Couverture erfordert, um sie als Überzug verwenden zu können, eine besondere Behandlung. Dadurch und durch die höhere Qualität unterscheidet sie sich von der billigeren Glasurmasse. Diese ist wohl einfacher in der Verwendung – sie muß nur aufgelöst werden, um verarbeitungsbereit zu sein – aber geschmacklich ist sie eher unbefriedigend.
Das notwendige Temperieren der Tunkmasse betrifft Bitter-, Milch- und weiße Couverture, es geht bei allen dreien in gleicher Weise vor sich und ist auf Seite 68 ausführlich beschrieben.
Für einen schönen Glanz der Schokolade ist auch die Temperaturdifferenz von 10 °C zwischen Couvertüre und dem zu überziehenden Korpus sehr entscheidend. Die ideale Arbeitsraumtemperatur liegt bei 18–20 °C.

Die Tunkgabel
Zum Überziehen der Korpusse aus Marzipan, Nougat usw. gibt es eigene Tunkgabeln in verschiedenen Ausführungen. In den meisten Fällen wird eine Dreiergabel genügen. Die Stückchen werden auf die Couverture gelegt, mit der Gabel untergetaucht und damit auch wieder herausgehoben. Durch Klopfen mit der Gabel auf den Gefäßrand die überschüssige Schokolade ablaufen lassen und die Praline auf Pergaminpaier abgleiten lassen.

Qualität und Frische
Gutes Konfekt zeichnet sich neben der Verwendung bester Materialien vor allem auch durch optimale Frische aus – wenn all die wunderbaren Düfte der verwendeten Zutaten die Nase streicheln, noch bevor sich der Gaumen an den Köstlichkeiten erfreuen kann. Daher möglichst keine großen Vorräte anlegen und das fertige Konfekt in geschlossenen Behältern, am besten bei einer Temperatur von 18 °C, aufbewahren.

Haselnuß- oder Erdnußhäufchen

frisch geröstete, geschälte Haselnüsse oder Erdnüsse
temperierte Milch- oder Bittercouverture (siehe Seite 68)

1 Die Haselnüsse oder Erdnüsse mit so viel Couverture mischen, daß die einzelnen Stückchen wohl mit Schokolade überzogen sind, sich aber keine flüssige Schokolade absetzen kann.

2 Mit einem kleinen Löffel Häufchen in Konfektgröße auf Papier setzen und stocken lassen. Von der Nuß-Schokolade-Masse immer nur kleine Mengen mischen, damit sie nicht vorzeitig abstockt.

Kürbiskern-Rosinentaler

geröstete Kürbiskerne
Rosinen
temperierte Bitter-, Milch- oder weiße Couverture (siehe Seite 68)

1 Kürbiskerne und Rosinen zu gleichen Teilen mit Couverture zu lockerer Bindung mischen.

2 Daraus dünne Scheiben formen, diese auf Pergaminpapier setzen und abstocken lassen.

Marzipankartoffeln

Für etwa 50 Stück

Rohmarzipan besteht aus Mandeln und Zucker im Verhältnis 2:1. Die Masse sollte für Konfekt in dieser Form verwendet und nicht zusätzlich mit Zucker gemischt werden. Nur in Ausnahmefällen, wenn zum Beispiel Likör beigegeben wird, ist aus Gründen der Festigkeit eine Zuckerzugabe nicht zu vermeiden.

150 ml Schlagobers
150 g Bittercouverture (dunkle Tunkmasse)
300 g Marzipanrohmasse
Staubzucker zum Ausrollen
Kakaopulver zum Wälzen

1 Das Schlagobers aufkochen und die zerkleinerte Schokolade darin schmelzen. Mixen und zum Auskühlen in ein flaches Gefäß füllen. Bis zu plastischer Festigkeit abstocken lassen, ohne umzurühren. Wird die Masse ab einem Temperaturbereich unter 30 °C noch gemischt, verliert sie ihren Schmelz.

2 Aus der Schokoladecreme mit einem Dressiersack und kleiner, glatter Tülle auf Pergaminpapier 100 kleine Tupfen dressieren und zum Abstocken in den Kühlschrank stellen. Je 2 zu einer Kugel zusammendrücken und wieder kalt stellen.

1 Aus der Schokoladecreme kleine Tupfen dressieren.

2 Je 2 Tupfen zu einer Kugel zusammensetzen.

3 Die Marzipanmasse auf Staubzucker in einer Dicke ausrollen, die es erlaubt, nach dem Schneiden in 50 Quadrate die kleinen Schokoladekugeln darin einzuschlagen. Anschließend zu nicht ganz runden Kugeln – eben wie eine Kartoffel – formen. Mit einem schmalen Stift mit runder Kuppe ein paar Vertiefungen anbringen, um die »Augen« zu imitieren.

4 Die Marzipankartoffeln im Kakaopulver wälzen. Anschließend auf einem Sieb hin und her rollen, um den überschüssigen Kakao wegzunehmen. In kleine Konfektkapseln setzen.

Haselnußmarzipan

400 g Marzipanrohmasse
100 g geröstete, geschälte, geriebene Haselnüsse
50 g Staubzucker
5 cl Curaçao oder Cointreau

Außerdem

Staubzucker zum Ausrollen
temperierte Bittercouverture zum Tunken (siehe Seite 68)
helle Rosinen als Dekor

1 Alle Zutaten zusammenwirken und auf Staubzucker 1 cm dick ausrollen. Dafür sind Leisten aus Holz oder Metall – siehe Walnußweichkrokant – eine gute Hilfe.

2 Mit einem Ausstecher von 2,5 cm Durchmesser Taler ausstechen. Auf ein Gitter setzen, damit das Marzipan auch an der Unterseite zum besseren Abrutschen von der Gabel beim Tunken etwas abtrocknen kann.

3 Am folgenden Tag in Bittercouverture tunken. Auf Papier setzen, eine Rosine auflegen und stocken lassen.

Taler ausstechen.

Gefüllte Datteln

50 Datteln
200 g Marzipanrohmasse
50 g feingehacktes Orangeat
3 cl Cointreau
Staubzucker als Streumaterial
50 g Kokosflocken
temperierte Bittercouverture zum Tunken (siehe Seite 68)

1 Die Datteln der Länge nach auf-, aber nicht durchschneiden, entsteinen und auseinanderklappen.

2 Die Marzipanmasse mit dem Orangeat und Cointreau mischen und zu zwei gleich großen Rollen formen. Dazu die Arbeitsfläche mit Staubzucker besieben. Jede Rolle in 25 gleich große Stücke schneiden und diese, länglich geformt, anstelle des Steins in die Datteln legen. Die Datteln wieder schließen und bis zum nächsten Tag übertrocken lassen.

3 Die Kokosflocken rösten. Die Datteln in Bittercouverture tunken und, wenn die Schokolade zu stocken beginnt, mit den Kokosflocken bestreuen.

Gefüllte Zwetschken

entsteinte Dörrpflaumen bester Qualität
halbe Walnußkerne
temperierte Milchcouverture zum Tunken (siehe Seite 68)
grobgehackte Kürbiskerne

1 Die Dörrpflaumen mit einem kleinen Messer so weit öffnen, daß eine halbe Walnuß hineingeschoben werden kann. Ein wenig nachformen.

2 In Milchcouverture tunken und, wenn die Schokolade zu stocken beginnt, locker einige Kürbiskernstückchen darüberstreuen.

Rohkostfrüchte

verschiedene Trockenfrüchte bester Qualität – Feigen, Trockenmarillen, Datteln, Pflaumen usw.
temperierte Bitter- oder Milchcouverture (siehe Seite 68)

1 Die Früchte vorbereiten: Feigen und Trockenmarillen in kochendem Wasser kurz durchrühren, sofort abseihen und auf einem Gitter oder Sieb abtropfen lassen. Im Backrohr bei 120 °C einige Minuten trocknen. Die Datteln der Länge nach aufschneiden, den Stein entnehmen und die Früchte wieder schließen. Die Pflaumen am besten schon entsteint kaufen.

2 Die Früchte in der temperierten Couverture tunken, auf Papier setzen und stocken lassen.

Walnuß-weichkrokant

Zum Eingießen der Masse sind vier Holz- oder besser Metallstäbe mit 1 cm Höhe von Vorteil, um aus der im warmen Zustand weichen Masse eine 1 cm hohe Platte herstellen zu können. Mit den vier Stäben auf Backpapier eine Fläche begrenzen, die dem Volumen der Weichkrokantmasse angepaßt ist und diese mit dem oberen Rand der Stäbe abschließen läßt. Durch Verschieben der Stäbe kann man nachregulieren.

Stäbe oder Leisten aus Holz oder Metall sind eine gute Hilfe, um eine Masse gleichmäßig hoch und kantengerade eingießen oder ausrollen zu können.

Für den Weichkrokant

250 g Butter
100 g Honig
10 g Vanillezucker
250 g Kristallzucker
250 g grobgehackte Walnüsse (Stückgröße 3–4 mm)

Außerdem

temperierte Milchcouverture zum Tunken (siehe Seite 68)
Nußstücke (1/4 Nußgröße) zum Dekorieren

1 Die Butter in kleine Stücke schneiden. Den Honig mit dem Vanillezucker auf etwa 80 °C erwärmen.

2 Eine Stielpfanne heiß werden lassen und etwas Zucker einstreuen. Wenn dieser geschmolzen ist, so viel Zucker nachgeben, wie der geschmolzene Zucker jeweils aufnehmen kann. Nach und nach den gesamten Zucker unter Rühren schmelzen. Sobald die einzelnen Kristalle aufgelöst sind, was man durch Abstreichen auf einem Teller leicht feststellen kann, sofort die Butterstücke einrühren und den Honig untermischen. Die Nüsse einrühren und die Masse in den vorbereiteten Rahmen gießen.

3 Am folgenden Tag die Unterseite dünn mit temperierter Couverture bestreichen, damit die Stücke später beim Tunken leichter von der Gabel abrutschen. In Stücke von 3 × 2 cm schneiden, in der temperierten Couverture tunken und auf Pergaminpapier setzen. Ein Nußstückchen als Dekor in die weiche Schokolade legen und stocken lassen.

Kokostrüffel

150 ml Schlagobers
35 g Honig
500 g Milchcouverture (helle Tunkmasse)
50 g Bittercouverture (dunkle Tunkmasse)
100 g Batida de Coco (Kokoslikör)

Außerdem

200 g Kokosraspel zum Einrollen
temperierte Milchcouverture zum Tunken (siehe Seite 68)

1 Das Schlagobers mit dem Honig aufkochen und die zerkleinerten Tunkmassen darin schmelzen. Den Likör einrühren und, wenn möglich, mixen. In ein flaches Gefäß leeren und bis zur dressierfähigen Konsistenz abkühlen lassen. Nicht umrühren! Wird Trüffelmasse im Temperaturbereich unter 30 °C noch bearbeitet, verliert sie ihren Schmelz. Daher auch schonend in den Dressiersack mit glatter Tülle einfüllen.

2 Tupfen mit einem Durchmesser von 2 cm auf Pergaminpapier dressieren und im Kühlschrank fest werden lassen. Je zwei zu einer Kugel zusammensetzen. Die Hände mit Staubzucker bestauben und die Kugeln noch ein wenig nachrollen. Im Kühlschrank erneut abstocken lassen. Temperieren – siehe Hinweis bei Jamaikatrüffel.

3 Die Kokosraspel in eine flache Schale füllen. Die Kugeln in die temperierte Couverture tunken und in die Kokosraspel durch Bewegen der Schale einrollen. Erst nach dem vollständigen Abstocken der Couverture herausnehmen und in Konfektkapseln setzen.

Jamaikatrüffel

350 g Milchcouverture
(helle Tunkmasse)
150 g Butter
100 g Jamaikarum, 50 g Honig

Außerdem

Kakaopulver zum Einrollen
temperierte Milchcouverture
zum Tunken
(siehe Seite 68)

1 Die Milchcouverture zerkleinern, im Wasserband unter Umrühren schmelzen und auf 32 °C abkühlen. Die plastisch weiche Butter zufügen und wenig schaumig rühren. Nach und nach den Rum und den Honig dazugeben. Die Masse sollte die Konsistenz, aber nicht die Leichtigkeit von Buttercreme haben, weil sie sonst zu rasch altert. Ist sie zu weich geraten, im kalten Wasserbad unter Rühren ein wenig fester werden lassen; ist sie dagegen zu fest geworden, im warmen Wasserbad etwas erweichen.

2 Mittels Dressiersack und großer Lochtülle aus der Trüffelmasse Streifen auf Pergaminpapier dressieren und diese im Kühlschrank abstocken lassen. Mit einem in warmes Wasser getauchten und wieder abgestreiften Messer 2,5 cm lange Stücke abteilen. In den Kühlschrank stellen.

3 Den Kakao auf eine flache Platte verteilen. Die Trüffel in die Milchcouverture tunken und in den Kakao legen. Mit zwei Gabeln im Kakao wenden, dabei soll eine unruhige Oberfläche entstehen. Bis zum vollständigen Abstocken der Schokolade im Kakao liegen lassen. Auf einem Sieb den überschüssigen Kakao vorsichtig wegrütteln. Eventuell mit einem Pinsel leicht abbürsten. In Konfektkapseln setzen.

Hinweis

Zum Bearbeiten der Trüffel ist eine gewisse Festigkeit Voraussetzung. Dennoch sollte man die Stückchen nicht erst unmittelbar vor dem Tunken aus dem Kühlschrank nehmen, weil das fertige Konfekt mit Annehmen der Raumtemperatur »platzen« würde. Daher rechtzeitig temperieren.

Feine Cremen und Fruchtspeisen

Die süßen Versuchungen bilden meistens den krönenden Abschluß eines mehrgängigen Menüs. Sogar die Herren sind durchaus keine Gegner dieser verführerischen Nachspeisen. Ihre Beliebtheit und die kulinarische Freude daran kann man am besten an einem Dessertbuffet beobachten: Viel zu gern lassen sich die Menschen von den süßen Kreationen verführen und kehren mit vollgeladenen Tellern an ihren Tisch zurück. »Linientreue« brauchen hier eine große Portion Standhaftigkeit.

Das Dessert sollte immer auf die vorangegangenen Speisen abgestimmt sein. Ein opulentes Menü verlangt nach einem leichten Abschluß, am besten einer Fruchtspeise; ein leichtes Essen dagegen verträgt durchaus eine üppige Creme.

Cremen lassen sich gut vorbereiten, manche schon am Vortag. Sie stehen servierbereit im Kühlschrank oder in einem kühlen Raum. Zu ihren wichtigsten Zutaten zählen Eier, Schlagobers, oft Schokolade – und natürlich Zucker oder auch Honig. Insbesondere Eier und Schlagobers so zu be- und verarbeiten, daß auf der Zunge schmelzende Cremen entstehen, bedarf einiger Sorgfalt. Es ist von ausschlaggebender Wichtigkeit für ein gutes Ergebnis, daß Eischnee nicht steif geschlagen und Obers nicht ausgeschlagen werden; sie würden dabei an Volumen verlieren, die Creme würde kompakt, eine lockere, schaumige Konsistenz könnte sich nicht bilden.

Werden Früchte gereicht oder verarbeitet, sollten sie voll ausgereift sein und ihr optimales Aroma entwickelt haben. Die Vielfalt des heutigen Angebots gewährt kreativen Spielraum. Gerade die traditionellen Rezepte lassen sich durch Austausch der Früchte leicht variieren. Für Fruchtpürees und Sülzen werden weiche Früchte roh durch ein Sieb gestrichen. Harte Früchte, zum Beispiel Äpfel, werden vorher gekocht und anschließend passiert. So bleiben störende Kernchen, Schalenreste und härtere Fasern zurück. Diesen Erfolg bringt das Pürieren in der Küchenmaschine nicht; ihr bleibt fast ausschließlich die hartfaserige Ananas vorbehalten. Roh geschnittene Früchte werden bis zur weiteren Verarbeitung entweder in eine Marinade gelegt oder mit Zitronensaft bestrichen, um ein Verfärben zu verhindern.

Traditionelle Rezepte

Schokoladecreme
Wien

150 g geriebene Zartbitter-Schokolade
10 EL Wasser
150 g Zucker
4 Eidotter
1/2 l Schlagobers

Außerdem
Schokolade-Kaffeebohnen zum Verzieren

1 Die Schokolade zusammen mit dem Wasser und dem Zucker im Wasserbad dickcremig rühren. Vom Wasserbad nehmen und unter ständigem Rühren auskühlen lassen.

2 Die Dotter einzeln dazugeben. Das Obers aufschlagen und 2/3 davon unter die Creme ziehen.

3 Die Creme in Gläsern anrichten. Das restliche Obers in einen Spritzbeutel mit Sterntülle füllen, eine Rosette aufspritzen und mit je 1 Kaffeebohne verzieren.

Mandelcreme
Österreich-Ungarn

1/4 l Milch
120 g geschälte, geriebene Mandeln
5 Tropfen Bittermandelaroma
ausgeschabtes Mark von 1/2 Vanilleschote
8 Eidotter, 150 g Zucker
2 EL Milch, mit 1 EL Mehl verührt

Außerdem
1/8 l geschlagenes Obers
einige geschälte Mandeln

1 Die Milch mit den Mandeln, dem Mandelaroma und dem Vanillemark mehrmals aufkochen. Durch ein mit einem Tuch ausgelegtes Sieb ablaufen lassen, das Tuch zuletzt gut ausdrücken.

2 Die Dotter mit dem Zucker cremig rühren und das angerührte Mehl untermischen. Die heiße Mandelmilch nach und nach einrühren. Auf dem Herd unter ständigem Rühren erhitzen – nicht kochen! –, bis eine dicke Creme entstanden ist. Abkühlen lassen.

3 Die Creme in flache Glasschalen verteilen und kalt stellen. Vor dem Servieren eine Obersrosette aufspritzen und eine geschälte Mandel hineinstecken.

Variation
Haselnusscreme: Statt der Mandeln geschälte, geriebene Haselnüsse verwenden.

Russische Creme
Budapest

1/2 l Schlagobers
4 Eidotter
4 EL Zucker
4 TL Mehl
60 g verschiedene kandierte Früchte (Melonenschale, Rosinen, Zitronat), klein geschnitten, am Vorabend in 2 EL Eierlikör oder Rum eingeweicht

Außerdem
100 ml Schlagobers und 100 g kandierte Kirschen zum Verzieren

1 Die Hälfte des Schlagobers erhitzen. Die Dotter mit dem Zucker cremig rühren und das gesiebte Mehl untermischen. Das heiße Obers nach und nach einrühren. Auf dem Herd unter ständigem Rühren erhitzen – nicht kochen! –, bis eine dicke Creme entstanden ist. Auskühlen lassen.

2 Das restliche Obers aufschlagen und zusammen mit den eingeweichten Früchten unter die kalte Creme mischen. In schöne Stielgläser füllen und in den Kühlschrank stellen.

3 Das Schlagobers steif schlagen, in einen Spritzbeutel mit Sterntülle füllen und jedes Glas mit einer Obersrosette krönen. Mit kandierten Kirschen verzieren.

Türkencreme

WIEN

Saft von 2 Orangen
Saft von 1 Zitrone
1/2 TL abgeriebene Schale einer unbehandelten Zitrone
6 Eier, getrennt
250 g Zucker
2 Blatt Gelatine, kalt eingeweicht
2 EL Rum

Außerdem

geröstete, gehackte Mandeln oder Krokant (Seite 74) zum Verzieren

1 Den Orangen- und Zitronensaft mit der Zitronenschale vermengen. Die Dotter mit 150 g Zucker schaumig rühren und den Zitrussaft langsam einlaufen lassen.

2 Unter ständigem Rühren im kochendheißen Wasserbad zu einer dickcremigen Masse aufschlagen. Die ausgedrückte Gelatine unter Rühren in der heißen Creme auflösen.

3 Vom Wasserbad nehmen und abkühlen lassen. Den Rum und die mit dem restlichen Zucker zu Schnee geschlagenen Eiklar locker unterheben.

4 In Glasschalen anrichten und kalt stellen. Vor dem Servieren mit Mandeln oder Krokant verzieren.

Weincreme

UNGARN

1/2 l guter Weißwein oder Rosé
4 Eidotter, 3 Eier
250 g Staubzucker, 1 EL Mehl

Außerdem

einige grüne oder blaue Weintrauben
feinster Kristallzucker

1 Den Wein zum Kochen bringen. Die Dotter, die ganzen Eier, Staubzucker und Mehl gut vermischen. Unter ständigem Rühren den heißen Wein dazugießen und im kochendheißen Wasserbad dickcremig aufschlagen.

2 Vom Wasserbad nehmen und unter gelegentlichem Rühren abkühlen lassen. In einer Glasschüssel anrichten und kalt stellen.

3 Die gewaschenen Weintrauben – grüne für eine helle, blaue für eine Rosé-Weincreme – mit Wein befeuchten und in Zucker wälzen; der Zucker soll rundum gleichmäßig daran haften. Die Creme mit diesen Zuckertrauben verzieren.

Variation

Eine Schale mit feingeschnittenem Biskuit oder gebrochenen Biskotten (Löffelbiskuits) auslegen und mit Rum beträufeln. Kompottfrüchte (nach Belieben) gut abtropfen lassen, klein schneiden und darauf verteilen. Mit einer weiteren Schicht Biskuit oder Biskotten abdecken. Darüber die Creme streichen. Mit geschlagenem Obers verzieren.

Bagatellecreme

ALTES REZEPT, BÖHMEN

1/4 l Vollmilch
1/2 TL Vanillezucker
4 Eidotter, 4 EL Zucker,
2 TL Mehl, 1 EL Rum

Außerdem

24 Biskotten (Löffelbiskuits)
100 g Marillenkonfitüre
1/4 l Himbeersaft
1/4 l Schlagobers
Schokoladeraspel zum Bestreuen

1 Die Milch mit dem Vanillezucker erhitzen. Die Dotter mit dem Zucker cremig rühren und das gesiebte Mehl untermischen. Nach und nach die heiße Milch einrühren. Auf dem Herd unter ständigem Rühren erhitzen – nicht kochen! –, bis eine dicke Creme entstanden ist. Auskühlen lassen.

2 Jeweils 2 Biskotten mit Konfitüre zusammensetzen und eine Glasschale damit auslegen. Die Biskotten mit dem Himbeersaft tränken.

3 Den Rum unter die ausgekühlte Creme rühren, diese über die Biskotten verteilen und kalt stellen.

4 Das Obers vor dem Servieren steif schlagen und die Creme damit beliebig ausgarnieren. Mit den Schokoladeraspeln bestreuen.

Lieblingscreme

Böhmen

- 4 Eidotter
- 140 g Zucker
- 4 EL Schlagobers
- 120 g geröstete, feingehackte Mandeln
- 6 EL starker schwarzer Kaffee (Mocca)
- 1/2 l Schlagobers

1 Die Dotter mit dem Zucker schaumig rühren. Das Schlagobers untermischen und im kochendheißen Wasserbad unter ständigem Rühren zu einer dickcremigen Masse rühren. Die Mandeln und den Kaffee untermischen.

2 Die Creme vom Wasserbad nehmen und kalt rühren. Das Obers aufschlagen und unterheben. Sehr kalt servieren.

Diplomatencreme

Wien

- 1/2 l Schlagobers
- 5 Eidotter
- 100 g Zucker
- 1 Päckchen Vanillezucker
- 6 Blatt Gelatine, kalt eingeweicht
- 3 EL Maraschino

Hier wurden die Vertiefungen des Randes einer Briocheform mit Biskotten ausgelegt.

Außerdem

- 10 Biskotten (Löffelbiskuits)
- 100 g kleingeschnittene kandierte Früchte

1 Das Schlagobers erhitzen. Die Dotter mit dem Zucker und Vanillezucker cremig rühren und nach und nach das heiße Obers untermischen. Auf dem Herd unter ständigem Rühren erhitzen – nicht kochen! –, bis eine dicke Creme entstanden ist.

2 Die ausgedrückte Gelatine dazugeben und unter kräftigem Rühren auflösen. Abkühlen lassen. Den Maraschino untermischen.

3 Die Biskotten entsprechend der Höhe der Form brechen und diese mit der halben Menge auslegen. Die Hälfte der Creme einfüllen, mit den Früchten und den restlichen Biskotten belegen, darüber die verbliebene Creme streichen. Kalt stellen.

4 Zum Servieren die Form kurz in heißes Wasser tauchen und die Creme stürzen. Sie kann nach Belieben noch mit Schlagobers verziert werden.

Punschcreme im Glas

Batschka

Das Rezept stammt von der Apatiner Hochzeitsköchin.

- 6 Eidotter, 6 EL Zucker
- 1 Päckchen Vanillezucker
- 300 ml erwärmte Milch
- 100 g geschälte, feingeschnittene, geröstete Mandeln
- Biskotten (Löffelbiskuits)
- 3/4 l Schlagobers
- 2–3 EL Rum oder Maraschino (nach Belieben)

Außerdem

- kleingeschnittene kandierte Früchte
- geschlagenes Obers zum Verzieren

1 Die Dotter, Zucker, Vanillezucker mit der Milch vermischen. Im kochendheißen Wasserbad dickcremig aufschlagen. Die Mandeln untermengen. Vom Wasserbad nehmen und unter Rühren abkühlen lassen.

2 Die Biskotten brechen. Mit dem aufgeschlagenen Obers ganz vorsichtig unter die Creme heben. Nach Belieben mit Rum oder Maraschino verfeinern oder bereits die Biskuits damit besprengen.

3 Die Creme in schöne Gläser füllen. Obenauf die kandierten Früchte streuen, mit einer Obershaube krönen.

Orangencreme im Körbchen oder im Glas

Wien

- 10 schöne Orangen
- 5 Eidotter
- 250 g Zucker
- 2 Blatt Gelatine, kalt eingeweicht
- 1/2 l Schlagobers

1 Die Orangen in der Mitte halbieren. Das Fruchtfleisch vorsichtig herauslösen, ohne die Schalen zu verletzen, und passieren.

2 Die Dotter mit dem Zucker schaumig rühren und das passierte Fruchtfleisch der Orangen untermischen. Bei nicht zu starker Hitze im Wasserbad zu einer dickcremigen Masse aufschlagen.

3 Die ausgedrückte Gelatine in der heißen Creme unter Rühren auflösen. Vom Wasserbad nehmen und unter gelegentlichem Rühren abkühlen lassen.

4 Sobald die Creme zu stocken anfängt, das Obers aufschlagen und bis auf eine Restmenge unterziehen. Die Creme in die Orangenhälften oder Gläser füllen und mit dem restlichen Obers verzieren, kalt stellen. Auf Glastellern servieren.

Vogelmilch

Österreich, Ungarn

- 1 l Milch, 100 g Zucker
- 1/2 Vanilleschote
- 3 Eier, getrennt
- 1/2 TL Vanillezucker
- 1 EL Mehl

Außerdem

- feingewiegte Mandeln zum Bestreuen
- Staubzucker zum Besieben

1 Die Milch mit 50 g Zucker und der aufgeschlitzten Vanilleschote aufkochen. Die Eiklar mit dem restlichen Zucker und Vanillezucker zu Schnee schlagen.

2 Mit einem Eßlöffel Nocken abstechen und in die siedende Milch einlegen, sie darf nicht kochen. Auf jeder Seite 1–2 Minuten garen. Mit dem Schaumlöffel herausnehmen und auf ein Gitter legen. Da die Nocken sehr aufgehen, immer nur wenige einlegen.

3 Die Dotter mit dem Mehl glattrühren und langsam in die Milch einrühren und einmal aufkochen lassen, dabei kräftig rühren. Vom Herd nehmen, abkühlen lassen.

4 In Portionsschälchen verteilen. Die Nocken locker daraufsetzen und 1–2 Stunden kühl stellen. Vor dem Servieren mit Mandeln bestreuen und mit Staubzucker besieben.

Überbackene Zitronencreme

Wien

4 Eidotter
150 g Zucker
abgeriebene Schale von
1/2 unbehandelten Zitrone
Saft von 1/2 Zitrone
2 EL Weißwein

Außerdem

Mandel- oder Dattel-
makronen zum Belegen
3 Eiklar
100 g Staubzucker
Mandelstifte zum Bestreuen

1 Die Dotter mit dem Zucker und der Zitronenschale schaumig rühren. Den Zitronensaft und den Wein untermischen und im kochendheißen Wasserbad zu einer dickcremigen Masse rühren.

2 Vom Wasserbad nehmen, in eine feuerfeste, runde Schüssel füllen und auskühlen lassen.

3 Die Creme mit Makronen belegen. Die Eiklar mit dem Staubzucker zu Schnee schlagen, über die Makronen verstreichen oder aufspritzen und mit den Mandelstiften bestreuen.

4 Die Baisermasse bei 200 °C im vorgeheizten Backrohr in 5 Minuten hellgelb überbacken. Die servierfertige Creme ist unten kühl und oben warm.

Maroniberg

Österreich-Ungarn

250 g Maroni (Kastanien)
100 g Staubzucker
1 TL weiche Butter
1 TL Rum

Außerdem

1/8 l Schlagobers
20 g Staubzucker
1/2 Päckchen Vanillezucker
Maraschinokirschen
zum Garnieren

1 Die Maroni ungeschält 30 Minuten in Wasser weich kochen. Abgießen und leicht abkühlen lassen. Mit einem scharfen Messer halbieren, das Mark mit einem Teelöffel auslösen und durch ein Sieb streichen, damit die feinen Häutchen zurückbleiben.

2 Das Maronipüree mit dem Staubzucker, der Butter und dem Rum gründlich vermischen und durch eine Kartoffelpresse insgesamt in eine weite Glasschüssel oder portionsweise auf Dessertteller drücken, dabei bergartig ansteigen lassen.

3 Das Obers mit dem Staub- und Vanillezucker aufschlagen und in einen Spritzbeutel mit Sterntülle füllen. Den Maroniberg damit verzieren und Maraschinokirschen auflegen.

Apfelsulz

BUDAPEST

6 große, säuerliche Äpfel
Zucker nach Gewicht des Apfelpürees
2 Eiklar, Saft von 2 Zitronen

1 Die Äpfel im ganzen bei 180 °C im vorgeheizten Backrohr etwa 40 Minuten braten. Passieren und das Püree abwiegen.

2 Den Zucker, die Eiklar und den Zitronensaft unter das Apfelpüree mischen und mit dem elektrischen Handrührgerät zu einer dickschaumigen Masse rühren.

3 In eine Schüssel füllen und 2 Stunden kalt stellen. Alsbald verzehren.

Gefüllte Zuckermelone

UNGARN

Apfelsulz (Rezept oben)
10–12 Blatt Gelatine, kalt eingeweicht
1 kg Pfirsiche
1 Zuckermelone, etwa 2 kg schwer
100 g Zucker
100 ml Orangenlikör

1 Die Apfelsulz zubereiten, wie im Rezept beschrieben. Die warm aufgelöste Gelatine einrühren. Die Masse danach jedoch nicht kalt stellen, sie muß streichfähig bleiben.

2 Die Pfirsiche kurz in kochendes Wasser tauchen, kalt abschrecken und enthäuten. Die Früchte halbieren, den Stein entfernen und jede Hälfte in 4 Segmente schneiden.

3 Von der Melone einen Deckel abschneiden und die Kerne aus dem Inneren herausholen. Von dem Fruchtfleisch mit einem Löffel so viel herausschälen, daß ein etwa 1 cm breiter Rand stehen bleibt. Die Schale darf dabei nicht verletzt werden.

4 Das ausgelöste Melonenfleisch mit dem Zucker und dem Orangenlikör vermischen. Die Pfirsichstücke zufügen und 1 Stunde darin marinieren.

5 Die Pfirsichstücke in einem Sieb abtropfen lassen. Einen Teil in die Melone füllen und mit Apfelsulz überziehen. Diesen Vorgang so oft wiederholen, bis Pfirsichstücke und Apfelsulz aufgebraucht sind. Mit Apfelsulz abschließen. Gut 2 Stunden kalt stellen.

6 Die Melone wie üblich in Spalten aufschneiden und auf Tellern anrichten. Mit der verbliebenen Flüssigkeit vom Marinieren der Pfirsiche beträufeln und sofort servieren.

Apfeligel

UNGARN

8 gleichgroße Äpfel (Boskoop)
1/2 l Weißwein
100 g Mandelstifte

Für die Creme

1/2 l Schlagobers
6 Eidotter
100 g Zucker, 1 TL Mehl
1/2 Päckchen Vanillezucker oder 1 EL Rum

1 Die Äpfel schälen, halbieren und das Kerngehäuse ausschneiden. Den Wein in einem weiten Topf erhitzen. Die Äpfel mit den Schnittflächen nach unten hineinlegen und weich dünsten, sie dürfen aber nicht zerfallen.

2 Die Äpfel auf eine tiefe Platte legen, wiederum mit den Schnittflächen nach unten. Rundum mit den Mandelstiften spicken, so daß sie wie Igel aussehen.

3 Für die Creme das Obers erhitzen. Die Eidotter mit dem Zucker cremig rühren, das gesiebte Mehl untermischen. Nach und nach das heiße Obers einrühren. Auf dem Herd unter ständigem Rühren erhitzen – nicht kochen! –, bis eine dicke Creme entstanden ist.
Je nach Geschmack Vanillezucker oder Rum untermischen.

4 Die Creme gleichmäßig über die Apfeligel verteilen und kalt stellen.

Moderne Rezepte

Buttermilchcreme mit Rhabarber und Himbeeren

Für 10 Portionen

Für die Creme

2 Eidotter, 20 g Zucker
etwas abgeriebene Schale von unbehandelter Zitrone und Orange
8 g Gelatine, kalt eingeweicht
250 g Buttermilch
200 g geschlagenes Obers

Für den Rhabarber und die Himbeeren

500 g Rhabarber
150 g Zucker, 50 ml Wasser
ein kleines Stück Zimtrinde
250 g Himbeeren, mit 50 g Staubzucker und Saft von 1/2 Orange gemischt

1 Die Dotter mit dem Zucker, Zitronen- und Orangenschale schaumig rühren. Die heiß aufgelöste Gelatine zugeben, die Buttermilch flüchtig einrühren und mit dem geschlagenen Obers melieren. Die Creme in mit kaltem Wasser ausgespülte Puddingförmchen oder Kaffeetassen füllen und in den Kühlschrank stellen.

2 Den geschälten Rhabarber schräg in etwa 5 mm breite und 4 cm lange Stücke schneiden und flach in eine Kasserolle breiten. Den Zucker mit dem Wasser und Zimtrinde aufkochen, über den Rhabarber gießen und zugedeckt langsam kernig weich dünsten. Auskühlen lassen.

3 Zum Anrichten die Creme auf eine Seite des Tellers stürzen. Davor den Rhabarber und die Himbeeren dekorativ plazieren.

Reiscreme mit Erdbeer- oder Schokoladesauce im Glas

Für 15 Portionen

Für die Reiscreme

100 g Reis, 1/2 l Milch
80 g Kristallzucker
10 g Vanillezucker, 1 g Salz
6 g Gelatine, kalt eingeweicht
2 Eidotter
6 cl Cointreau
500 g geschlagenes Obers

Für die Erdbeersauce

500 g Ananaserdbeeren
100 g Kristallzucker
Saft von 1/2 Zitrone

Für die Schokoladesauce

400 g Schlagobers
100 g Bittercouverture (dunkle Tunkmasse)
100 g Milchcouverture (helle Tunkmasse)

Zur Fertigstellung

250 g Schlagobers
5 g Kristallzucker

1 Den Reis kurz in kochendes Wasser geben und abseihen. Die Milch mit der Hälfte des Zuckers, Vanillezucker und Salz aufkochen. Den Reis einrühren, aufkochen lassen und weich kochen. Die Gelatine unter Rühren darin auflösen und auskühlen lassen. Knapp vor dem Stocken die Dotter mit dem restlichen Zucker schaumig rühren. Den Cointreau unter die Reismasse mischen. Die Dotter und zum Schluß das geschlagene Obers einmelieren.

2 Mittels Dressiersack und großer, glatter Lochtülle die Reiscreme in Sektschalen oder passende Gläser flach eindressieren und im Kühlschrank anziehen lassen.

3 Für die Erdbeersauce die Erdbeeren waschen und die Stielansätze entfernen. Die Früchte mit dem Zucker und Zitronensaft mixen.

4 Wenn es die Schokoladesauce sein soll, das Obers aufkochen, die zerkleinerte Schokolade darin schmelzen und mixen. Auskühlen lassen.

5 Zum Anrichten das Schlagobers mit dem Zucker schlagen. Die jeweilige Sauce über der Creme verteilen und mit einer Obersrosette garnieren.

Creme Caramel

Für 10 Portionen

Die Creme Caramel hat sich, wie sonst sicher keine Süßspeise, auf wundersame Weise bis in die entferntesten Winkel unserer Erde, zumindest soweit ein Restaurant vertreten ist, verbreitet. Die Einfachheit der Zutaten macht es möglich. Aus Milch, Eiern und Zucker entsteht eine elegante und zarte Creme. Zum Pochieren genügen ein paar leere Kaffeetassen, wenn keine Förmchen vorhanden sind.
Warum ist eine so verbreitete Creme dann auch in diesem Buch vertreten? Die überlicherweise sehr einfache Karamelsauce aus Zucker und Wasser ist hier durch eine köstlich mollige Karamelsauce ersetzt. Und durch die Koch- und Anrichteweise im Glas nimmt man mit jedem Löffel Creme auch die passende Menge Sauce dazu.
Diese paßt übrigens vorzüglich auch zu verschiedenen Eisspeisen oder zum Beispiel zur Bayerischen Creme von Seite 64.

Für die Creme (Royal)

1 l Milch
7 Eier
100 g Kristallzucker
20 g Vanillezucker
1 Prise Salz

Für die Karamelsauce

150 g Milch
150 g Kristallzucker
100 g Butter
3 g Vanillezucker

Zur Fertigstellung

200 g Schlagobers
4 g Kristallzucker
Kompottkirschen als Dekor

1 Die Gläser in eine Pfanne stellen, das kochende Wasser eingießen.

2 Die Karamelsauce portionsweise auf die gekühlte Creme verteilen.

1 10 niedere Sektschalen oder auch kleine Schüsseln mit hohem Rand in eine passende Pfanne stellen. Die Gläser oder Schüsseln sollten etwas niederer als die Pfanne sein. Wasser zum Kochen aufstellen. Das Backrohr auf 120 °C vorheizen.

2 Die Milch auf etwa 90 °C erhitzen. Eier, Zucker, Vanillezucker und Salz in einer Schüssel mit dem Schneebesen verrühren und die sehr heiße Milch zugeben. Diese Royal in die Gläser oder Schüsseln aufteilen. Die Pfanne mit dem kochenden Wasser bis zum Flüssigkeitsspiegel der Creme auffüllen. Mit Klarsichtfolie abdecken, damit sich keine Haut bilden kann, und im Backrohr etwa 60 Minuten stocken lassen. Garprobe: Mit einem kleinen Messer einstechen – es darf keine flüssige Masse mehr hochsteigen.

3 Für die Karamelsauce die Milch aufkochen. Eine Stielpfanne mit hohem Rand oder eine Kasserolle – beide etwas größer berechnet, weil die Masse beim Aufgießen hochsteigt – heiß werden lassen. Den Zucker nach und nach darin schmelzen, immer so viel zugeben, wie der flüssige Zucker in der Pfanne aufnehmen kann. Ist der Zucker gelöst und von mittelbrauner Farbe, die Pfanne vom Herd nehmen. Vorsichtig die Milch nach und nach zugeben und immer gut ver-

rühren. Eventuell entstehende Zuckerklumpen durch leichtes Kochenlassen auflösen. Die Butter und den Vanillezucker einrühren und mit dem Mixstab homogenisieren. Im kalten Wasserbad unter Umrühren auskühlen lassen.

4 Die Creme aus dem Wasserbad nehmen, fast auskühlen lassen und, um Hautbildung zu vermeiden, jedes Glas mit Klarsichtfolie abdecken. Im Kühlschrank fertigkühlen. Die Creme kann so über einige Tage aufbewahrt werden.

5 Zum Servieren etwas Sauce über die Creme im Glas gießen. Das Schlagobers mit dem Zucker schlagen und mit dem Dressiersack und mittelgroßer Sterntülle eine Rosette in die Mitte dressieren. Eine Kompottkirsche auflegen.

Mousse au chocolat

Es gibt viele Rezepturen für diese herrlichen Cremen. Neben der sorgfältigen Zubereitung ist hier vor allem die Qualität der verwendeten Schokolade für einen exzellenten Geschmack ausschlaggebend. Im Gastronomiebereich ist es meist üblich, sie mit dem Löffel auszustechen. Kombiniert mit Saucen, Früchten und geschlagenem Obers wird sie auf Tellern angerichtet. Doch läßt sich diese köstliche Schokoladespeise sehr einfach und schnell auch im Haushalt herstellen. Hier wird sie in der Regel portionsweise in kleine Schüsseln oder Gläser gefüllt, sie kann aber auch aus der großen Masse mit einem in lauwarmes Wasser getauchten Löffel ausgestochen werden. Mousse au chocolat verliert, wenn sie richtig hergestellt wird, durch Tiefkühlen nicht an Schmelz und kann so rationell vorbereitet werden. In Verbindung mit einer gebackenen Masse können die verschiedenen Mousse genauso zum Füllen von Torten oder Schnitten Verwendung finden.

Mousse von weißer Schokolade mit Portweinkirschen

Für 10–12 Portionen

- 200 g weiße Couverture (weiße Tunkmasse)
- 100 g weiche Butter
- 4 cl Kirschwasser
- 3 Eidotter
- 350 g geschlagenes Obers

Für die Portweinkirschen

- 200 ml trockener Portwein
- 200 ml Rotwein, 80 g Honig
- 300 g entsteinte Kirschen
- 6 g Mais-Stärkemehl
- 3 cl Kirschwasser

Zur Fertigstellung

- 200 g Schlagobers
- 4 g Zucker, halbe Pistazien

1 Die zerkleinerte Couverture im Wasserbad unter Rühren schmelzen und auf etwa 35 °C abkühlen lassen. Mit der Butter und dem Kirschwasser verrühren. Die Dotter schaumig rühren, flüchtig mit der Schokolade mischen und in das geschlagene Obers einmelieren. Die Mousse in Puddingförmchen füllen und kühl stellen.

2 Für die Portweinkirschen die Weine auf zwei Drittel des Volumens einkochen. Den Honig und die Kirschen zugeben und ziehen lassen, bis die Kirschen kernig weich sind. Abseihen und die Flüssigkeit wieder aufkochen. Das Stärkemehl mit wenig Wasser anrühren, zugeben und einkochen. Die Kirschen untermischen, auskühlen lassen. Mit dem Kirschwasser aromatisieren.

3 Zum leichteren Stürzen die Mousse kurz tiefkühlen. Das Schlagobers mit dem Zucker schlagen. Die Förmchen mit der Mousse kurz in heißes Wasser tauchen und auf Teller stürzen. Die Portweinkirschen dazu anrichten. Eine Obersrosette an die Seite spritzen und die Kirschen locker mit einigen halben Pistazien bestreuen.

Mousse von Milchschokolade mit Kokossauce

Für 10–12 Portionen

- 400 g Milchcouverture (helle Tunkmasse)
- 100 g flüssiges Schlagobers
- 5 cl Batida de Coco
- 3 Eidotter
- 300 g geschlagenes Obers

Für die Kokossauce

- 400 ml Milch
- 100 g Kokosraspel
- 15 g Mais-Stärkemehl
- 50 g Kristallzucker
- 4 cl Batida de Coco
- 200 g schwach geschlagenes Obers

Außerdem

- 100 g Kokosflocken (gehobelte Kokosnuß)

1 Die Couverture für die Mousse zerkleinern und im Wasserbad schmelzen. Das Obers auf etwa 50 °C erhitzen und ebenso wie den Kokoslikör nach und nach mit dem Schneebesen in die Schokolade einrühren. Die Masse wird zuerst etwas fester, gerinnt dann und bindet sich durch intensives Rühren und Zugabe der restlichen Flüssigkeit zu einer speckig glänzenden Masse. Auf 35 °C abkühlen lassen.

2 Die Eidotter schaumig rühren, mit der Schokolademasse flüchtig mischen und in das geschlagene Obers einmelieren. In Gläser oder kleine Glasschüsseln füllen und kühlen.

3 Für die Sauce die Milch aufkochen. Die Kokosraspel einrühren und nochmals aufkochen lassen. Durch ein Sieb seihen und dabei kräftig ausdrücken. 50 ml von dieser Kokosmilch mit dem Stärkemehl mischen. Die restliche Kokosmilch mit dem Zucker aufkochen, das Stärkemehl einrühren und nochmals aufkochen lassen. Ausgekühlt mit dem Kokoslikör mischen.

4 Die Kokosflocken im Backrohr hellbraun rösten.

5 Die Kokossauce mit dem geschlagenen Obers melieren und über die Mousse verteilen. Die Kokosflocken locker darüberstreuen.

Mousse von Bitterschokolade mit Eierlikörschaum

Für 10–12 Portionen

- 150 g flüssiges Schlagobers
- 260 g Bittercouverture (dunkle Tunkmasse)
- 4 Eidotter
- 350 g geschlagenes Obers

Für den Eierlikörschaum

- 300 g Schlagobers
- etwa 200 g Eierlikör

1 Das flüssige Obers für die Mousse aufkochen und die geschnittene Schokolade darin schmelzen. Mixen und auf 35 °C abkühlen lassen. Die Dotter schaumig rühren, mit der Schokolademasse flüchtig mischen und in das Schlagobers einmelieren. In eine Schüssel füllen und in den Kühlschrank stellen.

2 Das Obers für den Eierlikörschaum nur halb schlagen. Mit Eierlikör nach Geschmack verrühren. Die Sauce auf die Teller verteilen. Mit einem in lauwarmes Wasser getauchten Eßlöffel gleich große Nocken aus der Mousse ausstechen und je 2–3 auf der Sauce plazieren. Dazu passen Rosinenplätzchen ganz ausgezeichnet (Rezept Seite 293).

Vanillecreme mit Waldbeeren

Für 10 Portionen

Für die Creme

- 500 g Schlagobers
- 4 Eidotter, 60 g Zucker
- 4 cl Himbeergeist
- 10 g Vanillezucker
- 1 Prise Salz
- 8 g Gelatine, kalt eingeweicht

Für die Waldbeeren

- 400 g Waldbeeren, gemischt
- Staubzucker und Himbeergeist nach Geschmack

Zur Fertigstellung

- 200 g Schlagobers, 4 g Zucker
- 10 schöne, mit dem Blütenansatz halbierte Ananaserdbeeren als Dekor

1 Das Schlagobers nicht zu stark ausschlagen. Dotter, Zucker, Himbeergeist, Vanillezucker und Salz schaumig rühren. Die heiß aufgelöste Gelatine rasch einrühren, mit dem geschlagenen Obers melieren. Mit Dressiersack und großer, glatter Tülle in Gläser füllen. Kühl stellen.

2 Die Beeren mit dem Staubzucker und Himbeergeist mischen und 1–2 Stunden ziehen lassen.

3 Das Schlagobers mit dem Zucker schlagen. Die Beerenmischung über der Creme verteilen. Mit dem Schlagobers und den halben Erdbeeren fertig anrichten.

Haselnuß-krokantcreme mit Ribiselsauce

Für 10 Portionen

Für Nougat und Krokant

180 g Haselnüsse
60 g Kristallzucker
1 Moccalöffel Wasser

Für die Creme

500 g Schlagobers
4 Eidotter, 1 Ei, 75 g Zucker,
8 g Vanillezucker, 1 Prise Salz
8 g Gelatine, kalt eingeweicht

Für die Ribiselsauce

250 g Ribisel
120 g Zucker, 100 ml Wasser
2 cl Cassislikör

Zur Fertigstellung

200 g Schlagobers
4 g Kristallzucker

1 Die Haselnüsse für den Nougat und Krokant im Backrohr bei etwa 160 °C durch und durch hellbraun rösten. Auf einem Sieb kurz abkühlen lassen und mit einem Tuch die Häute abreiben. Auf der Arbeitsfläche mit dem Rollholz durch Darüberrollen in 3–4 mm große Stückchen brechen. Das Mehlfeine wegsieben und von den groben Nüssen 80 g für den Krokant zur Seite legen. Den gesamten Rest mit dem Stabmixer so fein wie möglich zu einer Nougatpaste verreiben.

2 Für den Krokant die groben Haselnüsse mit dem Zucker und Wasser in einer kleinen Kasserolle mischen und bei intensiver Hitze unter Rühren abrösten, bis der Zucker geschmolzen ist und die Haselnußstückchen mit Caramel überzogen sind. Sofort auf ein kaltes Backblech leeren, auseinanderbreiten. Nach dem Auskühlen mit dem Rollholz durch lockeres Darüberrollen trennen.

3 Für die Creme das Schlagobers nicht zu stark ausschlagen. Dotter, Ei, Zucker, Vanillezucker und Salz schaumig rühren. Die heiß aufgelöste Gelatine rasch, die Nougatpaste flüchtig unterrühren und in das geschlagene Obers einmelieren. Mit Dressiersack und großer Lochtülle flach in Gläser oder Sektschalen füllen. Kühl stellen.

4 200 g Ribisel mit dem Zucker und Wasser aufkochen. Kurz mixen und passieren. Die restlichen Ribisel und den Cassislikör untermischen.

5 Das Schlagobers mit dem Zucker schlagen. Die Sauce über die Creme verteilen und mit dem Schlagobers garnieren. Sehr hübsch sieht es aus, wenn ein Haselnußplätzchen (Rezept Seite 291) eingesteckt wird. Weitere Plätzchen dazu reichen.

Fruchtsalate

Für den populären gemischten Fruchtsalat sind bei der Auswahl der Früchte keine Grenzen gesetzt. Es sollten vor allem frische Früchte dazu verwendet werden, doch ergeben zwei oder drei Sorten beigemischte Kompottfrüchte ein runderes Geschmacksbild.
Das Gewichtsverhältnis innerhalb der verschiedenen Sorten und die Sortenauswahl sind eine reine Geschmacksfrage und nicht von so großer Bedeutung wie die Qualität der Früchte. Auch die Auswahl der verwendeten Liköre und Schnäpse, die nur der Aromatisierung dienen und auch weggelassen werden können, ist der persönlichen Vorliebe überlassen.
Frische Früchte wie Äpfel, Birnen, Bananen, Mango, Weintrauben blau und grün, Melonen, Erdbeeren könnten gemischt sein mit Kompottfrüchten wie Pfirsichen, Ananas, Mandarinen sowie mit einigen gehobelten Mandeln.
Die frischen Früchte werden entsprechend vorbereitet: gewaschen und geschält, vom Kerngehäuse befreit beziehungsweise entsteint, die Orangen filetiert und alle in Würfel oder Scheiben geschnitten, mit etwas Staubzucker, Zitronen- und Orangensaft sowie je zur Hälfte mit Maraschino und Kirschwasser mariniert. 1–2 Stun-

den im Kühlschrank durchziehen lassen.
Zum Anrichten – in der Regel in Gläsern – entweder pur oder auch mit einem Tupfen leicht gesüßtem, geschlagenem Obers und, wenn's ganz festlich sein soll, noch mit einer Kugel Eis kombinieren.
Die meisten Früchte können auch als Einzelsorte in passender Kombination mit Zitronensaft, Orangensaft, Likören, Schnäpsen und auch Wein zu Fruchtsalat verwendet werden. Nachstehend zwei Beispiele.

Erdbeersalat

Diesen sollte man nur in der Saison aus vollreifen Früchten herstellen. Mit leicht gesüßtem, geschlagenem Obers ist er ein wunderbar erfrischendes Dessert und zu kalten Cremes oder Eisspeisen eine herrliche Ergänzung.

Ananaserdbeeren
Staubzucker
Orangensaft
Grand Marnier oder Cointreau

1 Die Erdbeeren waschen und je nach Größe halbieren oder vierteln.

2 Mit Staubzucker, Orangensaft und Likör – wenn keine Kinder mitessen, schadet es nicht, wenn von letzterem ein wenig mehr dabei ist – mischen und im Kühlschrank durchziehen lassen.

Melonensalat

Zuckermelone
Staubzucker
Zitronensaft
Süßer Sherry
Waldbrombeeren

1 Die Zuckermelone halbieren und mit einem Löffel die Kerne entfernen. In Spalten schneiden und schälen. Die Spalten in dünne Scheiben schneiden und auf Tellern anrichten.

2 Mit wenig Staubzucker bestreuen, mit etwas Zitronensaft beträufeln und Sherry nach Geschmack darübergeben. Mit einigen Brombeeren dekorieren.

Gefrorenes

Früher ausschließlich ein Genuß an heißen Sommertagen, zählt Gefrorenes heute während des ganzen Jahres zu den heißbegehrten Leckereien bei Großen und Kleinen. Das hat die Tiefkühltechnik ermöglicht. In den Gefrierfächern von Kühlschrank, Tiefkühltruhe oder -schrank können Eiszubereitungen, ganz ohne Eismaschine beziehungsweise Sorbetière hergestellt, gefroren und auf Vorrat gehalten werden. Selbstgemachtes Eis ist schon pur ein Hochgenuß. Und mit Früchten, verschiedenen Saucen, geschlagenem Obers und einer Prise Phantasie entstehen daraus die köstlichsten Nachspeisen.

Es ist jedoch schwierig, Speiseeis im üblichen Sinn in der häuslichen Küche zu bereiten. Die Qualität, welche vom guten Eissalon oder der guten Konditorei geboten wird, erfordert Professionalität und eine Technik, die im Haushalt nicht vertreten sein kann. Zwar sorgen schaumig gerührte Eidotter oder locker geschlagenes Obers dafür, daß keine harten Eisklumpen entstehen, aber die Geschmeidigkeit einer professionell hergestellten Eiscreme wird nicht erreicht. Lediglich die reichhaltigen Parfaits kommen mit den entsprechenden Rezepturen an den Standard des »Profis« heran. Sie können daher auch in hübschen Formen – eine kleine Gugelhupfform ist besonders dekorativ – oder Portionsförmchen eingefroren und vor dem Servieren gestürzt werden. Dafür taucht man die Formen nur kurz in heißes Wasser, und schon gleitet das Eis problemlos aus der Form.

Wichtig ist die richtige Serviertemperatur, denn zu kaltes Eis entfaltet wenig Geschmack. Ein zehnminütiges Temperieren bei Raumtemperatur oder eine halbe Stunde im Kühlschrank sind gerade recht, um dem Eis seine geschmeidige Konsistenz wiederzugeben und seine Aromen »aufleben« zu lassen. Noch etwas zu den Aromen: Die Kälte nimmt ihnen viel von ihrer Würzkraft; deshalb ist es ratsam, nicht zu sparsam mit den aromatragenden Zutaten umzugehen.

Und noch etwas: Sind Kinder im Haushalt, können die in den Rezepten genannten Alkoholika weggelassen werden.

Traditionelle Rezepte

Schnelle Vanilleeiscreme

3 Eidotter
70 g feinster Kristallzucker
1 Päckchen Bourbon-Vanillezucker
1/4 l Schlagobers

1 Die Dotter mit dem Zucker und Vanillezucker schaumig rühren. Das Obers aufschlagen und locker unter den Dotterschaum mischen.

2 Die Masse in Eisschalen füllen, mit einer gefriergeeigneten Folie abdecken und einfrieren.

Schnelle Schokoladeeiscreme

60 g Zartbitter-Schokolade
2 EL Wasser
3 Eidotter
80 g Staubzucker
1 Päckchen Bourbon-Vanillezucker
1/4 l Schlagobers

1 Die Schokolade raspeln und mit dem Wasser unter Rühren bei schwacher Hitze schmelzen.

2 Die Dotter mit dem Staubzucker und Vanillezucker schaumig rühren. Die abgekühlte Schokolade langsam untermischen. Zuletzt das aufgeschlagene Obers unterheben.

3 Die Masse in Eisschalen füllen, mit einer gefriergeeigneten Folie abdecken und einfrieren.

Fruchteis

Reines Fruchteis ohne Schlagobers oder Eischnee würde beim Gefrieren kristallisieren. Es wird deshalb mit Läuterzucker (Zuckersirup) zubereitet, den man am besten auf Vorrat herstellt. Ausgekühlt in eine Flasche gefüllt, ist er über eine längere Zeit haltbar. Aber dennoch: Ein selbstgemachtes Fruchteis ist aufgrund der fehlenden technischen Möglichkeiten mit einem guten Konditoreieis nicht vergleichbar.

Läuterzucker

1 kg Zucker
1/2 l Wasser

1 Den Zucker und das Wasser in einem weiten Topf unter Rühren bei schwacher Hitze weitgehend auflösen.

2 Langsam zum Kochen bringen, dabei ständig rühren. Sobald die Lösung aufkocht, vom Herd nehmen und den Schaum abschöpfen. Abkühlen lassen.

Für das Fruchteis

500 g durch ein Sieb gestrichenes Fruchtfleisch (Früchte nach Wahl)
1/2 l Läuterzucker
Saft von 1/2–1 Zitrone
1 EL passende Spirituose

1 Das passierte Fruchtfleisch mit dem Läuterzucker gründlich vermischen. Den Zitronensaft unterrühren – bei süßen Früchten mehr, bei sauren Früchten weniger Zitronensaft zufügen.

2 Die Masse in Eisschalen füllen und gefrieren. Jede halbe Stunde mit einer Gabel durchrühren, um die Eiskristalle weitestgehend aufzubrechen. Dabei vom Rand der Eisschale zur Mitte hin rühren.

3 Nach 3 Stunden ist die Masse ausreichend fest. In eine gekühlte Schüssel füllen, von Hand mit dem Schneebesen glattschlagen und dabei die Spirituose untermischen.

Variation

Frucht-Oberseis: Nach 1 1/2–2 Stunden Gefrierzeit, wenn die Fruchtmasse bereits deutlich anzieht, 1/4 l leicht geschlagenes Obers mit dem Schneebesen untermischen.
Wichtig: Bei dieser Variante muß die Eisschale von Anfang an groß genug sein, damit sich das Obers leicht untermischen läßt.

Moderne Rezepte

Grundsätzliches zu den Parfaits

Die Zubereitung von Parfait erfordert nicht mehr technische Hilfsmittel, als sie in jedem durchschnittlichen Haushalt geboten werden.
Nach der klassischen Methode wird für Parfait eine Eiermasse oder Eischnee mit den verschiedenen Geschmacksträgern wie Fruchtmark, Nougat, Schokolade, Likör usw. sowie geschlagenem Obers gemischt, in Formen gefüllt und gefroren. Dazu kommen eventuell Saucen oder Früchte, geschlagenes Obers und Eisgebäck.
Nach der modernen Zubereitungsart (siehe Grand-Marnier-Parfait) wird die Grundmasse, bestehend aus Obers, Eiern und Zucker oder auch weiteren Zutaten, pasteurisiert, homogenisiert und nach einer Reifezeit von 24 Stunden im Kühlschrank wie Schlagobers aufgeschlagen. So hergestellt, wird das Parfait in der Regel etwas kompakter als nach der klassischen Methode, aber es hat einen angenehmen Schmelz und eine cremige Konsistenz.
Als Formen können verschiedene Eisbomben- oder Eisschnittenformen genauso wie Kompottschüsseln oder Gläser verwendet werden. Wenn die Parfaitmasse in offene Formen abgefüllt wird, nach dem Frieren mit Klarsichtfolie abdecken. Bei gleichmäßiger Temperatur ist Parfait über lange Zeit lagerfähig.
Parfait sollte nicht zu kalt zu Tisch kommen. Die übliche Tiefkühltemperatur von –18 bis –20 °C ist zu tief, das Parfait dann zu hart. Daher vor dem Servieren auf den Tellern oder in den Portionsgefäßen im Kühlschrank temperieren, bis das Parfait eine weichere Konsistenz angenommen hat. Dann erst fertig anrichten.

Vanilleparfait mit Karamelsauce

Für 8–10 Portionen

- 1/2 l Schlagobers
- 6 Eidotter
- 160 g Kristallzucker
- 5 g Vanillezucker
- 1 Prise Salz, 4 Eiklar

Für die Karamelsauce

- 180 ml Milch
- 250 g Zucker, 120 g Butter
- 5 g Vanillezucker

Zum Anrichten

- 300 ml geschlagenes, leicht gesüßtes Obers
- Gebäck: Haselnußzungen (Rezept Seite 291)

1 Das Obers nicht zu stark ausschlagen und bis zur weiteren Verwendung in den Kühlschrank stellen.

2 Die Eidotter mit 80 g Zucker, dem Vanillezucker und der Prise Salz schaumig rühren. Die Eiklar, mit dem restlichen Zucker gemischt, zu Schnee schlagen. Beides mit dem geschlagenen Obers melieren und in die Formen oder Gläser füllen. Tiefkühlen.

3 Für die Karamelsauce die Milch aufkochen. Eine relativ große Stielpfanne heiß werden lassen. Etwas Zucker einstreuen und unter Rühren auflösen. Nach und nach so viel Zucker zugeben, wie der flüssige Karamel jeweils aufnehmen kann. Sobald der ganze Zucker zu angenehm brauner Farbe geschmolzen ist, die Pfanne vom Herd nehmen und unter Rühren die Milch in mehreren Etappen zugeben. Vorsicht, die Flüssigkeit steigt hoch und spritzt sehr stark! Kurz aufkochen, bis eventuell hart gewordener Karamel aufgelöst ist. Die Butter und den Vanillezucker zugeben und mixen. Im kalten Wasserbad auskühlen lassen und in einem geschlossenen Behälter im Kühlschrank aufbewahren.

4 Das Parfait mit der Karamelsauce, dem geschlagenen Obers und Gebäck anrichten.

Erdbeerparfait mit Waldbeerensauce

Für 8–10 Portionen

350 g Ananaserdbeeren
250 g Kristallzucker
Saft von 1/2 Zitrone
1/2 l Schlagobers
2 Eiklar

Für die Waldbeerensauce

80 g Ananaserdbeeren
80 g Kristallzucker
Saft von 1/4 Zitrone
200 g gemischte Beeren wie Himbeeren, Brombeeren, Walderdbeeren, Heidelbeeren

Zum Anrichten

300 ml geschlagenes, leicht gesüßtes Obers
Gebäck: Kokoszungen (Rezept Seite 293) oder Eiswaffeln

1 Die gewaschenen, entstielten Erdbeeren mit 100 g Zucker und dem Zitronensaft mixen. Das Obers nicht zu stark ausschlagen und wieder in den Kühlschrank stellen.

2 Die Eiklar mit dem restlichen Zucker unter Rühren im Wasserbad auf etwa 35 °C erwärmen und zu Schnee schlagen. Das Erdbeermark locker mit dem Schnee mischen und mit dem Obers melieren. In die vorgesehene Form, Portionsformen oder Gläser füllen und tiefkühlen.

3 Für die Sauce die Erdbeeren waschen, entstielen und mit dem Zucker und Zitronensaft mixen. Mit den gemischten Beeren verrühren.

4 Das Parfait mit der Beerensauce, dem geschlagenen Obers und Gebäck anrichten. Nach Belieben mit Minzeblättchen garnieren.

Haselnußparfait mit Ribiselsauce

Für 8–10 Portionen

220 g frisch geröstete, geschälte Haselnüsse
1/2 l Schlagobers
6 Eidotter
200 g Kristallzucker
10 g Vanillezucker
1 Prise Salz
4 Eiklar

Für die Ribiselsauce

300 g Ribisel
100 g Kristallzucker
50 ml Wasser

Zum Anrichten

300 ml leicht gesüßtes, geschlagenes Obers
Gebäck: Haselnußplätzchen (Rezept Seite 291) oder Eiswaffeln

1 Die Haselnüsse grob reiben oder hacken und 110 g davon als Einlage beiseite legen. Die restlichen Haselnüsse im Mixer so fein wie möglich zu einer Paste reiben. Das Obers schlagen und wieder in den Kühlschrank stellen.

2 Die Eidotter mit 120 g Zucker, Vanillezucker und Salz schaumig rühren. Die Eiklar, mit dem restlichen Zucker gemischt, zu Schnee schlagen. Die Haselnußpaste flüchtig mit den Dottern mischen und mit dem Eischnee, dem geschlagenen Obers sowie den groben Haselnüssen locker melieren. In die vorgesehene Form oder Portionsformen füllen und tiefkühlen.

3 Die Ribisel für die Sauce mit dem Zucker und dem Wasser aufkochen und passieren. Auskühlen lassen.

4 Das Parfait mit der Ribiselsauce, dem geschlagenen Obers und dem Gebäck anrichten.

Grand-Marnier-Parfait mit Himbeersauce

Für 8–10 Portionen

1/2 l Schlagobers
130 g Kristallzucker
3 g Vanillezucker
1 Prise Salz
1 Ei
4 Eidotter
9 cl Grand Marnier

Für das Mandelgebäck

150 g gehobelte Mandeln
100 g Staubzucker
3 g Vanillezucker
2 Eier
1 Eiklar
1 Prise Salz

Für die Himbeersauce

350 g Himbeeren
50 g Kristallzucker

Zum Anrichten

300 ml geschlagenes, leicht gesüßtes Obers

1 Das Obers mit den restlichen Zutaten, ausgenommen den Likör, mischen und unter Rühren auf 82 °C erhitzen. Mixen und im kalten Wasserbad rasch abkühlen. Im Temperaturbereich unter 30 °C in Abständen und nur kurz umrühren. Im Kühlschrank 24 Stunden reifen lassen.

2 Die Parfaitmasse aufschlagen wie Obers, in die vorgesehenen Formen oder Gläser füllen und tiefkühlen.

3 Für das Mandelgebäck alle Zutaten kurz verrühren. Aus der Masse mit einem Löffel unregelmäßige Häufchen auf Backpapier setzen. Mit einer nassen Gabel flach drücken und bei 170 °C im vorgeheizten Backrohr nach Sicht knusprig backen.

4 Für die Sauce 250 g Himbeeren mit dem Zucker mixen und die restlichen Himbeeren einrühren.

5 Das Parfait mit dem geschlagenen Obers und der Himbeersauce anrichten. Das Mandelgebäck auf einem separaten Gebäckteller präsentieren.

Sabayonparfait mit Kirschsauce

Für 8–10 Portionen

200 ml Schlagobers
200 ml trockener Sekt
200 g Kristallzucker
5 cl Kirschwasser
3 g Gelatine
8 Eidotter

Für die Kirschsauce

300 g Kirschen
50 g Honig
20 g Zucker
120 ml Bordeaux
1,5 cl Kirschwasser
2 g Mais-Stärkemehl

Zum Anrichten

300 ml geschlagenes, leicht gesüßtes Obers
Gebäck: Rosinenplätzchen (Rezept Seite 293) oder Eiswaffeln

1 Das Obers nicht zu stark ausschlagen und wieder in den Kühlschrank stellen.

2 Die restlichen Zutaten – Pulvergelatine vor der Beigabe zuerst mit drei Teilen kaltem Wasser angerührt oder Blattgelatine in kaltem Wasser eingeweicht und nach dem Weichwerden wieder aus dem Wasser genommen – wie Weinchaudeau im kochenden Wasserbad zu schaumiger Konsistenz und leichter Bindung (durch die Dotter) aufschlagen und wieder kalt schlagen. In das geschlagene Obers einmelieren und eventuell in Sektschalen füllen. Nach oben sollten etwa 15 mm freier Raum bleiben. Tiefkühlen.

3 Die Kirschen für die Sauce waschen, entsteinen und mit den anderen Zutaten, aber noch ohne Stärkemehl, zugedeckt weich kochen. Abseihen und die Hälfte der Kirschen beiseite legen. Die restlichen Kirschen mit dem Saft im Mixer pürieren, durch ein Sieb passieren und nochmals aufkochen. Das Stärkemehl mit wenig Wasser verrühren, zugeben und einkochen. Die separierten Kirschen einrühren und kalt stellen.

4 Die Kirschsauce auf dem Parfait anrichten. Mit dem Dressiersack und großer Sterntülle eine Obersrosette aufdressieren und ein Rosinenplätzchen hineinstecken.

Grundsätzliches zu Eisbechern

Dafür sollte man das leichtere und geschmeidigere Eis vom Eissalon oder Konditor dem dafür weniger geeigneten Industrieeis vorziehen. Frisch, am Tag der Verwendung geholt, schmeckt's natürlich am besten.
Die anderen, teilweise selbst herzustellenden Zutaten gewähren Individualität. Aus diesem Grund und auch, weil Gläservolumen und Portionsgrößen gerade bei Eisspeisen sehr unterschiedlich gewählt werden, wurde auf Gewichtsangaben fast zur Gänze verzichtet.
Die vorgesehenen Gläser oder Schalen sollten zum Anrichten tiefgekühlt sein. Waffeln oder Eisgebäck werden nach Belieben dazu gereicht.
In der Anrichtebeschreibung wird der Begriff »Kugeln« verwendet. Dazu ist ein Eisportionierer Voraussetzung. Dieser kann natürlich durch einen in lauwarmes Wasser getauchten Löffel ersetzt werden.

Fruchtbecher

Für die Früchtemischung

Mango
Lychees
Zuckermelone
Ananaskompott
Kompottmandarinen
Ananaserdbeeren
Cointreau oder anderer Likör

Eissorten

Zitroneneis
Marilleneis
Erdbeereis

1 Die Früchte in grobe Stücke schneiden. Mit etwas Saft von den Dosenananas und Dosenmandarinen sowie Likör nach Belieben einen Fruchtsalat herstellen.

2 In breite Gläser, eventuell Sektschalen aufteilen und mit je 1 Kugel Eis von allen drei Sorten anrichten.

Wiener Eiskaffee

- leicht gezuckerter Mocca
- Vanilleeis
- leicht gezuckertes, geschlagenes Obers
- etwas Kaffeepulver
- Trinkhalme, Eisgebäck

1 Den kalten Mocca in hohe Gläser gießen und jeweils 2 Kugeln Vanilleeis hineingleiten lassen.

2 Das geschlagene Obers in einen Dressiersack mit großer Sterntülle füllen, eine dicke Rosette aufdressieren und diese mit etwas Kaffeepulver bestreuen.

3 Einen Trinkhalm einstecken und separat Eisgebäck dazu servieren.

Ladykiller

- Vanilleeis
- Irish Cream (Likör)
- leicht gezuckertes, geschlagenes Obers
- Herzwaffeln

1 In niedere, breite Stielgläser je 3 Kugeln Vanilleeis geben und je nach Geschmack mit mehr oder weniger Irish Cream beträufeln.

2 Eine Portion Schlagobers daraufspritzen und eventuell gegenüberliegend zwei Herzwaffeln hineinstecken.

Karamelbecher

- Vanilleeis
- Haselnußeis
- Schokoladeeis
- Karamelsauce (siehe Vanilleparfait mit Karamelsauce, Seite 338)
- leicht gezuckertes, geschlagenes Obers
- frisch geröstete, geschälte und grob gebrochene Haselnüsse
- eventuell eine Kompottkirsche als Farbtupfen

1 In breite Gläser je 1 Kugel Vanille-, Haselnuß- und Schokoladeeis verteilen. Mit Karamelsauce begießen und eine Schlagobersrosette aufspritzen.

2 Mit Haselnußstückchen bestreuen, eine Kirsche in die Mitte setzen und Eisgebäck oder Eiswaffeln dazu reichen.

Joghurtbecher

Ananaserdbeeren
Staubzucker
Joghurt
geschlagenes Obers
Erdbeereis

1 Zunächst die Erdbeerjoghurtcreme zubereiten. Dafür die gewaschenen Erdbeeren vierteln und im Verhältnis 3:1 mit Staubzucker mischen. 1 Stunde ziehen lassen.

2 Volumensmäßig zu gleichen Teilen zuerst Joghurt und geschlagenes Obers flüchtig mischen und dann die Erdbeeren mit dem Saft einrühren.

3 Die Creme in breite Eisgläser füllen und in die Mitte jeweils 1 Kugel Erdbeereis portionieren.

Joghurteiscreme mit Himbeeren

Für 4 Gläser

Das schnelle Dessert für heiße Tage.

450 g Himbeeren
30 g Staubzucker
300 g Joghurt
Saft von 1 1/2 Zitronen
8 Kugeln Vanilleeis
2 cl Curaçao

1 150 g Himbeeren in eine Schale geben und mit dem Staubzucker bestreuen.

2 Die restlichen Himbeeren mit Joghurt, Zitronensaft und 4 Kugeln Vanilleeis mit dem Stabmixer pürieren und in hochstielige Gläser bis etwa zur Hälfte einfüllen.

3 Je 1 Kugel Vanilleeis daraufgeben und mit den gezuckerten Himbeeren garnieren. Den Curaçao darüberträufeln.

Eistorte

Für 2 Eistorten mit einem Durchmesser von 24 cm

Honigparfait und Erdbeereis auf einem Mandelschaummasseboden, außen herum Schlagobers und mit Stückchen von der Mandelschaummasse locker bestreut. Dazu wird ein Erdbeersalat serviert. Es wäre aufgrund der vielen Zutaten und daher kleinen Mengen nicht vorteilhaft, nur 1 Torte zubereiten zu wollen. Die Rezeptur ist daher für 2 Eistorten in Tortenreifen von 24 cm Durchmesser und 5 cm Höhe berechnet. Es ist kein Problem, eine Torte, halbfertig tiefgekühlt, für einen späteren Zeitpunkt aufzubewahren.

Für die Mandelschaummasse

4 Eiklar
200 g Kristallzucker
100 g geröstete, geschälte, feingeriebene Mandeln
50 g Mehl
1 Prise Zimt

Für das Honigparfait

100 g kandierte Ananas
60 g Trockenmarillen
60 g Cocktail- oder Belegkirschen
3 cl Maraschino
3 cl Kirschwasser
180 ml Milch
80 g Kristallzucker
15 g Vanillepuddingpulver
1 Eidotter
50 g Honig
50 g frisch geröstete, geschälte, grob gebrochene Haselnüsse
1/2 l geschlagenes Obers

Für den Erdbeersalat (je Torte)

500 g Erdbeeren
50 g Zucker
3 cl Grand Marnier
Saft von 1/2 Zitrone

Außerdem

1 kg Erdbeereis vom Eissalon
150 ml geschlagenes, leicht gesüßtes Obers zum Einstreichen je Torte

1 Das Backrohr auf 140 °C einstellen und zwei Backbleche einschieben. Die Mandelschaummasse muß zum späteren besseren Lösen vom Papier mit diesem zum Backen auf die heißen Bleche gezogen werden. Zwei Stücke Backpapier in Blechgröße zuschneiden und jeweils einen Kreis mit dem Durchmesser von 26 cm aufzeichnen.

2 Die Eiklar mit dem Zucker im Wasserbad unter Rühren auf etwa 35 °C erwärmen und zu Schnee schlagen. Die Mandeln mit dem Mehl und Zimt mischen und einmelieren. Mit einem Dressiersack und glatter Tülle (8 mm Durchmesser) spiralförmig die Masse innerhalb der beiden Kreise, in der Mitte beginnend, aufdressieren. Auf die heißen Bleche legen und bei 140 °C etwa 25 Minuten backen. Anschließend die Backrohrtemperatur auf 60 °C reduzieren und 6–7 Stunden trocknen lassen. Die beiden Böden mit einem kleinen Messer und mit Hilfe des Tortenreifens dem inneren Durchmesser entsprechend zuschneiden. Die Abfälle, in kleine Stückchen geteilt, zum späteren Garnieren trocken aufbewahren.

3 Die Früchte für das Parfait in kleine Würfel schneiden, die Kirschen vierteln. Mit dem Likör und Kirschwasser einige Stunden marinieren.

1 Die Mandelschaummasse spiralförmig auf das Backpapier dressieren.

2 Die Honigparfaitmasse auf den gebackenen Boden in den Tortenring füllen.

3 Das weiche Erdbeereis auf das gefrorene Parfait streichen und erneut tiefkühlen.

4 Zuletzt die gesamte Torte gleichmäßig dick mit dem Schlagobers einstreichen.

4 Zwei Tortenreifen vorbereiten, wie in der Einleitung zum Kapitel Oberstorten (Seite 195) beschrieben, und die Böden einlegen.

5 Die Milch mit 30 g Zucker, dem Vanillepuddingpulver und dem Dotter vermischen und unter Rühren mit dem Schneebesen eine Vanillecreme kochen. Den restlichen Zucker und den Honig einrühren und die Creme kalt rühren. Mit den Haselnüssen, den Früchten und dem geschlagenen Obers melieren und in die beiden Tortenreifen exakt einstreichen. Tiefkühlen.

6 Sobald das Parfait gefroren ist, das leicht erweichte Erdbeereis gleichmäßig darüber verstreichen, die Torte locker mit Folie abdecken und wieder in den Tiefkühler stellen.

7 Für den Erdbeersalat die gewaschenen Erdbeeren vierteln oder halbieren, mit den anderen Zutaten mischen und durchziehen lassen.

8 Die Eistorte aus dem Reifen nehmen und ganz mit dem geschlagenen Obers einstreichen. Sofort, da das Obers schnell anfriert, mit den aufbewahrten Stückchen von der Mandelschaummasse bestreuen. Den Folienstreifen entfernen. Portionieren und mit dem Erdbeersalat anrichten.

Pikant gebacken

Traditionelle Rezepte Seite 349
Moderne Rezepte Seite 350

Die pikanten Bäckereien sind sicher nicht die Domäne der österreichischen Backtradition. Die Einflüsse stammen eher aus nordischen Ländern, aus Frankreich oder auch aus Rußland. Doch sind die pikanten kleinen Gebäcke oder die würzig gefüllten Mundbissen, die gern zum Aperitif gereicht werden, heute durchaus übliche Praxis geworden. Bei den warm servierten pikanten Strudeln und Torten hat sich inzwischen eine Fülle von Rezepten eingebürgert, die bereits zum Standard der österreichischen Backstuben gehören. Zwiebelkuchen und verschieden belegte Quiches sind beliebte kleine Mahlzeiten geworden.
In der häuslichen Bäckerei sind vor allem die schnell zubereiteten Kekse, die Kipferln und Pogatscherl gefragt. Ein salziger Mürbeteig läßt sich genauso variabel verarbeiten wie der süße. Und der Butter- beziehungsweise Blätterteig ist für pikante Gebäcke geradezu prädestiniert. Hierfür bietet die Tiefkühlware eine willkommene Erleichterung: Vorschriftsmäßig aufgetaut und ausgerollt, mit dem gewellten Teigrädchen in Streifen geschnitten, diese zu Spiralen gedreht, mit Eigelb bestrichen und mit Kümmel bestreut, und schon können die feinen Stangen gebacken werden. Hier kann die Hausfrau ihrer Phantasie freien Lauf lassen und durch Ausprobieren raffinierte Kombinationen erfinden, die Überraschung auslösen werden.
Der Käse nimmt als Zutat für pikante Gebäcke einen hohen Stellenwert ein. Man kann zwischen zahlreichen Sorten und Geschmacksrichtungen wählen, er kann im Teig und in der Füllung oder einem Belag eingesetzt werden, es kann geriebener Hartkäse sein, wie zum Beispiel ein Bergkäse, oder Frischkäse in den verschiedenen Fettgehaltsstufen – vom einfachen Topfen bis zum Doppelrahmfrischkäse. Zu den würzenden Zutaten, mit denen ausgestochene Teigplätzchen nur bestreut werden, gehören vornehmlich grobes Salz und Kümmel, aber auch die Samen von Mohn und Sesam. Einen Versuch ist es wert, zum Beispiel in einen salzigen Mürbeteig frisch gehackte Kräuter einzuarbeiten und daraus dünn ausgerollte und rund ausgestochene oder viereckig ausgeschnittene Cracker zu backen.

Traditionelle Rezepte

Grammel-pogatscherl
Österreich-Ungarn

500 g Mehl
20 g Germ (Hefe)
1 Prise Zucker
1 EL lauwarmer Sauerrahm
knapp 1/4 l lauwarme Milch
1 Eidotter, 1 TL Butter
1 Prise Salz

Außerdem

250 g gemahlene Grammeln (Grieben)
Butter für das Blech
Ei zum Bestreichen

1 Das Mehl in eine Schüssel sieben. Die Germ mit dem Zucker in dem Sauerrahm und 3 EL Milch auflösen. Zum Mehl geben und mit einem Teil des Mehls vermischen. Die Schüssel zudecken und das Dampfel an einem warmen Ort aufgehen lassen.

2 Den Dotter mit der Butter schaumig rühren. Zusammen mit der restlichen Milch und dem Salz zum Mehl geben. Gut durchkneten, bis sich der Teig vom Schüsselrand löst. Mit einem Tuch abdecken und aufgehen lassen, bis der Teig etwa das Doppelte seines Volumens erreicht hat.

3 Noch einmal durchkneten und dünn zu einem Quadrat ausrollen. Mit den gemahlenen Grammeln bestreichen. Den Teig von rechts nach links und von unten nach oben zusammenlegen und 10 Minuten ruhen lassen.

4 Erneut dünn ausrollen, wie oben zusammenlegen und ruhen lassen. Diesen Vorgang noch zweimal wiederholen.

5 Den Teig zuletzt etwa 2 cm dick ausrollen. Mit einem scharfen, bemehlten Messer und einem Lineal kleine Quadrate markieren und mit einem runden Ausstecher Pogatscherl ausstechen. Auf ein gebuttertes Backblech legen, mit Ei bestreichen und nochmals aufgehen lassen.

6 Bei 190 °C im vorgeheizten Backrohr in 20–25 Minuten goldgelb backen.

Wunderkeks

240 g griffiges Mehl
180 g Butter
200 ml Sauerrahm
1 Prise Salz

Außerdem

1 Eidotter zum Bestreichen
grobes Salz, Kümmel
oder geriebener Käse und
Paprikapulver zum Bestreuen

1 Das Mehl auf die Arbeitsfläche häufen. Die Butter in Stücken, den Sauerrahm und das Salz dazugeben und rasch zu einem glatten Teig kneten. 3 mm dick ausrollen, in 4 gleiche Teile schneiden, aufeinanderlegen und 20 Minuten kalt stellen.

2 Erneut ausrollen, wieder in 4 gleiche Teile schneiden, aufeinanderlegen und 20 Minuten kalt stellen. Den Vorgang nochmal wiederholen, diesmal aber die aufeinandergelegten Teiglagen mit einem Tuch bedecken und über Nacht kalt stellen.

3 Den Teig am nächsten Tag 2 mm dick ausrollen und in Streifen oder Vierecke schneiden oder runde Plätzchen ausstechen. Auf ein mit Backpapier belegtes Backblech setzen, mit verquirltem Eidotter bestreichen und mit Salz oder Kümmel oder Käse und Paprikapulver bestreuen. Bei 180 °C im vorgeheizten Backrohr 10–15 Minuten backen.

Moderne Rezepte

Mürbe Käsekekse

Diese sollten nur für den Tag gebacken werden. Die ausgestochenen Teilchen können ungebacken jedoch ohne weiteres als Vorrat eingefroren werden. Bei Bedarf aus dem Tiefkühler nehmen, auf Bleche legen und ausfertigen, wie nachfolgend beschrieben.

- 250 g Butter
- 250 g Mehl
- 200 g Schmelzkäse
- 100 g Topfen (10 % Fett)
- 10 g Salz
- 3 g Paprikapulver

Außerdem

- Ei zum Bestreichen
- geriebener Emmentaler, Mohn, halbe Mandeln, leicht geröstete, geschälte Haselnüsse, Kümmel, Sesam, Leinsamen usw. zum Belegen oder Bestreuen
- Salz

1 Die Zutaten für den Teig kurz zusammenwirken, in Folie wickeln und 1/2 Stunde im Kühlschrank rasten lassen.

2 Den Teig 6 mm dick ausrollen, mit verschiedenen Keksausstechern ausstechen und auf mit Backpapier belegte Backbleche setzen. Mit Ei bestreichen. Die Mitte der einzelnen Kekse nach Belieben bestreuen oder belegen und locker salzen. Bei 200 °C im vorgeheizten Backrohr backen. Diese Käsekekse sollen wohl eine appetitlich braune Backfarbe bekommen, aber nicht knusprig durchgebacken sein, sondern eine weiche Krume aufweisen.

Käsetaler

- 100 g Raclette-Käse
- 100 g Emmentaler
- 50 g Parmesan
- 280 g Butter
- 280 g Mehl
- 10 g Salz
- 4 g Paprikapulver

1 Die drei Käsesorten nicht zu fein reiben. Die temperierte Butter mit dem Käse und allen anderen Zutaten kurz zusammenwirken und zu Rollen von 5 cm Durchmesser formen. Tiefkühlen.

2 Auf der Brotschneidemaschine 4 mm dicke Scheiben davon abschneiden und auf mit Backpapier belegte Bleche setzen. Bei 200 °C im vorgeheizten Backrohr in etwa 20 Minuten braun und knusprig backen.

Käsestangerl

- 250 g Mehl
- 8 g Backpulver
- 180 g Butter
- 60 g geriebener Emmentaler
- 40 g geriebener Parmsean
- 50 ml Milch
- 10 g Salz
- 2 Eidotter

Außerdem

- Ei zum Bestreichen
- 100 g Emmentaler und 20 g Parmesan, gerieben, zum Bestreuen
- Knoblauchpulver, Kümmel oder Paprikapulver
- Salz

1 Das Mehl mit dem Backpulver sieben. Mit den übrigen Zutaten kurz zusammenwirken, in Folie wickeln und 1/2 Stunde im Kühlschrank rasten lassen.

2 Den Teig 2 mm dick ausrollen und auf eine leicht mit Mehl bestaubte Unterlage, die in den Tiefkühlschrank paßt, legen. Mit Ei bestreichen, den Käse zum Bestreuen mit dem gewünschten Gewürz mischen und damit die Teigfläche bestreuen und locker salzen. Zum besseren Weiterbearbeiten kurz tiefkühlen.

3 In 15 mm breite und etwa 12 cm lange Streifen schneiden und diese auf mit Backpapier belegte Backbleche setzen. Bei 200 °C im vorgeheizten Backrohr nach Sicht knusprig ausbacken.

Thunfischschnitten

Für etwa 25 Stück

300 g Topfenteig (siehe Topfeneckerl, Seite 126)

Für die Füllung

200 g gehackter Thunfisch (Dose)
80 g süßsaure Gurkerl, kleinwürfelig geschnitten
50 g feingeschnittene Zwiebel
20 g Estragonsenf
50 g Mayonnaise
frisch gemahlener Pfeffer
Salz

Außerdem

Ei zum Bestreichen

1 Den Topfenteig 2 mm dick und 30 cm breit ausrollen. In zwei Streifen von je 15 cm Breite teilen.

2 Für die Füllung alle Zutaten miteinander vermischen und je zur Hälfte der Länge nach etwa 5 cm breit auf die Mitte der beiden Streifen verteilen. Jeweils eine Längskante mit Ei bestreichen und die Füllung ungefähr 2 cm überlappend in den Teig einschlagen.

3 Die beiden Strudel mit dem Schluß nach unten auf ein mit Backpapier belegtes Backblech legen. Mit einem scharfen Messer an der Oberseite in 1 cm breiten Abständen schräg und etwa 4 cm lang einschneiden. Mit Ei bestreichen. Bei 220 °C im vorgeheizten Backrohr etwa 20 Minuten backen.

4 Etwas überkühlen lassen und zum Portionieren bei jedem dritten Einschnitt ganz durchschneiden.

Champignonschnitten

Für etwa 25 Stück

Sie werden wie die Thunfischschnitten zubereitet, jedoch mit einem Champignonragout gefüllt.

Für das Champignonragout

250 g Champignons
Saft von 1 Zitrone
30 g Butter
30 g feingeschnittene Zwiebel
100 g Sauerrahm, 15 g Mehl
Salz, 10 g gehackte Petersilie

Außerdem

Salz und Sesam zum Bestreuen

1 Die Champignons putzen, blättrig schneiden und, um eine Braunfärbung zu verhindern, sofort mit dem Zitronensaft mischen.

2 Die Butter in einer flachen Pfanne zerlassen und die Zwiebel darin glasig anschwitzen. Die Champignons zugeben und bei starker Hitze kurz, damit sie nicht zuviel Wasser abgeben, mitschwitzen.

3 Den Sauerrahm mit dem Mehl und etwas Salz mischen, einrühren und aufkochen. Die Petersilie einrühren. Das Ragout auskühlen lassen und weiterarbeiten, wie bei Thunfischschnitten beschrieben.

4 Nach dem Einschneiden des Teiges auf der Oberseite leicht salzen und locker mit Sesam bestreuen. Bei 220 °C backen.

Sardellenringerl in Blätterteig

Für etwa 30 Stück

400 g Butter-(Blätter-)teig (Rezept Seite 54 oder Tiefkühlware)
30 Sardellenringerl

Außerdem

Ei zum Bestreichen
grobgehackte Erdnüsse und Salz zum Bestreuen

1 Den Blätterteig 1,5 mm dick ausrollen und in Rechtecke von 5 × 7 cm Größe schneiden. Die Kanten mit Ei bestreichen. Die Sardellenringerl auflegen, der Breite nach zusammenklappen. Die Kanten gut schließen und auf ein mit Backpapier belegtes Blech setzen.

2 Mit Ei bestreichen und locker mit Erdnußstückchen bestreuen. Leicht salzen. Bei 200 °C im vorgeheizten Rohr 20 Minuten backen.

Käse- und Salzgebäck aus Blätterteig

Gebäck aus Blätterteig (Butterteig) sollte so frisch wie möglich zu Tisch kommen. Am besten noch leicht warm oder zumindest aufgeröscht – dafür im Backrohr nochmals kurz aufbacken.

Butter-(Blätter-)teig (Rezept Seite 54 oder Tiefkühlware)
Ei zum Bestreichen
geriebener Käse
geröstete, geschälte, geriebene Haselnüsse, gehobelte Mandeln, Kümmel, Sesam, Leinsamen, gehackte Sonnenblumen- oder Kürbiskerne u. ä. zum Bestreuen
Salz

1 Den Blätterteig 1,5 mm dick ausrollen, auf Backbleche abrollen, mit Ei bestreichen und mit den verschiedenen Zutaten bestreuen. Auf einem Backblech kann der Teig in mehrere Segmente unterteilt und nach Belieben bestreut werden. Locker salzen.

2 Mit einem Teigrädchen in Quadrate, Rechtecke, Dreiecke, Rhomben usw. schneiden. Die einzelnen Teilchen brauchen nicht auseinandergelegt zu werden, weil Blätterteig beim Backen schrumpft. Bei 200 °C im vorgeheizten Backrohr rösch ausbacken.

Schinkenkipferln

Für etwa 25 Stück

400 g Butter-(Blätter-)teig (Rezept Seite 54 oder Tiefkühlware)

Für die Schinkenfüllung

250 g Preßschinken
20 g feingehackte Zwiebel
1 Eidotter
Salz, frisch gemahlener Pfeffer, Paprikapulver

Außerdem

Ei zum Bestreichen
Kümmel und Salz zum Bestreuen

1 Den Schinken faschieren und mit Zwiebel, Dotter und den Gewürzen nach Geschmack mischen.

2 Den Blätterteig 1,5 mm dick und 30 cm breit ausrollen. In zwei Streifen von je 15 cm Breite teilen und in 6 × 15 × 15 cm große Dreiecke schneiden.

3 Die Schinkenfarce in kleinen Häufchen auf die Schmalseiten setzen, aufrollen, Kipferln formen und mit dem Schluß nach unten auf mit Backpapier belegte Backbleche setzen.

4 Mit Ei bestreichen, in der Mitte mit Kümmel bestreuen und leicht salzen. Bei 200 °C im vorgeheizten Backrohr 15–20 Minuten backen.

Blätterteigröllchen mit Frischkäse

Butter-(Blätter-)teig (Rezept Seite 54 oder Tiefkühlware)
Ei zum Bestreichen
Sesam, Salz zum Bestreuen

Für die Füllung

Frischkäse, Jungzwiebel
Salz, Schlagobers

Außerdem

feingeschnittener Schnittlauch (nach Belieben)

1 Den Blätterteig 1,5 mm dick ausrollen und, in entsprechend breite und lange Streifen geschnitten, auf Käseröllchenformen wie Schaumrollen (siehe Seite 135) aufrollen. Auf mit Backpapier belegte Backbleche setzen.

2 Mit Ei bestreichen, locker mit Sesam bestreuen und leicht salzen. Bei 200 °C im vorgeheizten Backrohr etwa 20 Minuten backen und noch warm die Formen herausziehen. Auskühlen lassen.

3 Für die Füllung den Frischkäse mit wenig feingehackter Jungzwiebel, Salz und etwa 10 % flüssigem Obers mischen. In einen Dressiersack mit glatter Tülle füllen und in die Röllchen spritzen. Die Enden eventuell locker in feingeschnittenen Schnittlauch tauchen.

Lachs-täschchen

Für etwa 30 Stück

400 g Butter-(Blätter-)teig (Rezept Seite 54 oder Tiefkühlware)

Für die Füllung

200 g kleinwürfelig geschnittener Räucherlachs
50 g Frischkäse
20 g gehackte Jungzwiebel
frisch geriebener Kren und Salz nach Geschmack

Außerdem

Ei zum Bestreichen
einige gefüllte Oliven, in dünne Scheiben geschnitten

1 Die Zutaten für die Füllung sorgfältig miteinander vermischen.

2 Den Blätterteig 1,5 mm dick ausrollen. Mit einem scharfen Messer in Quadrate von 6 cm Kantenlänge schneiden und die Kanten mit Ei bestreichen.

3 Die Lachsfüllung in kleinen Häufchen in die Mitte der Quadrate plazieren und zu Dreiecken zusammenlegen. Die Kanten gut schließen und auf mit Backpapier belegte Backbleche setzen.

4 Die Oberflächen mit Ei bestreichen, jeweils eine dünne Olivenscheibe auflegen und leicht salzen. Bei 200 °C im vorgeheizten Backrohr etwa 20 Minuten backen.

Spinatkuchen

Für 1 Torte von
24 cm Durchmesser

geriebener Teig
(Rezept Seite 60)

Für den Belag

140 g geputzter Blattspinat
70 ml Schlagobers
70 g Frühstücksspeck

Für die Royal

1/4 l Milch
1/4 l Schlagobers
100 g geriebener Emmentaler
5 Eidotter
Salz
frisch gemahlener Pfeffer
frisch geriebene Muskatnuß

1 Den geriebenen Teig vorbereiten wie beim Brokkoli-Schinken-Kuchen.

2 Den Blattspinat im Obers dämpfen und auskühlen lassen. Den Speck in Würfel schneiden und kurz anrösten.

3 Die Zutaten für die Royal mischen, auf etwa 50 °C erwärmen und mixen.

4 Den Spinat auf dem Teigboden verteilen, die Royal darübergießen und die Speckwürfel aufstreuen. Bei 200 °C im vorgeheizten Backrohr 55–60 Minuten backen.

Brokkoli-Schinken-Kuchen

Für 1 Torte von
24 cm Durchmesser

Dieser Kuchen ist französischer Abstammung. Abgeleitet von der Quiche Lorraine, gibt es viele Variationen von gesalzenen Kuchen, zum Beispiel mit Gemüse-, Fleisch- und sogar Meeresfrüchteeinlagen. Das Typische dabei ist der Obers-Milch-Eierguß, die sogenannte Royal. Hier ist es ein Kuchen in Tortengröße. Genauso können kleine Törtchen in Vorspeisen- oder Portionsgröße hergestellt werden. Am besten warm und mit gemischten Blattsalaten servieren.

geriebener Teig
(Rezept Seite 60)

Für den Belag

500 g geputzter Brokkoli
160 g Schinken, in Streifen geschnitten
80 g feingehackte Zwiebel
20 g Öl
1 kleine Knoblauchzehe, fein gehackt

Für die Royal

200 ml Milch
200 ml Schlagobers
90 g geriebener Emmentaler
1 Ei
4 Eidotter
1 Knoblauchzehe, gehackt
Salz, frisch gemahlener Pfeffer

1 *Eine Quicheform, möglichst mit herausnehmbarem Boden, mit dem Teig auslegen und die oberen Ränder gerade abschneiden.*

2 *Die Hälfte der Schinkenstreifen, mit den Zwiebeln angeschwitzt, auf dem Teigboden verteilen, die Brokkoliröschen einfüllen.*

3 *Die Royal zubereiten und gleichmäßig auf den vorgebackenen Kuchen gießen. Zuvor die restlichen Schinkenstreifen aufstreuen.*

1 Einen Tortenreifen auf ein mit Backpapier belegtes Backblech stellen. Den geriebenen Teig 3 mm dick ausrollen und im Durchmesser von 32 cm ausschneiden. In den Tortenreifen einlegen, am Reifen bis zur oberen Kante andrücken und mit einem Messer abgleichen. Dabei beachten, daß die Teigfläche kein Loch aufweist, wo später die Royal auslaufen könnte. Genausogut kann der Teig auch in eine entsprechend große Quiche- oder Pieform gelegt werden.

2 Den Brokkoli in Salzwasser blanchieren, abtropfen und auskühlen lassen.

3 Etwa die Hälfte der Schinkenstreifen mit der Zwiebel in dem erhitzten Öl kurz anschwitzen, den Knoblauch einmischen. Nach dem Auskühlen auf dem Teigboden verteilen.

4 Für die Royal alle Zutaten verrühren und auf etwa 50 °C erwärmen. Mixen.

5 Den Brokkoli über der Schinkenmischung verteilen und bei 200 °C im vorgeheizten Backrohr 25 Minuten vorbacken. Die restlichen Schinkenstreifen darüber verteilen, die Royal darübergießen und den Kuchen in weiteren 30–35 Minuten bei gleicher Temperatur fertigbacken.

Warme Süßspeisen

Traditionelle Rezepte Seite 359
Moderne Rezepte Seite 389

Die warmen Süßspeisen zählen zu den beliebtesten Gerichten, welche die Mehlspeisenküche zu bieten hat. Sie gehören zu Österreich wie der Stephansdom zu Wien. Im Universallexikon der Kochkunst von 1890 (4. Auflage) werden sie so beschrieben: »Mehl-Speise. Unter diesem allg. Namen begreift man eine Menge verschiedenartiger, mit Hülfe von Mehl oder mehlhaltigen Bestandtheilen, wie Reis, Gries, Grütze, Nudeln, Semmel u. dergl., bereiteter Speisen, namentlich die Auflaufe, Puddings, Strudel, Schmarrn, Eierkuchen, Klöße, Dampfnudeln u. dergl., welche in Formen oder ohne dieselben entweder gebacken oder gekocht werden.« Und als solche sind sie weit über Österreichs Grenzen hinaus bekannt.
Geradezu weltberühmt geworden sind der Kaiserschmarren, die Salzburger Nockerln und die zahlreichen süßen Knödeln mit den diversen Füllungen. Der Kaiserschmarren war ursprünglich ein Kaiserinschmarren, denn er wurde 1854 von Wiener Köchen für die Kaiserin Elisabeth kreiert. Die fand aber weniger Gefallen daran als ihr Gatte, Kaiser Franz Joseph I., und so wurde daraus kurzerhand der Kaiserschmarren. Auf eine wesentlich ältere Geschichte können die Salzburger Nockerln verweisen. Diese schaumige Süßspeise zählte bereits zu den Lieblingsgerichten Wolfdietrichs von Raitenau (1559–1617), des Erzbischofs von Salzburg. Bis heute werden sie ihrem Ruhm als feinste aller Mehlspeisen gerecht.
Warme Süßspeisen sind nicht nur etwas für Kinder, wenn auch gerade der Milchreis zu ihren Favoriten gehört. Zum Beispiel einen hauchdünnen Palatschinken zu backen, einen Kochpudding richtig zu garen und anschließend stürzen zu können, ohne daß er seine Form verliert, oder ein locker aufgeschlagenes Soufflé zu servieren – dazu gehören Übung und Erfahrung. Und die zahlreichen Strudel sind unbedingt eine Kostprobe wert; warm serviert, schmecken sie am besten, sie können aber genausogut kalt gegessen werden. Gerade in diesem Kapitel bieten die traditionellen Rezepte einen tiefen Einblick, wie aus einfachen Zutaten köstliche Speisen entstehen können. Das Gebiet der einstigen k.u.k. Monarchie hat zu einer großen Vielfalt der warmen Süßspeisen in besonderem Maße beigetragen.

Nudeln, Reis & Co.

Traditionelle Rezepte

Grundrezept Nudelteig

500 g Mehl
3 Eier, 1 TL Salz
1 1/2–2 EL lauwarmes Wasser

1 Das Mehl auf ein Nudelbrett sieben und in die Mitte eine Vertiefung drücken. Die Eier mit dem Salz verrühren und 5 Minuten stehen lassen (intensiviert die Farbe). In die Vertiefung gießen, unter das Mehl rühren, dabei von der Mitte zum Rand hin arbeiten. Nach und nach das Wasser zufügen.

2 Mit beiden Händen einen glatten und glänzenden Teig kneten. Er darf nicht kleben, sondern muß fest und zäh sein. Bei Bedarf noch etwas Mehl dazugeben. In 4 gleich große Laibe teilen, diese einzeln rund formen und 30 Minuten, mit einem Topf zugedeckt, ruhen lassen.

Nudeln, Taschen, und Fleckerln schneiden

Auf einem bemehlten Nudelbrett den Teig etwa 2 mm dick ausrollen. Für Nudeln in 5 cm breite Streifen schneiden, die Oberflächen leicht bemehlen, aufeinanderlegen und mit einem scharfen Messer in 2 mm bis 1 cm breite Nudeln schneiden. Fleckerl in 1–2 cm, Taschen in 5 × 5 cm große Quadrate schneiden. Die Teigwaren mit den Händen etwas auflockern und 30 Minuten trocknen lassen.

1 ***Fleckerln:*** *Den ausgerollten Teig aufeinanderlegen und in 10 cm breite Streifen schneiden.*

2 *Von jeder Teigbahn quer 1–2 cm breite Streifen und von diesen Quadrate abschneiden.*

Frische Nudeln kochen

Die Teigwaren in reichlich sprudelnd kochendes Salzwasser einlegen und kochen, bis sie an die Oberfläche steigen. Das dauert etwa 2 Minuten. Nach dem Abseihen je nach Rezeptanleitung weiterverarbeiten.

Stroh und Heu

Österreich

frische Nudeln nach Grundrezept (links, doppelte Menge)
50 g Butter
Salz, 1/2 l Milch
500 g geschälte, geriebene Mandeln, mit etwas Zucker gemischt

1 Nach dem Grundrezept kleinfingerbreite, kurze Nudeln herstellen. Die Hälfte davon (sie müssen frisch sein!) in der zerlassenen Butter unter häufigem Wenden hellgelb braten. Die andere Hälfte in die leicht gesalzene, kochende Milch schütten und abseihen, sobald sie aufgestiegen sind.

2 In eine Schüssel abwechselnd gebratene und gekochte Nudeln einschichten, dabei jede Schicht reichlich mit der Mandelmischung bestreuen. Mit Weinchaudeau oder Vanillesauce servieren.

Marienbader Cremenudeln

BÖHMEN, MÄHREN

frische Nudeln nach
Grundrezept (Seite 359)
1 l Milch
2 EL Zucker, 1 EL Butter

Für die Vanillecreme

300 ml Schlagobers
1 Päckchen Vanillezucker
3 Eidotter, 1 TL Mehl

Für den Spanischen Wind

4 Eiklar, 4 EL Staubzucker
Staubzucker zum Besieben

1 Den Spanischen Wind am besten einige Stunden vorher (oder am Vorabend) zubereiten. Dafür die Eiklar mit dem Staubzucker schlagen, bis der Eischnee glänzt und Spitzen bildet. Kleine Häufchen auf ein mit Backpapier belegtes Blech setzen, mit Staubzucker besieben und im offenen Rohr bei schwacher Hitze (80–100 °C) mehr trocknen lassen als backen, sie sollen hell bleiben.

2 Nach dem Grundrezept kleinfingerbreite Nudeln herstellen.

3 Die Milch zum Kochen bringen, den Zucker und die Butter einrühren. Die Nudeln einstreuen und so lange unter ständigem Rühren kochen, bis sie die Milch aufgesogen haben.

4 Während die Nudeln kochen, für die Vanillecreme alle Zutaten verrühren, auf ein heißes Wasserbad setzen und so lange abschlagen, bis eine dickliche Creme entstanden ist.

5 Die Nudeln in eine Schüssel füllen, mit der Vanillecreme übergießen und mit dem Spanischen Wind verzieren.

Preßburger Nuß- oder Mohnfleckerln

ÖSTERREICH, SLOWAKEI

Fleckerln nach Grundrezept,
zusätzlich 1 Ei (Seite 359)
30 g Schweineschmalz

Für die Crememasse

3 Eier, getrennt
100 g Staubzucker
1 Päckchen Vanillezucker
50 g Rosinen
abgeriebene Schale von
1/2 unbehandelten Zitrone
1 Prise Salz

Für die Füllung

1/4 l Wasser
125 g Zucker
125 g geriebene Haselnüsse
oder feingemahlener Mohn
2 EL Milch, 1 TL Zucker
50 g Rosinen
abgeriebene Schale von
1/2 unbehandelten Zitrone

Außerdem

20 g Fett und 25 g Rosinen
für die Form

1 Die Fleckerln – mit 4 Eiern zubereitet – in reichlich kochendem Wasser nur knapp gar kochen und abtropfen lassen. Das Schmalz erhitzen und die Fleckerln darin wenden, damit sie nicht zusammenkleben.

2 Für die Crememasse die Eidotter mit 50 g Staubzucker und dem Vanillezucker glattrühren. Die Hälfte der Rosinen, die Zitronenschale und das Salz zufügen, zuletzt die mit dem restlichen Staubzucker zu Schnee geschlagenen Eiklar unterheben. Die Fleckerln vorsichtig mit der Crememasse vermengen.

3 Eine höhere Auflaufform ausfetten, die Rosinen einstreuen und die Hälfte der Cremefleckerln einfüllen. Bei 180 °C im vorgeheizten Rohr 5 Minuten backen.

4 Inzwischen für die Füllung das Wasser mit dem Zucker kräftig aufkochen. Die Nüsse oder den Mohn einrühren. Über die heißen Fleckerln verteilen. Die Milch mit dem Zucker erhitzen und über die Füllung gießen. Rosinen und Zitronenschale darauf verteilen.

5 Die Füllung mit der zweiten Hälfte der Cremefleckerln abdecken und bei 190 °C etwa 15 Minuten überbacken. In gleichmäßige Stücke schneiden und heiß servieren.

Powidltascherln

BÖHMEN

frische Nudeln nach Grundrezept (halbe Menge, Seite 359)
Powidl (Zwetschkenmus)

Außerdem

Schweineschmalz für die Pfanne
Zucker und Zimt zum Bestreuen

1 Den Nudelteig ganz dünn ausrollen. In Quadrate mit 6–8 cm Kantenlänge schneiden oder mit einem gezackten Krapfenstecher oder einem runden Ausstecher mit 6–8 cm Durchmesser Kreise ausstechen.

2 In die Mitte jedes Teigflecks jeweils 1 TL festen Powidl setzen und zu Dreiecken beziehungsweise Halbkreisen zusammenschlagen, die Ränder gut zusammendrücken.

3 In einem großen Topf reichlich Wasser zum Kochen bringen, leicht salzen, die Tascherln einlegen und ziehen lassen, bis sie an die Oberfläche aufsteigen. Mit einem Schaumlöffel herausheben, kalt abschrecken und abtropfen lassen.

4 In einer Pfanne reichlich Schmalz erhitzen und die Tascherln vorsichtig durchschwenken. Mit Zucker und Zimt bestreuen.

Gebackene Schupfnudeln

BANAT, BATSCHKA

1 kg mehligkochende
Erdäpfel (Kartoffeln)
1/2 TL Salz
2 Eier
Mehl nach Bedarf

Außerdem

Butterschmalz zum
Ausbacken
Konfitüre nach Wahl
zum Tunken

1 Die **Erdäpfel** in der Schale gar kochen, kurz auskühlen lassen, schälen und durchpressen.

2 Die noch lauwarme Erdäpfelmasse mit Salz, den Eiern und so viel Mehl zusammenkneten, daß der Teig nicht mehr zu sehr klebt; er soll mittelfest sein.

3 Von dem Teig gut walnußgroße Stücke abtrennen und daraus auf der bemehlten Arbeitsfläche längliche Nudeln formen, die an den Enden spitz zulaufen. Portionsweise schwimmend in heißem Butterschmalz ausbacken.

4 Die heißen Schupfnudeln in erwärmte Konfitüre tunken und sofort servieren. (Oder in süßer Milch anrichten. Hierfür Milch mit einer Prise Salz und Zucker nach Geschmack vorher kurz aufkochen.)

Erdäpfelnudeln mit Äpfeln

UNGARN

1 kg mehligkochende
Erdäpfel (Kartoffeln)
2 Eier
5 gehäufte EL Mehl
1 Prise Salz
2 EL Zucker

Für die Apfelfüllung

4 gehäufte EL in Butter
geröstete Semmelbrösel
4 EL Zucker, Zimt
400 g geschälte,
feingeschnittene Äpfel

Außerdem

Butter für das Backblech

1 Die **Erdäpfel** in der Schale gar kochen, kurz auskühlen lassen, schälen und durchpressen.

2 Die noch lauwarme Masse mit den Eiern, Mehl, Salz und Zucker gut verkneten. Den Teig in vier Teilen ausrollen.

3 Jeden Fleck mit 1 gehäuften EL Semmelbrösel, 1 EL Zucker und etwas Zimt bestreuen und mit 100 g Äpfeln belegen. Locker zusammenrollen und auf ein gebuttertes Backblech legen. Bei 170 °C im vorgeheizten Backrohr etwa 45 Minuten backen.

Schwanzl oder Wutzerl

SIEBENBÜRGEN

750 g mehligkochende Erdäpfel (Kartoffeln)
250 g Mehl
1 Ei
Salz

Außerdem

5 EL trocken geröstete Semmelbrösel
Öl oder Butterschmalz zum Ausbacken
Zucker und Zimt zum Bestreuen
Hagebuttenkonfitüre

1 Die **Erdäpfel** in der Schale gar kochen, kurz auskühlen lassen, schälen und durchpassieren. Locker mit dem Mehl, dem Ei und Salz nach Geschmack vermengen.

2 Den **Erdäpfelteig** auf einer bemehlten Fläche zu einer gut daumendicken Rolle formen und davon etwa 2 cm dicke Scheibchen abschneiden. Jedes Scheibchen mit der Hand zu kleinen, länglichen Nudeln drehen mit spitz zulaufenden Enden.

3 Alle »Schwanzl« zusammen in siedendem Salzwasser garziehen lassen. Abseihen, gut abtropfen lassen, in gerösteten Semmelbröseln wenden und in Öl oder Butterschmalz ausbacken. Mit Zucker und Zimt bestreuen und mit Hagebuttenkonfitüre servieren.

Milchreis

IM GANZEN LAND

280 g Milchreis (Rundkorn)
1 l Milch
1 Prise Salz
4 EL Zucker

Für das warme Gericht

Schokoladestreusel oder etwas Kakaopulver oder Zucker und Zimt oder Sauerkirschkonfitüre

Für das kalte Gericht

eingeweckte Marillen
Vanillesauce

1 Den Reis in einem Sieb mit kaltem Wasser abbrausen. Die Milch zum Kochen bringen, salzen und den Zucker dazugeben. Den abgetropften Reis einrühren, aufkochen und bei reduzierter Hitze ausquellen lassen.

2 Warm mit einer der angegebenen Zutaten servieren.

3 Soll das Gericht kalt gegessen werden, den heißen Reis in eine kalt ausgespülte Form füllen und nach dem Erkalten stürzen. Im Marillenkranz mit Vanillesauce servieren.

Gebackener Reis mit Wein

BUDAPEST

250 g Milchreis
1/2 l Milch
3 EL guter Weißwein
1 EL Butter
4 EL Zucker
50 g Rosinen
3 Eier, getrennt
1 TL Backpulver

Außerdem

Butter und Semmelbrösel für das Backblech
heißer, gezuckerter Weißwein zum Übergießen

1 Den Reis in der Milch und dem Weißwein weich kochen (wie Milchreis, links). Auskühlen lassen.

2 Die Butter mit 1 EL Zucker schaumig rühren. Nacheinander die Rosinen, die verklöppelten Eidotter, das Backpulver und den ausgekühlten Reis gut untermischen. Zuletzt die mit dem restlichen Zucker zu Schnee geschlagenen Eiklar unterheben.

3 Ein Backblech buttern und leicht ausbröseln. Die Reismasse daraufstreichen. Bei 180 °C im vorgeheizten Rohr in etwa 45 Minuten goldgelb backen.

4 Vor dem Servieren mit dem Weißwein übergießen oder diesen separat reichen (falls Kinder mitessen).

»Male«

SIEBENBÜRGEN

- 1 EL Butter
- 1 EL Schweineschmalz
- Salz
- abgeriebene Schale von ½ unbehandelten Zitrone
- 1 EL Zucker
- 4 Eier, getrennt
- 2 EL Schlagobers
- 400 ml Milch
- etwa 200 g Maismehl

Außerdem

- Butter und Semmelbrösel für das Backblech
- 2–3 EL Zucker zum Bestreuen

1 Die Butter mit dem Schmalz flaumig rühren. Salz, Zitronenschale und Zucker untermischen. Nach und nach die Dotter, das Obers und die Milch einrühren und so viel Maismehl, daß ein noch fließender Teig entsteht (das Maismehl quillt beim Backen aus). Zuletzt die zu Schnee geschlagenen Eiklar locker unterheben.

2 Ein Backblech buttern und mit gesiebten Semmelbröseln bestreuen. Den Teig auf dem Blech glattstreichen. Bei 200 °C im vorgeheizten Backrohr 30 Minuten backen.

3 Zum Servieren den »Male« in große Vierecke schneiden und mit dem Zucker bestreuen. Noch warm zu Tisch bringen.

Kukuruzmehlschnitte

BANAT, BATSCHKA

- ½ l Milch
- 30 g Butter
- Salz
- 20 g Zucker
- 150 g Maismehl (Kukuruzmehl)
- 2 Eier
- 1 Eidotter

Außerdem

- Semmelbrösel zum Wälzen
- Schweineschmalz zum Ausbacken
- Zucker und Zimt zum Bestreuen

1 Die Milch mit Butter, Salz und Zucker zum Kochen bringen. Unter ständigem Rühren das Maismehl einrieseln lassen und bei schwacher Hitze in etwa 10 Minuten dick kochen. Die Masse etwas auskühlen lassen, dann die Eier und den Dotter dazurühren.

2 Die Masse in eine kalt ausgespülte Kastenform füllen, glattstreichen und ganz erkalten lassen. Stürzen und in gleichmäßige Scheiben schneiden.

3 Die Scheiben in Semmelbröseln wälzen und im heißen Schmalz von beiden Seiten goldgelb ausbacken. Mit Zucker und Zimt bestreuen. Statt Zimt kann auch etwas Vanillezucker verwendet werden.

Nockerln und Knödel

Mehlnockerln mit Backpulver

Böhmen

40 g Butter, 3 Eier
Salz, 1/8 l Milch
1 TL Backpulver
400 g Mehl

Außerdem

60 g Butter
2 EL Semmelbrösel

1 Die Butter schaumig rühren. Abwechselnd nach und nach die Eier, Salz, Milch und das mit Backpulver vermischte, gesiebte Mehl dazugeben. Den Teig so lange kräftig abschlagen, bis er Blasen wirft.

2 Mit Hilfe von zwei Löffeln nicht zu große Nocken abstechen und 10 Minuten in reichlich siedendem Salzwasser, das nicht sprudeln darf, garziehen lassen.

3 Inzwischen die Butter erhitzen und die Semmelbrösel darin leicht anbräunen. Über die abgeseihten Nockerl verteilen. Heiß mit Kompott servieren.

Versoffene Jungfern

100 Jahre altes Rezept aus Böhmen

4 Eier, getrennt
4 EL Zucker, 4 EL Mehl

Außerdem

Schmalz zum Ausbacken
2–3 EL Weißwein
Zucker, Zimt und Nelken zum Würzen

1 Die Eidotter mit 1 EL Zucker schaumig rühren. Nach und nach das Mehl dazugeben. Zuletzt die mit dem restlichen Zucker zu Schnee geschlagenen Eiklar unterheben.

2 Reichlich Schmalz in einer tiefen Pfanne erhitzen. Mit Hilfe von zwei Teelöffeln Nocken abstechen, in das heiße Schmalz legen und von allen Seiten goldgelb backen.

3 Mit einem Schaumlöffel herausheben, abtropfen lassen und in eine vorgewärmte Schüssel legen. Den erwärmten Wein, mit Zucker, Zimt und Nelken gewürzt, darübergießen. Die Nocken sollen nicht in der Flüssigkeit schwimmen.

Zwetschkenknödel mit Erdäpfelteig

Österreich, Banat, Batschka, Kroatien

- 1 kg in der Schale gekochte mehligkochende Erdäpfel (Kartoffeln)
- 1 Prise Salz, 3 Eidotter
- Mehl nach Bedarf
- 750 g gleichmäßig große, entsteinte Zwetschken

Außerdem

- Salzwasser zum Kochen
- 150 g Butter
- etwa 100 g Semmelbrösel
- dicker Sauerrahm nach Belieben
- Zucker zum Bestreuen

1 Die Erdäpfel schälen und passieren. Mit Salz, den Dottern und dem Mehl gründlich vermischen und zu einem nicht zu festen Teig zusammenkneten.

2 Den Teig auf einem Brett ausrollen, dabei die Unterseite immer wieder bemehlen. In 5 × 5 cm große Quadrate schneiden, in die Mitte jeweils 1 Zwetschke legen. Aus jedem Quadrat einen Knödel formen, dabei die Ränder gut schließen. In siedendes Salzwasser einlegen und in 10 Minuten garziehen lassen.

3 Inzwischen die Butter zerlassen und die Semmelbrösel darin goldbraun werden lassen. Die Knödel mit einem Schaumlöffel aus dem Wasser heben, abtropfen lassen und auf eine vorgewärmte Platte legen. Die Brösel darüber verteilen. Nach Belieben mit einem Teelöffel Sauerrahm in dicken Klecksen aufsetzen und mit Zucker bestreuen.

Variation

Marillenknödel: Statt der Zwetschken die Knödel mit Marillen füllen. Dafür etwa 800 g nicht zu große Marillen mit kochendem Wasser überbrühen, häuten, halbieren, aber nicht durchschneiden und entsteinen. In jede Marille 1 Stück Würfelzucker füllen, auf die Teigquadrate legen und fortfahren, wie oben beschrieben.

Marienbader Früchteknödel

Mähren

- 80 g Butter
- 3 Eidotter
- 1 Ei
- 1 kg am Vortag in der Schale gekochte mehligkochende Erdäpfel (Kartoffeln)
- Salz
- 1 TL Backpulver
- etwa 250 g Mehl
- 500 g Zwetschken, Marillen oder Kirschen

Außerdem

- 2 l Salzwasser zum Kochen
- 100 g Butter
- 100 g Semmelbrösel
- Zimtzucker oder Staubzucker

1 Die Butter schaumig rühren. Nach und nach die Dotter und das ganze Ei dazurühren. Anschließend mit den geschälten, durchgepreßten Erdäpfeln, Salz sowie dem mit dem Backpulver gemischten, gesiebten Mehl vermischen und auf der Arbeitsfläche zu einem glatten Teig kneten. Nach Bedarf noch etwas Mehl zugeben, er soll aber nicht zu fest sein.

2 Den Teig auf dem gut bemehlten Brett 1 cm dick ausrollen und in etwa 5 × 5 cm große Quadrate schneiden. Jeweils in die Mitte eine entsteinte Frucht (bei Kirschen mehrere Früchte) legen und mit bemehlten Händen aus jedem Quadrat runde Knödel formen. Auf dem sorgfältig bemehlten Brett 1/2 Stunde ruhen lassen.

3 In siedendes Salzwasser, das nicht sprudeln darf, einlegen und in 8 Minuten garziehen lassen. Die Knödel müssen alle aufsteigen.

4 Inzwischen die Butter erhitzen und die Semmelbrösel darin leicht anbräunen. Die Knödel mit einem Schaumlöffel aus dem Wasser heben, abtropfen lassen und in einer vorgewärmten tiefen Schüssel anrichten. Darüber die Brösel gleichmäßig verteilen und nach Belieben mit Zimtzucker bestreuen oder mit Staubzucker besieben.

Strudel

Grundrezept Strudelteig

Donauschwäbisch

350 g Mehl
1 Ei, 1 Prise Salz
1/8 l lauwarmes Wasser
1 EL geschmacksneutrales Öl

Ungarisch

600 g Mehl
1 Ei, 1 Prise Salz
2 EL Wasser, 1 EL Essig
1 EL zerlassenes, lauwarmes Schmalz

Wienerisch

250 g Mehl
1 Ei, 1 Prise Salz
etwas kaltes Wasser
1 TL weiche Butter

1 Das Mehl in eine Schüssel sieben und in die Mitte eine Vertiefung drücken. Alle anderen Zutaten in die Mehlmulde geben, darin verrühren, anschließend mit dem gesamten Mehl rasch zu einem weichen Teig verarbeiten. Den Teig auf einem Brett so lange abschlagen, bis er weder am Brett noch an den Händen klebt.

2 Aus dem Teig 2–4 Laibchen formen und bis zu 1 Stunde ruhen lassen. Die Donauschwaben und Ungarn legen ihn dazu unter einen vorgewärmten Topf oder eine Schüssel, die Wiener bedecken ihn oft lieber mit einem feuchten Tuch.

3 Den Teig auf einem bemehlten Tischtuch bis über die Kanten des Tisches so durchsichtig (= hauchdünn) ausziehen, bis das Muster des Tuchs deutlich durchscheint. Dabei wird sehr sorgfältig mit dem Handrücken und auch mit der flachen Hand gearbeitet. Den nicht mehr ausziehbaren, etwas dickeren Rand abschneiden (eventuell mit 1 Ei verarbeiten und als Suppeneinlage verwenden).

4 Der ausgezogene Strudelteig wird je nach Rezept gefüllt und mit Hilfe des Tischtuchs leicht schubsend locker zusammengerollt.

Apfelstrudel

Strudelteig wienerisch
zerlassene Butter zum Bestreichen

Für die Füllung

15 mittelgroße Äpfel
7–8 EL in Butter geröstete Semmelbrösel
70 g Rosinen
70 g feingehackte Mandeln
Zucker nach Geschmack
1 TL Zimt
abgeriebene Schale von 1/2 unbehandelten Zitrone

Außerdem

Staubzucker zum Besieben

1 Den Strudelteig zubereiten und ausziehen, wie im Grundrezept beschrieben. Mit Butter bestreichen.

2 Für die Füllung die Äpfel schälen, halbieren, vom Kerngehäuse befreien, grob raffeln. Mit den restlichen Zutaten vermischen. Auf dem Strudelteig verteilen.

3 Den Strudel locker mit Hilfe des Tuchs zusammenrollen und bei 180 °C im vorgeheizten Rohr etwa 45 Minuten backen. Noch warm mit Staubzucker besieben.

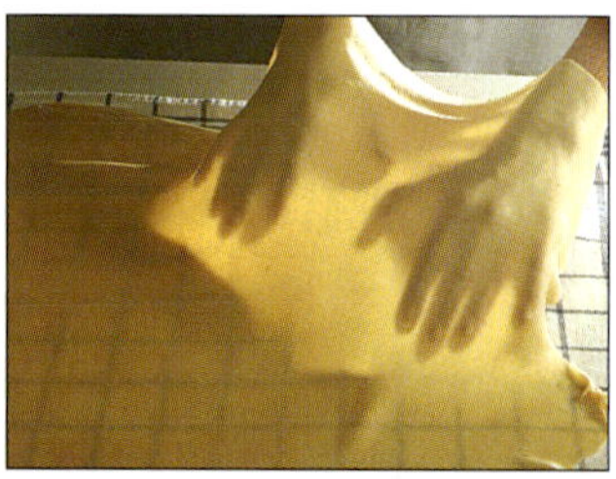

1 Den Teig auf einem bemehlten Tuch hauchdünn ausziehen.

2 Den Strudel mit Hilfe des Tuchs locker zusammenrollen.

Schokoladestrudel

UNGARN

Strudelteig donauschwäbisch oder ungarisch (Rezept Seite 368)
zerlassene Butter zum Bestreichen

Für die Füllung

5 Eier, getrennt
100 g Zucker
150 g geriebene Schokolade
100 g geschälte, gestoßene Mandeln

Außerdem

Staubzucker und geriebene Schokolade zum Bestreuen

1 Den Strudelteig zubereiten und ausziehen, wie im Grundrezept beschrieben. Mit Butter bestreichen.

2 Für die Füllung die Eidotter schaumig rühren. Die mit dem Zucker zu Schnee geschlagenen Eiklar unterheben. Die Masse (einen kleinen Teil zurückbehalten) auf dem Strudelteig verteilen und mit der Schokolade und den Mandeln bestreuen.

3 Den Strudel mit Hilfe des Tuchs locker zusammenrollen und mit der restlichen Füllung bestreichen. Bei 180 °C im vorgeheizten Backrohr etwa 45 Minuten backen. Mit Staubzucker und Schokolade bestreuen und servieren.

Baklava – Türkischer Schichtstrudel
BOSNIEN

100 g Butter für das Blech
fertig gekaufter Strudelteig

Für die Füllung
200 g Grieß
80 g Butter
200 g geriebene Walnüsse
75 g Zucker oder 3 EL Honig

Für den Sirup
75 g Zucker, 3 EL Wasser

1 Ein tiefes Backblech mit der Butter dick ausfetten. Den Strudelteig nach Packungsanweisung vorbereiten und 4 Lagen in Blechgröße zuschneiden.

2 Für die Füllung den Grieß in der Butter hellgelb rösten. Die Nüsse mit dem Zucker gut untermischen.

3 Abwechselnd die Strudelteiglagen und die Nußmasse auf das Backblech schichten, die oberste Schicht besteht aus Teig. Bei 200 °C im vorgeheizten Backrohr etwa 35 Minuten backen.

4 Inzwischen den Zucker mit dem Wasser aufkochen. Den Sirup auf den bereits hellhelb gebackenen Strudel gießen und in weiteren 10 Minuten fertigbacken. Erst am nächsten Tag in Vierecke schneiden.

Kirschenstrudel
WIEN

Strudelteig donauschwäbisch
(Rezept Seite 368)
zerlassene Butter zum Bestreichen

Für die Füllung
1 kg entsteinte Kirschen oder Weichseln
Zucker nach Belieben

Außerdem
Staubzucker zum Besieben

1 Den Strudelteig zubereiten und ausziehen, wie im Grundrezept beschrieben. Mit Butter bestreichen.

2 Für die Füllung die Kirschen oder Weichseln auf dem Strudelteig verteilen. Gut zuckern und mit Hilfe des Tuchs locker zusammenrollen.

3 Den Strudel mit Butter bestreichen. Bei 180 °C im vorgeheizten Backrohr etwa 45 Minuten backen. Noch warm mit Staubzucker besieben.

Topfenstrudel
WIEN

Strudelteig wienerisch
(Rezept Seite 368)
zerlassene Butter zum Bestreichen
150 g Sauerrahm

Für die Füllung
500 g trockener Topfen
1 EL handwarm zerlassene Butter
1/8 l dicker Sauerrahm
2 Eier
3 EL Zucker
etwas Zimt
1 Prise Salz
50 g Korinthen

Außerdem
Staubzucker zum Besieben

1 Den Strudelteig zubereiten und ausziehen, wie im Grundrezept beschrieben. Mit Butter bestreichen und den Sauerrahm darüber verteilen.

2 Für die Füllung den Topfen mit der zerlassenen Butter, dem Sauerrahm, Eiern, Zucker, Zimt, Salz und Korinthen verrühren und gleichmäßig auf dem Strudelteig verteilen.

3 Den Strudel locker mit Hilfe des Tuchs zusammenrollen und bei 180 °C im vorgeheizten Rohr etwa 45 Minuten backen. Noch warm mit Staubzucker besieben und bald servieren, er ist ganz frisch am besten.

Palatschinken, Omeletten und Schmarren

Grundrezept Palatschinken

- 150 g Mehl
- 1 Prise Salz
- 4 Eier
- 1/4 l Milch

Außerdem

- geschmacksneutrales Öl oder Butterschmalz

1 Das Mehl in eine Schüssel sieben. Das Salz einstreuen. Nach und nach abwechselnd mit den verquirlten Eiern und der Milch zu einem nicht zu dünnflüssigen Teig verrühren. Diesen gut 15 Minuten quellen lassen.

2 In einer schweren Pfanne 1 TL Öl oder Butterschmalz erhitzen. Knapp einen Saucenlöffel Teig einfüllen, gleichmäßig dünn verlaufen lassen und schnell von beiden Seiten hellgelb backen. Die angegebene Menge reicht für 10–12 Stück.

Hinweis

Um einen schnellen, warmen Imbiß herzustellen, ist es ratsam, Palatschinken auf Vorrat zu backen. Gestapelt und in Frischhaltefolie eingewickelt, halten sie sich im Kühlschrank bis zu drei Tage. Man füllt die kalten Pfannkuchen wie üblich mit den gewünschten Füllungen, rollt sie zusammen, legt sie reihenweise in eine gebutterte, feuerfeste Form, begießt sie mit 3–4 EL flüssigem Obers und erhitzt sie bei 150 °C im vorgeheizten Backrohr etwa 30 Minuten; sie sollen nur aufquellen (siehe Foto S. 2). Mit Staubzucker bestreut, sind sie ein schnelles Gericht für unvorhergesehene Gäste und Gelegenheiten.

Creme-Palatschinken

Batschka

- Palatschinken nach Grundrezept (links)

Für die Cremefüllung

- 4 Eier, getrennt
- 100 g Zucker
- 1 Päckchen Vanillezucker
- 4 EL Mehl
- 1/2 l kochende Milch

1 Die frisch zubereiteten Palatschinken möglichst warm halten.

2 Für die Füllung die Eidotter mit 20 g Zucker, Vanillezucker und dem Mehl gut verrühren. Langsam in die kochende Milch eingießen und unter kräftigem Rühren dick werden lassen. Vom Herd nehmen und die mit dem restlichen Zucker zu Schnee geschlagenen Eiklar unterheben.

3 Je 1 EL heiße Creme auf die Palatschinken geben, zusammenrollen und sofort servieren.

Böhmische Kreppchen

120 Jahre altes Rezept

- 50 g Mehl
- 20 g weiche Butter
- 2 Eier
- 1 Prise Salz
- Milch

Außerdem

- Butter zum Ausbacken
- abgetropfte Kompottfrüchte oder Konfitüre zum Füllen
- geriebene Schokolade zum Bestreuen
- Staubzucker zum Besieben

1 Das Mehl in eine Schüssel sieben. Die Butter in kleinen Stückchen hineinschneiden und mit den Eiern, Salz und so viel Milch verrühren, daß ein dickflüssiger Teig entsteht.

2 In der Pfanne 1 TL Butter erhitzen und nach und nach 10 kleine Kreppchen (Crêpes beziehungsweise Palatschinken) ausbacken. Mit dem Kompott oder der Konfitüre füllen und zusammenrollen. Zunächst mit geriebener Schokolade bestreuen und darüber den Staubzucker sieben.

Orangenomelette

BANAT

40 g weiche Butter
70 g Mehl
abgeriebene Schale von
1 unbehandelten Orange
1/4 l Schlagobers
6 Eier, getrennt
1/4 Päckchen Backpulver
50 g Zucker

Außerdem

Butter zum Ausbacken
Orangenmarmelade zum Füllen
Staubzucker zum Besieben

1 Die Butter mit dem Mehl, der Orangenschale und dem Obers glattrühren. 2 Dotter und das gesiebte Backpulver dazugeben und bei schwacher Hitze unter ständigem Rühren dick kochen. Sofort vom Herd nehmen und auskühlen lassen.

2 Die restlichen Dotter zufügen und nochmals kräftig abrühren. Zuletzt die mit dem Zucker zu Schnee geschlagenen Eiklar unterheben.

3 Eine große Pfanne ausbuttern. Den gesamten Teig einfüllen und mit einem vorgewärmten Deckel zudecken. Bei 180 °C im vorgeheizten Backrohr etwa 15 Minuten backen.

4 Sofort auf eine vorgewärmte Platte stürzen. Mit Orangenmarmelade bestreichen, einmal zusammenschlagen und mit Staubzucker besieben.

Rothschild-Omelette

BUDAPEST

1/4 l Milch
1/2 Päckchen Vanillezucker
7 Eier, getrennt
60 g Mehl
1 Prise Salz
100 g Zucker

Außerdem

Butter zum Bestreichen
150 g Erdbeerkonfitüre
1/4 l geschlagenes Obers

1 Die Milch mit dem Vanillezucker, den Eidottern, Mehl und Salz gut verrühren und unter kräftigem Rühren einmal aufkochen lassen. Sofort vom Herd nehmen und auskühlen lassen. Die mit dem Zucker zu Schnee geschlagenen Eiklar unterheben.

2 Drei Steingutteller dick mit Butter bestreichen. Den Teig gleichmäßig darauf verteilen und bei 180 °C im vorgeheizten Rohr etwa 10 Minuten backen. Mit einem Holzstäbchen probieren, ob der Teig durchgebacken ist.

3 Ein Omelette mit leicht erwärmter Konfitüre bestreichen, ein zweites Omelette darauflegen, auch dieses mit Konfitüre bestreichen und das dritte Omelette darüberlegen, auch wieder bestreichen. Mit dem Obers überziehen; es zerläuft etwas, schmeckt aber sehr gut.

Kaiserschmarren
ÖSTERREICH

- 1/2 l Milch
- 250 g Mehl
- 4 Eier, getrennt
- 1 Prise Salz
- 1 EL Zucker
- 100 g Rosinen nach Belieben

Außerdem

- Butter oder Butterschmalz zum Ausbacken
- Staubzucker und etwas Vanillezucker oder Zimt zum Besieben

1 Die Milch mit dem Mehl unter Rühren zu einem dicken Brei kochen. Nach dem Erkalten die Eidotter und das Salz unterrühren, zuletzt die mit dem Zucker zu Schnee geschlagenen Eiklar und die Rosinen unterheben.

2 In einer Pfanne Butter oder Butterschmalz erhitzen und den Teig in zwei Portionen backen. Jeweils zuerst zudecken und die Unterseite goldgelb backen. Nach dem Wenden mit der Gabel grob zerreißen. Staubzucker mit Vanillezucker oder Zimt mischen und den angerichteten Schmarren damit besieben.

Kaiserschmarren-Rarität
WIEN

- 140 g Butter
- 1 Prise Salz
- etwas abgeriebene Zitronenschale
- 6 Eier, getrennt
- 100 g geschälte, geriebene Mandeln
- 150 g Mehl
- 1/4 l Milch
- 120 g Zucker

Außerdem

- 60 g Butter zum Backen
- Staubzucker zum Besieben

1 Die Butter mit Salz und Zitronenschale schaumig rühren. Nach und nach die Eidotter, die Mandeln, das Mehl und die Milch einrühren, es soll ein leicht flüssiger Teig entstehen. Die Eiklar mit dem Zucker zu Schnee schlagen und vorsichtig unterheben.

2 Die Butter auf einem Backblech bei 180 °C im vorgeheizten Backrohr zerlassen, aber nicht bräunen. Den Teig eingießen und in etwa 45 Minuten goldgelb backen.

3 Mit zwei Gabeln zerreißen und auf eine vorgewärmte Platte gleiten lassen. Mit Staubzucker besieben und nach Belieben mit Kompott servieren.

Kirschenschmarren
ÖSTERREICH

Kompott zum Schmarren, meist Zwetschkenröster, ist bekannt. Früchte, im Schmarren mitgebacken, sind eine besondere Spezialität. Ein Versuch lohnt sich.

- 8 Eier, getrennt
- 8 EL Zucker
- 2 1/2 EL flüssiges Schlagobers
- 1 EL dicker Sauerrahm
- 350 g Mehl
- 500 g entsteinte frische oder eingeweckte Kirschen

Außerdem
- 50 g Butter für die Form
- Staubzucker zum Besieben

1 Die Eidotter mit 3 EL Zucker schaumig rühren. Das Obers und den Sauerrahm untermischen. Langsam das gesiebte Mehl einrühren; dafür das Mehl auf ein Stück Papier sieben oder durch ein feines Sieb einrieseln lassen. Zuletzt die mit dem restlichen Zucker zu Schnee geschlagenen Eiklar unterheben. Die gut abgetropften Kirschen vorsichtig einmengen.

2 Eine Backform gut mit Butter einfetten. Den Teig einfüllen und bei 175 °C im vorgeheizten Backrohr etwa 30 Minuten backen. Mit der Gabel zerreißen und anrichten. Mit Staubzucker besieben und sofort servieren.

Apfelschmarren
UNGARN

- 250 g Mehl
- 4 Eier, getrennt
- 1 Prise Salz
- 20 g Zucker
- 1 Päckchen Vanillezucker
- 1/2 l Milch
- 6 große, gebratene und passierte Äpfel

Außerdem
- 150 g Butter zum Ausbacken
- Zimt und Zucker zum Bestreuen

1 Aus dem Mehl, den Dottern, Salz, Zucker, Vanillezucker und Milch einen glatten Pfannkuchenteig rühren. Das Apfelmus einrühren und zuletzt vorsichtig die zu Schnee geschlagenen Eiklar unterziehen.

2 In einer größeren Pfanne 50 g Butter zerlassen. 1/3 des Teiges hineingießen, die Pfanne mit einem Deckel schließen und den Teig bei schwacher Hitze steigen lassen. Sobald die Unterseite hellgelb ist, mit einer Backschaufel wenden, in Stücke stoßen, wieder zudecken und weiterbacken.

3 Diesen Vorgang mit dem restlichen Teig noch zweimal wiederholen. Den Schmarren auf einer vorgewärmten Platte anrichten und dick mit Zimt und Zucker, vermischt, bestreuen.

Aufläufe, Soufflés und Puddinge

Topfenauflauf
Banat

- 100 g Butter
- 100 g Zucker
- 5 Eier, getrennt
- 1 Prise Salz
- abgeriebene Schale von 1/2 unbehandelten Zitrone
- 130 g trockener, mit einer Gabel fein zerdrückter Topfen

Außerdem

- Butter für die Form
- Staubzucker und 1/2 Päckchen Vanillezucker zum Besieben

1 Die Butter schaumig rühren. Nach und nach 50 g Zucker zufügen. Die Eidotter einrühren und zu einer dickcremigen Masse aufschlagen. Salz, Zitronenschale und den Topfen dazugeben und alles gut miteinander vermengen. Zuletzt die mit dem restlichem Zucker zu Schnee geschlagenen Eiklar unterheben.

2 Eine feuerfeste Form gut ausbuttern. Die Masse einfüllen und glattstreichen. Bei 180 °C im vorgeheizten Backrohr in etwa 45 Minuten goldgelb backen.

3 Staub- und Vanillezucker vermischen und den Auflauf damit besieben.

Kirschenauflauf
Kroatien

- 5 Eier, getrennt
- 4 EL Zucker
- abgeriebene Schale und Saft von 1/2 unbehandelten Zitrone
- 4 EL Mehl
- 2 Messerspitzen Backpulver

Außerdem

- Butter für die Form
- entsteinte Kirschen zum Belegen
- Staubzucker zum Besieben

1 Die Dotter mit 1 EL Zucker, Zitronenschale und -saft schaumig rühren. Das Mehl und das Backpulver dazusieben und unterrühren. Zuletzt die mit dem restlichen Zucker zu Schnee geschlagenen Eiklar unterheben.

2 Eine Auflaufform gut ausbuttern. Die Masse einfüllen und reihenweise mit den Kirschen belegen. Bei 190 °C im vorgeheizten Backrohr 30–35 Minuten backen. Mit Staubzucker besieben.

Feiner Apfelauflauf
Österreich

- 2 EL Butter
- 3 EL Zucker
- 5 Eier, getrennt
- 6 EL Mehl
- 50 g geriebene Mandeln
- abgeriebene Schale von 1/2 unbehandelten Zitrone
- 6 Kochäpfel, am besten Boskoop

Außerdem

- Butter für die Form
- Staubzucker zum Besieben

1 Die Butter schaumig rühren, nach und nach 1 EL Zucker und die Dotter dazurühren. Das Mehl mit den Mandeln, der Zitronenschale und den geschälten, feingeriebenen Äpfeln untermengen. Zuletzt die mit dem restlichen Zucker zu Schnee geschlagenen Eiklar unterheben.

2 Eine feuerfeste Form gut ausbuttern und die Masse einfüllen. Den Auflauf bei 180 °C im vorgeheizten Rohr in etwa 35 Minuten goldgelb backen. Mit Staubzucker besieben und servieren.

Scheiterhaufen mit Äpfeln

IM GANZEN LAND

- 6–8 altbackene Semmeln
- 4 Eier, 70 g Zucker
- 1 Päckchen Vanillezucker
- 1 Prise Salz, 1/2 l Milch
- abgeriebene Schale von 1/2 unbehandelten Zitrone

Außerdem

- Butter für die Form
- 100 g Rosinen
- 6 mittelgroße, feingeschnittene Äpfel
- 50 g Butterflöckchen
- Staubzucker zum Besieben

1 Die Semmeln in gleichmäßig dünne Scheiben schneiden. Die Eier mit dem Zucker, Vanillezucker, Salz, der Milch und Zitronenschale gut verrühren.

2 Eine längliche oder runde Auflaufform ausbuttern. Die Hälfte der Semmelscheiben schön gleichmäßig einschichten und mit der Hälfte der Eiermilch begießen. Mit den Rosinen bestreuen und darüber die Äpfel verteilen. Mit den restlichen Semmelscheiben bedecken und die verbliebene Eiermilch darübergießen.

3 Die ganze Oberfläche gleichmäßig mit Butterflöckchen belegen. Bei 180 °C im vorgeheizten Backrohr in knapp 45 Minuten hellgelb backen. Mit Staubzucker besieben und servieren.

Kipferlauflauf

BUDAPEST

- 10 altbackene Kipferl
- 3/4 l Milch
- 6 Eier, getrennt
- 180 g Staubzucker
- 1/2 Vanilleschote
- 50 g Rosinen

Außerdem

- Butter und Semmelbrösel für die Form
- Staubzucker zum Besieben
- 100 g Ribiselkonfitüre

1 Die Kipferl (oder Semmeln) in dünne Scheiben schneiden und in der Milch einweichen.

2 Die Eidotter mit 80 g Staubzucker schaumig rühren. Das ausgeschabte Vanillemark und die eingeweichten Kipferl untermischen. Zuletzt die Eiklar mit dem restlichen Staubzucker zu Schnee schlagen und mit den Rosinen unterheben.

3 Eine Auflaufform gut ausbuttern und leicht mit Bröseln ausstreuen. Die Masse einfüllen und glattstreichen. Bei 180 °C im vorgeheizten Backrohr etwa 45 Minuten backen. Danach stürzen. Dafür die gestürzte Form mit einem nassen, kalten Tuch bedecken, damit sich der Auflauf leichter aus der Form löst. Den Auflauf mit Staubzucker besieben und mit der heißen, flüssigen Konfitüre übergießen.

Semmelkoch

BÖHMEN

- 5 altbackene Semmeln
- 1/2 l Milch
- 60 g Butter
- 100 g Zucker
- 5 Eier, getrennt
- 50 g geriebene Mandeln
- 1 Tropfen Bittermandelöl

Außerdem

- Butter für die Form
- Himbeergelee

1 Die Semmeln feinblättrig schneiden, mit der Milch übergießen und darin aufweichen lassen. In einer schweren Pfanne 20 g Butter erhitzen, die ausgedrückten Semmeln hineingeben und unter Rühren etwas trocknen lassen. Die Masse soll dick und musartig sein.

2 Die übrige Butter gut schaumig rühren. 50 g Zucker abwechselnd mit den Dottern unterrühren. Die Mandeln und das Bittermandelöl dazugeben, ebenso die Semmeln und alles gut vermischen. Zuletzt die mit dem restlichen Zucker zu Schnee geschlagenen Eiklar unterheben.

3 Eine feuerfeste Form gut ausbuttern. Die Semmelmasse einfüllen und glattstreichen. Bei 180 °C im vorgeheizten Backrohr in etwa 45 Minuten goldgelb backen. Mit Himbeergelee servieren.

Grießauflauf mit Früchten

BANAT

- 1 ¼ l Milch
- 100 g Butter
- 1 Prise Salz
- 250 g Grieß
- 4 Eier, getrennt
- 3 EL Zucker

Außerdem

- Butter für die Form
- Karlsbader Oblaten oder Waffelplatten
- abgetropfte Kompottfrüchte
- Staubzucker zum Besieben

1 Die Milch erhitzen. Butter, Salz und zum Schluß den Grieß hineinrühren. Unter öfterem Rühren etwa 10 Minuten quellen, dann auskühlen lassen.

2 Die Dotter untermengen. Zuletzt die mit dem Zucker zu Schnee geschlagenen Eiklar unterheben.

3 Eine feuerfeste Form gut ausbuttern. Die Hälfte der Masse einfüllen, mit den Oblaten oder Waffelblättern und diese mit den abgetropften Früchten belegen. Dabei schnell arbeiten, denn die Oblaten weichen leicht durch. Mit der restlichen Masse abdecken und die Oberfläche glattstreichen. Bei 180 °C im vorgeheizten Backrohr in etwa 45 Minuten goldgelb backen. Mit Staubzucker besieben und servieren.

Pfarrers Topfenauflauf

BÖHMEN

- 50 g Butter
- 6 EL Zucker
- 2 Eier, getrennt
- 200 g trockener Topfen
- 200 g gekochte Erdäpfel (Kartoffeln), gerieben
- 50 g Rosinen oder geschälte, feingeschnittene Äpfel

Außerdem

- Butter und Semmelbrösel für die Form
- Staubzucker zum Besieben

1 Die Butter mit 4 EL Zucker schaumig rühren. Die Eidotter gut untermischen. Den Topfen mit den Erdäpfeln vermengen und zusammen mit den Rosinen oder Äpfeln untermischen. Zuletzt die mit dem restlichen Zucker zu Schnee geschlagenen Eiklar unterheben.

2 Eine Auflaufform gut ausbuttern und leicht mit Bröseln bestreuen. Die Masse einfüllen und glattstreichen. Bei 180 °C im vorgeheizten Backrohr etwa 45 Minuten backen. Mit Staubzucker besieben und servieren.

Reisauflauf mit Kirschen vom Blech

WIEN

- 250 g Milchreis
- 1/2 l Milch
- 3 EL guter Weißwein
- 1 EL Butter
- 4 EL Zucker
- 50 g Rosinen
- 3 Eier, getrennt
- 1 TL Backpulver

Außerdem

- Butter und Semmelbrösel für das Backblech
- 500 g schwarze Kirschen oder Weichseln
- Staubzucker zum Besieben

1 Den gewaschenen Reis in Milch und Weißwein weich kochen. Auskühlen lassen. Die Butter und 1 EL Zucker, anschließend die Rosinen, die verrührten Dotter und das Backpulver gut untermischen. Zuletzt die mit dem restlichen Zucker zu Schnee geschlagenen Eiklar unterheben.

2 Ein tiefes Backblech ausbuttern und leicht mit Semmelbröseln bestreuen. Die Reismasse daraufstreichen und mit den entsteinten Kirschen belegen. Nach Belieben etwas zuckern. Bei 175 °C im vorgeheizten Backrohr in etwa 45 Minuten goldgelb backen. Mit Staubzucker besieben und servieren.

Reisauflauf mit Marillen

BUDAPEST

- 250 g Milchreis
- 3/4 l Milch
- 1 Prise Salz
- 2 EL Butter, 1 EL Zucker
- 3 Eier, getrennt
- abgeriebene Schale von 1/2 unbehandelten Zitrone

Außerdem

- Butter und Semmelbrösel für die Form
- 500 g reife, enthäutete, halbierte Marillen
- 50 g Staubzucker zum Besieben

1 Den Reis kurz in kaltem Wasser waschen. Die Milch mit Salz zum Kochen bringen, den Reis einrühren und langsam weich kochen. Ausquellen und erkalten lassen.

2 Die Butter mit dem Zucker und den Dottern schaumig rühren. Zusammen mit der Zitronenschale unter den völlig ausgekühlten Reis mischen. Zuletzt die zu Schnee geschlagenen Eiklar unterheben.

3 Eine längliche, feuerfeste Form gut ausbuttern und mit Semmelbröseln bestreuen. 2/3 der Reismasse einfüllen, die Marillenhälften darauf verteilen und mit Staubzucker besieben. Mit der restlichen Reismasse abdecken. Bei 180 °C im vorgeheizten Rohr in etwa 45 Minuten backen.

Salzburger Nockerln 1

30 g Butter
3 Eier, getrennt
1 TL Stärkemehl
50 g Staubzucker

Außerdem

1 gehäufter EL Butter für die Form
Staubzucker, mit etwas Vanillezucker vermischt, zum Besieben

1 Die Butter schaumig rühren. Einzeln nacheinander die Dotter und die Speisestärke dazugeben. Zuletzt die mit dem Staubzucker zu Schnee geschlagenen Eiklar unterheben.

2 In einer feuerfesten Auflaufform oder einer schweren ovalen Pfanne die Butter zerlassen. Mit einer Teigkarte (oder mit Hilfe von zwei großen Löffeln) gleichmäßig große Nockerln nebeneinander hineinsetzen. Bei 180 °C im vorgeheizten Backrohr in 8 Minuten hellbraun backen; die Nockerln sollen innen schaumig bleiben. Reichlich mit vanilliertem Staubzucker besieben und sofort servieren, denn die Nockerln fallen schnell zusammen.

Mit der Teigkarte die Nockerln in die gebutterte Auflaufform setzen. Sie sollten bergartig aufragen, die Spitzen sollen deutlich sichtbar bleiben.

Salzburger Nockerln 2

100 g Mehl
150 ml Milch
50 g Butter
8 Eier, getrennt
1 Prise Salz
1 EL Zucker
1 Päckchen Vanillezucker

Für die Creme

100 g Butter
7 Eier, getrennt
70 g Zucker
1/2 Päckchen Vanillezucker

Außerdem

1 1/2 l Milch zum Kochen
Butter für die Form

1 Das Mehl in einen Topf sieben und gut mit der Milch verrühren. Die Butter hinzufügen und unter ständigem Rühren aufkochen lassen. Vom Herd nehmen und auskühlen lassen.

2 Einzeln nacheinander die Eidotter einrühren. Das Salz, den Zucker und Vanillezucker zufügen. Zuletzt die zu Schnee geschlagenen Eiklar unterheben.

3 Die Milch zum Kochen bringen und mit Hilfe von zwei Eßlöffeln gleichmäßig große Nockerln einlegen – immer nur wenige, da sie sehr stark aufgehen. Auf jeder Seite 1 1/2 Minuten garziehen lassen. Mit dem Schaumlöffel herausnehmen und in einem Sieb abtropfen lassen.

4 Für die Creme die Butter schaumig rühren. Einzeln nacheinander die Eidotter zufügen und mit je 1 TL Zucker und dem Vanillezucker dickschaumig rühren. Zuletzt die mit dem restlichen Zucker zu Schnee geschlagenen Eiklar unterheben.

5 Eine feuerfeste Form gut ausbuttern. Die Hälfte der Creme einfüllen, darauf die Nockerln setzen und darüber die restliche Creme verteilen. Bei 180 °C im vorgeheizten Backrohr in etwa 30 Minuten goldgelb backen.

Salzburger Nockerln zählen ▷ zu den ältesten und feinsten aller österreichischen Mehlspeisen. Bereits der Salzburger Erzbischof Wolfdietrich von Raitenau (1559–1617) hat sich an ihnen erfreut. Für diese weltberühmte Spezialität gibt es zahlreiche und sehr unterschiedliche Rezepturen; die meisten enthalten einen höheren Eiklaranteil im Verhältnis zu den Dottern.

Walnußpudding
Österreich

125 g Butter
3 Eier, getrennt
abgeriebene Schale von
1/2 unbehandelten Zitrone
1 Päckchen Vanillezucker
125 g Zucker
1 Päckchen Backpulver
1 Prise Salz
375 g feines Mehl
1/4 l Milch
75 g geriebene Walnüsse

Außerdem
Butter und Mehl für die Form
Schokoladesauce

1 Die Butter mit den Dottern schaumig rühren. Zitronenschale, Vanillezucker und 75 g Zucker unterrühren.

2 Das Backpulver, Salz und Mehl in die Milch sieben, glattrühren und unter den Dotterschaum mischen. Die mit dem restlichem Zucker zu Schnee geschlagenen Eiklar daraufgleiten lassen, die Nüsse darüberstreuen und zusammen unterheben.

3 Eine Puddingform gut ausbuttern und bemehlen. Die Masse einfüllen und die Form schließen. Die Form bis etwa 1 Handbreit unter dem Rand in ein siedendes Wasserbad stellen und auf dem Herd bei Mittelhitze in etwa 60 Minuten garen. Den Pudding stürzen und mit Schokoladesauce (oder Kompott) servieren.

Mandelpudding
Ungarn, Dalmatien, Kroatien, Wien

6 Eier, getrennt
100 g Zucker
250 g feingeriebene
Kipferl- oder Semmelbrösel
abgeriebene Schale von
1/2 unbehandelten Zitrone
100 g geschälte, geriebene
Mandeln

Außerdem
Butter für die Form
Fruchtsauce nach Wahl

1 Die Eidotter mit 2 EL Zucker sehr schaumig rühren. Löffelweise die Brösel dazurühren und die Zitronenschale sowie die Mandeln untermischen. Zuletzt die mit dem restlichen Zucker zu Schnee geschlagenen Eiklar unterheben.

2 Eine Puddingform gut ausbuttern und die Masse einfüllen. Die Form darf nicht ganz voll sein, da die Masse aufquillt. Die geschlossene Form bis etwa 1 Handbreit unter dem Rand in ein siedendes Wasserbad stellen und auf dem Herd bei Mittelhitze in etwa 60 Minuten garen.

3 Den Pudding auf eine Platte stürzen und mit einer Fruchtsauce servieren.

Haselnußpudding
Wien

5 Eier, getrennt
140 g Zucker
140 g geriebene Haselnüsse
30 g Semmelbrösel
etwas Rum oder Arrak

Außerdem
Butter für die Form
Fruchtsauce nach Wahl

1 Die Eidotter mit 40 g Zucker schaumig rühren. Die Nüsse und Semmelbrösel unterrühren, ebenso den Rum oder Arrak. Zuletzt die mit dem restlichen Zucker zu Schnee geschlagenen Eiklar unterheben.

2 Eine Puddingform gut ausbuttern und die Masse einfüllen. Die Form darf nicht ganz voll sein, da die Masse aufquillt. Die geschlossene Form bis etwa 1 Handbreit unter dem Rand in ein siedendes Wasserbad stellen und den Pudding auf dem Herd bei Mittelhitze in etwa 60 Minuten garen. Der Pudding kann auch in einer gut ausgebutterten Tortenform, die ebenfalls in einem siedenden Wasserbad steht, bei 180 °C im vorgeheizten Backrohr in etwa 45 Minuten gebacken werden.

3 Den Pudding auf eine Platte stürzen und mit einer Fruchtsauce servieren.

Mohr im Hemd

ÖSTERREICH

- 70 g Butter
- 4 Eier, getrennt
- 70 g geriebene Schokolade
- 70 g gemahlene Mandeln
- 70 g Zucker

Für den Vanilleschaum

- 1/2 Vanilleschote
- 100 g Zucker, 3 EL Wasser
- 2 Eier

Außerdem

- Butter und Mehl für die Form

1 Die Butter schaumig rühren. Die Dotter einzeln zufügen. Die Schokolade und die Mandeln unterrühren. Zuletzt die mit dem Zucker zu Schnee geschlagenen Eiklar unterheben.

2 Eine Puddingform gut ausbuttern und bemehlen. Die Masse einfüllen und die Form schließen. Bis 1 Handbreit unter dem Rand in ein siedendes Wasserbad stellen und den Pudding auf dem Herd bei Mittelhitze in etwa 60 Minuten garen.

3 Inzwischen die Vanilleschote mit dem Zucker und dem Wasser einmal aufkochen. Die Vanilleschote entfernen. Die Eier schaumig rühren und den heißen Sirup in dünnem Strahl einlaufen lassen. Den Pudding auf eine Platte stürzen und mit dem Vanilleschaum servieren.

Süsse Traditionen

Dampfnudeln

Im ganzen Land

- 1 kg Mehl
- 1/2 l lauwarme Milch
- 40 g Germ (Hefe)
- 2 EL Zucker
- 2 EL zerlassene Butter
- 3 Eier
- etwas Salz

Für die Bratreine

- Butter
- 3/4 l Milch
- 1 Päckchen Vanillezucker
- 1 EL Zucker

1 Das Mehl in eine Schüssel sieben und in die Mitte eine Vertiefung drücken. Von der Milch 5 EL abnehmen und darin in einer Tasse die Germ mit dem Zucker auflösen. In die Mehlmulde gießen und mit einem Teil des Mehls vermischen. Die Schüssel mit einem Tuch abdecken und das Dampfel an einem warmen Ort 15 Minuten aufgehen lassen.

2 Sobald die Oberfläche Risse zeigt, die restlichen Zutaten zugeben und gut abschlagen, bis sich der Teig vom Schüsselrand löst. Erneut zugedeckt aufgehen lassen, bis der Teig etwa das Doppelte seines Volumens erreicht hat.

3 Noch einmal durchkneten, dann auf ein bemehltes Arbeitsbrett stürzen. Hühnereigroße Stücke abschneiden, mit bemehlten Händen rund formen und erneut zugedeckt 45 Minuten aufgehen lassen.

4 Eine schwere Bratreine, Bratpfanne mit ofenbestem oder abnehmbarem Griff oder eine Auflaufform gut ausbuttern. Die Milch darin erwärmen und mit dem Vanillezucker und Zucker vermischen. Die Nudeln nicht zu eng nebeneinander hineinsetzen und die Form abdecken. Bei 170 °C im vorgeheizten Backrohr etwa 30 Minuten backen, die Nudeln sollen unten goldgelb sein.

5 Am besten gleich in dem Bratgeschirr servieren, damit die Nudeln nicht zusammenfallen, oder auf eine Platte stürzen. Die Dampfnudeln mit einer Hagebutten- oder Vanillesauce, nach Belieben auch mit Zwetschkenkompott servieren.

Dampfbuchteln

Slawonien

250 g Mehl
1/8 l lauwarme Milch
10 g Germ (Hefe)
50 g Zucker
50 g Butter
2 Eidotter
etwas Salz

Für die Vanillesauce

1/4 l Milch
6 EL kalte Milch
20 g Zucker
2 Eidotter
1 gehäufter TL Stärkemehl
1 Päckchen Vanillezucker
oder ausgeschabtes Mark
von 1/2 Vanilleschote

Außerdem

Butter und Milch für die
Pfanne oder Form
flüssige Butter zum
Bestreichen

1 Das Mehl in eine Schüssel sieben und in die Mitte eine Vertiefung drücken. Von der Milch 2 EL abnehmen und darin in einer Tasse die Germ mit 2 TL Zucker auflösen. In die Mehlmulde gießen und mit etwas Mehl vermischen. Die Schüssel mit einem Tuch abdecken und das Dampfel an einem warmen Ort 15 Minuten aufgehen lassen.

2 Die restlichen Zutaten zugeben und gut abschlagen, bis sich der Teig vom Schüsselrand löst. Erneut zugedeckt aufgehen lassen, bis der Teig etwa das Doppelte seines Volumens erreicht hat.

3 Noch einmal durchkneten und auf ein bemehltes Brett stürzen. Gleichmäßige Stücke abschneiden und mit bemehlten Händen rund formen.

4 Eine Auflaufform oder Pfanne gut ausbuttern und etwa 1/2 cm hoch mit Milch füllen. Die Buchteln hineinsetzen und rundum mit flüssiger Butter bestreichen, damit sie nicht zusammenkleben. Nochmals zugedeckt aufgehen lassen. Bei 190 °C im vorgeheizten Backrohr in etwa 30 Minuten hellgelb backen.

5 Inzwischen für die Vanillesauce die Milch aufkochen. In die kalte Milch den Zucker, die Dotter, das Stärkemehl und den Vanillezucker oder das ausgeschabte Vanillenmark einrühren. Diese Mischung in die kochende Milch gießen und unter ständigem Rühren einmal aufkochen lassen. Vom Herd nehmen.

6 Die Buchteln in der Form zu Tisch bringen und mit der Vanillesauce servieren.

Hinweis

Wer die Buchteln mit etwas mehr Struktur und Biß mag, tauscht etwa 100 g Mehl durch zarte Haferflocken aus. Sie schmecken dann wunderbar nussig.

Apfelmandel

BANAT

5 altbackene Semmeln
1/2 l Milch
5 mittelgroße Äpfel
100 g Zucker, etwas Zimt
40 g Rosinen
3 Eier

Außerdem

Butter für die Form oder das Backblech
Staubzucker zum Besieben

1 Die Semmeln in gleichmäßige, etwa 1 cm dicke Scheiben schneiden und kurz in die Milch tauchen. Eine runde Backform oder ein tiefes Backblech gut ausbuttern und die halbe Menge schön nebeneinander hineinlegen.

2 Die Äpfel schälen, entkernen und in feine Spalten schneiden, überlappend auf den Semmelscheiben verteilen. Zucker, Zimt und Rosinen vermischen und gleichmäßig über die Äpfel streuen. Mit den restlichen Semmelscheiben abdecken.

3 Die Eier mit der übriggebliebenen Milch verquirlen und die Apfelmandel damit übergießen. Bei 180 °C im vorgeheizten Backrohr 40 Minuten backen. Mit Staubzucker besieben und servieren.

Rahmhanklich

ALTES REZEPT AUS SIEBENBÜRGEN

1 kg Weißbrot-Hefeteig vom Bäcker

Für den Belag

30 g dicker Sauerrahm oder Crème fraîche
6 Eier, getrennt
1 TL Salz

Außerdem

Butter für das Blech

1 Den Weißbrot-Hefeteig auf einem gut gebutterten Blech mit der Hand etwa 1/2 cm dick ausziehen. Der Rand des Bleches soll ebenfalls mit Teig bedeckt sein. Abdecken und 1/2 Stunde aufgehen lassen.

2 Für den Belag den Sauerrahm mit den Dottern verrühren. Die Eiklar mit dem Salz zu Schnee schlagen und unterheben.

3 Den Teig einige Male mit einer Gabel einstechen, damit er sich beim Backen nicht wölbt. Den Belag gleichmäßig aufstreichen.

4 Bei 200 °C im vorgeheizten Backrohr in etwa 30 Minuten hellgelb backen. Noch im Rohr in etwa 9 × 7 cm große Stücke schneiden. In seiner Heimat wird der Hanklich ohne Gabel und Messer direkt aus der Hand gegessen.

Moderne Rezepte

Apfelpalatschinken mit Zimtsauce

Für 10 Nachtisch- oder 5 Hauptspeisenportionen

Im Restaurant des Kurhotels Salzerbad in Niederösterreich habe ich sie gegessen, aber noch in keinem Süßspeisenbuch gesehen. Mit der Apfelfüllung und Zimtsauce eine ungewöhnliche, sehr ansprechende Palatschinkenvariation. Ich habe versucht, diese nachzuempfinden, und würde sie – mit Weizenvollmehl und anstelle des Zuckers mit Honig hergestellt – auch Vollwertfreunden bestens empfehlen.

Für den Palatschinkenteig

- 70 g Schlagobers
- 50 g zerlassene Butter
- 1 g Salz, 2 Eier
- 110 g Mehl, 130 ml Milch

Für die gedünsteten Äpfel

- 650 g ungeschälte, vom Kerngehäuse befreite Äpfel (Elstar, Cox Orange, Golden Delicious)
- 40 g Zucker, 50 g Rosinen
- 20 g Zitronensaft
- abgeriebene Schale von 1/4 unbehandelten Zitrone
- 1 Prise Zimt

Für die Royal

- 1/4 l Milch
- 2 Eier
- 20 g Kristallzucker
- 5 g Vanillezucker
- 1 Prise Salz

Für die Zimtsauce

- 3/4 l Milch
- 17 g Vanillepuddingpulver
- 2 Eidotter
- 70 g Kristallzucker
- 5 g Vanillezucker
- 6 g Zimtpulver
- 1 Prise Salz

Außerdem

- zerlassene Butter für die Form und zum Bestreichen
- Zimt-Staubzucker-Mischung zum Anzuckern

1 Die Zutaten für den Teig, jedoch noch ohne Mehl und Milch, in einer Schüssel mischen. Das Mehl glatt einrühren und mit der Milch zur richtigen Konsistenz bringen. Etwa 1/2 Stunde stehen lassen, damit das Mehl quellen kann.

2 Die Äpfel auf einem groben Reibeisen (darum können die Schalen auch daran bleiben) reißen und mit den anderen Zutaten in einer flachen Pfanne heiß, aber kurz unter langsamem Rühren andünsten, bis die Früchte glasig sind. Die flache Pfanne verhindert durch die große Oberfläche unerwünschte Saftbildung.

3 10 Palatschinken backen. Mit der Apfelfüllung belegen, halbieren und in eine mit Butter ausgestrichene Pfanne oder Gratinierschüssel dachziegelartig einschichten. Obenauf leicht mit flüssiger Butter bestreichen und bei 180 °C im vorgeheizten Backrohr backen.

4 Für die Royal die Milch auf etwa 80 °C erhitzen. Die restlichen Zutaten verrühren und mit der heißen Milch mischen. Nach 15 Minuten Backzeit über die Palatschinken gießen und in ungefähr 35 Minuten fertigbacken.

5 Von der Milch für die Zimtsauce 100 ml mit dem Vanillepuddingpulver und den Dottern mischen. Die restlichen Zutaten aufkochen, die Puddingpulvermischung einrühren und unter Rühren aufkochen lassen. Mit dem Mixstab kurz mixen. Die Sauce auf die Teller verteilen, die Palatschinken in der Mitte plazieren und leicht mit Zimt-Staubzucker besieben.

Hinweis

Die Sauce erhält, pro Portion mit einem gehäuften Eßlöffel geschlagenem Obers verrührt und gelockert, einen besonderen Pfiff. Doch wird sie durch das Obers verdünnt. Die Puddingpulvermenge muß deshalb auf 23 g erhöht werden.

Kaiseromelett

Eine Béchamelmasse, zu einem Omelett in der großen Pfanne als Doppelportion oder in zwei kleinen Pfannen als Einzelportionen gebacken und mit Früchten und Weinsabayon angerichtet.

Für die Béchamelmasse

120 ml Milch, 30 g Butter
ausgeschabtes Mark von
1/2 Vanilleschote, 1 Prise Salz
50 g Mehl
3 Eidotter
3 Eiklar
50 g Kristallzucker

Für die Füllung

100 g Erdbeeren
30 g Kristallzucker
6 cl Sherry oder Portwein

Für den Weinsabayon

120 ml Weißwein
50 g Kristallzucker
2 Eidotter

Außerdem

40 g Butter zum Ausbacken
Vanillestaubzucker zum Besieben
Kompottananasscheiben,
1/2 Kompottpfirsich und
3 Weinbrandkirschen zum Dekorieren

1 Für die Béchamelmasse die Milch mit der Butter, dem Vanillemark und Salz aufkochen. Das Mehl zufügen und die Masse abrösten, bis sie sich vom Topfboden löst. In eine Schüssel geben und nach und nach die Dotter einrühren. Jetzt die Butter in der Omelettenpfanne zerlassen. Die Eiklar mit dem Zucker mischen und zu Schnee schlagen. Wenig davon mit der Masse mischen und dann den restlichen Schnee einmelieren.

2 Die Masse in die Pfanne füllen und zum Rand hin etwas höher aufstreichen. Etwa 3 Minuten auf dem Herd anbacken, bis die Masse an der Unterseite etwas Farbe genommen hat. Bei 230 °C Oberhitze im vorgeheizten Backrohr ausbacken. Das Omelett muß nun auch an der Oberseite Farbe genommen haben und beim Befühlen federnden Widerstand spüren lassen.

3 Die Erdbeeren mit dem Zucker kochen, bis der Saft zu dicklicher Konsistenz reduziert ist. Mit dem Sherry oder Portwein abschmecken.

4 Über eine Hälfte des gebackenen Omeletts die Erdbeeren verteilen und die freie Hälfte darüberklappen. Auf einer vorgewärmten Platte oder einem Teller anrichten. Mit Vanillestaubzucker besieben und mit den Früchten dekorieren.

1 *Die Omelettmasse zum Rand hin hochstreichen.*

2 *Ins Rohr schieben, sobald die Unterseite Farbe hat.*

3 *Die Erdbeeren über die Hälfte des Omeletts verteilen.*

5 Die Zutaten für den Sabayon (Weinchaudeau) mischen und im schon vorbereiteten kochenden Wasserbad bis zu leichter Bindung und schaumiger Konsistenz aufschlagen. In einer vorgewärmten Sauciere dazu servieren.

Birnenschmarren

Für 2 Hauptspeisen- oder 4–5 Nachtischportionen

Ein Schmarren ... davon kann man hier wirklich nicht sprechen. Er ist eine Köstlichkeit, die wir zum Schmarren degradiert haben. So sind sie halt, die Österreicher – immer zu bescheiden. Hier wird dieser Schmarren, ein Kaiserschmarren, mit karamelisierten Birnen delikat variiert. Bei uns ist es noch üblich, Mehlspeisen – in erster Linie natürlich warme Mehlspeisen, eventuell mit einer Suppe davor – als Hauptspeise zu servieren.

Für den Kaiserschmarren

- 120 g Mehl
- 1/4 l Milch
- 8 g Vanillezucker
- 4 Eidotter, 1 Prise Salz
- abgeriebene Schale von 1/4 unbehandelten Zitrone
- 4 Eiklar, 30 g Zucker
- 30 g Rosinen

Für die Birnenmischung

- 100 g Zucker, 100 g Butter
- 300 g Birnenspalten
- 100 g geschälte halbe Mandeln
- 1 Prise Zimt

Außerdem

- 50 g Butter zum Ausbacken
- Vanillestaubzucker zum Besieben

1 Das Mehl in eine Schüssel sieben. Die Milch mit dem Vanillezucker, den Dottern, Zitronenschale und Salz verrühren. Zunächst nur 2/3 dieser Mischung (um klumpenfrei mischen zu können) mit dem Schneebesen kurz mit dem Mehl verrühren. Den Rest zugeben und im gesamten wenig rühren, damit der Teig nicht zu zäh wird. Ruhen lassen.

2 Für die Birnenmischung den Zucker in einer Pfanne zu hellem Karamel schmelzen und rasch die in Stücke geteilte Butter einrühren. Die Birnenspalten und Mandeln zugeben. Unter Schwenken der Pfanne die Früchte und Mandeln karamelisieren, dabei die Birnen kernig weich werden lassen. Den Zimt einstreuen.

3 Die Butter zum Ausbacken in einer zweiten, entsprechend großen Pfanne erhitzen.

4 Die Eiklar, mit Zucker gemischt, zu Schnee schlagen und die Mehl-Milch-Mischung locker einmelieren. In die Pfanne geben und anbacken. Die Rosinen aufstreuen. Hat die Unterseite genügend Farbe genommen, den Schmarren wenden und fertigbacken.

5 Den Schmarren mit zwei Gabeln in Stücke teilen, mit den Birnen mischen, anrichten und leicht mit Vanillestaubzucker besieben.

Nußauflauf mit Schokoladesauce

Für 4–5 Portionen

2 altbackene, entrindete Semmeln
120 ml Milch
1/2 geschälter, entkernter Apfel – etwa 60 g, blättrig geschnitten
50 g Preiselbeerkompott

Für die Nußmasse

80 g weiche Butter
abgeriebene Schale von 1/2 unbehandelten Zitrone
1 Prise Zimt
4 Eidotter, 4 Eiklar
80 g Kristallzucker
20 g Weizenmehl, mit 100 g geriebenen Haselnüssen gemischt

Für die Schokoladesauce

1/2 l Milch
100 g Kristallzucker
ausgeschabtes Mark von 1 Vanilleschote
15 g Vanillepuddingpulver
2 Eidotter
100 g Bitterschokolade
2 cl Rum

Außerdem

Butter und Semmelbrösel für die Form
Vanillestaubzucker zum Besieben

1 Eine Auflaufform mit 1 1/2 l Fassungsvermögen mit Butter ausstreichen und mit Semmelbröseln ausstreuen.

2 Die Semmeln in 3 mm dicke Scheiben schneiden, auf einen Teller legen und mittels Pinsel mit der Milch befeuchten, 10 Minuten ziehen lassen. Die Hälfte davon in die Form legen, die Äpfel und das Preiselbeerkompott darüber verteilen und mit den restlichen Semmelscheiben abdecken.

3 Für die Nußmasse die Butter mit Zitronenschale und Zimt schaumig rühren. Die Dotter nach und nach zugeben. Die Eiklar, mit dem Zucker gemischt, zu Schnee schlagen, beide Massen vermischen, die Mehl-Haselnuß-Mischung einmelieren und damit die Form auffüllen. Bei 170 °C im vorgeheizten Backrohr etwa 1 Stunde backen.

4 Inzwischen für die Schokoladesauce 400 ml Milch mit dem Zucker und dem Vanillemark aufkochen. Die restliche Milch mit dem Vanillepuddingpulver und den Dottern verrühren, der kochenden Milch beigeben und unter Rühren aufkochen. Die geschnittene Schokolade darin schmelzen und mit dem Rum aromatisieren. (Wer Vanillesauce bevorzugt – kein Problem: einfach die Schokolade weglassen.)

5 Den Auflauf mit Vanillestaubzucker besieben. Mit der in einer Sauciere angerichteten Sauce servieren.

Grießauflauf mit Zwetschkenröster

Für 12 Portionen

3/4 l Milch
100 g Butter
10 g Vanillezucker
1 g Salz
150 g Grieß
8 Eidotter
8 Eiklar
150 g Kristallzucker
40 g Rosinen

Für den Zwetschkenröster

60 ml Wasser
120 g Kristallzucker
500 g entsteinte, halbierte Zwetschken

Außerdem

Butter und Semmelbrösel für die Form
Staubzucker zum Besieben

1 Die Milch mit der Butter, dem Vanillezucker und Salz aufkochen. Den Grieß einrühren und weich kochen. Überkühlen lassen.

2 Die Dotter schaumig rühren. Die Eiklar, mit dem Zucker gemischt, zu Schnee schlagen. Zuerst die Dottermasse mit der noch heißen Grießmasse flüchtig mischen und dann den Schnee und die Rosinen einmelieren. In eine gefettete, feuerfeste Auflaufform füllen und bei 160 °C im vorgeheizten Backrohr etwa 50 Minuten

backen. Der Auflauf soll eine schöne Kruste bekommen.

3 Für den Zwetschkenröster das Wasser mit dem Zucker aufkochen. Die Zwetschken zugeben und weich dünsten.

4 Den leicht überkühlten Grießauflauf in der Form zu Tisch bringen oder portionieren, mit Staubzucker besieben und mit dem ausgekühlten, in einer Schüssel angerichteten Zwetschkenröster servieren.

Variation

Die Zwetschken können auch mitgebacken werden: Auf 1/3 der Grießmasse abgetropftes Zwetschkenkompott verteilen, mit erwärmtem Honig beträufeln, die restliche Grießmasse darübergeben.

Nudelauflauf mit Topfen

Für 10 Portionen

600 ml Milch
1 g Salz
250 g Bandnudeln
60 g zerlassene Butter
250 g Topfen (10 % Fett)
20 g Mais-Stärkemehl
4 Eidotter
15 g Vanillezucker
abgeriebene Schale von
1/2 unbehandelten Zitrone
4 Eiklar
60 Kristallzucker

Außerdem

200 g gewaschene, entsteinte und in Spalten geteilte Marillen
Butter für die Form

1 Die Milch mit dem Salz aufkochen, die Nudeln zugeben und weich kochen. Die Milch wird von den Nudeln aufgenommen. Überkühlen lassen. Die Butter, den Topfen und das Stärkemehl untermischen.

2 Die Dotter mit dem Vanillezucker und der Zitronenschale schaumig rühren. Die Eiklar mit dem Zucker gemischt, zu Schnee schlagen. Beides und die Marillenspalten mit der Nudelmasse melieren und in die mit Butter ausgestrichene Auflaufform füllen.

3 Bei 160 °C im vorgeheizten Backrohr 55–60 Minuten backen. Leicht überkühlt portionieren und nach Belieben mit einer Marillensauce servieren.

Germknödel mit Mohn

Für 15 Knödel

Germteig (Rezept Seite 57, 1/2 der angegebenen Menge)
250 g Powidl
250 g zerlassene Butter zum Glasieren der Knödel

Für die Mohnmischung

180 g Mohn, 120 g Zucker
30 g Vanillezucker

1 Den Germteig nach dem Ruseln zu einem Rechteck von 21 × 35 cm Größe ausrollen und in 15 Teile von 7 × 7 cm schneiden. Den Powidl in die Mitte der einzelnen Quadrate plazieren und mit dem Teig umhüllen – Knödel formen. Mit dem Schluß nach unten auf ein bemehltes Brett setzen und, mit einem Tuch abgedeckt, zum fast doppelten Volumen aufgehen lassen.

2 In einer entsprechend großen Kasserolle leicht gesalzenes Wasser zum Kochen bringen und die Knödel einlegen. Den Deckel schräg auflegen, so daß die Kasserolle leicht geöffnet bleibt. Nach dem erneuten Aufkochen nur mehr ziehen lassen. Nach 10 Minuten mit einem Kochlöffelstiel vorsichtig umdrehen und weitere 5 Minuten ziehen lassen.

3 Mit einem Schaumlöffel aus dem Wasser heben. Sofort mit einem spitzen Holzstäbchen oder einer langen Nadel einige Male anstechen, so daß die Knödel Luft aufnehmen können – bei geschlossener Außenhaut würde sich die auskühlende Luft im Inneren zusammenziehen und ein stärkeres Zusammenfallen bewirken.

4 Sofort anrichten, mit reichlich flüssiger Butter glasieren und mit reichlich Mohnmischung bestreuen.

Zwetschkenknödel mit Topfenteig

Für 10 Knödel

Es zahlt sich aus, mehr davon zu machen und für andere Gelegenheiten im Tielfkühler zu bevorraten. Sie werden bei etwas längerer Garzeit genauso wie frisch zubereitete Knödel fertiggestellt.

- 80 g Butter
- 20 g Kristallzucker
- 5 g Vanillezucker
- 1 Prise Salz
- 1 Ei
- 1 Eidotter
- 300 g Topfen (10 % Fett)
- 100 g griffiges Mehl
- 10 Zwetschken
- 5 Stück Würfelzucker

Für die gerösteten Brösel

- 80 g Butter
- 10 g Zucker
- 10 g Vanillezucker
- 100 g Semmelbrösel

Außerdem

- Vanillestaubzucker zum Besieben

1 Für den Topfenteig die Butter mit dem Zucker, Vanillezucker und Salz schaumig rühren. Ei und Dotter nach und nach zugeben. Den Topfen – ideal ist ein festerer Bauerntopfen – und das Mehl kurz untermischen. Kalt stellen.

2 Inzwischen die Zwetschken waschen, mit Küchenpapier abtrocknen, halbieren, aber nicht durchschneiden, und den Stein entfernen. Den Würfelzucker mit einem Messer halbieren.

3 Den Topfenteig auf der mit Mehl bestaubten Arbeitsplatte zu einer etwa 6 cm dicken Rolle formen. Die Rolle in 10 Scheiben schneiden, diese ein wenig flachdrücken und auf die mit Mehl bestaubte Arbeitsfläche wegsetzen. Dabei beachten, daß die Oberseiten der Teigstücke nicht bemehlt werden, weil der Teig sonst schlecht an den Früchten haftet. Jeweils ein Stück Würfelzucker anstelle des Steins in die Zwetschken stecken und diese in den Topfenteig einschlagen.

4 Die Knödel in leicht gesalzenes, kochendes Wasser einlegen und nach dem erneuten Aufkochen zugedeckt 8–10 Minuten nur noch ziehen lassen. Nach der halben Garzeit das Kochgeschirr leicht rütteln, damit sich die Knödel umdrehen. Sie sind gar, wenn sie an der Oberfläche schwimmen.

5 In der Zwischenzeit die gerösteten Brösel herstellen. Dafür die Butter zerlassen. Zucker, Vanillezucker und die Brösel zugeben und ausreichend abrösten. Der Zucker soll leicht karamelisieren, und die Brösel sollen ein wenig Farbe annehmen.

6 Die fertigen Knödel mit einem Schaumlöffel aus dem Wasser heben, kurz abtropfen lassen, in den Bröseln wälzen, anrichten und leicht mit Staubzucker besieben.

Variation

Ohne Brösel auf Teller anrichten. Jeden Knödel mit einem Kaffeelöffel flüssiger Butter glasieren, mit ungeschälten, frisch gerösteten, grobgehackten Mandeln oder Erdnüssen bestreuen und leicht anzuckern. Und auch sehr fein – mit Butter glasieren und reichlich mit einer Mohn-Zucker-Mischung bestreuen.

Hinweis

Dieser Topfenteig kann ebenso für andere Fruchtknödel wie Marillen- oder Erdbeerknödel verwendet werden.

STRUDEL

Grundsätzliches zu den Strudeln

Jeder Strudel – auch die Blätterteigstrudel, die auf Seite 134 beschrieben sind – schmeckt warm am delikatesten. Doch wenn die Zutaten und die Zubereitung stimmen, ist auch ein ausgekühlter Strudel nicht zu verachten. Aber wenn es geht, sollte ein Strudel entweder im Backrohr oder im Mikrowellengerät zumindest leicht angewärmt werden und unmittelbar anschließend zu Tisch kommen.
Und tiefkühlen? Kein Problem! Jeder der hier angeführten Strudel kann ungebacken eingefroren werden. Vom Tiefkühler kommt er dann direkt in das Backrohr. Die Backtemperaturen und Backzeiten sind nur beim Milchrahmstrudel und bei den Topfenstrudeln mit rund zehn Prozent höher zu bemessen.

Apfelstrudel

Für 10 Portionen

Der gezogene Apfelstrudel ist auf der ganzen Welt fast so bekannt wie die Sachertorte, die Spanische Hofreitschule und die Wiener Sängerknaben. Er liegt in der ewigen Süßspeisen-Hitliste noch weit vor dem Kaiserschmarren und den Salzburger Nockerln.

Strudelteig (Rezept Seite 61)

Für die gerösteten Brösel

80 g Butter
100 g Semmelbrösel
10 g Zucker, 10 g Vanillezucker

Für die Apfelfüllung

1 kg geschälte, entkernte, blättrig geschnittene Äpfel (Boskoop, Elstar oder Golden Delicious)
100 g Kristallzucker
60 g Rosinen
50 g grobgehackte Walnüsse
3 g Zimt
abgeriebene Schale von ½ unbehandelten Zitrone

Außerdem

150 g zerlassene Butter zum Bestreichen
Vanillestaubzucker zum Besieben

1 Den Strudelteig zubereiten und ausziehen, wie im Grundrezept beschrieben.

2 Für die gerösteten Brösel die Butter zerlassen. Die Semmelbrösel, Zucker und Vanillezucker zugeben und gut abrösten. Für den Wohlgeschmack des Strudels ist das ausreichende Rösten der Brösel sehr entscheidend.

3 Für die Füllung die Äpfel mit den anderen Zutaten mischen. Dafür die Zitronenschale mit etwas Zucker auf der Arbeitsfläche mit der Palette fest verreiben. So wird das ätherische Öl frei, vom Zucker aufgenommen und ergibt einen feineren Geschmack.

4 Die Brösel und darüber die Äpfel auf einem Viertel der Teigfläche verteilen. Den freibleibenden Teil mit der flüssigen Butter bestreichen und mit Hilfe des Tuches die Füllung in den Teig einrollen. Auf ein mit Backpapier belegtes Backblech legen, mit Butter bestreichen und bei 200 °C im vorgeheizten Rohr etwa 1 Stunde backen. Während des Backens zwei- bis dreimal mit flüssiger Butter bestreichen.

5 Den Strudel kurz abstehen lassen, portionieren und mit Vanillestaubzucker leicht besieben. Nach Belieben mit einer Portion Schlagobers und einer Kugel Vanilleeis servieren.

Strudelvariationen

Die teilweise sehr wasserhaltigen Früchte erfordern einen Saftbinder, damit die Füllung nicht zu weich und pappig wird. Das ist recht gut mit Weißbrotwürfeln zu erreichen, die neutral im Geschmack sind und im fertigen Produkt völlig unauffällig bleiben. Man sieht und schmeckt sie nicht, aber – und das ist wichtig – der Fruchtsaft bleibt im Strudel. Das Weißbrot dafür – am besten ist ein feinporiger Sandwichwecken – sollte 3 bis 4 Tage alt sein. Die Rinde entfernen, das Brot in 1/2 cm dicke Scheiben und davon Würfel schneiden. Locker ausbreiten und noch 2–3 Stunden übertrocknen lassen, die Würfel sollen jedoch nicht hart werden. Die Früchte mit dem Zucker und den Weißbrotwürfeln mischen und auf den gerösteten Bröseln verteilen. Mit Butter bestreichen und backen wie Apfelstrudel.

Kirschen- oder Weichselstrudel

1 kg entsteinte Kirschen oder Weichseln
100 g Kristallzucker
100 g Weißbrotwürfel

Heidelbeerstrudel

1 kg Heidelbeeren
100 g Kristallzucker
100 g Weißbrotwürfel

Rhabarberstrudel

750 g geschälter, in 1 cm breite Stücke geschnittener Rhabarber
150 g Kristallzucker
150 g Rosinen
100 g Weißbrotwürfel
40 g geriebene Mandeln

Birnenstrudel

1 kg geschälte, entkernte, blättrig geschnittene Birnen
100 g Rosinen
80 g Kristallzucker
6 cl Birnengeist
2 g Zimt
keine Weißbrotwürfel!

Zwetschkenstrudel

1 kg entsteinte, in Viertel geschnittene Zwetschken
100 g Kristallzucker
100 g geriebene Walnüsse
100 g Weißbrotwürfel
8 cl Slibowitz
2 g Zimt

Rhabarber-Himbeer-Strudel

60 % Rhabarberstrudelfüllung
250 g Himbeeren
80 g Kristallzucker
100 g Weißbrotwürfel
3 cl Himbeergeist

Die Rhabarberfüllung in einem schmalen Streifen und daneben die Himbeermischung auf die Brösel legen.

Apfel-Waldfrüchte-Strudel

60 % Apfelstrudelfüllung
250 g Waldfrüchtemischung aus der Tiefkühltruhe
50 g Kristallzucker
100 g Weißbrotwürfel

Die Apfelfüllung in schmalem Streifen und daneben die Waldfrüchtemischung auf die Brösel legen.

Apfel-Rhabarber-Strudel

50 % Apfelstrudelfüllung
50 % Rhabarberstrudelfüllung

Wie Apfel-Waldfrüchte-Strudel füllen.

Erdbeerstrudel

Für 10 Portionen

Biskuitmasse für Rouladen (Rezept Seite 49, 1/2 der angegebenen Menge)
Strudelteig (Rezept Seite 61)

Für die Füllung

100 g Erbeerkonfitüre
1 kg Ananaserdbeeren
100 g Kristallzucker

Außerdem

100 g zerlassene Butter zum Bestreichen

1 Die Biskuitmasse zubereiten, backen und nach dem Auskühlen in zwei 35 × 8 cm große Streifen schneiden.

2 Den Strudelteig zubereiten und ausziehen, wie im Grundrezept beschrieben.

3 Die ganze Teigfläche mit flüssiger Butter bestreichen. Die beiden Biskuitstreifen in 5 cm Abstand mit den kurzen Seiten aneinander auf eine Seite legen und mit der Konfitüre bestreichen. Die geputzten Erdbeeren mit dem Zucker mischen und dicht auf die Biskuitstreifen stellen – je nach Größe auch in zwei oder drei Lagen hinter- oder übereinander.

4 Von der Oberseite einen Streifen des gezogenen Teiges in einer Breite, die ausreicht, um die Erdbeeren und die beiden Biskuitränder links und rechts abzudecken, abschneiden, über die Erdbeeren legen und etwas andrücken, um die Erdbeeren zu fixieren.

5 Den Strudel mit Hilfe des Tuches aufrollen, mit Daumen und Zeigefinger in der Mitte abkneifen und die beiden Teile auf ein mit Backpapier belegtes Backblech legen. Obenauf mit Butter bestreichen und bei 250 °C im vorgeheizten Backrohr nur etwa 15 Minuten backen. Es soll mehr oder weniger nur der umhüllende Teig gebacken werden. Die Erdbeeren dürfen nur wenig erhitzt werden, weil die Früchte sonst zu stark zusammenfallen.

6 Nach dem Ausbacken nochmals mit Butter bestreichen und nach kurzem Überkühlen portionieren.

Weintraubenstrudel mit Weinschaumsauce

Für 12 Portionen

Strudelteig (Rezept Seite 61)

Für die Haselnußmasse

- 450 g Butter
- 400 g Kristallzucker
- 450 g geriebene Haselnüsse
- 15 g Vanillezucker
- 2 g Salz
- abgeriebene Schale von 1/2 unbehandelten Zitrone
- 10 Eidotter
- 10 Eiklar

Für die Weinschaumsauce

- 350 g trockener Weißwein
- 100 g Kristallzucker
- 8 cl Grand Marnier
- 2 cl Zitronensaft
- 10 Eidotter

Außerdem

- 1,25 kg dünnschalige, kernlose Weintrauben, entstielt und gewaschen
- 100 g zerlassene Butter zum Bestreichen
- Vanillestaubzucker zum Besieben

1 Den Strudelteig zubereiten und ausziehen, wie im Grundrezept beschrieben.

2 Für die Nußmasse die weiche Butter mit 200 g Zucker, den Haselnüssen, Vanillezucker, Salz und Zitronenschale schaumig rühren. Die Dotter nach und nach zugeben. Die Eiklar mit dem restlichen Zucker mischen, zu Schnee schlagen und beide Massen locker melieren.

3 Die Nußmasse auf einem Viertel der Teigfläche verteilen. Die Weintrauben darüberstreuen. Den freibleibenden Teil des Teiges mit flüssiger Butter bestreichen. Mit Hilfe des Tuches die Füllung in den Teig einrollen und U-förmig in eine mit Butter ausgestrichene Pfanne von 32 × 22 cm Größe gleiten lassen. Den Strudel oben mit Butter bestreichen und bei 160 °C im vorgeheizten Backrohr etwa 1 Stunde backen. In dieser Zeit noch ein- bis zweimal mit Butter bestreichen. Kurz überkühlen lassen.

4 Inzwischen für die Weinschaumsauce alle Zutaten verrühren und im kochenden Wasserbad zu schaumiger Konsistenz und leichter Bindung aufschlagen. Den Strudel portionieren und wenig mit Vanillestaubzucker besieben. Auf vorgewärmten Tellern anrichten und zur Hälfte mit der Sauce übergießen. Sofort servieren.

Milchrahmstrudel

Für 12 Portionen

Strudelteil (Rezept Seite 61)

Für die Füllung

150 g Butter, 150 g Zucker
8 g Vanillezucker, 1 g Salz
abgeriebene Schale von
1/2 unbehandelten Zitrone
5 Eidotter
500 g Topfen (10 % Fett)
350 g Sauerrahm, 60 g Mehl
50 g Rosinen, 5 Eiklar

Für die Royal

350 ml Milch, 3 Eier
40 g Zucker, 4 g Vanillezucker
1 Prise Salz

Für die Vanillesauce

1/2 l Schlagobers
1/2 l Milch, 110 g Zucker
10 g Vanillezucker, 1 Prise Salz
15 g Vanillepuddingpulver
4 Eidotter

Außerdem

100 g zerlassene Butter
zum Bestreichen
Vanillestaubzucker zum
Besieben

1 Den Strudelteig zubereiten und ausziehen, wie im Grundrezept beschrieben.

2 Die temperierte Butter mit 50 g Zucker, dem Vanillezucker, Salz und der Zitronenschale schaumig rühren. Die Dotter nach und nach zugeben. Den Topfen, Sauerrahm, das Mehl und die Rosinen kurz einrühren. Die Eiklar mit dem restlichen Zucker mischen, zu Schnee schlagen und mit der Topfenmasse melieren.

3 Die Füllung auf ein Viertel der Teigfläche verteilen. Den freibleibenden Teil mit flüssiger Butter bestreichen und mit Hilfe des Tuches die Füllung in den Teig einrollen.

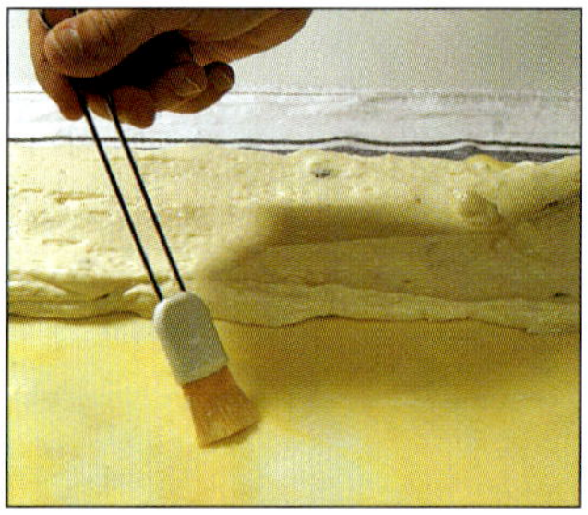

1 Die von der Füllung freie Teigfläche buttern.

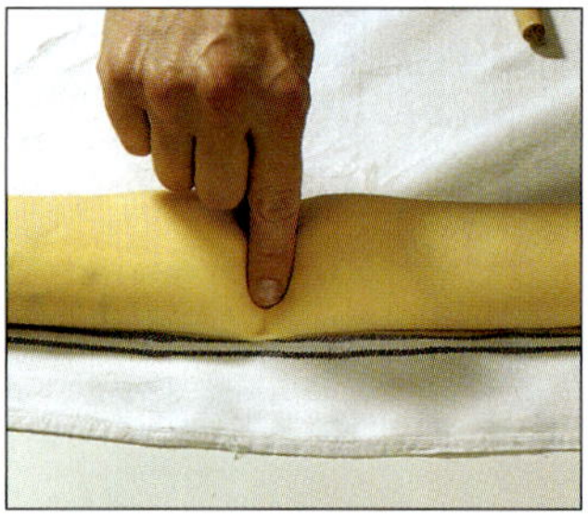

2 Den aufgerollten Strudel in zwei Teile kneifen.

3 Nach 20 Minuten Backzeit die Royal eingießen.

Mit Daumen und Zeigefinger den Strudel in der Mitte abkneifen und die beiden Teile in eine mit flüssiger Butter ausgestrichene Pfanne von 32 × 22 cm Größe, wiederum mit Hilfe des Tuches, hineinheben. Obenauf mit Butter bestreichen und bei 160 °C im vorgeheizten Backrohr backen.

4 Die Milch für die Royal auf etwa 80 °C erhitzen. Die Eier mit dem Zucker, Vanillezucker und Salz verrühren und die heiße Milch mit dem Schneebesen einrühren. Nach 20 Minuten Backzeit gleichmäßig über dem Strudel verteilen und in etwa 40 Minuten fertigbacken. Während des Backens noch ein- bis zweimal mit flüssiger Butter bestreichen.

5 Für die Vanillesauce das Schlagobers mit 350 ml Milch, dem Zucker, Vanillezucker und Salz aufkochen. Das Puddingpulver und die Dotter mit der restlichen Milch vermischen, unter Rühren mit dem Schneebesen zugeben und nochmals aufkochen. Nach Möglichkeit mit dem Mixstab mixen, das ergibt eine schönere Konsistenz.

6 Den leicht überkühlten Strudel portionieren und leicht mit Vanillestaubzucker besieben. Die Vanillesauce auf die vorgewärmten Teller verteilen und den Strudel in die Mitte plazieren.

Variationen

TOPFENSTRUDEL: Er wird wie der Milchrahmstrudel (der ja bereits Topfen enthält statt der in Milch geweichten Semmeln), jedoch ohne Royal gebacken und ohne Vanillesauce angerichtet. Die Backzeit ist auf etwa 50 Minuten zu beschränken.

MARILLEN-TOPFENSTRUDEL: 350 g Dosenmarillen oder entsteinte vollreife frische Früchte in Vierteln auf der Topfenmasse verteilen. Aufrollen. Ohne Royal 55 Minuten backen. Mit Marillensauce anrichten. Dafür 1,3 kg vollreife, entsteinte Marillen in 100 ml Wasser weich kochen, mit 250 g Zucker mixen und passieren. Nach dem Auskühlen mit 5 cl Marillengeist aromatisieren.

KIRSCHEN-TOPFENSTRUDEL: 350 g entsteinte Kirschen auf der Topfenmasse verteilen. Aufrollen und ohne Royal 55 Minuten backen.

Honigstrudel

Für 12 Portionen

Ein wenig aus der Reihe »tanzt« dieser Strudel mit seiner Topfen-Kletzen-Trockenmarillen-Füllung. Mit Royal gebacken, ein wenig Honig und geröstete Haselnüsse darüber – so paßt er schon vom Duft gut in die Winterzeit.

Strudelteig (Rezept Seite 61)

Für die Füllung

100 g Kletzen
300 g Trockenmarillen
120 g Butter
400 g Topfen (10 % Fett)
10 g Vanillezucker
1 g Salz
abgeriebene Schale von
1/3 unbehandelten Zitrone
4 Eidotter
300 g Sauerrahm
50 g Mehl
4 Eiklar
60 g Honig

Für die Royal

300 ml Milch
1 Ei
1 Eidotter
40 g Honig

Außerdem

100 g zerlassene Butter
zum Bestreichen
100 g Honig und
80 g geröstete, geschälte,
grob gebrochene Haselnüsse
zum Anrichten

1 Die Kletzen für die Füllung über Nacht in kaltem Wasser einweichen und dann weich kochen. Abseihen, auskühlen lassen und würfelig schneiden. Die Marillen mit kochendem Wasser überbrühen, abseihen, auskühlen lassen und ebenfalls würfelig schneiden.

2 Den Strudelteig zubereiten und ausziehen, wie im Grundrezept beschrieben.

3 Für die Füllung die weiche Butter mit dem Topfen, Vanillezucker, Salz und Zitronenschale schaumig rühren, die Dotter nach und nach zugeben. Den Sauerrahm, das Mehl und die vorbereiteten Früchte einrühren. Die Eiklar mit dem Honig mischen und zu Schnee schlagen. Mit der Topfenmasse melieren.

4 Die Füllung auf einem Viertel der Teigfläche verteilen. Den freigebliebenen Teil des Teiges mit flüssiger Butter bestreichen und mit Hilfe des Tuches die Füllung in den Teig einrollen. Mit Daumen und Zeigefinger den Strudel in der Mitte abkneifen und die beiden Teile in eine mit flüssiger Butter ausgestrichene Pfanne (32 × 22 cm groß), wiederum mit Hilfe des Tuches, hineinheben. Obenauf mit Butter bestreichen und bei 160 °C im vorgeheizten Backrohr backen.

5 Die Milch für die Royal auf etwa 80 °C erhitzen. Ei und Eidotter mit dem Honig vermischen und die Milch mit dem Schneebesen einrühren. Nach 15 Minuten Backzeit gleichmäßig über dem Strudel verteilen und in etwa 35 Minuten fertigbacken. In dieser Zeit noch ein- bis zweimal mit Butter bestreichen.

6 Nach kurzem Überkühlen portionieren. Einen Löffel in den Honig eintauchen und damit den Strudel überspritzen. Die frisch gerösteten Haselnüsse aufstreuen.

Glossar

Abflämmen Oberflächliches Bräunen, zum Beispiel einer Baisermasse, mit Hilfe einer offenen Gasflamme (Bunsenbrenner) oder bei starker Hitze im Backrohr.

Absterben Auskristallisieren von Zucker-Glasuren verlieren dabei ihren Glanz.

Abstocken lassen Cremes zum Erstarren bringen durch Erkaltenlassen nach Aufkochen mit einem Creme- bzw. Puddingpulver oder durch Einrühren von Gelatine.

Abziehen, zur Rose Eine Creme unter Rühren erhitzen, bis sie leicht angedickt auf dem Kochlöffel liegen bleibt. Beim Daraufblasen zeigen sich an eine Rose erinnernde Kringel.

Angelika In Dickzucker eingelegte Stengel der Engelwurz. Grüne Verzierung für Torten, Kleingebäck und Süßspeisen.

Anziehen lassen Sollen übereinander aufgetragene Schichten sauber getrennt bleiben, müssen sie sich durch leichtes Abkühlen verfestigen, um die Form zu bewahren.

Aprikotieren Bestreichen von Gebäckoberflächen mit kochendheißer, passierter Marillenkonfitüre. Werden Gebäckstücke glasiert, ist vorheriges Aprikotieren die Voraussetzung für eine glatte Oberfläche.

Ausbacken Schwimmend in heißem Fett backen.

Ausrollen Gleichmäßiges Austreiben eines Teiges mit Hilfe eines Rollholzes.

Backen Garen in trockener, heißer Luft.

Baiser Schaummasse aus Eiklar und Zucker.

Beignet In einen Backteig getauchte Früchte oder Fruchtstücke, schwimmend in heißem Fett ausgebacken.

Biskotten Andere Bezeichnung für Löffelbiskuits.

Biskuitbrösel Feingeriebenes von süßen Tortenböden aus heller Biskuitmasse.

Blockschokolade, Blockkakao In Blöcken geformte Kakaomasse mit einem Anteil von mindestens 50 % Kakaobutter.

Brandig werden Die Bindung verlieren durch zu starkes Bearbeiten.

Busserl Kleine, runde Plätzchen.

Charlotte Süßspeise aus einer feinen Creme, Früchten oder Fruchtpürees, in einer mit Biskotten (Löffelbiskuits) ausgelegten Form zubereitet.

Chaudeau Warmer Weinschaum.

Confiserie Konditoreiabteilung, in der Pralinen und andere Süßwaren hergestellt (und verkauft) werden.

Dampfel So wird der Vorteig bei der Herstellung von Germteig (indirekte Führung) genannt. Dafür wird die Germ mit einem Teil der angewärmten Milch, eventuell einer kleinen Menge Zucker zum rascheren Reifen, und einem Teil des Mehls gemischt und zugedeckt zum Aufgehen an einen warmen Ort gestellt.

Dotter, Eidotter Österreichische Bezeichnung für Eigelb.

Dressieren In eine bestimmte Form bringen, etwa mit Hilfe von Spritzbeutel und entsprechender Tülle.

Eclair Länglich dressiertes Gebäck aus Brandteig.

Eiklar Österreichische Bezeichnung für Eiweiß.

Erdäpfel Österreichische Bezeichnung für Kartoffeln.

Erstarren Festwerden bzw. Absteifen von Cremen während des Erkaltens; häufig sind es mit Gelatine gebundene Cremen oder Flüssigkeiten.

Farinzucker Gelb- bis dunkelbrauner, aromatischer Zucker aus feinen Kristallen. Wird vor allem für Lebkuchen verwendet.

Faschieren Österreichische Bezeichnung für Feinhacken oder Durchdrehen von Fleisch.

Germ Österreichische Bezeichnung für Hefe.

Glasieren Überziehen von Gebäcken, um deren Oberflächen Glanz zu verleihen und sie vor dem Austrocknen zu schützen.

Grillage Österreichische Bezeichnung für mit geschmolzenem Zucker gemischte Nüsse oder Mandeln, grob gehackt (Krokant).

Guß Deckender Überzug für Gebäcke, in der Konsistenz dicker als eine Glasur. Die Trennung zwischen Guß und Glasur wird im Sprachgebrauch aber kaum noch praktiziert.

Hutzeln Österreichische Bezeichnung für Dörrobstschnitzel.

Indianer Österreichische Bezeichnung für Mohrenkopf.

Jungzweibel Andere Bezeichnung für Frühlingszwiebeln.

Kandieren Überziehen mit einer gesättigten Zuckerlösung, zum Beispiel Früchte, ganz oder in Stücken, oder Fruchtschalen.

Kapselrahmen Eckiger Rahmen, der auf das Backblech gestellt wird, um darin Teige oder Massen zu backen. Dies ist die eckige Variante des Tortenreifens und wird entsprechend gehandhabt.

Karamel, Karamelisieren Gebrannter Zucker, mit gebranntem (geschmolzenem) mehr oder weniger braunem Zucker überziehen.

Kipferl Österreichische Bezeichnung für Hörnchen.

Kletzen Österreichische Bezeichnung für getrocknete Birnen.

Kletzenbrot Österreichischer Name für Früchtebrot.

Kneten Manuelle oder maschinelle Teigbearbeitung, bei der die Zutaten rasch und gleichmäßig zu einer homogenen Masse vermischt werden.

Konfitüre Gekochte Zubereitung aus Fruchtfleisch, Fruchtstücken oder Fruchtpüree und Zucker (siehe auch Marmelade).

Krokant Zuckerware aus Nüssen oder Mandeln und karamelisiertem Zucker.

Läutern, Läuterzucker Klar kochen, klar gekochter (geklärter) Zuckersirup. Wird für Tränken, zur Herstellung von Cremen, Fruchteis und Confiseriemassen gebraucht.

Lebensmittelfarben Zugelassene Farbstoffe, zum Beispiel zum Färben von Glasuren.

Lebkuchengewürzmischung Fertig vermahlene Spezialmischung aus Zimt, Orangen- und Zitronenschalen, Koriander, Sternanis, Muskatnuß und Muskatblüte, Fenchel, Nelken und Kardamom.

Marillen Österreichische Bezeichnung für Aprikosen.

Marmelade Ausschließlich aus Zitrusfrüchten und Zucker hergestelltes Erzeugnis. Entsprechende Zubereitungen aus anderen Fruchtarten heißen »Konfitüre«.

Maroni Andere Bezeichnung für Edel- oder Eßkastanien.

Mazerieren Einlegen bzw. Tränken von frischen oder getrockneten Früchten in einer aromatisierenden Flüssigkeit, meist Alkohol.

Mazzen Nur aus Wasser und Mehl hergestelltes Gebäck. Einstmals österliches Kultgebäck der Juden.

Melieren Behutsames Vermischen von Massen unterschiedlicher Konsistenz mit Hilfe eines Kochlöffels, ohne daß das Volumen verloren geht.

Meringe Schaummasse aus Eiklar und Zucker (Baisermasse), bei geringer Temperatur im Backrohr mehr getrocknet als gebacken.

Palatschinken Österreichische Bezeichnung für hauchdünn ausgebackene Pfannkuchen.

Parfait Bezeichnung für Halbgefrorenes aus Eischaum und geschlagenem Obers, unterschiedlich aromatisiert.

Passieren Durch ein Sieb streichen, um Kerne, Schalen oder Verunreinigungen zu beseitigen.

Pâtisserie Bezeichnung für den Bereich der Restaurantküche, in dem die feinen Backwaren und Süßspeisen hergestellt werden.

Pie, Pieform In England und den USA verwendete Bezeichnung für süße oder salzige Backwaren wie Obstkuchen oder Pasteten, die unter einem Teigdeckel in einer speziellen runden oder eckigen Form gebacken werden.

Pignoli Andere Bezeichnung für Pinienkerne.

Pomeranze Bitterorange.

Potize Germteigkuchen, der ähnlich einem Strudel gebacken wird.

Powidl Österreichische Bezeichnung für Pflaumenmus.

Pulpe Fruchtmark, meist fein püriert und passiert.

Ribisel Österreichische Bezeichnung für Johannisbeeren.

Röster Gedünstetes Obst.

Royal Eiermilch, Eierstich.

Ruhen lassen Zeitraum, in dem der ausgerollte, geformte Teig abstehen muß, damit er beim Backen nicht »schnurrt«. Trifft vor allem bei Butter-(Blätter-)teig zu.

Ruseln lassen Aufgehen lassen, zum Beispiel Germteig.

Sabayon Mit Wein oder Marsala, Zucker und Eidottern schaumig aufgeschlagene Sauce.

Savarin In einer Ringform (Savarinform) gebackener Germteig, der noch heiß getränkt wird.

Schleifen Einen Teig mit den Händen rund formen.

Schmelzen Unter Wärmezufuhr zerlassen, zum Beispiel Butter, Schokolade.

Schokoladefettglasur Kakaoglasur. Überzugsmasse aus Zucker, Speisefetten, Kakao, Lezithin und Vanillin. Nicht zu verwechseln mit Couverture (Tunkmasse).

Sirup Konzentrierte, dickflüssige Zuckerlösung, zum Beispiel aus Zucker und Wasser (Zuckersirup) oder Zucker und Fruchtsaft.

Spanischer Wind Im mäßig warmen Backrohr getrockneter Eischnee.

Spritzglasur Dickflüssige Mischung aus Schokolade und Zuckersirup oder eine Eiklarglasur, mit der Garnituren aufgespritzt werden. Dafür wird eine selbst angefertigte Papierspritztüte (Seite 75) verwendet.

Sukkade Kandierte Fruchtschalen, zum Beispiel Zitronat, Orangeat.

Tablieren Spezielle Methode zum Abkühlen von Couverture (Tunkmasse) oder Fondant durch mehrmaliges, großflächiges Verstreichen auf einer Tisch- oder Marmorplatte.

Temperieren Behutsames Erwärmen bei schwacher Temperatur. Oder: Auf eine bestimmte Temperatur bringen.

Topfen Österreichische und süddeutsche Bezeichnung für Quark.

Tortenguß, Tortengelee Geleepulver, in Flüssigkeit (Wasser, Fruchtsaft) gelöst, um Früchte und Kuchen-/Tortenoberflächen zu überziehen und ihnen Glanz zu verleihen. Verhindert das Austrocknen.

Tourieren Mehrfaches Ausrollen und Zusammenlegen von fetthaltigen Teigen, um das Aufblättern zu ermöglichen, zum Beispiel bei Butter-(Blätter-) oder Plunderteig.

Tränken An- oder Durchfeuchten von Gebäcken (und Früchten) mit einer aromatisierten Flüssigkeit, meist mit Alkoholanteil.

Tunkmasse Österreichische Bezeichnung für Couverture.

Unterheben, Unterziehen Behutsames Vermischen von zwei Massen, lockeres Einmischen von gesiebtem Mehl in eine Masse.

Vanillestaubzucker Mit Vanillezucker aromatisierter Staubzucker.

Wasserbad Ein mit kochendheißem Wasser gefüllter Topf, in den ein zweiter Behälter gesetzt wird, in dem Massen oder Cremen warm aufgeschlagen werden.

Weinchaudeau Andere Bezeichnung für Weinschaum.

Zesten Dünn abgeschälte Schale von Zitrusfrüchten.

Register

S

Impressum

Bibliografische Information der Deutschen Nationalbibliothek

Die Deutsche Nationalbibliothek verzeichnet diese Publikation in der Deutschen Nationalbibliografie; detaillierte bibliografische Daten sind im Internet über http://dnb.d-nb.de abrufbar.

6. Auflage

BLV Buchverlag
GmbH & Co. KG

80636 München

Hinweis
Das vorliegende Buch wurde sorgfältig erarbeitet. Dennoch erfolgen alle Angaben ohne Gewähr. Weder Autoren noch Verlag können für eventuelle Nachteile oder Schäden, die aus den im Buch vorgestellten Informationen resultieren, eine Haftung übernehmen.

Bildnachweis
Adam, Seiten 25, 92
Art & Fashion, Pasching/Österreich, Seite 311
CMA, Centrale Marketinggesellschaft der deutschen Agrarwirtschaft mbH, Bonn, Seiten 283, 298
Foto Hofer, Bad Ischl/Österreich, Seiten 1, 15
Peter Kölln, Köllnflockenwerke, Seite 387
Maizena Gesellschaft mbH, Seite 287
Österreich Werbung/Archiv, Seite 17
Österreich Werbung/Bartl, Seite 21
Österreich Werbung/Wiesenhofer, Seite 10
Foto Richter, Wien, Seite 30
Karl Schuhmacher, Privatarchiv, Wien, Seiten 18, 19
Schwartauer Werke & Co., Seite 386
Stockfood: FoodPhotogr. Eising Seite 2, Alexandra Grablewski Seite 1
Studio Sattelberger, Füssen, Seiten 249, 323 (u), 362, 364, 365, 368, 369, 371, 373, 374, 375, 376, 381, 388

Alle anderen Fotos: Studio Teubner, Füssen
Zeichnung Seite 12/13: Waltraud Berger

Umschlagkonzeption und -gestaltung: BLV-Verlag
Umschlagfotos:
Vorderseite: Stockfood/Bernhard Winkelmann
Rückseite: Teubner (links); Fotolia (rechts)

Redaktion: Inken Kloppenburg Verlags-Service, München
Layout: Sylvia Hoffmann

Gedruckt auf chlorfrei gebleichtem Papier

Printed in Germany
ISBN 978-3-8354-1637-6

www.facebook.com/blvVerlag